ROBERT KENNEDY
Témoignages
pour l'histoire

ROBERT KENNEDY
Témoignages pour l'histoire

Présenté par
Edwin O. Guthman
et Jeffrey Shulman

Traduit de l'américain par
Anneliese de Saint-Maur

PIERRE BELFOND
216, boulevard Saint-Germain
75007 Paris

Cet ouvrage a été publié sous le titre original
ROBERT KENNEDY IN HIS OWN WORDS:
The Unpublished Recollections of the Kennedy Years
par Bantam Books, New York

Si vous souhaitez recevoir notre catalogue
et être tenu au courant de nos publications,
envoyez vos nom et adresse, en citant ce livre,
aux Éditions Pierre Belfond,
216, bd Saint-Germain, 75007 Paris.
Et, pour le Canada, à
Edipresse Inc., 945, avenue Beaumont
Montréal, Québec H3N 1W3.

ISBN 2.7144.2387.6

SOMMAIRE

Remerciements..................................... 9
Direction des entretiens........................... 11
Avertissement.................................... 13
Préface, par Arthur Schlesinger.................... 15

PREMIÈRE PARTIE : LE RECRUTEMENT DES HOMMES DE LA « NOUVELLE FRONTIÈRE »

Introduction..................................... 25
Entretien avec Arthur Schlesinger................. 27
    Le département d'État et des Affaires étrangères........ 27
    « Il accepte...! » : Le choix de Lyndon Johnson pour la
        vice-présidence..................... 44
    Autres nominations et chefs d'État étrangers 52
Entretien avec John Bartlow Martin................. 59
    Les « possibles » pour les postes du cabinet 59
    Le Président et les hommes du Président................ 72

DEUXIÈME PARTIE : « NOUS IRONS JUSQU'AU BOUT » ROBERT KENNEDY ET L'ÉGALITÉ DES DROITS

Introduction..................................... 89
Entretiens avec Anthony Lewis
(en présence de Burke Marshall)..................... 93
    Le chemin de la présidence 93
    Le nouveau ministre de la Justice.................... 95
    « Une mesure logique » : la suppression de la ségrégation à
La   Nouvelle-Orléans 103
    L'ouverture de la porte : l'exercice effectif du droit de vote   107
    Robert Kennedy et le FBI 114
    Le dangereux M. Hoover 125

Le projet « Bull Connor » : Birmingham et le projet de loi de
1963 sur l'égalité des droits.......................... 145
Le barrage à l'entrée des écoles : l'université de l'Alabama   162

TROISIÈME PARTIE : MILLE JOURS DE CRISE

Introduction 175
Entretiens avec John Bartlow Martin 179
Le baptême du feu : l'affaire de la baie des Cochons et ses
lendemains 179
Les années de la présidence Kennedy 198
1961 : « Une dure année ».......................... 198
1962... 245
1963 : Le Viêt-nam............................... 312
A lui de jouer tout seul 327

APPENDICE

Entretien avec John Stewart 351
Répertoire des noms de personnes 377
Principales dates de la présidence Kennedy............. 395
Responsables de la rédaction......................... 400
Index.. 401

REMERCIEMENTS

Nous sommes heureux de pouvoir rendre ici hommage à tous ceux sans qui cet ouvrage n'aurait pas vu le jour.

D'abord, et surtout, à Mme Robert Kennedy, qui a très généreusement accordé au Mémorial Robert F. Kennedy le droit de publier ces textes.

Et, au nom du Mémorial Robert F. Kennedy : à MM. John Douglas, Stephen Smith, John Seigenthaler, John Nolan et Ken Ludwig.

Nous sommes particulièrement reconnaissants à MM. Anthony Lewis, Arthur Schlesinger et John Stewart, qui ont bien voulu autoriser la publication de ces entretiens, ainsi qu'aux fils de M. John Bartlow Martin, qui nous ont généreusement accordé, après le décès de leur père, le droit de publier les entretiens qu'il avait conduits, et à M. Burke Marshall, qui nous a autorisés à publier ses propres entretiens avec Robert Kennedy sur la question de l'égalité des droits.

Lee Fentress
Président du Conseil d'administration
du Mémorial Robert F. Kennedy

Je voudrais remercier ici Betsy Crawford, Susan d'Entremont, Megan F. Desnoyers, Allan Goodrich, Susan Lindsey, Amy Spence et Cindy Stocking, de la Bibliothèque John F. Kennedy. Je suis reconnaissant à Henry Gwiazda d'avoir dirigé, en grand professionnel, la difficile retranscription des enregistrements d'histoire orale et d'avoir répondu avec une belle patience à de multiples demandes de textes supplémentaires.

Je voudrais aussi remercier, chez Twenty-First Century Books, Mary Ahmed, Anne Craft, Darla Treat-Courtney, Martha Jones,

Rosemary Orthmann, Michael Moscato, Sharon Phelps, Peter Sandler, Gretchen Super et Ruth Thomson. J'ai une dette de reconnaissance particulière envers John Moscato, fondateur de Twenty-First Century Books.

Il me faut enfin remercier Rachel Spring et Sarah Courage Shulman, espérant que, lorsqu'elles seront en âge de lire cet ouvrage, elles comprendront la richesse de la vie et de la carrière politique de l'homme dont il est destiné à honorer la mémoire.

Jeffrey Shulman
Twenty-First Century Books

DIRECTION DES ENTRETIENS

ANTHONY LEWIS, éditorialiste au *New York Times,* deux fois prix Pulitzer, est né à New York en 1927. Il a travaillé à l'édition dominicale du *Times* de 1948 à 1952, a assuré dès 1955, au bureau du *Times* à Washington, la couverture des activités de la Cour suprême, du ministère de la Justice et d'autres affaires juridiques. Il est l'auteur de deux ouvrages : *La trompette de Gédéon,* consacré à un arrêt de la Cour suprême qui a fait jurisprudence, et *Tableau d'une décennie,* qui retrace l'évolution intervenue dans les relations interraciales aux États-Unis. Il a enseigné dans plusieurs universités. Depuis 1983, il est titulaire de la James Madison Visiting Professorship (poste de professeur temporaire) à l'université Columbia.

JOHN BARTLOW MARTIN, 1915-1987, originaire de l'Ohio, journaliste et diplomate, a été professeur de journalisme à la Northwestern University, puis *visiting professor* et *fellow* (chargé de cours et membre du Conseil d'administration) de la Wesleyan University, de l'université de Princeton et de l'université de New York. Il fut ambassadeur en République dominicaine de 1962 à 1964. Il a collaboré avec Robert Kennedy et, après la mort de ce dernier, avec Hubert Humphrey dans la campagne électorale de 1968. Il est l'auteur de nombreux ouvrages, dont : *Le Sud dit non, Le poids des événements, Vie d'Adlaï Stevenson* et *La politique des États-Unis dans les Caraïbes.* Les entretiens qu'il a dirigés sont publiés avec l'aimable autorisation de ses fils, Dan et Martin.

ARTHUR SCHLESINGER est né en 1917 dans l'Ohio. Titulaire de la chaire d'humanités Albert Schweitzer à l'université de New York, il a obtenu deux fois le prix Pulitzer (en histoire et en biographie), le prix Francis Parkman, le prix Bancroft, etc. Il est l'auteur de nom-

11

breux ouvrages, dont : *L'ère Jackson, Les mille jours de John F. Kennedy à la Maison Blanche, Une présidence impériale, Robert Kennedy et son temps* et *Les cycles de l'histoire des États-Unis*. Ayant activement participé à la campagne présidentielle de 1960, il a occupé, de 1961 à 1964, les fonctions de chargé de mission auprès du Président. Il fut conseiller politique de Robert Kennedy dans sa campagne de 1968.

JOHN FRANCIS STEWART, né en 1932 dans le Massachusetts, fut responsable du projet d'histoire orale à la Bibliothèque John F. Kennedy de 1966 à 1969. Conservateur en chef de cette Bibliothèque entre 1971 et 1976, administrateur de 1969 à 1971 et en 1986 et 1987, il est actuellement directeur des activités éducatives à la Bibliothèque, membre de l'Association américaine des archivistes et de l'Association pour l'histoire orale. Il participe à des activités civiques et politiques ; il a été deux fois élu au conseil municipal de la ville de Newton, en 1975 et en 1987.

AVERTISSEMENT

Une longue série d'entretiens avec Robert Kennedy a été réalisée en 1964, 1965 et 1967, dans le cadre du projet d'histoire orale de la Bibliothèque John F. Kennedy. Jusqu'en 1987, ces conversations avaient seulement donné lieu à une ébauche de transcription, que le public a été admis à consulter dans les locaux de la Bibliothèque. C'est sur la base de ce document que les archivistes de la Bibliothèque ont entrepris une nouvelle rédaction, qui tend à assurer une totale fidélité aux enregistrements d'origine. Ces entretiens paraissent maintenant pour la première fois en librairie.

Le texte présenté ici est fondé sur le principe de la transcription littérale. Toutefois, les responsables de sa mise en forme n'ont pas cherché à en reproduire l'intégralité, la version initiale comportant notamment des interruptions dues à des bruits extérieurs. De plus, Robert Kennedy livre parfois dans deux entretiens une relation identique de certains faits : en cas de redondance, nous avons retenu le récit le plus intéressant et le plus étoffé. Les passages qui n'ont pas été reproduits sont signalés par la mention [...]. Enfin, le texte est clarifié ou explicité sur un grand nombre de points par des notes rédactionnelles en bas de page.

Ayant cherché à rester aussi fidèles que la transcription littérale à l'enregistrement d'origine, nous avons laissé passer quelques maladresses de style, de syntaxe ou de vocabulaire [1]. En revanche, chaque fois que la technique de l'entretien présente

---

1. La traduction française s'efforce de rendre un naturel et une très grande liberté d'expression qui ne sont pas inhabituels dans les interviews à l'américaine. L'écriture française ne se prête toutefois en aucune manière à la transcription du libre propos américain (*N.d.T.*).

l'inconvénient d'obscurcir le sens des réponses de Robert Kennedy ou d'interrompre le cours de son propos, nous avons effectué le travail éditorial nécessaire pour clarifier le texte et en faciliter la lecture.

Edwin O. Guthman
Université de Californie du Sud

Jeffrey Shulman
Twenty-First Century Books

PRÉFACE

L'histoire fourmille d'événements qui auraient pu se produire : les spécialistes leur donnent le nom plus noble de « propositions contre-factuelles ». Sans doute nul historien de l'Amérique moderne ne man-quera-t-il, en conséquence, de se poser la question suivante : Que serait-il advenu si Robert Kennedy n'avait été assassiné à Los Angeles, un certain jour de l'été 1968?

Qui peut dire où auraient conduit les chemins inexplorés? Il est toutefois probable que Robert Kennedy, vainqueur aux primaires en Californie, aurait reçu l'investiture du parti démocrate pour la pré-sidentielle de 1968 et aurait ensuite battu Richard Nixon.

Une présidence Robert Kennedy aurait sensiblement modifié le cours des événements. Les troupes américaines auraient été retirées plus tôt du Viêt-nam; en 1969 peut-être, et non en 1972 : nombre d'Américains (et plus encore de Vietnamiens) qui ont trouvé la mort dans ces années-là seraient peut-être en vie aujourd'hui. La phase réformatrice du cycle qui caractérise la vie politique aux États-Unis aurait atteint son apogée avec la consolidation et l'élargissement des acquis de la Nouvelle Frontière de John Kennedy et de la « Great Society » de Lyndon Johnson.

Le vent de libéralisme qui soufflait dans les années 60 avait conservé en 1969 une vigueur suffisante pour donner forme au programme d'action d'un Nixon en politique intérieure (c'est sous la présidence de ce dernier que sont entrées en vigueur les lois sur la sauvegarde de l'environnement, la protection sanitaire des travail-leurs et la prévention des accidents du travail, ainsi que la grande loi relative à l'emploi et à la formation, accompagnée du plan concer-nant l'emploi, connu sous les initiales CETA). A un président réfor-miste, ce courant libéral eût donné le signal de l'action. La confiance que les travailleurs américains, blancs comme noirs, avaient placée

15

en Robert Kennedy ouvrait la voie à de nouveaux progrès vers la justice raciale; sa popularité chez les jeunes aurait peut-être quelque peu atténué les outrances des moins de trente ans d'alors; et l'élection de Robert Kennedy en 1968 eût bien sûr épargné à notre pays le scandale du Watergate et en même temps le mauvais usage qui a été fait de la Constitution et la perte de confiance dans le gouvernement, qui devait accompagner cette affaire.

L'histoire-fiction est un exercice d'imagination. Pourtant, qu'une personnalité politique ait été dotée d'une vitalité et d'une créativité assez fortes pour se prêter à ce genre de spéculation, voilà qui ne correspond en rien à l'imaginaire, mais à une réalité tout à fait singulière. La plupart des Américains qui se souviennent des années 60 – et même ceux, nombreux, qui n'aimaient pas Robert Kennedy – reconnaîtraient sans doute que le cours des événements eût été différent s'il avait été le président des États-Unis. Robert Kennedy était capable de mettre de la passion dans ses convictions. Il annonçait un changement et, pour les oubliés et les déshérités de l'Amérique, il etait porteur d'un message d'espoir. C'était aussi un homme d'appareil, opiniâtre et expérimenté, qui connaissait les voies et les détours des trois pouvoirs qui constituent l'armature du gouvernement de ce pays. Animateur de campagne d'un allant irrésistible, il savait informer et inspirer le corps électoral, du moins une bonne partie de celui-ci, et rallier à son programme de très nombreux suffrages.

Ceux qui avaient connu Robert Kennedy avant les années 60 ne s'attendaient guère à le voir apparaître alors sous les traits d'un dirigeant libéral. Né le 20 novembre 1925 à Brookline, dans le Massachusetts, il était le septième enfant du ménage de Joseph Kennedy : famille étroitement unie, d'un dynamisme bien connu, où l'esprit de compétition était très poussé. De tous les garçons de la famille, il était le moins grand, physiquement le moins doué, le plus discret et le plus soumis. Tout cela agaçait parfois son père; qui plus est, le contraste avec les deux impérieux aînés, Joseph Jr. et John, ne pouvait manquer de susciter chez le jeune Bob le sentiment de n'être pas à la hauteur. « Lorsque l'on est le septième de neuf enfants et que l'on se trouve aussi bas dans la hiérarchie familiale, il faut lutter pour survivre », dira-t-il plus tard.

16

Il a fait ses études à la Milton Academy [1], puis à Harvard, après avoir servi dans la marine. Ces études devaient, elles aussi, représenter une école de survie, où il se concentrait davantage sur le sport que sur les livres. Plus importante peut-être dans son éducation a été la table familiale, autour de laquelle les parents associaient systématiquement leurs enfants à des conversations portant sur l'histoire et sur les affaires publiques. « Je n'ai guère de souvenir d'un repas à la maison où la conversation n'ait été centrée sur l'action de Franklin Roosevelt ou sur ce qui se passait à l'étranger », racontera-t-il un jour.

Tous ses efforts pour se faire accepter par son père et gagner son affection l'ont amené à durcir son caractère. La sensibilité et une certaine vulnérabilité n'ont pas disparu, mais il devait se former une sorte de barrière protectrice. C'est alors que l'on a vu se manifester, dans les années 50, un jeune homme assez arrogant, très sûr de lui, porté à la critique, raide et moralisateur, facilement irritable, enclin à abréger les conversations, mais toujours prêt à se lancer dans des discussions passionnées.

Il a fortement agacé la vieille garde des politiciens d'origine irlandaise dans le Massachusetts lorsqu'il a dirigé la campagne électorale de 1952, qui devait valoir à son frère un siège de sénateur. Il a exaspéré les libéraux lorsqu'il est devenu conseiller juridique de la commission sénatoriale présidée par Joseph McCarthy, lequel avait déjà fait beaucoup parler de lui par les accusations téméraires qu'il avait portées sur l'infiltration d'éléments communistes dans l'administration. Pourtant, la seule mission que Robert Kennedy ait effectuée pour le compte de McCarthy – une enquête sur les échanges commerciaux entretenus avec la Chine pendant la guerre de Corée par les alliés des États-Unis au sein de l'OTAN – a été menée de manière purement factuelle, sans jamais laisser entendre, à la façon habituelle du sénateur du Wisconsin, que la politique étrangère américaine était conduite par des traîtres. Il a démissionné au bout de six mois, parce qu'il n'aimait pas la tactique de harcèlement chère au président de la sous-commission. Il devait reprendre du service en 1954, en qualité de conseiller juridique de la minorité démocrate, et rédiger les conclusions de cette dernière sur la prétendue infiltration de l'armée par des éléments communistes. Les travaux auxquels il s'est livré par la suite, dans les fonctions de principal conseiller juridique de la commission sénatoriale d'enquête sur les rackets dans les

---

1. Institution privée, préparatoire à l'université *(N.d.T.)*.

syndicats, lui ont valu l'amitié de dirigeants syndicalistes honnêtes, tel Walter Reuther, du syndicat de l'automobile, et l'hostilité éternelle de Jimmy Hoffa, du syndicat des camionneurs. Ces travaux devaient également confirmer sa réputation de procureur compétent mais « implacable ».

En 1960, infatigable, autoritaire, froidement efficace, il a dirigé la campagne présidentielle de John Kennedy. Le nouveau président devait amener son jeune frère à surmonter ses réticences et le persuader d'accepter le poste de ministre de la Justice. La personnalité que Robert Kennedy avait autrefois façonnée pour complaire à son père a alors été mise entièrement au service de son aîné. En dépit d'une différence d'âge de neuf ans, les deux frères ne pouvaient guère être plus proches l'un de l'autre. Sous l'influence de John, Robert s'est humanisé, perdant de sa raideur et de son intransigeance. Il est devenu plus détendu et plus indulgent, acquérant un certain sens de l'humour devant la vie, cette ironie qui sera sienne, à la fois désabusée et volontiers tournée contre lui-même. Avec le temps, il a fini par manifester un pouvoir de séduction contre lequel les rédactions des journaux ont dû mettre leurs reporters en garde.

Pourtant, en dépit des liens inaltérables qui les unissaient, les deux frères étaient très différents l'un de l'autre. John Kennedy était infiniment courtois, objectif, maître de lui : c'était un homme de raison. Robert était bourru, partial, bouillant : c'était un homme d'émotion. L'aîné se défiait de la passion; le jeune frère s'en remettait à ses passions. John avait fini par devenir un réaliste sous l'apparence d'un romantique; Robert, un romantique sous des dehors de réaliste.

Dans les entretiens qui vont suivre, Robert Kennedy analyse son rôle politique et dépeint l'administration Kennedy. L'histoire orale consiste à appliquer à la méthode historique une technique de l'entretien dont le journalisme a une vieille pratique. Comme dans tout dialogue, l'intérêt dépend largement de celui qui le dirige : l'animateur doit s'être suffisamment familiarisé avec son sujet pour savoir quelles questions poser, mais aussi quelles réponses mettre en question. Quelle que soit la compétence de celui qui dirige l'entretien, la relation orale ne vaut que ce que vaut la mémoire; or, nous savons à quel point celle-ci se met au service de celui qui s'y exerce. Et pourtant les historiens ne se privent guère d'utiliser des sources telles que journaux intimes, correspondances ou mémoires, qui tendent tout autant à l'autoprotection. En effet, la relation orale préserve, au profit de l'historien professionnel de demain, des éléments de preuve que le témoin risquerait d'emporter dans la tombe : en dépit de ses limites, elle constitue un puissant moyen d'enrichissement des annales.

Dès l'assassinat du président Kennedy, Robert Kennedy a compris l'intérêt qu'il y aurait à rassembler les souvenirs personnels de ceux qui avaient connu son frère et travaillé avec lui. Une campagne à la Kennedy a alors été lancée, en vue d'organiser des entretiens tant que les souvenirs étaient encore tout frais dans les mémoires : c'est de là que provient la précieuse collection de relations orales qui ont été déposées à la Bibliothèque Kennedy de Boston.

Robert Kennedy, qui avait patronné cette campagne, se devait de se plier lui-même à la règle de l'entretien. C'est de bonne grâce qu'il s'y est soumis, mais il importe de souligner, comme le font les introductions aux différents textes, que ces conversations ont eu lieu à une époque particulièrement difficile de son existence. Il se trouvait encore sous le choc de la mort de son frère, ce qui explique qu'on le sente à la fois meurtri, irrité, fou de chagrin, découragé et anormalement sensible à toute critique implicite de l'administration Kennedy. Le laconisme avait toujours été dans sa manière : mais durant ces longs mois de soucis et de tristesse, la brusquerie est devenue chez lui une façon de traiter de questions auxquelles il eût en d'autres temps répondu dans le détail. La douleur l'avait privé de cette forme d'ironie autocritique qui équilibrait d'habitude son jugement sur les personnes et les événements. Il a livré, au cours de ces longs et fatigants entretiens, des commentaires extrêmement durs, notamment sur des personnalités bien connues, dont il eût sans doute souhaité tempérer la sévérité s'il avait eu l'occasion de les reconsidérer dans le calme. Il a néanmoins paru préférable de laisser ces réflexions dans leur état brut. Le lecteur comprendra le martyre que Robert Kennedy subissait en 1964 et saura faire la part entre la rudesse de ces propos et la manière qui fut toujours la sienne.

La mort de John Kennedy l'avait terrassé. Pendant des semaines et des mois, il a tourné en rond dans son chagrin. Paradoxalement, cette mort l'a libéré : elle lui a permis de trouver des accents qui soient les siens, de devenir un leader politique qui ne devait rien à autrui. Depuis son enfance, il avait contenu sa vraie personnalité :

19

d'abord pour s'affirmer aux yeux de son père, pour servir son frère ensuite. En 1961, le père était frappé d'une attaque irrémissible; en 1963, le frère était assassiné : c'était désormais à Robert Kennedy de jouer.

Deux grands thèmes ont tenu une large place dans les années qui lui restaient à vivre. La quête de la paix, d'une part : d'une paix qui mette un terme à l'absurde guerre du Viêt-nam, d'une paix susceptible d'être facilitée par de nouvelles initiatives dans le contrôle de la course aux armements nucléaires. De l'autre, la déchirure de plus en plus intolérable qu'entraînaient, dans la société américaine, l'injuste répartition du pouvoir économique et politique et l'inégalité des chances devant la vie : une situation dont il devait dénoncer dans maint et maint discours le caractère « inacceptable ». Pour lui, si les Américains se résignaient à cet état de fait, ils se rabaissaient moralement.

Robert Kennedy a constamment développé ses talents d'intuition et sa sensibilité. Il était en effet doté, comme très peu de ses semblables, de ce que T.S. Eliot appelait « un tempérament de découvreur »; autrement dit d'une faculté de percevoir les turbulences du monde extérieur et d'y faire face. Il s'identifiait désormais de plus en plus aux déshérités de la société américaine : aux Indiens parqués dans leurs réserves, aux vendangeurs mexicains en Californie, aux Noirs qui mouraient de faim sur les rives du delta du Mississippi, aux travailleurs migrants qui croupissaient dans des campements immondes dans le nord de l'État de New York, aux familles new-yorkaises hébergées dans des logements infestés de rats. « L'Amérique est coupée en deux, en deux mondes totalement séparés », disait-il souvent.

C'est en 1968 que la carrière politique de Robert Kennedy devait atteindre son apogée : lorsque, après de nombreuses hésitations, il décida de se présenter à l'élection présidentielle. Ce fut une campagne tumultueuse, enthousiaste, un vrai feu d'artifice. Un journaliste devait la dépeindre sous les traits d'une « aventure énorme, joyeuse ». Ce fut une campagne passionnante, tant par l'envergure du programme que par l'ardeur de ses défenseurs. Certes, bien des Américains ont vu en Robert Kennedy un facteur de division : il est vrai qu'il mettait à mal les complaisances du pays. Toutefois, lui-même se voyait engagé dans une longue entreprise de réconciliation, cherchant

20

à effacer les grands clivages de la société américaine : entre les Blancs et les Noirs, entre les jeunes et les vieux, entre les partisans de l'ordre et ceux du refus. Riche au berceau, il est mort en champion des parias.

Au milieu du conservatisme des années 80, les grands thèmes qui ont animé son existence paraissent appartenir à une autre époque. Peut-être sont-ils moins anachroniques que simplement passés de mode. Il semble en effet que la vie politique américaine suive un cycle trentenaire, rythmé par des phases où l'emportent tantôt l'intérêt collectif, tantôt l'intérêt privé. Dans les années 80, comme dans les années 50 et comme dans les années 20, ce sont l'initiative et l'entreprise privées qui ont paru apporter les meilleures solutions aux problèmes nationaux. Mais les phases marquées par le triomphe de l'intérêt privé ont toujours une fin : l'énergie de la nation se recrée pendant les pauses, les problèmes négligés appellent des solutions urgentes, la richesse matérielle n'est plus considérée comme l'essentiel de l'existence. Au bout d'un certain temps, le citoyen commence à se demander non plus ce qu'il peut espérer du pays, mais ce que celui-ci peut attendre de lui.

Les digues ne tarderont pas à céder, comme elles ont cédé vers la fin du siècle dernier et de nouveau dans les années 30, puis dans les années 60. Si le rythme trentenaire se maintient, nous pouvons escompter pour les années 90 une nouvelle étape de générosité dans la vie de l'Amérique. A ce moment-là, les idéaux des Kennedy cesseront de paraître appartenir à une autre époque. Nos concitoyens se souviendront aussi de la conviction qui a animé l'existence de Robert Kennedy, de cette foi qui a mis l'espoir au cœur des exclus et des sans-grade de la société américaine grâce à l'idée qu'un homme peut à lui seul modifier le cours des choses. Ainsi que Robert Kennedy l'a dit en 1966 au Cap, en Afrique du Sud : « L'histoire de l'humanité est modelée par un nombre infini d'actes individuels de courage et de foi. Chaque fois qu'un homme se dresse pour la défense d'un idéal, s'emploie à l'amélioration du sort de ses congénères ou fait barrage à l'injustice, il met en mouvement une minuscule vague d'espérance : la rencontre de millions de ces toutes petites vagues créera une marée capable de balayer les plus puissants remparts de l'oppression et de la résistance au progrès. »

Arthur Schlesinger
Janvier 1988

Première partie

LE RECRUTEMENT DES HOMMES
DE LA « NOUVELLE FRONTIÈRE »

Introduction

Quiconque connaissait Robert Kennedy, pour avoir travaillé avec ou contre lui, ne peut concevoir qu'une manière de présenter cet ouvrage. Elle consiste à dire : voici Robert Kennedy, racontant ses souvenirs et exposant ses opinions, bien conscient toutefois qu'il s'exprime pour la postérité.

Les entretiens qui vont suivre ont eu lieu à un moment difficile de l'existence de l'intéressé. Entrepris le 29 février 1964, ils se sont poursuivis épisodiquement jusqu'au 27 février 1965; ils montrent le personnage à une époque où celui-ci essayait de recoller les morceaux de sa vie privée et publique, à la suite du terrible traumatisme que l'assassinat de son frère, John F. Kennedy, le 22 novembre 1963, lui avait infligé, ainsi qu'à sa famille et au monde entier.

Robert Kennedy savait quelle influence un homme peut exercer sur son pays et sur la scène internationale. La charge sacrée des affaires publiques « doit être placée entre les meilleures mains qui soient », aimait-il à dire. Dans cette première partie, il raconte comment s'est effectuée la sélection du personnel qui devait constituer l'administration Kennedy : le cabinet, choix de Lyndon Johnson comme candidat en second, le département d'État, etc. Robert Kennedy s'entretient ici séparément avec Arthur Schlesinger, un éminent historien qui a exercé les fonctions de chargé de mission auprès du président Kennedy, et avec John Bartlow Martin, un remarquable journaliste dont le Président avait fait son ambassadeur en république Dominicaine.

Robert Kennedy eut beaucoup de mal, si peu de temps après la mort du Président et même au cours des années qui lui restaient à vivre, à parler de son frère, des épreuves et des triomphes partagés avec lui. Il a cependant répondu à toutes les questions posées : le souvenir des circonstances affrontées aux côtés de John Kennedy était encore brûlant dans sa mémoire.

Les personnes qui ont conduit ces entretiens lui ont fréquemment demandé son opinion sur des membres de l'administration et sur des hommes d'État étrangers; ses réponses ont été parfaitement franches, voire caustiques, comme à son habitude. Souvent les portraits ainsi brossés, intéressants en eux-mêmes, en disent aussi long sur certains aspects de son caractère et de son comportement, que sur les personnages qui en font l'objet. Toutefois, le grand intérêt de cette relation d'événements historiques réside dans les méditations que nous livre Robert Kennedy sur la difficulté, sur l'infinie complexité de la conduite des affaires publiques et de la recherche de solutions raisonnables aux vieux problèmes comme aux situations d'urgence.

Robert Kennedy n'avait pas encore quarante ans lorsque ont eu lieu ces entretiens. Ayant subi maintes et maintes fois l'épreuve du feu depuis 1946 et la campagne de son frère pour les élections législatives, il était devenu un administrateur expérimenté et un chef charismatique. On ne peut guère lire ses paroles sans éprouver un sentiment de stupéfaction devant les responsabilités qu'il a assumées, à côté de ses fonctions de ministre de la Justice; il en est d'ailleurs lui-même ébahi : « J'ai été mêlé à bien plus de choses que je ne croyais », finira-t-il par admettre.

Ce livre évoque un grand nombre des principaux personnages qui ont peuplé les années Kennedy, ainsi que les grands événements de cette période. Il donne aussi des aperçus sur certains aspects de la vie politique auxquels on n'avait pas prêté assez d'attention. L'importance de ce document réside à la fois dans le récit qu'y livre un homme qui fut informé des secrets les mieux gardés et dans l'ensemble des souvenirs confiés par un militant fougueux et courageux, engagé tout entier au service de son frère et de la cause de la liberté.

Entretien
avec Arthur Schlesinger
Washington, 27 février 1965

Le département d'État et des Affaires étrangères

SCHLESINGER : Parlons, si vous le voulez bien, du cabinet, en commençant par le département d'État. Avant de se décider, le Président a bien eu une seule conversation avec Dean Rusk?

KENNEDY : Oui : une seule.

SCHLESINGER : Vous souvenez-vous de la manière dont votre frère a réagi à cet entretien?

KENNEDY : La conversation n'a pas dû être bien longue. C'était finalement au tour de Rusk d'aller voir le Président, et celui-ci a eu une assez bonne impression. Mais je n'ai pas souvenir d'une réaction précise. Tous les autres candidats possibles avaient été écartés et il ne restait que Rusk. Bob Lovett, l'un des conseillers diplomatiques de mon frère, s'était récusé.

SCHLESINGER : Pour quelle raison David Bruce a-t-il été écarté? Probablement à cause de son âge, puisqu'il avait plus de soixante ans?

KENNEDY : C'est ce que j'ai pensé. C'est un homme fatigué qui serait alors revenu sur le devant de la scène et cette perspective n'enchantait personne. J'ignore si, en plus, certains lui étaient hostiles, mais je crois bien qu'il s'agissait d'une question d'âge.

SCHLESINGER : Quand avez-vous fait la connaissance de Rusk?

KENNEDY : Le jour où il est venu pour sa nomination. Je ne me souviens pas très bien du moment où j'ai rencontré les autres membres du cabinet.

SCHLESINGER : Chester Bowles en était naturellement, comme sous-secrétaire d'État. Il y avait un assez large accord là-dessus.

KENNEDY : Oui. Sa nomination répondait à une sorte d'obligation politique. Mais Bowles voulait bien entendu être secrétaire d'État.

SCHLESINGER : Quant à Adlai Stevenson, j'imagine que le Président avait depuis longtemps écarté sa candidature.

KENNEDY : Il ne l'avait même pas envisagée. Stevenson s'était montré extrêmement désagréable lorsque nous lui avions offert le poste d'ambassadeur auprès des Nations Unies. Il y a eu avec lui une conversation pénible dans la résidence privée du Président, qui ne l'aimait pas du tout. Stevenson voulait absolument voir préciser ses attributions; il ne pouvait dire s'il accepterait et demandait à réfléchir, au point que le Président a failli retirer sa proposition.

SCHLESINGER : Stevenson tenait à savoir qui serait secrétaire d'État.

KENNEDY : Le Président se félicitait de n'avoir pas pensé à lui pour le département d'État. Le comportement du personnage confirmait l'opinion que mon frère avait de lui : le Président était écœuré.

SCHLESINGER : Savez-vous que le Président a un moment pensé à lui pour la Justice?

KENNEDY : C'est probablement exact.

SCHLESINGER : Le Président m'en a parlé et j'ai téléphoné à Bill Blair, qui était alors l'associé de Stevenson dans un cabinet d'avocats et devait plus tard devenir ambassadeur au Danemark et aux Philippines. Je ne l'ai pas encouragé à pousser Stevenson à accepter, car je ne pensais pas que ce dernier puisse être intéressé par cette proposition, ni qu'il soit l'homme de l'emploi.

A quelle époque le Président s'est-il aperçu qu'il y avait des problèmes au département d'État? Est-ce après le débarquement, organisé par la CIA, des exilés anticastristes dans la baie des Cochons en avril 1961, ou après la crise du Laos?

KENNEDY : C'est l'affaire de la baie des Cochons qui a éveillé ses soupçons. L'effort de remise en ordre du département d'État qui s'en est suivi a été dû en partie aux résultats de notre enquête sur l'affaire, en partie au fait que nous avions compris ce qui s'était passé, dès avant la fin de l'enquête : défaut de coordination entre les différents ministères, incapacité des ministres et des chefs des services spécialisés à travailler de concert, incapacité à traiter de l'ensemble des aspects d'une question.

Je vais vous citer un exemple : juste après l'affaire de la baie des Cochons, nous nous sommes trouvés mêlés au problème du Laos et nous étions engagés au Viêt-nam. J'ai alors suggéré la création d'une cellule de coordination dirigée par Ros Gilpatric, alors secrétaire adjoint à la Défense, et chargée de s'occuper du Laos. Une seule personne assumerait ainsi les responsabilités de l'ensemble des départements et services dans un domaine précis, de sorte que le Président puisse se reposer sur un interlocuteur unique du soin de prévoir les mesures nécessaires. L'idée des cellules à direction unique est née de l'affaire de la baie des Cochons.

SCHLESINGER : Mais en fait la formation de l'équipe chargée du Laos n'a-t-elle pas été antérieure à cette affaire?

KENNEDY : Je ne sais pas si une cellule a été créée. Ce que je veux dire, c'est que l'idée de confier les responsabilités à une seule personne est venue après l'affaire de la baie des Cochons. J'ai souvenir de la conversation qui a eu lieu dans le bureau du Président : il pensait alors me confier cette responsabilité et m'envoyer au Laos. C'est Ros Gilpatric qui a été désigné et je crois que Paul Nitze a ensuite dirigé une autre cellule. Il s'agissait là d'une tâche qui revient normalement, si les circonstances s'y prêtent, au département d'État : ce ministère est en effet en mesure de rapprocher les différents services et de leur faire élaborer des plans d'action. Mais jamais Rusk n'a pris ce genre d'initiative.

SCHLESINGER : J'ai toujours eu l'impression que le Président ne savait que penser de Rusk. L'homme est agréable par bien des côtés; il est intelligent, et il connaissait les petits aspects techniques de toutes les questions.

KENNEDY : Si, par exemple, une affaire avait été examinée lors d'une réunion à laquelle le Président était arrivé avec une demi-heure de retard, Rusk était capable de résumer le point de vue de chacun en deux ou trois minutes, d'une manière très claire et brillante. Mais il ne fallait pas attendre de lui qu'il centre l'intérêt sur les dispositions à prendre, qu'il s'en tienne à une attitude ferme, alors qu'il avait pourtant en main toutes les données, pour les avoir lui-même mises au clair au département d'État. Il se rendait à chaque réunion, m'a-t-il semblé, sans avoir une position bien arrêtée, toujours enclin à prêter l'oreille à toutes sortes d'arguments et de discussions, pour ensuite expliquer la ligne que nous pourrions peut-être adopter. De plus, il

29

était terriblement influencé par la volonté du Président et ajustait son opinion en conséquence. C'est très rarement qu'il émettait un avis ferme, en étant prêt à le défendre. Il a dit un jour : « Pendant toute cette discussion, je me suis appliqué à faire le mort *. » Curieuse manière de s'exprimer...

SCHLESINGER : A qui le Président faisait-il le plus confiance au département d'État ?

KENNEDY : Il me disait souvent qu'il obtenait rarement du département d'État une idée, une idée qui soit originale, sur la ligne à suivre. Qui plus est, il lui fallait réécrire tous les papiers qu'il recevait de ce ministère. Nous évoquions souvent le fait que son équipe de la Maison Blanche constituait un département d'État au petit pied. Les gens des Affaires étrangères s'occupaient à peu près convenablement de la routine, mais quand il s'agissait de choses vraiment importantes, par exemple de proposer des idées neuves sur l'orientation de notre politique ou même de rédiger certains documents – je pense ici aux lettres adressées à Khrouchtchev ou aux communications destinées à de Gaulle –, tout devait être fait ou refait par le Président ou par l'un de ses collaborateurs. Le Président était écœuré.

Il avait bien sûr été très impressionné par l'action d'Averell Harriman à l'époque du traité sur l'interdiction des essais nucléaires et par la remarquable négociation que celui-ci avait menée. En revanche, il a été mécontent de la manière dont Harriman avait pris en main la question vietnamienne et en particulier de sa précipitation pendant le fameux week-end [1] au cours duquel a été remis au Président un projet de lettre que celui-ci a approuvé. Le lundi, j'ai eu avec le Président une conversation portant sur le sens des dispositions prises ; j'avais entre-temps parlé à Maxwell Taylor, chef d'état-major général, et à Bob McNamara, secrétaire d'État à

---

* Dean Rusk utilise ici une expression familière et plus savoureuse : « I've been trying to act the position of a dumb dodo ». Le dodo, ou dronte, était un grand oiseau de l'île Maurice, incapable de voler, exterminé par l'homme au XVIIIᵉ siècle. (N.d.T.)

1. Il s'agit du week-end des 24-25 août 1963, au cours duquel Harriman, Roger Hilsman et Michael Forrestal avaient préparé une lettre (plus exactement, un télégramme) autorisant Henry Cabot Lodge, ambassadeur à Saigon, à laisser entendre à un groupe de généraux vietnamiens mécontents que les États-Unis ne feraient pas obstacle à un coup d'État visant à renverser Ngô Dinh Diêm, premier ministre du Sud-Viêt-nam et chef de l'État depuis 1956.

la Défense, de la conduite que nous nous apprêtions à tenir au Viêt-nam : personne n'était responsable de rien, nul ne savait quelle ligne nous allions suivre dans l'immédiat ni quelle était en réalité notre politique. Alors que, depuis l'incident de la baie des Cochons, toutes les autres affaires avaient donné lieu à études préalables, dans le cas du Viêt-nam rien n'avait été examiné en détail avant toute action à l'égard de Ngô Dinh Diêm. Et, le mardi, nous avons cherché à nous écarter de cette politique, d'où de sérieuses difficultés. A partir de cette époque, nous avons eu l'impression que toute l'affaire avait été fort mal menée par Harriman, par Mike Forrestal, conseiller technique de la présidence pour l'Extrême-Orient, et par quelques autres personnes. Le Président était très mécontent.

SCHLESINGER : Harriman est allé trop vite en besogne?

KENNEDY : C'est bien cela.

SCHLESINGER : Quelle opinion le Président se faisait-il du sous-secrétaire d'État, George Ball?

KENNEDY : Il ne lui trouvait aucune compétence en matière d'organisation; or, l'organisation était le talon d'Achille du département d'État. Il n'avait pas de relations personnelles avec lui et, de toute façon, Ball n'avait guère d'influence. J'ai eu, quant à moi, souvent à traiter avec le département d'État à la suite de l'affaire de la baie des Cochons; j'étais assez au courant de ce qui s'y passait, comme des problèmes qui s'y posaient. Nous avons essayé différentes manières d'y mettre de l'ordre; nous y avons détaché un directeur général du ministère de la Justice, Bill Orrick, mais sans succès. Il reste que j'ai toujours pensé qu'à la condition de disposer d'une personne dotée d'un sens éprouvé de l'organisation il serait possible d'obtenir un fonctionnement convenable du département d'État.

Aux Affaires étrangères, il y avait en réalité quatre ministères :
– Celui qui était censé faire face aux grandes crises qui se produisent de par le monde : à cette époque, il s'agissait de Berlin, du Viêt-nam, de l'Asie du Sud-Est, de Cuba et, de temps à autre, de l'Amérique latine. L'élaboration d'une politique et son suivi représentaient une occupation à temps plein pour le secrétaire d'État. Il fallait aussi s'occuper des crises mineures qui pouvaient éclater par-ci, par-là, à Zanzibar, au Pérou ou ailleurs. Le secrétaire

31

d'État devrait traiter essentiellement des grands problèmes qui lui sont signalés, comme de l'ensemble des petites crises qui se produisent tout le temps : voilà de quoi occuper largement un ministre des Affaires étrangères.

– Venait ensuite le ministère chargé, en principe, de la gestion du Département : il ne s'agit pas là d'une tâche très difficile, mais il faut bien que quelqu'un l'assume.

– Puis on trouvait un ministre censé recevoir les ambassadeurs, une centaine environ, sans cesse en quête d'audience. Le département d'État devrait disposer d'une personne qui puisse aller parler à tous ces diplomates, écouter ce qu'ils disent, être attentive à leurs problèmes et s'occuper aussi des mondanités : dîners, réceptions, etc. Autre tâche à plein temps pour un ministre.

– Enfin, il aurait fallu au Département un ministre chargé des relations avec les quatre-vingt-dix pays du monde qui ne sont pas en crise, mais qui appellent un suivi.

Dans ces conditions, si le Département n'est pas convenablement organisé, le secrétaire d'État est incapable de remplir ces quatre fonctions qui correspondent chacune à une occupation à plein temps, et le système ne peut qu'aller à vau-l'eau. C'est ce qui est arrivé avec Dean Rusk.

Il fallait donc aux Affaires étrangères un administrateur à poigne, qui s'employât seulement à faire fonctionner le ministère. C'est le rôle qu'était censé remplir le sous-secrétaire d'État, George McGhee, mais celui-ci était inutilisable : personne ne comprenait ce qu'il disait. J'ai eu souvent affaire à lui en 1962 et je me suis rendu compte qu'il n'y avait rien à attendre de lui. J'en ai finalement parlé cette année-là je crois, au Président, qui m'a suggéré d'aller voir Dean Rusk et de lui demander de se débarrasser de McGhee. Je savais que les deux hommes étaient amis ; j'ai pourtant accompli cette démarche. J'ai expliqué à Rusk que McGhee faisait n'importe quoi et que la désorganisation du département d'État nous empêchait de tirer parti de quantité d'occasions. Je lui ai donné quelques exemples des conséquences de ce laisser-aller ; j'ai fait valoir entre autres choses que personne n'avait protesté quand les Russes avaient testé leur bombe – j'en avais été bouleversé à l'époque –, mais que ces derniers nous rentraient dedans chaque fois que nous prenions une initiative. Rusk a suggéré que mon animosité à l'égard de McGhee avait un caractère personnel; je l'ai assuré qu'il n'en était rien et il m'a promis de réfléchir à la question.

McGhee a finalement été débarqué. Mais, pour imposer une décision de ce genre, il fallait avoir ses arrières bien assurés au plus haut niveau. George Ball n'était pas non plus un bon administrateur. Quant à Averell Harriman, il remplissait extrêmement bien ses fonctions : le Président était très content de son travail au Laos et, comme je l'ai dit, du traité sur l'interdiction des essais nucléaires. Mais il n'avait une haute opinion de personne d'autre au département d'État.

SCHLESINGER : Pensait-il à quelqu'un pour remplacer Rusk aux Affaires étrangères?

KENNEDY : Je crois qu'il a eu l'idée de nommer Bob McNamara. Sous l'autorité du président Kennedy, McNamara aurait fait un bon secrétaire d'État. Sous celle de Lyndon Johnson, j'en suis moins sûr. Le président Kennedy était très au courant des Affaires étrangères et McNamara est un bon organisateur : le Président aurait alors pu prendre lui-même les grandes décisions. D'ailleurs, McNamara avait fini, en 1963, par avoir deux casquettes, Rusk et son département d'État ayant pratiquement cessé d'exercer leurs fonctions et s'étant débarrassés de toutes responsabilités.

SCHLESINGER : Vous souvenez-vous de ce qui s'est passé entre Chester Bowles et vous à la réunion du 19 avril 1961 à la Maison Blanche, après l'affaire de Cuba?

KENNEDY : Chester Bowles est venu vers moi et m'a dit : « J'espère que chacun a compris que j'étais contre l'opération de la baie des Cochons. » Je lui ai simplement répondu que je trouvais sa remarque fort étrange, puisque la décision avait été prise, et qu'il ferait mieux de se taire et de se souvenir qu'il était favorable à l'opération.

SCHLESINGER : Il me semble que Bowles a joué un rôle utile dans les nominations d'ambassadeurs.

KENNEDY : Un rôle très, très utile. Bowles excellait en cela et il a mis en place une foule de gens très valables. Et puis j'aime bien Chester Bowles. Il a certes le travers de ne penser qu'à lui-même et de se mettre en avant; et il le fait d'une façon désagréable : c'est exactement ce qu'il fallait éviter dans l'entourage du président Kennedy. Son comportement personnel n'aurait pas pu être pire.

SCHLESINGER : Mais n'est-ce pas pour d'autres raisons qu'il a été limogé ? Je suppose qu'elles tenaient, une fois de plus, à une incapacité à mettre de l'ordre au Département ?

KENNEDY : Exact. Mais je pense que les nominations d'ambassadeurs auxquelles il a procédé, comme ses propositions, ont été excellentes. C'est en tout cas à lui que revient le principal mérite de certains des meilleurs choix.

SCHLESINGER : Il me semble qu'il se donnait beaucoup de mal dans cette tâche et qu'il a accompli un très bon travail.

KENNEDY : En effet.

SCHLESINGER : Revenons à ce qui s'est passé à la suite de l'affaire de la baie des Cochons : vous avez mentionné la création de cellules de coordination, une seule personne ayant la charge de proposer des solutions. Une autre conséquence a été l'arrivée de Maxwell Taylor à la Maison Blanche.

KENNEDY : Et son arrivée a entraîné un véritable bouleversement : nous avons réorienté l'ensemble de notre réflexion en matière de stratégie. Son livre, *La trompette incertaine* [1], nous avait énormément marqués.

SCHLESINGER : Est-ce que le Président et vous-même connaissiez déjà Maxwell Taylor ?

KENNEDY : Non.

SCHLESINGER : L'enquête sur l'affaire de Cuba a donc été pour vous la première occasion de travailler en liaison étroite avec lui ?

KENNEDY : C'est exact. J'ignore si le Président le connaissait, mais moi je ne l'avais jamais vu.

SCHLESINGER : Le Président avait-il lu son livre d'un bout à l'autre ?

---

1. *The Uncertain Trumpet*, de Maxwell Taylor (Harper Brothers, New York, 1959), a fait date dans l'évaluation des besoins des États-Unis dans le domaine de la sécurité militaire.

KENNEDY : Oui. J'avais moi aussi lu cet ouvrage et j'avais beaucoup d'estime pour l'homme. Nous avons travaillé en étroite liaison pendant trois ou quatre mois. Nous avons présenté des recommandations très importantes sur la mise en place d'une cellule de réflexion qui serait chargée de considérer l'avenir et de nous y préparer. Il s'agissait là d'un comité permanent associé au département d'État et qui aurait eu pour mission de traiter les situations de crise, ce qui aurait été préférable à l'institution de comités ad hoc chargés de s'occuper des crises au fur et à mesure qu'elles se présenteraient. Cette recommandation n'a jamais été retenue, car le département d'État n'en voulait pas, hanté qu'il était par la crainte d'une concurrence.

SCHLESINGER : Diriez-vous que c'est le rapport du groupe Taylor [1] sur l'échec de l'opération de la baie des Cochons qui a conduit à la création du comité dit « CI », le Comité anti-insurrection [2]?

KENNEDY : C'est exact : cette mesure a constitué l'un des résultats du rapport. Le second résultat a été la réorganisation qui a suivi notre enquête. De toute façon, il y aurait eu des changements, mais l'affaire de la baie des Cochons et nos investigations ont fait apparaître la nécessité d'un partage plus clair des compétences. Tout le monde avait accès direct au président Kennedy, ce qui n'était pas bon. Mac Bundy, le conseiller de la Maison Blanche pour les questions de sécurité nationale, aurait dû avoir une autorité plus grande sur ceux qui rendaient compte au Président par son intermédiaire ou conjointement avec lui. Et mon frère aurait toujours eu la possibilité de s'adresser à eux directement.

Le département d'État se refusant à l'idée qu'un comité ait mission permanente de traiter les problèmes, d'autres cellules ont été mises en place avec le temps. C'est de là qu'est sortie, par exemple, l'idée d'instituer le Comité exécutif du National Security Council [3].

---

1. Le groupe d'étude sur Cuba, dit groupe Taylor, composé de Maxwell Taylor, de Robert Kennedy, d'Allen Dulles et de l'amiral Arleigh Burke, a fait office de commission d'enquête sur le fiasco de la baie des Cochons.

2. Le président Kennedy avait créé en janvier 1962 un nouveau comité au sein du Conseil de la sécurité nationale, sous le nom de « groupe spécial » ou « Counterinsurgency Group » (CI), chargé de coordonner les actions des États-Unis dans cette région et placé sous la présidence de Maxwell Taylor. (Voir aussi troisième partie, pp. 195-196.)

3. Le Comité exécutif (« ExCom ») était composé de membres du Conseil de la sécurité nationale et s'adjoignait à l'occasion d'autres conseillers.

Le Conseil de la sécurité nationale ne sert à rien pour le traitement des situations critiques. Je m'explique : il est demandé aux responsables de définir une position, puis d'aller solliciter la bénédiction du Conseil; si les intéressés ne souhaitent pas voir ce dernier perdre du temps à parvenir à une décision, il vaut mieux pour eux commencer par décider et se présenter ensuite devant l'aréopage.

L'affaire de la baie des Cochons est ce qui a pu arriver de mieux à l'administration : sans elle, nous aurions envoyé des troupes au Laos à cette époque.

SCHLESINGER : Pensez-vous que nous étions aussi près d'une décision de ce genre?

KENNEDY : Oui, parce que les militaires le voulaient. Mais le Président, fort de l'expérience de la baie des Cochons, a posé des questions qui ne l'avaient pas été au moment de cette opération, et il a fait reculer l'état-major général. Ainsi, à un certain moment, les militaires souhaitaient envoyer des troupes sur deux aéroports du Laos, assurant qu'une action de ce type changerait considérablement la situation et que nous pourrions contrôler cette partie de la région.

Le Président a donc demandé : « Combien d'hommes? » « Mille par jour, donc pas de problèmes », ont dit les militaires.

Le Président a continué : « De combien d'hommes la guérilla communiste du Pathet-Lao dispose-t-elle? – Cinq mille », ont répondu les militaires.

Le Président a alors voulu savoir de quel type d'aéroports il s'agissait. C'est ainsi qu'on a appris que les installations en question n'étaient utilisables que de jour. Le Président a donc demandé : « Combien de temps faudrait-il pour amener les troupes sur les pistes? » « Quinze jours environ », lui a-t-il été répondu; je ne me souviens pas du nombre exact de jours.

Et le Président a conclu : « Que se passera-t-il si le Pathet-Lao ne vous laisse débarquer des troupes que pendant deux jours et bombarde ensuite les aéroports? Que ferez-vous alors? »

Réponse : « C'est une question à laquelle nous n'avons pas vraiment pensé. »

SCHLESINGER : J'ai eu l'impression qu'après l'affaire de la baie des Cochons le Président était déçu par l'état-major général davantage que par tout autre corps de l'État.

KENNEDY : Je le crois aussi. Les conseils que l'état-major général a donnés durant le printemps et l'automne 1961 au sujet du Laos n'ont été d'aucun secours. Tout a changé avec l'arrivée de Maxwell Taylor : il avait du bon sens et une vision globale de la situation, alors que tout ce que voulaient les autres, c'était aller là-bas et lancer des bombes sur les gens. De même, après la crise des missiles de Cuba, deux des membres de l'état-major général étaient fous. L'un suggérait d'aller les bombarder le lundi suivant, et l'autre disait : « Nous avons été trahis. »

SCHLESINGER : Vraiment ?

KENNEDY : Il s'agit de LeMay, le chef d'état-major de l'armée de l'air, et d'Anderson, chef des opérations navales. C'est d'ailleurs la principale raison qu'a eue le Président de se débarrasser d'Anderson.

SCHLESINGER : Quelle opinion le Président avait-il du directeur de la CIA, Allen Dulles ?

KENNEDY : Il l'aimait bien. Il le tenait pour un véritable gentleman, pour un homme qui se comportait parfaitement bien. Évidemment, tant d'erreurs avaient été commises dans l'affaire de la baie des Cochons que Dulles ne pouvait décemment rester en fonctions. Mais il acceptait toute la responsabilité de ce qui s'était passé, et le Président le tenait en très haute estime.

SCHLESINGER : J'ai eu l'impression que le successeur de Dulles à la CIA, John McCone, a fait un excellent travail.

KENNEDY : Oui, sans doute. Il ne manifestait pas la loyauté d'un McNamara, parce qu'il tenait beaucoup à conserver sa place. C'est pourquoi il a pu surnager à Washington pendant tant d'années. C'est aussi pourquoi, en 1963, ses rapports ont été aussi tendus avec McNamara. McCone a apporté un témoignage, tentant de se protéger sur la question de savoir pourquoi la CIA n'avait pas été plus tôt au courant de la présence de missiles à Cuba et pourquoi elle n'avait pas donné l'alarme sur la nature du problème ; pur et dur, McCone s'est conduit en « faucon ». Son comportement embarrassait le Président d'un point de vue politique et apportait de l'eau au moulin du sénateur Kenneth Keating [1]. D'un autre côté, McNamara, qui avait pris position de

---

1. Critique très en vue de la politique cubaine de l'administration Kennedy, Kenneth B. Keating, sénateur de l'État de New York, avait publiquement accusé le gouvernement d'avoir fermé les yeux sur la présence à Cuba de missiles offensifs soviétiques.

façon à éviter tout embarras pour le Président, est allé trop loin en faisant comme si Cuba ne représentait pas le moindre problème. Il prétendait que ce pays ne constituait même pas une plate-forme de subversion en Amérique latine. Son attitude a bien sûr été désapprouvée : il en est résulté un conflit entre les deux hommes et beaucoup d'amertume. Et puis, le Président s'y est trouvé mêlé.

J'entretenais de très bons rapports personnels avec John McCone, en sorte que nous étions en mesure de calmer un peu le jeu. Il appréciait beaucoup ma femme, parce qu'à la mort de la sienne Ethel est allée le voir et est restée auprès de lui. Il avait donc beaucoup d'affection pour nous et je crois qu'il aimait énormément le Président. Mais il y avait une personne qu'il aimait encore plus : lui-même.

SCHLESINGER : Que doit-on penser de son idée suivant laquelle il avait prévu la possibilité de la présence de missiles à Cuba ?

KENNEDY : Pas valable. Je n'assistais pas à la réunion ; mais il a dit — de toute évidence au cours d'une réunion interne quelconque — qu'il trouvait étrange que les Cubains puissent installer des rampes de lancement de SAM (les missiles sol-air), mais qu'il faudrait ouvrir l'œil. Toutefois il n'a jamais émis cette idée par écrit et il l'a encore moins communiquée au Président, ni à qui que ce soit d'autre. Et, preuve qu'il n'était pas vraiment préoccupé, il est parti à cette époque pour l'Europe en voyage de noces, un mois durant : s'il avait été aussi inquiet et s'il avait pensé qu'il fallait réagir, il aurait dû, primo, informer le Président par écrit et, secundo, s'abstenir d'aller passer un mois en Europe pendant une période critique.

Et à la fin, quand les gens ont commencé à demander : Pourquoi ne saviez-vous pas qu'il y avait des missiles à Cuba ? il est revenu en disant : « J'ai eu l'impression qu'il y avait des missiles à Cuba. » Personne ne lui a posé assez de questions. Et voici ce qu'on a pu lire dans la presse : John McCone pensait qu'il pouvait y avoir des missiles à Cuba. Si John McCone pensait qu'il devait y avoir des missiles à Cuba, le Président Kennedy ne pouvait ignorer ce que pensait John McCone, mais il n'a pas prêté attention à la mise en garde ! Ken Keating a donc raison. C.Q.F.D.

Toute l'affaire est là, voyez-vous : on a confondu McCone et Ken Keating, pour en conclure que le Président avait été informé et n'avait pas réagi. Et c'est bien ce qui a peiné mon frère dans cette passe difficile. Mais McCone n'était pas homme à dire : je n'ai informé personne. Il restait dans le vague, avec ses « Je pensais qu'il y avait des missiles à Cuba ». Qui plus est, il se faisait des amis au Congrès, car on lui disait au Capitole : Vous pensiez qu'il y avait des missiles à Cuba; mais alors pourquoi n'y a-t-il eu aucune réaction?

SCHLESINGER : Ce qui revient à dire qu'il a simplement lancé cette idée dans la conversation, comme s'il s'agissait d'une pure conjecture?

KENNEDY : Je n'en ai même jamais entendu parler, alors que nous nous voyions tout le temps. L'idée n'a en aucun cas été communiquée au Président; elle n'a été communiquée à personne dans une forme précise pendant toute cette période. On voit bien que McCone ne prenait pas lui-même la chose au sérieux, puisque à son retour d'Europe il est parti pour la Californie. Voyez-vous, j'aime bien John McCone, mais c'est lui qui a été à l'origine de cet état d'esprit au sein du Congrès. Son audition lui a été favorable, parce qu'elle présentait un intérêt politique : le président Kennedy au courant, Ken Keating au courant, John McCone, bien sûr; le commentateur Fulton Lewis et toute la presse au courant aussi, la CIA au courant et le Président ne levant pas le petit doigt pour dissuader les Russes... C'est bien ce qui a causé l'amertume de McNamara, car il savait que c'était faux, mais il ne pouvait guère aller attaquer McCone. Nous savions tous que ce dernier colportait dans les couloirs du Congrès une version qui le tirait d'affaire. Sur qui retombait en premier lieu la responsabilité de n'avoir pas connu plus tôt la présence de missiles à Cuba? Sur la CIA; et McCone ne tenait pas à avoir cette histoire sur le dos : c'est de cette façon qu'il s'en est déchargé.

SCHLESINGER : Mais personne ne lui a donc jamais demandé : Si vous saviez, pourquoi n'avez-vous pas... ?

KENNEDY : Je crois que la question a été posée à la fin, mais, à ce moment-là, tout était complètement embrouillé.

SCHLESINGER : A part quelques voyages, le vice-président jouait-il un rôle en politique étrangère?

KENNEDY : Non. Johnson n'assistait à aucune réunion vraiment importante. Lorsqu'il est venu à Buffalo pendant la campagne présidentielle de 1964, je l'ai entendu faire état de son expérience personnelle du Comité exécutif du Conseil de la sécurité nationale à l'époque de la crise des missiles de Cuba. Il a déclaré alors : « Il y a eu trente-six réunions et j'ai assisté à trente-cinq d'entre elles. J'ai conscience de ce que représente la responsabilité d'appuyer sur le bouton qui déclenche une attaque nucléaire ; je sais à quel point elle est importante et vitale, car j'ai assisté à trente-cinq de ces réunions qui durent jour et nuit. »

Je crois qu'il a assisté à la première réunion. Puis il est parti pour Hawaii, car il était nécessaire d'éviter une annulation de déplacement de nature à signaler que nous avions une crise sur les bras. Il n'était pas là lorsque ont été élaborées les décisions. Il est rentré le samedi soir qui a précédé le retrait des missiles russes de Cuba [...].

Lyndon Johnson n'a jamais présenté de suggestions ni de recommandations sur la ligne à tenir dans la crise des missiles cubains. Il était mécontent de notre action, sans jamais préciser la position que lui-même aurait prise. Il disait avoir l'impression que nous étions trop mous, mais c'est après coup que la discussion est venue là-dessus. Le Président était au courant de ce que Johnson racontait à ses amis du Congrès et nous avons donc envisagé de lui faire expliquer par des tiers que le gouvernement se comportait comme un va-t-en-guerre, pour voir s'il modifierait son attitude.

SCHLESINGER : Son entourage raconte qu'il était fortement opposé à la politique qui consistait, au Viêt-nam, à laisser tomber Diêm.

KENNEDY : Je pense que c'est vrai.

SCHLESINGER : A-t-il exprimé cette opinion en réunion ?

KENNEDY : Non. Pas plus qu'il n'a proposé de solution de rechange. Je ne sais pas si vous étiez au courant de toute cette affaire, mais il faut savoir que celui qui a laissé tomber Diêm, en réalité, c'est Henry Cabot Lodge, alors ambassadeur à Saigon : c'est lui qui à l'époque nous a forcé la main au Viêt-nam. A la vérité, il était en passe d'être rappelé – et le Président avait étudié en détail avec moi la manière de le limoger –, parce qu'il n'y avait pas moyen de l'amener à communiquer avec nous. Le Président voulait savoir qui allait remplacer Diêm et quels arrangements pourraient être passés, mais Cabot Lodge ne nous fournissait aucune information : les messages du Président demeuraient sans véritable réponse.

Mais il est exact que Johnson aimait bien Diêm ; et il aimait beaucoup Mme Diêm : il avait même un sérieux béguin pour elle. Nous

nous sommes d'ailleurs demandé un moment s'il n'aurait pas mieux valu communiquer avec ce ménage par l'intermédiaire de Johnson, puisqu'ils s'entendaient si bien.

SCHLESINGER : Lodge ne voulait donc pas lâcher la moindre information?

KENNEDY : Pas moyen de lui faire dire quoi que ce soit. Nous nous sommes trouvés à ce moment dans une situation impossible. Nous envoyons un message accompagné d'une foule de questions, et quelle réponse recevons-nous? Deux lignes : « Préoccupé et amusé par votre message. Signé : Henry Cabot Lodge. »

SCHLESINGER : Que diriez-vous du rôle qu'a joué Mac Bundy dans la crise des missiles cubains? A-t-il un peu mieux aidé à clarifier les problèmes?

KENNEDY : Et comment! Il était partisan d'une attaque aérienne, d'une action en force. Puis, le jeudi soir, il était hostile à toute action, disant : « Si vous tentez quoi que ce soit à Cuba, ils vont envahir Berlin. Tout plutôt que perdre Berlin : laissons donc les missiles tranquilles. » Le vendredi matin, il avait encore changé d'avis : il était redevenu partisan de faire donner l'aviation [...].

SCHLESINGER : Avec le recul du temps, quels sont les hommes qui vous paraissent avoir, à l'époque, été les meilleurs.

KENNEDY : Bob McNamara était excellent. Tommy Thompson, alors conseiller technique du secrétaire d'État, pour les affaires soviétiques, était extrêmement efficace, bien meilleur à mon avis que Chip Bohlen, prédécesseur de Thompson au département d'État et rapidement nommé ambassadeur à Paris. Chip Bohlen nous a abandonnés et je n'ai jamais oublié cela : il était à nos côtés au début de la bataille, puis un jour il a pris un bateau et il est parti pour la France. Rien ne l'y obligeait et il aurait pu retarder son départ. Nous lui avons fait valoir qu'il pouvait aussi bien prendre l'avion, mais il a décidé de quitter le pays au beau milieu de la crise, alors qu'il avait travaillé avec nous pendant si longtemps. C'est cette défection qui a valu sa nomination à Tommy Thompson, que nous ne connaissions pas, mais qui était extraordinaire, très dur et plein de bon sens : c'est lui qui a inspiré l'idée de donner aux Russes la possibilité de faire

41

marche arrière, de leur laisser une porte de sortie. Ted Sorensen, conseiller juridique du Président, était très efficace et avait du jugement : il faisait moins de bruit que certains autres, mais sa position était toujours la bonne. Ed Martin, directeur général au département d'État, chargé des affaires inter-américaines, était lui aussi très efficace. Et Douglas Dillon, secrétaire d'État au Trésor, a toujours fait preuve de bon sens, même si, dans l'affaire des missiles de Cuba, il s'est déclaré favorable à une intervention de l'aviation.

SCHLESINGER : L'idée de laisser aux Russes une porte de sortie devait sûrement venir aussi du Président, car elle est caractéristique de sa manière d'approcher ce genre de problèmes.

KENNEDY : Absolument. Mais il était bon que quelqu'un soit toujours là pour la faire prévaloir, parce que le Président ne participait pas aux réunions à cette époque.

SCHLESINGER : S'abstenait-il délibérément, pour que la dicussion soit plus libre?

KENNEDY : Oui, mais n'oubliez pas qu'il était en campagne électorale. Et puis, j'ai toujours eu l'impression que les séances ne se passaient pas bien quand il était là. Nous avons eu un sérieux accrochage à ce sujet à l'époque.

SCHLESINGER : Qui présidait ces réunions?

KENNEDY : En principe, c'était Rusk; mais comme je vous l'ai dit, il disparaissait ou ne voulait pas diriger le débat. Parfois, les réunions n'étaient pas vraiment présidées et nous nous débrouillions du mieux que nous pouvions. Mais ou bien Rusk ne voulait pas organiser la discussion, ou bien il n'avait aucun ordre du jour. Ensuite on a fait venir Dean Acheson, l'ancien secrétaire d'État. Il était partisan d'un bombardement aérien.

SCHLESINGER : Quelle était l'opinion du Président sur Acheson?

KENNEDY : Il l'aimait bien. Non, je me trompe, il ne l'aimait pas. Il avait du respect pour lui; il le trouvait efficace, irritant aussi. Il pensait que son avis méritait d'être écouté, même s'il ne le suivait pas. D'ailleurs, l'avis d'Acheson s'est révélé dénué d'intérêt en maintes occasions.

SCHLESINGER : En 1961, pendant la crise de Berlin, il a été très présent, de façon permanente; puis il a tout laissé tomber.

KENNEDY : Oui, c'est exact. Il était partisan d'accroître nos effectifs là-bas et de renforcer notre présence militaire. Je crois qu'il a joué un rôle très important dans le recul des Russes.

A mon avis, Khrouchtchev s'était mis dans la tête, au sommet de Vienne, qu'il avait affaire à un jeune homme, à une personnalité assez falote, parce que le Président n'avait pas agi à Cuba comme lui-même l'aurait fait à sa place, c'est-à-dire : débarquer et mettre la main sur le pays. Puisque mon adversaire s'est montré si timide et si hésitant dans l'affaire de la baie des Cochons, pensait Khrouchtchev, c'est un pleutre et il me suffira de montrer ma force pour le faire reculer. C'est ce qu'il a essayé de faire à Berlin : il a cru qu'il pourrait se rendre maître de la ville. Ce qui l'en a dissuadé, à mon avis, c'est le renforcement de notre présence militaire.

Nous avons aussi envoyé des troupes en Thaïlande [1]. Personne n'a douté que l'intervention des Marines n'ait incité Khrouchtchev à faire pression sur le Laos pour que l'ordre soit rétabli dans ce pays.

---

1. A la suite de la reprise des combats en Thaïlande, les États-Unis ont envoyé dans ce pays, au mois de mai 1962, des forces navales et terrestres destinées à appuyer les troupes anticommunistes.

« Il accepte...! »
Le choix de Lyndon Johnson
pour la vice-présidence

SCHLESINGER : Los Angeles, 1960...! Le mémorandum Graham [1] correspond-il à vos propres souvenirs?

KENNEDY : Je vais vous raconter ce qui s'est passé. Si l'idée suggérée par le mémorandum Graham est conforme à mon interprétation – à savoir que le Président avait pensé proposer la vice-présidence à Lyndon Johnson avant d'avoir lui-même reçu l'investiture du parti démocrate et qu'il ne s'agissait pas là d'une idée en l'air –, alors je peux vous assurer qu'elle est inexacte. Il n'est pas vrai que mon frère soit allé proposer à Johnson d'être son colistier avec l'espoir que celui-ci accepterait. S'il lui a offert cette investiture, c'est parce qu'il estimait correct d'effectuer cette démarche; en effet, nous avions suffisamment d'indications donnant à penser que Johnson souhaitait que la proposition lui soit présentée. Mais mon frère n'a pas cru une minute qu'il accepterait.

SCHLESINGER : Vraiment?

KENNEDY : Absolument. Il a pensé qu'il fallait remettre la proposition, mais il n'a jamais imaginé que celle-ci ait la moindre chance d'être acceptée. Du mémorandum en question, j'ai retiré l'impression que Graham avait dit à mon frère que si l'investiture était offerte à Johnson, il était possible que celui-ci accepte, et que mon frère en était ravi. Si c'est bien ce que Graham a voulu sous-entendre, je puis vous dire que c'est faux.

Je vois encore le Président revenir de sa visite à Johnson. Le mémorandum donne l'impression que cette visite n'a eu lieu qu'en fin

---

1. Il s'agit d'un récit, rédigé par Philip Graham (du *Washington Post*), des circonstances qui ont entouré le choix de Lyndon Johnson comme colistier et candidat à la vice-présidence.

de matinée, alors que mon frère est allé là-bas au saut du lit. Et avant de sortir, il se disait qu'il était épouvantable de ne disposer que de vingt-quatre heures pour choisir un candidat à la vice-présidence. Il n'y avait pas du tout pensé auparavant et reconnaissait que c'était une grosse erreur, vu l'importance du poste.

SCHLESINGER : Pourquoi n'y avait-il pas réfléchi plus tôt?

KENNEDY : Parce que la candidature à l'investiture pour la présidentielle ne représentait pour nous qu'un galop d'essai. Nous ne nous étions pas préoccupés du choix d'un colistier, alors que nous en étions à compter les voix qui pouvaient nous être acquises! Il nous fallait l'emporter au premier tour des primaires; or nous n'avons gagné que de quinze voix. Nous n'avons gagné dans les deux Dakota que d'une demi-voix et la Californie était fichue. Si nous avions envisagé de proposer la vice-présidence à quelqu'un, nous aurions pu penser au gouverneur de l'Iowa, Herschel Loveless, qui nous posait un problème, mais il aurait été inconcevable de le retenir; il y avait aussi Orville Freeman, qui se bagarrait avec Hubert Humphrey, et puis Gene McCarthy. Vous savez, il ne restait plus guère à se déclarer que trente-deux voix.

Nous n'avons même pas eu le temps de penser à la vice-présidence. Le président du comité démocrate du comté de New York, Carmine De Sapio, est venu m'apporter une proposition : Lyndon Johnson va ramasser trente voix et vous pourriez les récupérer toutes au second tour. Je l'ai envoyé promener, en lui disant que nous allions gagner dès le premier tour.

Tout était comme cela. Aucune circonscription n'était stabilisée. Faire plaisir à tous, garder le contact avec tout le monde, si vous vous souvenez, c'était déjà un fameux travail. Alors, si vous croyez que nous avions la tête à penser à la vice-présidence.

SCHLESINGER : Y a-t-il eu une réunion le mercredi soir, après le vote d'investiture, pour parler de la vice-présidence?

KENNEDY : Mon frère et moi en avons parlé; mais il ne s'est agi que de la visite qu'il irait rendre à Johnson très tôt le lendemain matin. J'étais dans sa chambre lorsqu'il est revenu de cette visite et il me dit : « Tu ne vas pas en croire tes oreilles : Johnson accepte. » – « Oh mon Dieu! » me suis-je écrié. Et mon frère me répond : « Qu'allons-nous faire? »

Nous nous sommes mutuellement promis de n'en parler à personne et nous avons passé le reste de la journée à nous dire que cette proposition était peut-être une bonne chose, mais que c'était peut-être aussi une erreur, et à chercher le moyen de sortir de cette situation. L'une des principales raisons qui ont finalement incité mon frère à prendre Johnson comme colistier a été l'idée que celui-ci serait tellement empoisonnant comme chef de la majorité qu'il était préférable de le mettre à la vice-présidence, un poste où il serait possible de le contrôler. Tout valait mieux que de le retrouver chef de la majorité après lui avoir infligé l'affront du retrait d'une offre acceptée.

Mais vers les deux heures du matin, nous avons finalement décidé de ne pas le prendre comme colistier : mon frère pensait qu'il lui serait désagréable de faire équipe avec Lyndon Johnson. Il fallait donc l'amener à se retirer sans qu'il soit fâché. Je crois que je suis allé le voir à deux reprises. La première fois, simplement pour le sonder, pour savoir s'il tenait vraiment à la vice-présidence, et j'ai dû le voir à ce moment avec le président de la Chambre des représentants, Sam Rayburn. Je ne me souviens pas très bien de cette expédition, mais je me rappelle parfaitement une conversation que j'ai eue avec Johnson seul, la conversation la plus importante, et dans laquelle j'ai essayé de l'amener à se retirer.

Le mémorandum Graham donne à croire que je suis allé là-bas de ma propre initiative. Comme si mon frère et moi n'avions pas élaboré ensemble une argumentation destinée à Johnson. Nous étions convenus de faire valoir que sa désignation soulèverait une sérieuse opposition, qu'il y aurait de gros problèmes du côté des libéraux et que le candidat investi voulait éviter une bataille déplaisante; mais qu'il serait très souhaitable que Johnson ait un rôle de premier plan, qu'il prenne par exemple la direction du parti, étant sous-entendu qu'il pourrait placer ses amis à des postes intéressants; qu'ensuite, dans les quatre ou huit années suivantes, s'il avait envie d'être président, il aurait à sa disposition l'appareil du parti pour se présenter. Nous ne savions pas très bien s'il tenait absolument à une candidature en second, mais mon frère voulait en tout cas se débarrasser de lui.

Je suis donc allé le voir. Je lui ai expliqué que son investiture risquait de soulever des oppositions, mais qu'il pourrait en revanche être appelé à la direction du parti. Vous auriez dû voir sa tête : un vrai chevalier à la triste figure! Oui, il est capable de jouer ce genre de comédie. J'ai cru qu'il allait se mettre à pleurer. Je ne sais pas s'il simulait, mais il était là, tremblant, les larmes aux yeux et me disant : « Je veux être vice-président et si le Président veut bien de moi, je me battrai pour lui. » Voilà le genre de conversation que nous avons eue. Alors je lui ait dit : « Très bien ! Il souhaite vous voir à la vice-présidence, si vous y tenez : c'est ce que nous voulons que vous sachiez. »

A mon retour, mon frère me dit qu'il venait d'avoir une communication de Clark Clifford ou d'un autre de ses conseillers, je ne me souviens plus, disant : « Nous allons au désastre si nous ne prenons pas Johnson. Je suis obligé de faire une déclaration dans les cinq minutes qui viennent et il faut que vous preniez position, sinon tout est perdu. » Mon frère est donc sorti, et la déclaration a eu lieu ; mais je puis vous dire que, pendant les quelques heures qui ont précédé ce moment, nous nous sommes demandé si oui ou non nous souhaitions prendre Johnson comme colistier. Nous avions arrêté une décision négative, nous avions cherché le moyen de nous débarrasser de lui et finalement tout cela n'a pas marché.

SCHLESINGER : Les libéraux s'étaient-ils manifestés ouvertement contre une candidature Johnson ?

KENNEDY : Non ; mais celle-ci inquiétait mon frère, parce qu'elle soulevait des oppositions d'ordre personnel.

SCHLESINGER : De la part des dirigeants syndicalistes, par exemple [1] ?

KENNEDY : De la part de certains d'entre eux, pour des raisons de caractère général ; mais une fois la décision prise, tout s'est bien passé.

Par ailleurs et comme je vous l'ai dit, nous avions beaucoup parlé du désagrément qu'il y aurait à avoir Johnson comme chef de la majorité. Une fois que ce personnage s'est trouvé à la vice-présidence, le Président a été enchanté de le voir dans ce poste, plutôt que dans les fonctions de chef de la majorité, où il aurait été insupportable. Et savez-vous, vers la fin – en 1963 –, il irritait fortement le Président. Je crois que ce dernier admirait Johnson, qui d'ailleurs l'amusait assez. Il admirait sa compétence évidente, mais

---

1. Les dirigeants syndicalistes Walter Reuther, Arthur Goldberg et Alex Rose avaient eu avec J.F. Kennedy une réunion au cours de laquelle avait été étudiée l'investiture d'un candidat à la vice-présidence.

Johnson ne l'aidait pas dans les circonstances où il aurait pu rendre service. Le vice-président était très loyal et ne disait jamais de mal du Président, mais il n'apportait jamais la moindre suggestion ni la moindre idée en matière de politique. Il était d'ailleurs hostile à la nôtre, du moins sur les deux grandes questions : celle de la crise des missiles de Cuba et celle du projet de loi de 1963 relatif à l'égalité des droits. Il était opposé à ce projet et à sa présentation au Congrès.

SCHLESINGER : Vraiment? Après les événements de Birmingham [1]?

KENNEDY : Oui. Et, bien entendu, il était hostile à notre action pendant la crise des missiles, encore qu'il n'ait jamais révélé la ligne qu'il aurait lui-même suivie : il se contentait de déclarer qu'il n'était pas d'accord. Le Président l'invitait systématiquement à exprimer sa pensée, sachant très bien que Johnson dirait seulement : j'étais contre.

Dans toutes les réunions, je vais lui donner l'occasion d'expliciter officiellement sa position, disait le Président. Mais Johnson ne précisait jamais celle-ci sur quoi que ce soit. Et, après, il rouspétait ou il se plaignait. C'est pourquoi le directeur général chargé au ministère de la Justice de la question de l'égalité des droits, Burke Marshall, a été obligé d'aller le voir pour lui parler du projet de loi auquel il était si vigoureusement hostile.

SCHLESINGER : En dehors de Johnson, qui aurait pu avoir la vice-présidence?

KENNEDY : Personne en particulier. Peut-être le sénateur du Missouri, Stuart Symington...

SCHLESINGER : Quant à Hubert Humphrey, il n'en était naturellement pas question, à cause de sa...

KENNEDY : De sa conduite, oui. Mon frère aimait bien Orville Freeman, mais il ne nous aurait été d'aucune utilité.

---

1. La ville de Birmingham, dans l'Alabama, a été, entre le 12 avril et le 10 mai 1963, le théâtre d'une série de manifestations en faveur de l'égalité des droits, d'interventions des forces de police et d'émeutes populaires. Les violences ayant repris le 12 mai, des troupes fédérales ont dû être envoyées à Fort McCellan, à côté de la ville.

SCHLESINGER : Y a-t-il eu affrontement entre Rayburn et vous pendant toute cette affaire du choix d'un vice-président?

KENNEDY : Non.

SCHLESINGER : Je me demande d'où vient...

KENNEDY : D'où vient la légende à laquelle vous pensez? Cela je le sais très bien. Elle vient du fait que Phil Potter, du *Baltimore Sun*, a raconté une histoire et que je ne l'ai pas démentie. Le lendemain matin, j'ai dit à Sam Rayburn que je l'avais lue dans le journal, en lui demandant de n'en pas parler. Mais pour ce qui est du prétendu échange de noms d'oiseaux, je puis vous assurer qu'il n'y a rien de vrai là-dedans. J'ai simplement décidé que l'incident était clos et qu'il fallait passer à autre chose. C'est pourquoi je n'ai pas démenti, ni parlé à quiconque de cette affaire.

SCHLESINGER : Un jour, en 62 ou 63, Johnson m'a raconté sa propre version, d'après laquelle le Président serait venu lui présenter sa proposition. Mais Rayburn aurait appelé Johnson la veille au soir et lui aurait dit de ne pas accepter : « Ils vont vous faire une offre et il ne faut pas accepter. » Quand le Président est venu le voir avec son offre, Johnson se serait dérobé, essayant de gagner du temps. Votre frère aurait alors demandé si le président de la Chambre était contre, ce que Johnson lui aurait confirmé. Le Président ayant demandé s'il verrait un inconvénient à ce qu'il en parle à Rayburn, Johnson aurait répondu que non. D'après ce dernier, votre frère serait allé voir le président de la Chambre et, à la suite de cette conversation – qui a dû avoir lieu vers dix heures ou dix heures et demie du matin –, Rayburn aurait appelé Johnson pour lui dire qu'il avait changé d'avis et qu'il fallait accepter. Comme Johnson lui aurait alors rappelé qu'il lui avait dit le contraire la veille, Rayburn aurait répondu : « La nuit porte conseil. Et puis il nous faut battre ce type – c'est-à-dire Nixon – et il faut que vous soyez colistier. »

D'après Johnson, ce conseil était de toute évidence le résultat de la conversation que le Président avait eue avec Rayburn. Avez-vous souvenir d'une quelconque conversation?

KENNEDY : Non. Comme je vous l'ai dit, la seule réaction de mon frère à sa visite à Johnson a été d'étonnement et d'inquiétude que l'autre n'accepte la vice-présidence. Il n'avait pas une seconde imaginé ni envisagé qu'il puisse accepter. Et ensuite, nous avons passé pas mal de temps à essayer de le faire sortir.

SCHLESINGER : Mais, à votre connaissance, le Président n'est pas allé voir Rayburn?

KENNEDY : Je n'ai aucun souvenir qu'il soit allé voir Rayburn, ni qu'il ait tenté de le persuader d'obtenir le consentement de Johnson.

SCHLESINGER : Sans doute une telle démarche aurait-elle été illogique, compte tenu de sa réticence à avoir Johnson comme colistier?

KENNEDY : Oui. On peut imaginer que Johnson ait dit à mon frère qu'il vaudrait mieux en parler à Sam Rayburn et que mon frère ait répondu qu'il le ferait, puis qu'il ait vu Rayburn. La chose est concevable, parce qu'il était difficile de ne pas en parler au président de la Chambre. Surtout si Johnson le lui avait suggéré. Quant à Graham, je ne crois pas qu'il ait prétendu que mon frère en ait parlé à Rayburn.

SCHLESINGER : Non, il ne l'a pas dit.

KENNEDY : A l'époque, Mme Johnson n'était pas favorable à l'idée de la vice-présidence, à cause de l'état de santé de son mari; et je crois que certaines autres personnes y étaient opposées pour des raisons d'hostilité personnelle. Mais je n'ai pas souvenir que mon frère en ait jamais parlé à Sam Rayburn et s'il l'a fait, cela n'a pas eu d'importance à l'époque. La version que Johnson a donnée à Phil Potter et à d'autres est tout simplement fausse. Je ne sais pas ce qu'il vous a raconté, mais je pense que ce n'est pas la vérité.

SCHLESINGER : Jim Rowe, le conseiller et ami de Johnson, m'a dit que, le lendemain, Johnson était lugubre : il avait l'impression d'avoir commis une grosse erreur. Mais il n'a donné ni au Président ni à vous-même l'impression qu'il hésitait, n'est-ce pas?

KENNEDY : Non, non.

SCHLESINGER : Il est resté logique avec lui-même, du début à la fin?

KENNEDY : Comme je vous l'ai dit, lorsque j'ai essayé de l'amener à renoncer, il n'y a rien eu à faire. Je suis certain qu'il tenait par-dessus tout à la vice-présidence. Comme le Président l'a dit la veille de cette horrible journée du 22 novembre 1963, Johnson est incapable de dire la vérité. Je me souviens d'une conversation que j'ai eue avec lui en 1962 pendant une soirée dansante à la Maison Blanche : il prétendait n'avoir jamais essayé de battre mon frère aux primaires, n'être même pas intéressé par la fonction présidentielle et chercher seulement à être utile au Président – bien sûr, il y a des obstacles qu'il ne pouvait écarter d'un coup, mais il n'a jamais levé le petit doigt –, m'assurant qu'il n'avait jamais dit du mal de mon frère et qu'il n'avait jamais entendu dire que John Connally en ait médit.

Les rapports que j'ai eus avec lui depuis m'ont montré qu'il passe son temps à mentir. Je vous assure, il ment continuellement. Dans chaque conversation que j'ai avec lui, il ment. Il ment même si ce n'est pas utile.

Autres nominations et chefs d'État étrangers

SCHLESINGER : McNamara a bien sûr été un grand ministre de la Défense nationale.

KENNEDY : Oui. Le Président l'aimait beaucoup [...]. La fuite la plus grave qui se soit produite au niveau gouvernemental, avec l'article de Hanson Baldwin dans le *New York Times*, a porté sur le fait que nous savions que les Russes ne renforçaient pas leurs rampes de lancement de missiles et que nous en connaissions le nombre. Or, la seule manière d'obtenir ce genre d'information était la photographie par satellite [...]. Cet article a « grillé » notre plus importante source de renseignements et incité les Russes à déplacer leurs rampes de lancement. Ç'a été toute une affaire. La commission de la sécurité nationale présidée par Clark Clifford a enquêté et déclaré qu'il s'agissait là de la plus importante information secrète de ce type que les Russes aient jamais reçue. L'enquête sur l'origine de la fuite sous-entendait que le responsable serait mis à pied. Tout le monde a été interrogé par le FBI. Le Président a convoqué les propriétaires du *New York Times* et leur a montré le document faisant apparaître le caractère ultrasecret de ce renseignement, qui n'aurait jamais dû être divulgué [...].

SCHLESINGER : Et Paul Nitze? Avait-il une envergure quelconque?

KENNEDY : Le Président ne l'aimait guère. Il le jugeait efficace et d'ailleurs on avait pensé à Nitze pour le secrétariat à la Défense, pour le sous-secrétariat et pour le poste de sous-secrétaire au département d'État. Mais il était assez désagréable et le Président n'a guère apprécié certaines des réponses qu'il a données dans l'affaire des missiles de Cuba.

SCHLESINGER : Connally a été un très bon secrétaire d'État à la Marine, n'est-ce pas?

KENNEDY : Je le crois aussi, mais ça me trouble. J'aimais bien John Connally à une certaine époque, mais plus du tout maintenant. Vous savez, il n'a rien fait en faveur de la Bibliothèque présidentielle à la mémoire de mon frère; il nous a même mis des bâtons dans les roues lorsque le projet a été présenté au Texas, et il n'a pas levé le petit doigt depuis. Il s'est conduit d'une manière très déplaisante et je ne l'aime pas du tout.

SCHLESINGER : Le Président savait-il vraiment ce qu'il attendait du personnel de la Maison Blanche?

KENNEDY : Non.

SCHLESINGER : Une partie de votre travail consistait à recruter les collaborateurs de la Maison Blanche.

KENNEDY : Oui.

SCHLESINGER : C'est vous qui m'avez recruté, par exemple.

KENNEDY : Vraiment?

SCHLESINGER : Oui, ainsi que Fred Dutton, qui était chargé de mission. Vous aviez le souci d'amener à la Maison Blanche des hommes nouveaux.

KENNEDY : C'est exact. Je ne crois pas que le Président s'intéressait à ce genre de choses. Il voulait avoir auprès de lui des collaborateurs compétents et brillants, mais la répartition des tâches n'a jamais été très satisfaisante. Les gens travaillaient dur, parce que c'était lui, et ils supportaient une foule de choses qu'ils n'auraient jamais acceptées de qui que ce soit d'autre. Mais il y avait tellement de travail que les difficultés auxquelles on aurait normalement pu s'attendre ne se sont pas présentées.

Le Président n'avait pas d'idées très claires sur l'ordre hiérarchique, ni sur l'organisation du travail, ni même sur l'identité de certains collaborateurs. J'ai donc mis le nez dans ces questions d'organisation de la Maison Blanche, qui sont entrées dans mes compétences. Et puis le facteur humain a joué un grand rôle : certaines personnes investies de responsabilités importantes sont allées de l'avant et ont consolidé leur position; d'autres non. C'est ainsi que Fred Dutton a été mis sur la touche, tout simplement parce que d'autres tenaient à ce que personne ne puisse menacer leur place ou leur rôle. Même chose avec Dick Goodwin, adjoint au conseiller juridique, qui s'est retrouvé au département d'État.

SCHLESINGER : Je crois que le Président souhaitait que Dick reste, mais lui ne le désirait pas, et Ted Sorensen souhaitait son départ. Je crois aussi que le Président désirait avoir au département d'État quelqu'un de solide.

KENNEDY : C'est juste. Il n'avait guère d'amis là-bas...

SCHLESINGER : Mennen Williams voulait la Santé, l'Instruction publique et les Affaires sociales, n'est-ce pas?

KENNEDY : Oui. Mais le Président pensait que c'était un peu gros pour lui. J'estime, quant à moi, que Williams a été excellent au département d'État dans le poste de directeur général chargé des Affaires africaines. Son jugement était toujours sûr et il s'est donné un mal fou. Il apportait toujours une foule de bonnes idées et je ne l'ai jamais vu pris au dépourvu. Pas une fois on ne l'a taxé d'incompétence. Je crois qu'il aurait probablement fait du bon travail comme ministre de la Santé, de l'Instruction publique et des Affaires sociales, sans pouvoir en juger. Mais ce que je sais, c'est qu'il a été excellent aux Affaires africaines.

SCHLESINGER : Vous souvenez-vous du climat qui régnait à l'arrivée du Président, de ses espoirs au sujet de l'Union soviétique? Rappelez-vous : Harriman avait reçu de Khrouchtchev des messages d'après lesquels il avait passé l'éponge et ainsi de suite; puis, au début de janvier, le premier secrétaire a prononcé un discours très dur.

KENNEDY : Je crois que Khrouchtchev poursuivait simplement ses réflexions de l'époque de la campagne présidentielle. Les deux expériences les plus révélatrices pour le Président ont été le sommet de Vienne et l'installation des missiles à Cuba. Le sommet de Vienne lui a énormément appris : c'était la première fois que le Président rencontrait quelqu'un avec qui il ne pouvait avoir un échange de vues utile et qui lui donnait l'impression que la conversation ne servait à rien. Et puis la crise des missiles de Cuba : le Président disait que les Russes, les communistes et Khrouchtchev ressemblaient aux truands dont nous avions eu à nous occuper l'un et l'autre, que le comportement de Khrouchtchev était celui d'un gangster dépourvu de sens moral et non celui d'un chef d'État ni d'un individu connaissant ses responsabilités.

Le Président réagissait ainsi à cause des promesses que Khrouchtchev lui avait faites : primo, de s'abstenir d'installer des missiles à Cuba ; secundo, de ne prendre avant les élections de 1962 aucune initiative susceptible d'avoir une incidence quelconque sur les élections. De fait, il avait expressément promis de ne pas venir aux Nations Unies – parce que sa visite aurait pu influencer les élections – et d'attendre que celles-ci soient passées. Il avait voulu donner à entendre au Président qu'il ne ferait rien en septembre et en octobre.

SCHLESINGER : Et à Vienne, quelle a été la réaction personnelle du Président devant Khrouchtchev ?

KENNEDY : Il a simplement pensé que son interlocuteur était parfaitement déraisonnable, qu'il était extrêmement dur et qu'il fallait se montrer aussi dur que lui. Et je crois que le Président a été assez ébranlé de voir qu'un individu pouvait être aussi implacable et enclin à tenir des propos aussi catégoriques.

SCHLESINGER : Parmi les hommes d'État étrangers, quels sont ceux que le Président préférait ? Le Premier ministre britannique, Harold Macmillan ?

KENNEDY : Je pense que c'est avec lui que le contact était le plus étroit. Bien sûr, il détestait le Premier ministre canadien, John Diefenbaker ; il avait même du mépris pour lui.

Il aimait bien le Président sud-coréen [1], parce que c'était un homme à poigne.

SCHLESINGER : Il appréciait aussi le Président vénézuélien, Romulo Bétancourt, n'est-ce pas ?

KENNEDY : Oui. Je pense qu'il aimait bien les Latino-Américains, le Président costaricain par exemple [2].

SCHLESINGER : J'ai trouvé David Harlech – je veux dire David Ormsby-Gore, baron Harlech, l'ambassadeur de Grande-Bretagne à

---

1. Il s'agit du général Park Chung Hee, qui s'était emparé du pouvoir à la suite d'un coup d'État sans effusion de sang, en mai 1961.
2. Mario Enchadi Jimenez.

Washington – tout à fait intéressant pendant la crise cubaine. Il m'a semblé que David était aussi proche du Président que l'on pouvait l'être, vous et une ou deux personnes mises à part.

KENNEDY : C'est exact. David Harlech faisait presque partie du gouvernement. Le Président préférait son avis à celui de pratiquement tout le monde. Il préférait ses idées, ses suggestions, ses recommandations à celles de nos ministres eux-mêmes, Bob McNamara compris.

SCHLESINGER : Ils se sont bien sûr rencontrés en 1958, mais il semble que les membres de votre famille aient eu depuis des relations assez suivies avec David Harlech.

KENNEDY : Oui. Voyez-vous, ma sœur Kick, Kathleen Hartington, était la marraine de son premier enfant. Ma sœur et lui étaient alliés : la sœur de sa mère était la belle-sœur de Kick. Il venait très souvent ; il a fait des séjours chez nous à Georgetown.

SCHLESINGER : David a-t-il joué un rôle particulier dans l'interdiction des essais nucléaires ?

KENNEDY : Oui. Je crois que c'est lui qui a motivé le Président et l'a convaincu de donner la priorité à cette question, car il trouvait que nous n'étions pas suffisamment actifs dans ce domaine. C'est David qui a inspiré les discours de la campagne présidentielle déplorant que si peu de gens s'occupent de cette question et que si peu d'initiatives soient prises.

SCHLESINGER : Au sein du gouvernement américain ?

KENNEDY : Oui.

SCHLESINGER : Passionnant ! David avait naturellement participé aux négociations du côté britannique.

KENNEDY : C'est exact. A Genève, il était chef de la délégation anglaise et il savait donc très bien ce que nous faisions. Il a aussi joué un rôle de premier plan dans la réorientation de notre politique au Laos, où nous aidions, maladroitement, un gouvernement que nous n'aurions pas dû soutenir.

SCHLESINGER : Le Président ne connaissait pas Macmillan avant d'entrer à la Maison Blanche, n'est-ce pas ?

56

KENNEDY : Non. Et, naturellement, Macmillan émettait de sérieuses réserves à son sujet.

SCHLESINGER : Vraiment? Et pourquoi?

KENNEDY : A cause de sa jeunesse, de sa personnalité : origine irlandaise, fils de Joe Kennedy... Comment pourrai-je m'entendre avec ce garçon, alors que j'ai eu des rapports si agréables avec Eisenhower? disait Macmillan.

SCHLESINGER : Ils se sont très bien entendus tout de suite?

KENNEDY : Oui, je crois. Leur bonne entente n'a fait que se fortifier avec le temps. Le Président aimait beaucoup Macmillan.

SCHLESINGER : J'ai vu Macmillan pendant mon dernier voyage en Angleterre. Il parlait du Président avec beaucoup de sensibilité et de pénétration. Il n'a pas mentionné d'autres aspects de leurs relations, mais il était conscient de la différence de générations.

KENNEDY : Une personne que le Président n'aimait pas du tout, c'était Nehru. Il le détestait. Nehru s'était montré extrêmement mal élevé à notre égard lorsque nous étions allés en Inde en 1951. Mon frère lui avait rendu visite, avec notre sœur Pat Lawford et moi-même. Il s'est conduit d'une manière épouvantable. Lorsque le Président l'a revu ici, il a trouvé qu'il ne s'était pas amélioré : têtu, très content de lui, assommant. Pire que jamais.

SCHLESINGER : Et de Gaulle?

KENNEDY : Je crois qu'il avait une certaine admiration pour de Gaulle et pour son action. Mais de Gaulle ne rendait pas la vie facile.

SCHLESINGER : Quelle opinion le Président avait-il du chancelier Adenauer?

KENNEDY : Il ne l'aimait guère. Il trouvait qu'Adenauer passait son temps à nous être désagréable sans raisons. Et puis il savait que le chancelier aimait bien John Foster Dulles : Adenauer me disait souvent que Dulles était la personne qu'il aimait le plus. Il appartenait à une autre génération. Il était très difficile de s'entendre et de travailler avec lui. Il passait son temps à faire à la presse des confidences qui compliquaient tout : les journaux allemands publiaient constamment des articles désagréables.

SCHLESINGER : Parmi nos ambassadeurs, y en avait-il que le Président aimait particulièrement?

KENNEDY : Ed Gullion, l'ambassadeur au Congo.

SCHLESINGER : Ce lien remontait au voyage à Saigon, n'est-ce pas?

KENNEDY : Oui, au voyage de 1951.

SCHLESINGER : Le Président aimait bien aussi Ken Galbraith, l'ambassadeur en Inde. Et il a fini par apprécier David Bruce.

KENNEDY : Je crois que oui. Il pensait qu'Ed Reischauer, notre ambassadeur à Tokyo, était remarquable et Howard Jones, l'ambassadeur en Indonésie, aussi. Je partageais son opinion sur ces deux-là. Il pensait aussi que l'ambassadeur en Thaïlande [1] n'était pas très bon, pas plus que celui qui était au Pakistan. Quant à celui que nous avons envoyé en...

SCHLESINGER : Walter McConnaughy. Oui...

KENNEDY : Je crois qu'il aimait bien l'ambassadeur à Paris, Jim Gavin, qui était détesté au département d'État. Les gens des Affaires étrangères pensaient que si nous nous entendions mal avec de Gaulle, c'était parce que nous avions à Paris un ambassadeur qui n'était pas diplomate de carrière, et ils feignaient toujours d'ignorer celui-ci. Je ne sais pas dans quelle mesure ils avaient raison. Il ne m'a pas semblé que Chip Bohlen ait mieux réussi, alors qu'il avait été l'un des premiers à dire qu'il aurait fallu envoyer quelqu'un de la maison : « La situation est très mauvaise là-bas; Gavin ne sait pas s'y prendre avec de Gaulle : il vous faut un diplomate de carrière », disait-il. J'ai eu pas mal de disputes avec lui à ce sujet.

Et puis nous avons eu ce retard terrible dans la nomination d'un ambassadeur à Moscou. Le Président voulait remplacer le titulaire et la chose a pris beaucoup de temps. Il m'a proposé d'aller là-bas.

SCHLESINGER : Étiez-vous intéressé?

KENNEDY : Non. Je pensais que ce n'était pas une bonne idée.

---

1. Il s'agit probablement de Kenneth Todd Young.

Entretien
avec John Bartlow Martin

McLean, Virginie, 29 février 1964

Les « possibles » pour les postes du cabinet

MARTIN : Comment s'y prend-on pour constituer un gouvernement et une administration ? Comment avez-vous choisi les membres du cabinet, les grands directeurs des ministères et ainsi de suite ? Il me semble que vous y aviez travaillé depuis le mois de novembre 1960, jusqu'aux environs d'avril 1961.

KENNEDY : Il faut savoir tout d'abord que nous arrivions sans avoir pris d'engagements sur des nominations politiques. Je ne veux pas dire par là que des gens ne nous avaient pas rendu des services que nous aurions aimé récompenser ; mais personne n'avait reçu la promesse d'un poste administratif, encore moins d'une place au sein du cabinet. La situation était parfaitement nette, s'agissant de choisir d'abord les membres du cabinet et de pourvoir ensuite aux autres fonctions, aux divers échelons de la hiérarchie.

MARTIN : Vous avez donc commencé par le cabinet ?

KENNEDY : En réalité, nous avons procédé simultanément aux deux niveaux, car notre objectif était de constituer une réserve de noms. Ainsi, le Brookings Institute avait effectué une analyse des différents ministères et services spécialisés et, je crois aussi, remis quelques notes sur les problèmes de transition. Ces travaux nous ont été très utiles, mais ils ne représentaient que l'amorce d'une démarche, ils se bornaient à nous suggérer quelques idées.

Nous nous sommes efforcés ensuite de rassembler les noms de gens capables et qualifiés pour telles ou telles fonctions. Nous disposions de listes de postes à pourvoir et, si j'ai bonne mémoire – mais je peux me tromper –, nous avons eu à trouver des noms pour trois ou quatre cents postes avant le mois de janvier. Il nous a ensuite fallu remplir pour avril-mai huit cents ou mille cases blanches.

59

MARTIN : Vous avez donc eu à trouver plus d'un millier de titulaires en l'espace de trois ou quatre mois?

KENNEDY : C'est exact.

MARTIN : Non, non. En l'espace de deux mois : novembre et décembre. Mais d'où ces noms provenaient-ils?

KENNEDY : D'abord, et je crois pour la première fois dans l'histoire de notre pays, les choses avaient été organisées à l'avance : il ne suffisait pas de se manifester au bon endroit pour décrocher une place. Nous avions tout prévu. Nous avons réparti en catégories les listes de postes, puis celles des noms. C'est à moi, je crois, qu'est revenue la principale responsabilité de ce travail, avec l'aide de Sargent Shriver et de Larry O'Brien, qui ont eux-mêmes été aidés ensuite par un groupe d'assistants.

C'était en quelque sorte un prolongement de la campagne. Je m'étais absenté pendant plusieurs semaines juste après les élections et, à mon retour, nous nous sommes consacrés entièrement à cette tâche. J'ai passé une bonne partie de mon temps avec mon frère, sur la formation du cabinet.

MARTIN : En ce qui concerne le cabinet, je suppose que vous ne tenez pas à passer en revue tous les postes. Mais nous pourrions peut-être en isoler deux ou trois et nous y tenir.

KENNEDY : Il faut peut-être parler d'abord de McNamara. Les trois postes clés étaient bien sûr ceux du Trésor, de la Défense et des Affaires étrangères. Nous avions cinq ou six noms pour le département d'État, un petit peu moins pour la Défense et pour le Trésor. La première personne à laquelle nous ayons pensé était Robert Lovett, le banquier, pour le département d'État. Le Président lui a demandé s'il serait intéressé par les Affaires étrangères ou par la Défense, mais il s'est récusé pour raisons de santé.

C'est alors que Sargent Shriver a sorti le nom de Bob McNamara. Il avait vu une foule de gens, à qui il avait demandé des suggestions pour les différents postes et quelqu'un – je ne me rappelle plus qui – avait mentionné McNamara et un certain nombre d'autres noms. Je veux dire par là que plusieurs possibilités avaient été envisagées en premier lieu, mais qu'aucune ne tentait le Président, après le refus de Lovett. Comme McNamara avait de solides références, le Président a envoyé Sargent Shriver – mais cela après un certain temps –

60

s'entretenir avec lui, et c'est à cette époque qu'il a offert à McNamara le poste de secrétaire au Trésor ou celui de secrétaire à la Défense.

MARTIN : Le Président connaissait-il McNamara?

KENNEDY : Non, il ne l'avait jamais vu. En réalité, Sargent Shriver ne lui a pas vraiment proposé le poste : il lui a simplement demandé s'il serait intéressé, dans le cas où le Président lui ferait une offre. McNamara avait répondu qu'il venait de s'engager auprès des Automobiles Ford et qu'il ne savait quel parti prendre. Ils ont évoqué entre eux assez longuement la question de savoir s'il s'agirait de la Défense ou du Trésor et McNamara a marqué une préférence très nette pour la Défense, au cas où il accepterait un poste. Il voulait étudier la situation, en parler autour de lui et réfléchir à sa décision.

MARTIN : McNamara est républicain, n'est-ce pas?

KENNEDY : Oui, pour la forme. Mais je crois qu'il a soutenu mon frère pour les élections : c'est du moins ce que nous avons entendu dire par la suite. Nous avons consulté Walter Reuther, président du syndicat ouvrier de l'automobile, et l'avons trouvé extrêmement favorable à McNamara.

Ce dernier s'est ensuite décidé. Il y avait eu auparavant des discussions au sujet de Franklin Roosevelt Jr., à qui nous voulions confier le secrétariat à la Marine et que McNamara ne voulait pas voir à ce poste : il avait déjà manifesté son opposition au cours des conversations préliminaires et il a été encore plus clair devant le Président, disant qu'il n'accepterait la défense qu'à la condition de pouvoir approuver, après le Président, toutes les nominations touchant ce ministère. Il avait préparé une note indiquant de façon très précise ce qu'il voulait et qu'il ne voulait pas. Il était parfaitement clair qu'à la Défense ce serait lui le patron, qu'il parlerait certes au Président des grandes affaires, mais qu'il ne tolérerait ni les interférences politiques ni le favoritisme dans son domaine.

MARTIN : Cette attitude correspondait-elle au souhait du Président?

KENNEDY : Oui. Qui plus est, mon frère était très impressionné par la fermeté de McNamara, par sa force, par sa franchise.

A cette époque la question s'est posée de savoir quel poste je prendrais, et j'avais moi-même pensé aller à la Défense comme sous-secrétaire d'État. J'en ai parlé à McNamara peu de temps après cette conversation avec le Président dans sa maison de Georgetown, pour nous rendre compte seulement que ce ministère n'était pas assez gros pour nos deux personnalités. McNamara a donc demandé à Ros Gilpatric de venir. Il s'est élevé pas mal d'oppositions à l'égard de ce dernier, à cause d'une attitude qu'il avait prise précédemment au sujet de ce ministère; je crois que l'opposition venait du sénateur Symington.

L'autre personne que nous avions vue dans un poste important à la Défense était Paul Nitze, comme sous-secrétaire et même aussi comme secrétaire d'État. Son nom a été écarté, car il s'était fait pas mal d'ennemis. Il y avait aussi des gens qui, pour avoir eu à travailler avec lui, estimaient qu'il n'avait pas la carrure de l'emploi, encore qu'il passe pour être très brillant. Compte tenu de la suite des événements, je suis sûr que nous avons bien fait de ne pas le retenir : certaines de ses positions ont plus tard beaucoup déçu le Président, surtout au moment de la seconde crise de Cuba.

Pour les Affaires étrangères, le nom de Mac Bundy a été mentionné. Ses antécédents me plaisaient assez, mais il manquait de l'expérience nécessaire. Quatre ou cinq noms avaient été prononcés pour le département d'État : celui de David Bruce, entre autres, et je crois que l'intéressé avait un chaud partisan en la personne d'Arthur Krock, l'éditorialiste du *New York Times*, et aussi, je me souviens, de Maggie Higgins, correspondante diplomatique du *New York Herald Tribune*.

MARTIN : Et qui d'autre pour le département d'État?

KENNEDY : Dans les trois ou quatre derniers jours, seul restait le nom de William Fulbright. Le Président avait très envie de lui donner les Affaires étrangères et c'est moi qui me suis mis en travers.

MARTIN : Pour quelle raison?

KENNEDY : Compte tenu de tous les problèmes que posaient les pays récemment devenus indépendants et des difficultés que soulevaient ici les questions raciales, il était à mon avis inconcevable de mettre à la tête du département d'État un sénateur de l'Arkansas qui avait signé le Manifeste du Sud et qui s'était empêtré dans tous les votes sur la ségrégation.

62

MARTIN : Rusk, lui, venait de Géorgie, mais on ne l'identifiait pas aussi nettement à son État d'origine.

KENNEDY : Non, pas le moins du monde ; mais il n'avait pas eu à voter sur ces questions. De plus, il arrivait de la Fondation Rockefeller, où il avait eu affaire aux pays qui venaient d'accéder à l'indépendance.

Je voudrais ajouter que j'ai eu au sujet de Fulbright une discussion assez vive avec le Président. Mon frère avait eu l'occasion de travailler avec lui ; il le trouvait fort intelligent, plein de bon sens et d'un jugement très sûr. Je ne suis pas absolument certain que ses antécédents en matière de ségrégation auraient eu une grande importance. Mais ce que je sais, c'est que même si le problème était surmontable – et tout le monde pensait qu'il le serait, une fois l'intéressé nommé au département d'État –, nous aurions eu à dépenser tellement de temps et d'énergie pour démontrer que nous étions dans le juste que nous aurions dû prendre des positions que nous n'aurions pas adoptées autrement, tout simplement parce que Fulbright venait de l'Arkansas et qu'il était ministre des Affaires étrangères. C'était en tout cas mon opinion.

MARTIN : Le Président estimait-il que cette question n'avait pas d'importance ?

KENNEDY : Il pensait que l'obstacle pourrait être surmonté, et puis il aimait beaucoup Fulbright, qui était de plus la seule personne de sa connaissance dont le nom ait été mentionné pour les Affaires étrangères.

MARTIN : Je n'ai pas voulu dire que la question de l'égalité des droits ne semblait pas importante au Président. J'ai seulement voulu suggérer que la difficulté qu'elle soulevait en l'occurrence était surmontable. Mais vous étiez d'un avis différent ?

KENNEDY : Oui. Et puis nous étions pressés par le temps : il nous fallait trouver quelqu'un. Dean Rusk était l'un des possibles. Robert Lovett lui était très favorable ; mon frère appréciait énormément ses avis et d'autres disaient beaucoup de bien de lui, notamment Dean Acheson.

MARTIN : Qui d'autre a été consulté au sujet de Rusk ?

KENNEDY : Je me souviens que ces deux-là l'ont été. Et puis Rusk avait bonne réputation. Certains craignaient qu'il ne donne peut-être trop d'importance à l'Extrême-Orient, mais c'est à peu près tout ce qu'il y avait à dire contre lui. Le Président, qui ne le connaissait pas, l'a invité en Floride et lui a d'emblée présenté son offre. Voyez-vous, nous avions passé en revue toutes les autres possibilités et procédé pour ainsi dire par élimination, en sorte que, les trois ou quatre derniers jours, il ne restait que Fulbright et Rusk. Comme Fulbright a été écarté et qu'il nous fallait trouver quelqu'un, c'est le nom de Rusk qui a été retenu. Sans grand enthousiasme pour sa personne, mais les gens disaient beaucoup de bien de lui.

MARTIN : Puis-je vous poser une autre question au sujet du département d'État? Nombreux sont ceux qui ont cru qu'Adlai Stevenson avait été l'un des « possibles ».

KENNEDY : Non, non.

MARTIN : Son nom n'a-t-il vraiment pas été sérieusement prononcé?

KENNEDY : Non.

MARTIN : Accepteriez-vous de dire pourquoi?

KENNEDY : Il n'a jamais été possible de s'entendre avec lui. Le Président ne l'a jamais aimé. Il s'est seulement accommodé de sa présence.

MARTIN : A quelle époque cette inimitié remonte-t-elle?

KENNEDY : Au tout début, je crois; au moins dans une certaine mesure. Mais elle s'est affirmée avec le temps. Et, bien sûr, le comportement de Stevenson à la convention a irrité mon frère et nous a déçus. Il y a des gens comme ça, voyez-vous [...]. En fait, tout a éclaté lors de la convention de Los Angeles : Bill Blair et Newt Minow s'étaient déclarés pour nous, et voilà Stevenson qui va trouver le maire de Chicago, Dick Daley, après que celui-ci se fut déclaré pour nous, et lui demande de changer de position au premier tour : « Je suis un enfant de l'Illinois * et il faut que vous soyez de mon côté, car il serait très gênant que je ne gagne pas dans cet État », lui a-t-il déclaré. Daley l'a pratiquement jeté à la porte de son bureau, lui disant que l'Illinois avait fait son devoir envers M. Stevenson, que les démocrates de l'État s'étaient ralliés à JFK et qu'il n'y avait pas à revenir sur la question.

Et puis toute son attitude à Los Angeles...! Il nous a fait l'effet de quelqu'un qui se comporte comme une vieille femme. Pensant qu'on

---

* Adlai Stevenson avait été gouverneur de l'Illinois de 1949 à 1953. *(N.d.T.)*

64

allait lui proposer les Affaires étrangères, il s'est mis en colère quand mon frère lui a dit qu'il serait ambassadeur auprès des Nations Unies. Il a été très mal élevé et s'est très mal conduit.

MARTIN : A-t-il posé ses conditions?

KENNEDY : Eh bien! il a été très désagréable et assez fâché. Il a prétendu qu'il lui fallait vingt-quatre heures de réflexion, en reparler et y réfléchir à nouveau. Le Président était sur le point de lui dire qu'il risquait de ne même pas avoir les Nations Unies...

MARTIN : L'inimitié a-t-elle persisté pendant toute la durée de la présidence?

KENNEDY : Oui, pendant les trois années. Le Président ne s'est jamais plu en sa compagnie et n'a jamais particulièrement apprécié ses avis [...]. Stevenson n'a jamais été très utile. S'il a bien rempli son rôle à l'ONU, c'est plutôt en ce sens que le Président était heureux qu'il soit là-bas et pas sur son dos.

MARTIN : Mais le Président le trouvait-il efficace aux Nations Unies?

KENNEDY : Aux Nations Unies, oui; tant qu'il se tenait à l'écart de la Maison Blanche. Le Président faisait souvent des réflexions à son sujet, sur l'emmerdeur qu'il était.

MARTIN : Je voudrais vous poser une autre question, de manière à replacer tout cela dans son temps et dans son cadre : où ces conversations sur les nominations au cabinet avaient-elles lieu?

KENNEDY : A Georgetown, au domicile privé de mon frère. Je ne me souviens plus de l'adresse.

MARTIN : Oui, je vois. Et qui se trouvait normalement dans la maison? Toute l'équipe de la campagne présidentielle?

KENNEDY : Non, non. Je ne crois pas qu'une seule personne de l'équipe s'y soit trouvée.

MARTIN : Il s'agissait donc de contacts seul à seul?

KENNEDY : Oui. Il y avait là certains membres de l'état-major de mon frère. Pierre Salinger avait peut-être un bureau au premier étage, mais personne d'autre. Le Président recevait beaucoup de monde

65

seul, ou bien en ma présence : par exemple Douglas Dillon, lorsque la proposition lui a été faite. Le plus grand partisan de Dillon était Joe Alsop, le journaliste. Mon père n'était pas favorable, pensant que Dillon ne connaissait pas assez les questions financières, et c'est pourquoi sa désignation à la tête du Trésor a pris du temps.

MARTIN : Dillon était à l'époque au département d'État, n'est-ce pas ?

KENNEDY : Oui. Si McNamara avait accepté, le Président aurait pu le mettre au Trésor. Mais comme Bob allait à la Défense, il fallait trouver quelqu'un pour le Trésor. L'autre nom qui a été prononcé était celui de Henry Alexander, de la banque Morgan. Le Président a finalement décidé de ne pas prendre Alexander et a porté son choix sur Dillon.

C'est là que j'ai soulevé l'objection concernant le gros problème du parti démocrate : la fiabilité en matière financière. Mon frère et Dillon ne se connaissaient pas : nous risquions de voir ce dernier déclarer au bout de six mois que le gouvernement ne prenait pas au sérieux les questions financières, qu'il ne pensait qu'à dépenser beaucoup d'argent, et démissionner dans un coup de colère. J'ai donc demandé qu'avant sa nomination une sorte de contrat soit passé avec lui, aux termes duquel une éventuelle démission de sa part interviendrait dans le calme, sans laisser entendre de manière directe ou indirecte qu'il n'était pas d'accord avec l'action du Président et de l'administration Kennedy.

MARTIN : Votre objection a-t-elle été soulevée en présence de l'intéressé ?

KENNEDY : Oui. Le Président s'est entretenu avec lui, lui a demandé s'il voulait du poste, et Dillon a accepté. Puis le Président m'a fait venir, de façon que nous soyons tous les deux en présence de Dillon.

MARTIN : Et vous avez posé des questions délicates ?

KENNEDY : Non, non. Nous en avons parlé en toute franchise, disant à Dillon qu'il nous fallait un engagement de sa part. Ce dernier l'a pris volontiers, promettant qu'une éventuelle démission ne ferait pas de vagues. Je lui en ai d'ailleurs reparlé l'autre jour et il pensait que cet arrangement avait été parfaitement satisfaisant.

Cette nomination a soulevé une opposition violente au sein du parti républicain, de la part de Nixon en particulier, et Dillon a passé un mauvais moment avec ce dernier. Je crois qu'au début Eisenhower

66

était partisan que Dillon accepte, mais lorsque celui-ci a décidé de donner suite, l'ex-Président n'en a pas paru très content. Je crois que George Humphrey, secrétaire d'État au Trésor du temps d'Eisenhower, n'a jamais adressé la parole à Dillon – sinon de manière discourtoise, de même que Christian Herter, qui était alors secrétaire d'État aux Affaires étrangères, et que Mme Herter (Mary Pratt). La situation était comique, car il me semble que Mme Herter ne voulait parler ni à Humphrey ni à Dillon, et le ménage Herter a fini par travailler lui aussi pour mon frère : les choses avaient pas mal changé.

MARTIN : De quels autres postes du cabinet aimeriez-vous parler?

KENNEDY : De l'Agriculture, pour laquelle il y avait un candidat d'importance. La possibilité de confier ce ministère à Orville Freeman avait toujours été envisagée, mais le principal candidat était un personnage qui venait du Missouri, le patron de l'office de l'agriculture ou...

MARTIN : Vous voulez dire Patton, Jim Patton?

KENNEDY : Non, non.

MARTIN : Parce que Patton était président de la fédération des syndicats d'exploitants agricoles.

KENNEDY : Il s'agissait de Fred Heinkel, un ami du sénateur Symington. Il est venu à la maison et mon frère m'a fait asseoir dans la pièce à côté, de manière que je puisse entendre la conversation. Le Président lui a demandé ce qu'il pensait de la question des surplus agricoles, à quoi l'autre a répondu qu'il fallait les vendre à l'étranger. « Très bien, a dit mon frère, mais qui va prendre en charge les frais de transport? Et que ferez-vous pour éviter que cette masse de produits ne pèse sur les marchés extérieurs? » Le candidat-ministre a répondu qu'il n'avait pas pensé à ce genre d'incidence et n'est donc pas devenu secrétaire d'État à l'Agriculture... C'est alors qu'il a été fait appel à Orville Freeman.

Quant à Arthur Goldberg, qui avait toujours été des nôtres, sa nomination était pratiquement acquise dès le début. Je lui en ai parlé, mais il voulait un poste dans la magistrature : il ne voulait donc pas du ministère du Travail. Je lui en ai reparlé à maintes reprises, car il était l'un de mes meilleurs amis, et il a finalement accepté, étant entendu qu'en cas de vacance dans les tribunaux de district de l'Illinois sa candidature serait retenue. Le Président n'a pas voulu prendre d'engagement définitif à cet égard, mais il était plus ou moins entendu que Goldberg aurait ce qu'il voulait là-bas. Reste qu'il était moins que ravi d'aller au ministère du Travail. Qui plus est, sa nomination se heurtait à une opposition de la part des syndicats du bâtiment, qui sont allés se plaindre auprès du président de la confédération AFL-CIO, George Meany. Je crois que ce dernier n'était pas très chaud, ce qui constituait une indication assez intéressante. Oui, il y avait un certain nombre d'opposants et Goldberg a été étrillé par quelques-uns de ses collègues syndicalistes. Il pourrait vous raconter tout cela avec plus de détails. Demandez-lui qui s'opposait à sa nomination au Travail; c'était principalement les syndicats du bâtiment et, bien entendu, les gens qui ne m'aimaient pas : ceux qui étaient hostiles à Goldberg étaient également opposés à ma nomination à la Justice. Nous parlions donc souvent de cela tous les deux.

Ensuite, voyons : je pourrais aussi vous parler du ministère des Postes. On a prononcé le nom de William Dawson, représentant de l'Illinois : son nom a été cité par la presse, qui a raconté qu'il s'était récusé, ce qui était faux. Mais les journaux avaient tant parlé de lui et les organisations du parti démocrate avaient tant fait pour lui qu'il en a été gêné. Le Président ne voulait pas de lui, car il n'avait pas du tout le profil que nous souhaitions voir dans le gouvernement, ni même les compétences nécessaires. Alors, nous avons arrangé, je crois de concert avec Dick Daley et d'autres, une petite entrevue avec le Président, dont Dawson sortirait en disant que le ministère des Postes lui avait été proposé et qu'il s'était récusé pour des raisons de santé et d'âge.

C'est ensuite que les démocrates de Californie ont avancé le nom d'Edward Day, de la compagnie d'assurances Prudential. Son curriculum était bon et nous n'avions pas de noms particuliers en tête. Ce choix paraissait assez valable, car Ed Day était un homme d'affaires et se tenait à l'écart de la politique. Mais il nous avait soutenus et n'était pas fâché de revenir parmi nous.

MARTIN : John Bailey était-il intéressé par ce poste?

KENNEDY : Je ne le crois pas. La situation de membre du comité national du parti démocrate le satisfaisait pleinement. Du moins n'ai-je pas souvenir qu'il ait posé un gros problème.

68

Quant à Stewart Udall, il nous avait soutenus et sa nomination au ministère de l'Intérieur * n'a guère soulevé de difficultés.

MARTIN : Bien sûr; elle allait de soi.

KENNEDY : Quant à Abe Ribicoff, qui était alors gouverneur du Connecticut et qui a été nommé ministre de la Santé, de l'Instruction publique et des Affaires sociales – ce qui contribue à expliquer qu'il n'ait, à ma connaissance, pas été question de Bailey –, il s'était vu proposer le ministère de la Justice dès le début, lors du séjour de mon frère en Floride. Il s'est récusé, expliquant qu'il ne tenait pas à être le juif qui aurait à contraindre les écoles protestantes du Sud à accepter des Nègres **. Du fait des inimitiés qu'il lui aurait values et des controverses qu'il aurait suscitées sur sa personnalité, un passage à la Justice lui aurait fermé à tout jamais, pensait-il, le chemin de la Cour suprême, où il souhaitait entrer un jour.

MARTIN : A la Cour suprême, c'est bien le poste du juge Frankfurter que lorgnait Ribicoff, n'est-ce pas?

KENNEDY : Oui. C'est donc en deuxième lieu que j'ai été désigné à la Justice.

MARTIN : Et Luther Hodges, le ministre du Commerce?

KENNEDY : Dans son cas, il s'agissait plutôt d'équilibrage et de l'entrée de gens du Sud au gouvernement.

Terry Sanford, le candidat démocrate au poste de gouverneur de la Caroline du Nord, avec qui je m'étais lié d'une profonde amitié, était un fervent admirateur de mon frère. Je lui avais demandé de se déclarer en sa faveur aux primaires de Los Angeles; il a fini par y consentir et sa prise de position a revêtu pour nous une grande importance, car elle a amené une rupture du bloc sudiste, au détriment de Lyndon Johnson. C'est ainsi que nous avons trouvé à nos côtés Terry Sanford, de même que Howard Edmondson, le gouverneur de l'Oklahoma. Ces deux appuis ne nous ont pas apporté beaucoup de voix,

---

* Aux États-Unis, le ministère de l'Intérieur est cantonné dans la tutelle des agences spécialisées dans la sauvegarde des ressources naturelles et de l'environnement. (N.d.T.)

** Robert Kennedy emploie tout au long de ces entretiens le terme « Negro » et non « Black ». C'est seulement depuis le milieu des années 1960 que les Noirs américains ne se désignent plus eux-mêmes comme « Nègres » et que la population blanche a pris l'habitude de les appeler « Noirs ». (N.d.T.)

mais ils ont été très encourageants pour nous. Luther Hodges a été furieux lorsque Sanford a pris position et ce dernier est allé voir mon frère, lui disant : « S'il m'arrive un jour de vous proposer Hodges pour un poste quelconque, soyez gentil de me mettre à la porte de votre bureau. »

Sanford est revenu en Caroline du Nord, où l'appui qu'il avait apporté à mon frère et qu'il avait ainsi retiré à Johnson lui a causé un grand tort : il a certes emporté le poste de gouverneur aux élections de 1960, mais à une majorité infiniment moins forte que celle qu'il escomptait. Hodges avait soutenu mon frère après la convention de Los Angeles et il a donc voulu, après les élections, avoir le ministère du Commerce. Sanford est allé voir le Président, lui disant : « Je n'ai pas oublié ce que je vous ai dit au sujet de Hodges à Los Angeles, mais je viens vous proposer sa nomination », ajoutant qu'il ne voulait plus voir ce dernier en Caroline du Nord et qu'un poste ministériel constituerait la meilleure façon de le mettre dehors. Comme Hodges était bien considéré et avait été un bon gouverneur de la Caroline du Nord, le Président l'a nommé.

MARTIN : J'ai relevé qu'à l'occasion de deux ou trois de ces nominations vous avez en quelque sorte assuré la protection politique du Président. Je veux dire par là que vous avez pris en compte les considérations politiques susceptibles de faire déconseiller telle ou telle désignation. Dans le cas de Fulbright, vous avez pensé au handicap que pouvait représenter sa position sur la question de l'égalité des droits. Dans celui de Dillon, vous avez redouté une éventuelle démission et une accusation de manque de sérieux en matière budgétaire à l'encontre du parti démocrate. Et ainsi de suite. Avez-vous fréquemment joué ce rôle, qui consistait à réfléchir aux inconvénients politiques de certaines nominations ?

KENNEDY : Non, je ne crois pas. Je ne me plaçais pas particulièrement sur le plan politique. En revanche, pendant toute la durée de l'administration Kennedy, je pense avoir tenu un rôle qui tendait à signaler les problèmes que pouvaient poser les actions suggérées au Président au cours des grandes réunions. Sur le Laos, sur Cuba ou sur tout autre sujet, il ne s'agissait pas tant de politique que de montrer les difficultés qui pouvaient m'apparaître, vues de l'extérieur.

70

MARTIN : Essayons de présenter les choses d'une manière un peu plus concrète, bien que nous soyons en train de sortir du sujet d'aujourd'hui. Comme tout homme investi d'un pouvoir considérable, un Président est entouré d'une bande de béni-oui-oui, toujours empressés à approuver ses volontés. Mais vous, vous étiez dans une situation tout à fait exceptionnelle pour dire non, pour soulever des problèmes, pour poser des questions, n'est-ce pas? Quantité de gens attendent toujours de voir d'où vient le vent, puis acquiescent à ce qui est dit au-dessus d'eux. Pensez-vous que ce genre d'attitude ait été épargné au Président?

KENNEDY : Non, bien sûr que non. Mais très nombreux étaient ceux qui signalaient des difficultés, surtout après les six premiers mois de la présidence. Peut-être était-ce moins le cas au début; mais quand les gens ont compris comment travaillait le Président... Enfin, je veux dire que Ted Sorensen agissait de cette manière, ainsi que certains autres, je crois.

MARTIN : Était-ce là le rôle de Sorensen?

KENNEDY : Oui, et il le remplissait bien. De même, Kenny O'Donnell et Pierre Salinger, le chef du service de presse de la Maison Blanche, et certains autres collaborateurs du Président. Mais je pense que ma parenté avec ce dernier représentait un avantage, en ce sens que mes motivations ne pouvaient en aucun cas être mises en cause : je n'avais rien à gagner dans les positions que je prenais, je n'étais candidat à aucun poste et je ne cherchais donc pas à préparer un quelconque avenir politique. Il n'est donc pas douteux que ma situation de frère du Président me donnait un certain avantage.

Le Président et les hommes du Président

MARTIN : La composition du cabinet a subi très peu de modifications pendant toute la durée de l'administration Kennedy. Le Président en a-t-il donc été satisfait tout ce temps?

KENNEDY : Vers la fin, il était très déçu par Dean Rusk, qui était devenu un personnage assez falot. Il a été choqué lorsqu'il s'est rendu compte que le département d'État fonctionnait mal, que le ministre n'était pas disposé à parler à fond des problèmes qui se posaient ou qu'il n'étudiait même pas ses dossiers, que les papiers les plus importants, ceux qui étaient bons, étaient préparés par des collaborateurs de la Maison Blanche, sinon par le Président lui-même. A la fin, mon frère a eu l'impression que les dix ou douze personnes qui travaillaient à la Maison Blanche sous sa direction ou bien avec Mac Bundy ou sous l'autorité de ce dernier, remplissaient en fait toutes les fonctions du département d'État, en dehors des tâches de gestion qui sont celles des ambassadeurs.

Mon expérience me permet de dire que cette impression était exacte. Les idées valables qui ont été lancées dans les deux dernières années de la présidence émanaient en fait du Président ou peut-être de l'un de ses conseillers, la plupart d'entre elles, et de loin, venant de mon frère. Le département d'État apportait très peu de suggestions en matière de politique ou de prises de position. Quant à Rusk, on s'apercevait, en arrivant à n'importe quelle réunion importante, qu'il n'avait pas prévu les problèmes qui pouvaient se poser, qu'il ne s'était pas préparé à devoir répondre à des questions, qu'il ignorait fréquemment les données des situations, bref qu'il ne connaissait pas ses dossiers.

Le Président et moi avons à plusieurs reprises – surtout dans les deux ou trois derniers mois – évoqué la possibilité de déplacer Rusk, peut-être aux Nations Unies, et de mettre McNamara aux Affaires étrangères.

MARTIN : Pourquoi le Président n'a-t-il pas agi plus tôt dans ce sens? Il avait tout de même dû s'apercevoir assez vite de ce qui se passait.

KENNEDY : Je crois que c'est vers la fin qu'il s'en est mieux rendu compte : dans les six ou huit derniers mois.

MARTIN : Vraiment?

KENNEDY : Oui. Je ne crois pas que les choses allaient si mal au début que mon frère s'en soit aperçu. Ce qui s'explique facilement, car Rusk s'exprimait très bien; de plus, il était extrêmement loyal et très agréable, même s'il n'avait pas aux yeux du Président la carrure d'un McNamara. Mais, à cette époque-là, la préoccupation principale portait avant tout sur le mauvais fonctionnement du département d'État.

MARTIN : A quelle époque faites-vous allusion?

KENNEDY : Aux deux premières années. C'est seulement ensuite qu'il est apparu que le problème était plus profond et pas simplement fonctionnel, qu'il s'agissait d'un manque de préparation sur les questions importantes, d'une incapacité à prévoir, d'un défaut de connaissance des dossiers, même de dossiers aussi importants que ceux de Cuba ou du Laos.

Mais j'ai vu ces erreurs se reproduire après le 22 novembre 1963. Le chef du département d'État ne prend toujours pas position sur les problèmes majeurs. La situation est encore pire maintenant, car mon frère était son propre ministre des Affaires étrangères et tout marchait bien ainsi. Avec Johnson, ce n'est plus possible. D'un autre côté, je crois que mon frère n'avait guère de contacts avec les membres du cabinet; je pense qu'il ne voyait Luther Hodges, par exemple, que de loin en loin.

MARTIN : Il voyait tout de même très souvent Dean Rusk.

KENNEDY : Oui; mais nous étions en train de parler des autres membres du cabinet. C'est à McNamara qu'allait sa préférence, de beaucoup. Comme nous prévoyions une candidature Johnson aux élections présidentielles de 1968, mon frère avait imaginé de manœuvrer en sorte que McNamara soit désigné aux primaires. Le Président n'avait guère d'estime pour Johnson : il pensait qu'il ne ferait pas le poids et, comme il l'a dit à Jackie la veille de sa

73

mort, Lyndon Johnson était incapable de dire la vérité. Donc, mon frère pensait énormément de bien de McNamara. Il estimait – surtout depuis l'affaire de Cuba, où l'on a vu ce qui peut arriver à un pays et à quel point son destin dépend d'un seul homme – que le sort de la nation devait être placé entre les meilleures mains possibles. McNamara nous paraissait correspondre à ce type d'homme.

MARTIN : McNamara était donc l'homme fort du cabinet, celui en qui le Président mettait sa confiance?

KENNEDY : Oui. Cela dit, il avait bien sûr, comme tout le monde, ses faiblesses; mais il dépassait tous les autres de plusieurs coudées. Il connaissait ses dossiers, il s'exprimait bien et il travaillait avec le Président.

Je l'ai revu depuis cette époque, sous un autre Président. Il est, si possible, encore plus efficace et plus solide, mais cet état de choses devient dangereux, parce que mon frère n'est plus là pour rétablir l'équilibre, face à une aussi forte personnalité. Johnson n'a ni la formation ni l'expérience qu'avait le président Kennedy et il s'ensuit que ce sont les positions de McNamara qui prévalent. Mais il se laisse aussi influencer par la volonté du président Johnson, en sorte qu'il s'adapte à lui dans une certaine mesure. Lorsqu'il pouvait aligner ses vues sur celles du président Kennedy, c'était dans la bonne direction qu'il s'orientait; mais quand il s'adapte à quelqu'un qui n'a pas la présence et l'efficacité de ce dernier, il peut y avoir danger.

MARTIN : De qui d'autre le Président a-t-il été mécontent, dans le cabinet? Ou bien ses membres n'avaient-ils vraiment aucune importance?

KENNEDY : Ils ne comptaient guère...

MARTIN : N'est-il pas vrai – et là, je ne cherche pas à vous faire dire ce que vous ne penseriez pas, je me contente de suggérer – que deux questions seulement aient été vraiment importantes dans les dernières années de la présidence? D'un côté, sur le plan intérieur, la question de l'égalité des droits; de l'autre, la politique étrangère. Les portefeuilles ministériels importants sont ceux des Affaires étrangères, des Finances, de la Défense et, à cause du problème de l'égalité des droits, de la Justice, n'est-ce pas?

74

KENNEDY : J'ajouterais un autre ministère qui me paraissait avoir de l'importance, celui de l'Administration générale *, parce que c'est là que niche la corruption et qu'il y en avait pas mal dans le passé. Nous avions mis là, et nous avons encore, un homme honnête, Bernie Boutin. Avant lui, nous y avions placé quelqu'un qui venait de Pennsylvanie et qui avait été recommandé par un groupe de politiciens démocrates de cet État.

MARTIN : Qui était-ce?

KENNEDY : J'ai oublié son nom [1]. Il était président d'un établissement d'enseignement supérieur. Boutin était son adjoint, il était originaire du New Hampshire, c'était un de nos bons amis et un dirigeant du parti démocrate. Il a simplement remplacé son prédécesseur. Et il est le premier grand ministre de l'Administration générale que nous ayons eu, du moins depuis 1950. Je crois que si j'avais à prendre des portefeuilles pour contrôler les affaires intérieures, je choisirais l'Administration générale et la Justice.

MARTIN : Que pouvez-vous dire des titulaires de postes ne donnant pas accès au cabinet : les directeurs des services spécialisés autonomes et les grands directeurs des ministères?

KENNEDY : A la Justice, bon nombre de ceux qui ont été nommés avaient été recommandés par Byron White, ministre adjoint de la Justice et qui est entré plus tard à la Cour suprême.

MARTIN : Faisait-il partie de vos amis et est-ce ainsi qu'il a eu ce poste?

KENNEDY : Non. Il avait participé à la campagne électorale, parce qu'il avait fait la guerre dans la marine sur le même bateau que mon frère, qu'il avait écouté ses discours en 1958-1959, l'avait trouvé très bien et s'était employé à faire changer la position de la délégation du Colorado, qui nous était hostile. Parti sans contrôler une seule voix, il a fini par rallier la majorité de la délégation, grâce à son travail – et à celui de Joe Dolan, dont nous avons fait l'un des principaux direc-

---

* La GSA (General Services Administration), ministère à part entière, a la responsabilité de la gestion du patrimoine immobilier de l'État et des fournitures administratives de toute nature. (N.d.T.)

1. Il s'agit de John L. Moore.

teurs généraux du ministère. Et j'avais demandé à White de prendre la tête du comité électoral (le comité « Citizens for Kennedy-Johnson »), ce qu'il a accepté. Je l'ai appelé à la demande du Président, pour lui annoncer qu'il pourrait être soit secrétaire à l'Armée de terre ou à l'Armée de l'air, soit ministre adjoint de la Justice. Il a choisi de revenir à la Justice et d'y travailler avec moi.

MARTIN : Vous avez passé énormément de temps à vous occuper de ces nominations, dans les trois premiers mois de la présidence, n'est-ce pas ?

KENNEDY : Oui. Je crois y avoir consacré la plus grande partie ou du moins une bonne partie de mon temps, tout en donnant les premières impulsions au ministère de la Justice et en m'y familiarisant avec le travail. J'y ai d'ailleurs disposé d'un bureau pendant un mois avant mon entrée effective en fonctions, durant la période de transition.

MARTIN : J'ai souvenir que l'on parlait beaucoup à l'époque de la préparation de rapports de cellules de réflexion, dès la fin des élections présidentielles. Ces rapports ont-ils été utilisés ? Présentaient-ils un intérêt ?

KENNEDY : Oui. Ainsi, Don Wilson, correspondant du magazine *Life*, et moi en avons rédigé un sur l'USIA (l'agence américaine d'information) et Wilson a ensuite été nommé directeur adjoint de cette agence. Il y a eu un certain nombre d'autres rapports sur des questions importantes et qui ont contribué à orienter les premières mesures du Président.

MARTIN : Les collaborateurs de la Maison Blanche avaient tous été engagés dans la campagne présidentielle et se survivaient en quelque sorte à eux-mêmes, n'est-ce pas ?

KENNEDY : Oui. Kenny O'Donnell, par exemple, avait, pendant la campagne, rempli auprès de mon frère des fonctions qui s'apparentaient à celles d'un secrétaire-adjoint : il a donc continué son office à la Maison Blanche, comme conseiller aux nominations. C'était assez naturel.

Quant à Larry O'Brien, c'était le monsieur qui apportait toujours les mauvaises nouvelles. Vous savez à quel point les gens sont enclins à voir le pire côté des choses. Eh bien ! Larry était tout à fait compétent et je m'en rendais bien compte, mais je crois que le Président le mettait mal à l'aise, et il compensait cette réaction en lui apprenant des nouvelles épouvantables. Kenny O'Donnell, au contraire, voyait toujours le bon côté des choses. Le Président n'était pas ravi que Larry soit chargé des liaisons avec le Congrès, car il lui paraissait manquer d'expérience, et bien sûr...

MARTIN : Pourquoi l'avait-on mis là?

KENNEDY : Simplement à cause de son extraordinaire dynamisme, je suppose, et parce que Kenny pensait qu'il ferait l'affaire. Larry voulait ce poste et c'était le seul qui lui allait comme un gant : voilà pourquoi nous l'avons en quelque sorte glissé dedans.

MARTIN : Je vois. Et Ralph Dungan?

KENNEDY : Ayant travaillé à la campagne présidentielle, il s'est faufilé dans les fonctions de chargé de mission à la présidence.

MARTIN : Et Arthur Schlesinger?

KENNEDY : Je ne sais pas. Il allait de soi, tout simplement. De même qu'Archie Cox, qui n'avait pas pris part à la campagne.

MARTIN : On ne le voyait jamais dans l'avion du Président, ni ailleurs.

KENNEDY : Non, mais il y avait quantité d'autres personnes engagées dans la campagne et que l'on ne voyait pas. Le Président voulait que Cox soit ministre adjoint de la Justice; non, je veux dire procureur général auprès de la Cour suprême, poste qu'il a accepté.

MARTIN : Sorensen, bien sûr...

KENNEDY : Oui, bien sûr.

MARTIN : Qui d'autre pourriez-vous ou faudrait-il mentionner, parmi les collaborateurs directs de la Maison Blanche? Mike Feldman, conseiller juridique adjoint à la présidence, avait naturellement participé à la campagne. Dick Goodwin aussi : à quoi a-t-il été employé dans les premiers temps de la présidence?

KENNEDY : Il a travaillé sur l'Alliance pour le Progrès [1]. Le Président disait que Goodwin avait apporté deux idées. L'une était celle de l'Alliance pour le progrès, qui était excellente – Goodwin a eu un certain nombre d'idées, mais deux d'entre elles ont très bien marché –,

---

1. Plan de coopération entre les États-Unis et l'Amérique latine pour le développement économique et social, lancé en mars 1961.

l'autre, celle du dîner des prix Nobel [1]. Le Président pensait pas mal de bien de lui. Ensuite, Goodwin a rédigé un certain nombre de discours que le Président a appréciés.

MARTIN : Puis le Président l'a mis aux Affaires étrangères, sous l'autorité de Woodward, le directeur général chargé des Affaires interaméricaines, n'est-ce pas ?

KENNEDY : Oui, et il y a eu la vie si dure qu'il a failli s'en aller. Il me racontait souvent ses difficultés et j'en parlais moi-même au Président. Il a fini par se retrouver au Peace Corps, que mon frère avait créé en mars 1961. Il a été, suivant ses propres propos, tout en haut et tout en bas de l'échelle hiérarchique. Je crois qu'il était bien vu du Président et qu'il avait un certain talent.

MARTIN : Adolph Berle, le président de la cellule de coordination interministérielle pour les affaires d'Amérique latine, entre janvier et juillet 1961, a été engagé très tôt sur l'Amérique latine. Que s'est-il passé ?

KENNEDY : Eh bien !... Enfin... Je ne sais pas comment il avait été nommé. Je me souviens qu'il était en fonctions au moment de l'affaire de la baie des Cochons; il s'est occupé de quelques autres questions, puis il a disparu. Mais je n'ai pas eu à traiter d'affaires internationales, jusqu'après l'incident de la baie des Cochons. J'ai assisté à deux ou trois réunions de cabinet, sans être étroitement impliqué dans ces affaires autrement que d'une manière sporadique. Je n'ai donc guère eu de contacts avec les gens qui ont travaillé sur ces questions pendant les trois ou quatre premiers mois de la présidence.

MARTIN : Qu'avez-vous eu à faire pendant ces trois ou quatre mois ?

KENNEDY : Voir des journalistes.

MARTIN : Pourquoi cela ?

KENNEDY : Probablement parce que j'en avais rencontré un si grand nombre pendant la campagne...

---

1. Il s'agit d'un dîner à la Maison Blanche en l'honneur des Occidentaux titulaires du prix Nobel.

MARTIN : Et parce que le Président n'avait pas eu le temps, en dehors des conférences de presse?

KENNEDY : C'est exact. Je voyais aussi beaucoup de monde au sujet des nominations. Voilà à quoi j'étais occupé.

MARTIN : Une autre question a pris une très grande importance dès les premiers jours de la présidence : c'était le conflit sur l'élargissement de la composition de la commission du règlement intérieur de la Chambre des représentants [1]. Y avez-vous été mêlé?

KENNEDY : Oui.

MARTIN : Pensez-vous qu'il s'agissait d'une affaire importante? A l'époque, en janvier 1961, elle était jugée extrêmement sérieuse, car elle était liée, me semble-t-il, à l'adoption par la Chambre d'une loi relative à l'égalité des droits.

KENNEDY : J'ai pris part à cette bataille. J'ai eu des entretiens avec pas mal de gens, parce que Larry O'Brien ne connaissait personne à la Chambre. J'ai certainement dû passer un certain temps là-dessus, à discuter avec des membres du Congrès. J'ai aussi organisé au moins une partie de l'offensive. Tout cela s'est passé juste après notre arrivée. Larry O'Brien faisait ses débuts dans les relations avec la Chambre et ne distinguait pas un représentant d'un autre, alors que j'avais eu de quelques-uns d'entre eux une certaine expérience – une longue expérience de Dick Bolling, représentant démocrate du Missouri, de Thompson [2] et de certains de ceux qui nous avaient vigoureusement soutenus pendant la campagne. Et Bill Battle, de la commission fédérale de l'égalité des droits, était encore dans les parages.

MARTIN : Vous vous occupiez simultanément des nominations à des postes moins importants dans les ministères. En avez-vous fait un instrument de pression sur la Chambre, en vue de l'amener à voter l'élargissement de la commission du règlement intérieur?

KENNEDY : Je ne crois pas que ce genre d'action ait jamais donné de résultats. Il me semble que les relations personnelles sont plus utiles

1. La Chambre des représentants a porté, en janvier 1961, de douze à quinze le nombre des membres de sa commission du règlement intérieur.

2. Il s'agit probablement de Frank Thompson, représentant démocrate du New Jersey de 1955 à 1977.

que le chantage ou l'intimidation. Il va sans dire, il est vrai, qu'une fois la relation établie, si l'on tient à lui donner une permanence et à rester amis, on accorde une faveur tout en s'assurant qu'elle sera payée de retour. Mais on ne dit pas : Si vous n'agissez pas dans tel ou tel sens, vous n'aurez pas tel ou tel poste. Pourtant, chacun sait très bien que c'est plus ou moins sous-entendu. D'un autre côté, il y a ceux qui ont rendu de grands services et pour qui on ne peut rien faire, alors qu'il faut donner beaucoup à d'autres. Parmi ceux-là, le pire était le sénateur Robert Kerr : il se conduisait comme un vrai bandit; il nous bloquait complètement : nous ne pouvions pas faire passer un projet de loi fiscale tant que nous n'avions pas accepté la nomination d'un petit juge auquel il voulait du bien.

MARTIN : Est-ce ainsi qu'il agissait?

KENNEDY : Oui. Le sénateur Allen Ellender nous a causé plus tard des difficultés sur le projet de loi agricole, parce qu'il voulait faire nommer un certain procureur fédéral dans l'Oklahoma. Les choses se passent donc quelquefois ainsi. Mais notre force, du moins dans l'affaire de la commission du règlement intérieur, nous la devions à l'appui d'amis fraîchement élus.

MARTIN : Ce vote sur le règlement intérieur avait-il une telle importance?

KENNEDY : Oui. Nous ne pouvions nous permettre une défaite. Voyez-vous, Sam Rayburn tenait naturellement beaucoup à ce que nous ayons le dessus. Son entêtement a détruit le compromis que Bill Battle, de Virginie, était en train de mettre au point avec Howard Smith, représentant démocrate de Virginie, et qui nous aurait évité cette bataille, en échange du retrait de certains projets auxquels le Président était attaché. L'affaire a pris l'allure d'un duel à mort entre deux vieux messieurs, en sorte que nous n'avons pas pu y échapper. Une fois dedans, il nous fallait l'emporter et nous n'avons gagné que d'une très courte tête.

Le Président rappelait toujours cette histoire à ceux qui s'étonnaient qu'il ne fasse pas passer certains projets de lois, qu'il temporise et négocie avec la Chambre. En effet, nous étions à cette époque dans une situation de force, grâce à la présence de Sam Rayburn et donc à l'appui de la délégation du Texas, et nous n'avons pourtant emporté ce vote que de deux ou trois voix. Alors, que pouvions-nous faire sur des projets de lois encore plus controversés et à des moments où nous nous trouvions en position de faiblesse? Le *New York Times* publiait tout le temps des éditoriaux conseillant au Président de se servir de son talent de persuasion pour faire passer ces projets, sans se rendre compte, ou sans prendre la peine de comprendre, que c'était devenu bien plus difficile.

MARTIN : La première réunion du cabinet s'est tenue le 22 janvier 1961. Vous souvenez-vous de ce qui s'y est passé, de ce qui y a été dit?

KENNEDY : Je me rappelle que le Président a fait le tour de la salle et qu'il a lancé une plaisanterie à mon sujet, m'appelant Monsieur le ministre de la Justice, et nous en avons tous bien ri. Je crois que chacun s'est exprimé pendant cinq ou dix minutes, puis le Président a parlé de l'égalité des droits, de l'emploi des Noirs, il me semble.

MARTIN : Le président Kennedy avait une conception inhabituelle du rôle du cabinet, n'est-ce pas?

KENNEDY : Oui.

MARTIN : Pourquoi donc?

KENNEDY : Pour une bonne raison : quelles décisions peut-on prendre en conseil de cabinet? Le ministre de la Défense ne connaît rien au statut des agriculteurs, ni à la culture du coton en Géorgie, ni à celle du blé dans le Nebraska, pas plus qu'au problème du soutien des cours du tabac. Le ministre de l'Agriculture ignore tout de la situation à Saigon. Celui de la Santé, de l'Instruction publique et des Affaires sociales n'est guère en mesure de donner des conseils à son collègue de la Justice sur la question de l'égalité des droits dans l'Alabama. Quant à ce dernier, il n'est guère placé pour dire à son collègue des postes qui il convient de promouvoir au sein de son administration. Quels sujets d'intérêt tous ces ministres ont-ils en commun? Pas un seul. Reste seulement l'avantage qui s'attache à ce qu'ils soient informés, sur un plan général, de l'action gouvernementale, à ce qu'ils aient le sentiment d'appartenir à une équipe structurée et non d'être des opérateurs isolés.

MARTIN : Bien sûr, le président Eisenhower avait une conception différente. Il réunissait périodiquement le conseil de cabinet, dans les formes.

KENNEDY : Et on y récitait la prière...

MARTIN : Oui, je sais.

KENNEDY : Je crois qu'il serait possible d'aborder en conseil de cabinet certains problèmes généraux, les questions économiques, par exemple, ou celui de l'emploi des Noirs; enfin, des sujets de ce genre. Bien que le Président ait rarement réuni le cabinet, je ne crois pas avoir assisté à la moitié de ces conseils.

MARTIN : Je sais bien que vous n'y alliez pas souvent. Mais le Président préférait-il les réunions en petit comité, sur des questions précises?

KENNEDY : Et avec la participation de gens dont l'avis lui paraissait présenter un intérêt. Avec qui il pouvait essayer d'aller au fond des problèmes.

MARTIN : Il s'agissait là d'une communication dans les deux sens, où chacun apportait et recevait, n'est-ce pas?

KENNEDY : Oui, dans les deux sens. Mais l'important était que le Président avait autour de lui des gens dont le jugement lui inspirait confiance, à qui il pouvait très librement demander un avis.

MARTIN : Sur des problèmes précis?

KENNEDY : Oui.

MARTIN : Plutôt que dans le cadre de discussions générales dans de grandes réunions?

KENNEDY : Le Président se prêtait à l'occasion à des discussions générales dans des séances moins restreintes – encore que je n'en aie aucun souvenir personnel, sauf peut-être d'une réunion du conseil de la sécurité nationale –, pour s'assurer que tout le monde était au fait d'une question particulière. Mais il ne voulait y voir que les gens compétents sur tel ou tel point. Il avait toujours travaillé de cette façon et pensait pouvoir se reposer sur un entourage direct, que ce soit à l'époque où il était sénateur ou pendant la campagne présidentielle.

Et ce fut là l'une des causes essentielles du désastre que nous avons subi dans l'affaire de la baie des Cochons. Le Président croyait pouvoir faire confiance à ceux qu'il supposait compétents sur des sujets précis. Il avait demandé leur avis au chef de l'état-major général des armées, au directeur de la CIA, aux ministres de la Défense et des Affaires étrangères; il avait interrogé chacun d'eux sur des points de fait et n'avait obtenu aucune réponse factuelle. Mais c'est seulement après le désastre qu'il s'est aperçu qu'il ne pouvait se reposer sur personne. Ce n'est pas parce qu'un tel ou un tel était à la tête de la CIA et que le général Lemnitzer avait trente ou quarante années de services que le Président pouvait attendre d'eux une présentation exacte et factuelle de la situation. Sans parler des jugements plus ou moins valables qu'ils portaient sur celle-ci. Le Président connaissait déjà les points forts et les points faibles des uns et des autres et il supposait tout naturellement que ceux qui occupaient certains postes avaient une certaine compétence : l'idée ne lui était donc pas venue de mettre en doute le jugement de l'état-major général des armées sur les questions militaires, ni celui de la CIA sur ses renseignements.

Je puis donc vous assurer que c'est l'affaire de la baie des Cochons qui a entraîné une profonde modification des méthodes de gouvernement dans notre pays.

MARTIN : Juste au moment des élections, votre frère a eu une conversation avec le président Eisenhower : il me semble que c'était le jour de son entrée en fonctions ou la veille; je ne me souviens plus de la date.

KENNEDY : Je crois que c'était la veille. Il m'a raconté cette conversation. Eisenhower a parlé de l'Asie du Sud-Est et d'Adenauer, qui lui paraissait avoir un type asiatique. Je me souviens qu'il s'agissait de sujets d'intérêt tout à fait secondaire. Mais Eisenhower lui a fait une description très intéressante d'Adenauer.

Ils ont évoqué les problèmes du Sud-Est asiatique et du Laos. Ils ont parlé du livre de Cornelius Ryan, *Le jour le plus long* [1], et mon frère a été soufflé d'apprendre qu'Eisenhower ne l'avait jamais lu! En fait, l'ex-Président paraissait n'avoir jamais rien lu... Mais mon frère lui a trouvé une personnalité fascinante et, bavardant avec lui, il a compris pourquoi Eisenhower avait été président des États-Unis.

---

1. *Le jour le plus long. 6 juin 1944* (Laffont, 1983) relate en détail le débarquement allié en Normandie.

C'était une forte personnalité. Je crois que mon frère avait l'impression que l'ancien Président ne connaissait pas ses dossiers et ignorait une foule de choses qu'il aurait dû savoir. Je crois aussi qu'il avait le sentiment qu'Eisenhower ne l'aimait guère, pour avoir été si jeune élu président. C'est pourquoi – sentant qu'Eisenhower était quelqu'un avec qui il fallait compter et sachant que sa propre élection avait été emportée de justesse – le nouveau Président s'est employé à ce que son prédécesseur soit tenu au courant de tout, voulant s'assurer que celui-ci ne cause pas de dommage à la nouvelle administration en partant de son côté et en passant à l'offensive. Voilà pourquoi mon frère s'est donné tant de mal avec Eisenhower; ce qui ne veut pas dire que ce dernier lui ait jamais donné de conseils bien utiles.

MARTIN : Le Président a-t-il été content de son discours inaugural et de la façon dont les choses se sont passées tout au début?

KENNEDY : Oh! il a été très, très content.

MARTIN : Avez-vous souvenir que, quelque temps avant son entrée en fonctions – sinon juste après son élection – le Président ait annoncé son intention de demander à Edgar Hoover et à Allen Dulles de rester à leurs postes, au FBI et à la CIA?

KENNEDY : Oui. L'invitation s'adressait aussi au directeur de l'office des narcotiques.

MARTIN : Ah oui! Harry Anslinger. Et Pourquoi?

KENNEDY : Le Président savait qu'il allait conserver Hoover, à qui il n'avait rien à reprocher. Il pensait que son maintien au FBI serait une bonne chose, qu'il éviterait les désordres internes qu'aurait provoqués son limogeage et qu'il était opportun de dissiper sans retard tout doute possible. Le même raisonnement s'appliquait à Dulles : ce dernier avait informé le Président des affaires de la CIA et je crois que mon frère l'estimait depuis toujours et qu'il n'a pas changé d'avis, même après ce qui s'est passé. Quant à Anslinger, il a été prié de rester à son poste à cause de mes bonnes relations de toujours avec l'office des narcotiques.

MARTIN : Pendant ce printemps de 1961 et jusqu'au moment de l'affaire de la baie des Cochons – le 16 avril –, vous vous êtes chargé des nominations aux postes secondaires dans les ministères. Vous occupiez-vous aussi du ministère de la Justice?

KENNEDY : J'y travaillais et je me familiarisais avec son fonctionnement. Nous étions en train de choisir les adjoints et je m'occupais de l'organisation du ministère. J'ai aussi créé une unité administrative chargée de surveiller les associations de malfaiteurs.

MARTIN : Voulez-vous parler de l'unité Sheridan [1] ?

KENNEDY : Non, non ; il s'agissait du syndicat du crime en général. La surveillance était précédemment placée sous l'autorité d'un nommé Bill Hundley, que nous avons remplacé par un certain Ed Silberling. Celui-ci a remporté quelques succès importants, mais il s'est finalement révélé peu satisfaisant et difficile de rapports, et nous avons rappelé Hundley. J'ai renforcé l'équipe par le recrutement de soixante juristes ; puis j'ai fait nommer Mortimer Caplin – que j'avais eu pour professeur à la faculté de droit de Virginie – à la tête des contributions directes, sous condition qu'il consacre une grande partie de son temps à la lutte contre la criminalité organisée, ce que l'administration en question n'avait pas fait jusque-là. J'en ai parlé aussi à Dillon avant sa nomination au Trésor, et il est apparu qu'un certain Schreiber avait pondu une circulaire d'où il ressortait que les finances ne pouvaient avoir aucune action dans ce domaine. Les habitudes allaient donc changer du tout au tout pour ce petit monde... J'ai eu avec Hoover, Caplin et Dillon une réunion destinée à coordonner l'offensive contre les associations de malfaiteurs. J'ai mis dans le coup tous les services d'enquête des différents ministères ; puis – étant entendu que les renseignements seraient centralisés –, nous avons dressé une liste des grandes figures de la pègre dont nous allions nous occuper.

Ensuite, j'ai mis en place une équipe spécialisée dans la surveillance des camionneurs et nous y avons affecté une quantité de jeunes juristes, sous l'autorité de Walter Sheridan. L'équipe initiale comprenait seulement deux ou trois juristes, qui travaillaient sur l'affaire de Sun Valley, en Floride [2]. Le magistrat local était si timoré que je n'avais aucune chance de faire avancer l'affaire. Je ne pense pas que ce juge était malhonnête, mais il était évident qu'il nous fallait un

---

1. Walter Sheridan dirigeait au sein du service de répression de la délinquance organisée, au ministère de la Justice, une équipe spécialisée dans la surveillance des rackets sur la main-d'œuvre.

2. Le président du puissant syndicat des camionneurs avait été inculpé en 1960 d'infraction à la législation des postes, dans une affaire immobilière en Floride.

homme à poigne, si nous voulions faire prévaloir notre position. Un jugement de mise en accusation a été rendu à Chicago [1], qui a complété celui de Floride. J'ai participé activement à tout cela.

En ce qui concerne les nominations dont j'avais à m'occuper, la plupart avaient fait l'objet de suggestions. Celle qui m'a donné le plus de souci touchait le service chargé du respect de l'égalité des droits. La personne qui s'imposait tout naturellement pour en prendre la direction était Harris Wofford, qui avait travaillé pour nous sur cette question pendant la campagne. Mais je n'étais pas partisan de cette nomination, parce que l'engagement de Wofford dans ce domaine était trop émotionnel et qu'il me fallait plutôt un pur juriste, qui ait un point de vue objectif, qui puisse me conseiller et s'occuper convenablement de ces questions. Voilà pourquoi mon choix s'est finalement fixé sur Burke Marshall.

---

1. A la suite d'une enquête sur la caisse de retraites des camionneurs de Chicago, Hoffa a été accusé d'escroquerie. Il devait être condamné en 1964 pour subornation du jury et autres voies de fait.

Deuxième partie

« NOUS IRONS JUSQU'AU BOUT »
ROBERT KENNEDY
ET L'ÉGALITÉ DES DROITS

Introduction

Robert Kennedy a rempli les fonctions de ministre de la Justice
(« Attorney General ») du 20 janvier 1961 au 3 septembre 1964, date
à laquelle il a démissionné pour se présenter aux élections sénatoriales dans l'État de New York. Il n'avait pas demandé ce poste et
avait même envisagé, après l'élection de son frère, de s'éloigner de
Washington et de se lancer dans une carrière indépendante. Mais les
exhortations de son père et l'insistance de son frère devaient l'inciter
à accepter le portefeuille qui lui était proposé. Non sans appréhensions, car il craignait d'avoir à s'occuper d'un grand nombre de questions controversées, en particulier de celle de l'égalité des droits *, et
de devenir pour son frère un véritable boulet.

Lorsque le Président nouvellement élu annonça, du haut du perron
de sa résidence de Georgetown, par un matin glacial de janvier 1961,
que son frère Robert serait ministre de la Justice, la réaction générale
fut négative. Les éditoriaux du *New York Times* dénoncèrent le
népotisme, ainsi que le manque d'expérience du nouveau ministre.
Certains grands pontes de la politique prédirent même à celui-ci un
échec retentissant.

Les esprits négateurs se trompaient. Robert Kennedy devait en
effet recruter, pour les postes clés de son ministère, un groupe de
jeunes juristes venant d'horizons divers et solidement motivés. Ainsi
que le remarque Victor Navasky dans un ouvrage intitulé *La justice*

---

* C'est le terme « civil rights » qui est ici rendu par l'expression « égalité des
droits ». Il s'agit, à cette époque de l'histoire américaine, de l'extension effective aux
Noirs de *droits individuels* qui n'ont pas le caractère de droits civiques (en dehors du
droit de vote), ni même celui de droits civils, à proprement parler : accès aux écoles
publiques, aux logements (sociaux notamment) et aux lieux publics en général
(transports, hôtels et restaurants, cinémas et théâtres, magasins, etc.), non-
discrimination en matière d'emploi. C'est tout le thème de l'intégration raciale ou
« déségrégation ». *(N.d.T.)*

Kennedy (il s'agit d'une critique moins qu'élogieuse du passage de Robert Kennedy au gouvernement), ces juristes constituaient « l'équipe de haut niveau la plus talentueuse de la Nouvelle Frontière, soutenant la comparaison avec l'entourage que n'importe quel ministre de la Justice, à l'exception peut-être de Francis Biddle, ait pu réunir jusque-là ». Étant de plus le frère et le plus proche confident du Président, Robert Kennedy devait devenir le ministre de la Justice le plus puissant que le pays ait connu.

Ainsi qu'il l'admet dans les entretiens qui vont suivre, Robert Kennedy a toujours eu conscience que, faute d'avoir été le frère du Président, il n'aurait pas « reçu la moindre attention » de la part d'un Edgar Hoover, le directeur du FBI, ni des autres barons de l'administration. Mais il a réussi à se faire entendre des responsables de la machine judiciaire. Des pouvoirs du ministre de la Justice, dans lesquels il voit une source possible d'abus effrayants, il s'est servi pour mettre au pas les services spécialisés et leur imposer une coordination, notamment au cours des crises répétées qu'a provoquées la question de l'égalité des droits, ainsi que dans l'organisation d'une offensive continue contre les syndicats du crime.

Travailleur acharné et grand innovateur, Robert Kennedy a insufflé ces deux vertus à l'ensemble du ministère de la Justice. Poussé par une curiosité de tous les instants, servi par une intelligence pénétrante, aiguillonné par un constant désir d'élargir ses connaissances, de s'enrichir de toute expérience, il ressentait un irrésistible besoin d'action, chaque fois qu'il en apercevait la nécessité et quel qu'en fût l'objet : un enfant abandonné dans une cabane en Virginie, l'état des écoles publiques de la ville de Washington, le pouvoir grandissant des associations de malfaiteurs. Maintes fois, il a réussi à provoquer le changement.

Les qualités qui étaient les siennes sont bien mises en relief dans cette deuxième partie, à travers les réponses qu'il livre, notamment aux questions concernant le rôle du ministère de la Justice en matière d'égalité des droits. Robert Kennedy a pris ses fonctions en sachant parfaitement que ce problème allait revêtir une importance considérable et mettrait à rude épreuve l'administration Kennedy. Mais, comme la plupart de ses concitoyens, il n'avait qu'une perception vague du désarroi des Noirs aux États-Unis. Il lui a fallu affronter une succession de crises avant de comprendre et de sentir le problème. A l'époque où il a quitté ses fonctions ministérielles, il avait déjà épousé le mécontentement de la population noire et les difficultés des autres minorités ethniques.

Robert Kennedy possédait aussi un sens aigu de l'honnêteté, qui lui permettait de reconnaître volontiers ses erreurs, de changer d'avis et de s'ouvrir à des perspectives nouvelles. C'est pourquoi il a modifié dans les années qui ont suivi certains points de vue exprimés dans les entretiens rapportés dans cet ouvrage. Ainsi, bien qu'il ait eu le sentiment que le gouverneur Wallace s'était ridiculisé par ses propos sur « le barrage qu'il opposerait en personne à l'invasion de nos écoles » et que son attitude ferait dans tout le pays l'effet d'une imposture, il devait finalement se rendre compte (surtout au vu des excellents résultats électoraux du gouverneur de l'Alabama aux primaires de 1964) que Wallace avait touché une corde sensible dans les milieux, du Nord comme du Sud, qui s'opposaient farouchement à l'égalité des Noirs et des Blancs au niveau de la société et sur le plan des droits individuels.

Il a donné un autre exemple de son honnêteté d'esprit par sa réaction de colère devant les propos tenus par James Baldwin et par d'autres dirigeants noirs au cours d'un échange de vues qu'il croyait devoir être agréable. Il n'avait en effet jamais entendu encore un Américain dire qu'il ne se battrait pas pour défendre son pays. L'indignation retombée, il s'est contenté d'une simple réflexion : « Si j'étais dans la peau de cet homme, si j'avais eu à subir ce qu'il subit, peut-être ma conception de la défense du pays serait-elle différente. » Il ne devait pas tarder par la suite à demander à la commission sénatoriale de la justice : « Pouvons-nous dire à un Noir de la ville de Jackson : Quand viendra la guerre, vous serez un citoyen américain ; mais, en attendant, vous êtes citoyen du Mississippi et nous ne pouvons rien pour vous ? »

La deuxième partie de la relation orale de Robert Kennedy retrace l'engagement croissant du ministre de la Justice dans le problème crucial qui s'est posé au pays dans les années 60 : celui du combat pour l'égalité des races. En compagnie de Burke Marshall, son adjoint chargé des affaires relatives à l'égalité des droits, Robert Kennedy s'entretient ici avec un journaliste titulaire du prix Pulitzer, Anthony Lewis. Ce dernier pose des questions particulièrement détaillées sur les crises et sur les débats suscités au début des années 60 par le problème de l'égalité des droits : suppression de la ségrégation scolaire à La Nouvelle-Orléans, participation prétendue

91

du parti communiste au mouvement de l'égalité des droits et rôle du FBI dans ces accusations, violences dans le Mississippi en 1962 et préparation en 1963 du projet de loi de 1964 relative à l'égalité des droits, affrontement comico-dramatique avec le gouverneur de l'Alabama en 1963. Les réponses livrées par Robert Kennedy retracent l'évolution de son rôle et de celui du président Kennedy dans l'épopée de l'égalité des droits, de ses relations personnelles avec le FBI et son redoutable directeur, de sa conception de la véritable fonction du gouvernement fédéral dans une ère de turbulence sociale.

Entretiens avec Anthony Lewis, en présence de Burke Marshall

New York, 4 décembre 1964
McLean, Virginie, 6 et 22 décembre 1964

Le chemin de la présidence

LEWIS : J'ai souvenir d'une conversation avec vous, il y a longtemps, sur l'éveil de votre famille au problème de la situation des Noirs dans notre pays. Et je me rappelle que votre réponse a été : « Disons que cette question ne nous empêchait pas de dormir. » Pourriez-vous vous expliquer un peu sur ce sujet, raconter comment vous en êtes venu à vous intéresser au problème ?

KENNEDY : Je ne pense pas qu'il nous passionnait pendant notre adolescence, car ce n'en était pas vraiment un pour nous. Je sais bien qu'il n'est pas conseillé de dire que l'on compte des Noirs parmi ses meilleurs amis, mais c'est un fait que, dans ma jeunesse, deux de mes meilleurs amis sur quatre étaient de race noire. Dans ma famille, la chose était acceptée : on ne faisait pas la différence.

La différence, c'était que des tas de gens avaient un sort bien peu favorable et ne mangeaient pas à leur faim : je vous parle ici des années 30, lorsque la vie n'était pas facile pour pas mal de gens, Blancs comme Noirs. A la maison, on avait le sentiment que venir en aide aux déshérités constituait un devoir social, mais on ne faisait pas de différence entre Blancs et Noirs sous prétexte que ces derniers étaient plus malheureux. On s'intéressait à une situation d'ensemble, aux États-Unis et à l'étranger, aux problèmes de ceux qui traversaient une passe très difficile.

LEWIS : Avez-vous souvenir de circonstances ou d'incidents qui aient donné à votre frère, lorsqu'il était adolescent, l'occasion de prêter sérieusement attention à la question raciale, je veux dire à celle de la race noire ?

KENNEDY : Non. Comme je vous l'ai dit, on parlait souvent dans ma famille des problèmes sociaux pendant la grande crise économique des années 30. Mais j'étais très jeune et le sujet a probablement dû intéresser davantage mon frère. Puis la guerre est arrivée : elle a fait des morts et des blessés graves dans l'entourage familial, et c'est cela qui est devenu le problème. Ensuite, mon frère s'est présenté aux élections sénatoriales, et je suppose que ce qui a compté à ce moment, c'est la manière dont votaient les divers groupes sociaux.

LEWIS : La population noire était-elle importante dans sa circonscription ?

KENNEDY : Dans la onzième circonscription, il y avait un certain nombre de Noirs, qui représentaient du moins quelque chose sur le plan électoral, mais il n'y en a jamais eu beaucoup dans le Massachusetts. Lors du scrutin de 1952, ils ne constituaient pas vraiment un problème électoral. Nous avons effectué des tournées dans les secteurs de population noire, mais surtout en tant que représentants du parti démocrate, pour calculer le nombre de voix sur lequel nous pouvions compter, plutôt que pour étudier les mesures qu'il conviendrait de prendre ensuite.

LEWIS : Mais il ne s'agissait pas de traiter avec les dirigeants politiques de la population noire, comme cela aurait été le cas dans une élection présidentielle, où il faut faire des promesses ou se concerter sur ce qu'il est souhaitable de dire à cet électorat, n'est-ce pas ?

KENNEDY : Effectivement. Il ne me semble pas que les politiciens de race noire dans le parti démocrate aient, à cette époque, revendiqué quoi que ce soit pour leurs électeurs en particulier. Tout ce qui les intéressait, c'était de se faire admettre et d'acquérir une influence auprès des leurs. Et c'est justement cela qui a changé pendant les années 60 : ce genre d'attitude est devenue impossible. Auparavant, les candidats du parti démocrate à des élections s'adressaient à trois ou quatre personnalités susceptibles de leur apporter les voix des Noirs. Pas besoin de donner de précisions sur l'égalité des droits, ni sur l'accès aux logements : dans le Massachusetts, ces questions n'ont jamais constitué un problème.

Le nouveau ministre de la Justice

LEWIS : La question que je voudrais poser maintenant a trait aux circonstances de votre nomination à la Justice. La presse y était hostile en raison des turbulences qui ne manqueraient pas de se produire sur la question de l'égalité des droits et des retombées défavorables que celles-ci pourraient comporter pour un Président aussi proche du ministre de la Justice qui serait mêlé à ces affaires.

KENNEDY : C'était bien ce que je redoutais le plus. Et j'ai été conforté dans cette appréhension par le fait que l'ancien ministre de la Justice, Bill Rogers, s'était caché dans l'avion lorsqu'il était allé en Caroline du Sud.

LEWIS : Racontez-moi donc cet épisode.

KENNEDY : Au cours de la campagne, il est allé en tournée avec Nixon et ils ont fait une première escale en Caroline du Sud : c'est là que Rogers s'est dissimulé dans l'avion. Fritz Holling, le gouverneur démocrate de l'État, s'en est aperçu et, pendant les huit ou dix jours qui ont suivi, les journaux n'ont parlé que de cette histoire, qui mettait en cause le meilleur ami de Nixon. Ils sont ensuite allés tous les deux dans le Texas, et Nixon a fait sortir Rogers de l'avion pour le présenter comme un héros, sous prétexte qu'il était l'auteur d'une recommandation concernant les terres découvertes à marée basse ou je ne sais quoi.

J'ai donc pensé, premièrement, que le ministre de la Justice risquait d'avoir la vie dure, à cause de la question de l'égalité des droits, et, deuxièmement, que si mon frère devait se représenter en 1964, la présence d'un ministre de la Justice qui ne pourrait pas se cacher dans un avion et qui porterait le même nom que le Président risquerait tout simplement d'être fatale à ce dernier, parce que nous aurions à nous battre sans cesse. Voilà quelle était ma plus forte appréhension. Troisièmement, j'avais envie de m'éloigner pendant quelque temps de mon frère. Il y avait là un ensemble de raisons que j'ai souvent évoquées avec lui.

LEWIS : Comment ont-elles été écartées? Votre frère vous a-t-il jamais dit...

KENNEDY : Laissez-moi vous rappeler que mon frère avait d'abord proposé le poste à Abe Ribicoff, à l'époque de leur séjour en Floride. Mais je crois que Ribicoff voulait devenir juge à la Cour suprême et il pensait que les activités d'un ministre de la Justice lui attireraient au sein de la commission de la justice une hostilité telle qu'il n'aurait plus aucune chance d'entrer à la Cour suprême. De plus, comme il l'a lui-même expliqué, il voyait mal un Juif faire entrer, sur ordre d'un catholique, des enfants noirs dans les écoles protestantes blanches du Sud. Il préférait prendre le portefeuille de la Santé, de l'Instruction publique et des Affaires sociales.

Et puis mon père était partisan de ma nomination à la Justice. Et je crois que le Président a finalement pensé qu'il serait agréable d'avoir dans son entourage quelqu'un avec qui il puisse discuter des affaires. Enfin, il n'y avait pas moyen que je fasse partie de cet entourage dans un poste d'autorité – car je n'avais pas envie d'aller travailler à la Maison Blanche – à moins d'être membre du cabinet et d'être ainsi sur le même pied que les autres. Dans une position moindre...

LEWIS : Voulez-vous dire : comme collaborateur de la Maison Blanche, par exemple?

KENNEDY : Je n'avais nulle envie de cela. S'il me fallait faire partie de la nouvelle administration, ce devait être dans un poste où l'on a une responsabilité personnelle et non pour recevoir des instructions directes de qui que ce soit. Accepter une position ne comportant pas égalité de responsabilités et de prestige m'aurait valu l'hostilité légitime de ceux qui auraient eu autorité sur moi ou auraient occupé des fonctions plus élevées. Il me fallait donc un poste au sein du cabinet ou rien, et le seul portefeuille ministériel que l'on pouvait me donner était celui de la Justice.

C'est vraiment à la dernière minute que j'ai décidé de faire partie de la nouvelle administration, car j'avais pris une décision contraire la veille du jour où mon frère a annoncé ma nomination. Nous en avons parlé ensemble le matin même, au petit déjeuner, sur la base des considérations que je viens de vous expliquer. Et c'est ainsi que je suis entré dans la nouvelle administration : pour être ministre de la Justice, mais, surtout, pour faire partie de l'entourage du Président.

LEWIS : Comment se fait-il alors que Bill Lawrence ait écrit l'article que vous savez [1] une semaine environ avant l'annonce, moins d'une semaine, je crois?

KENNEDY : La question avait été évoquée à l'époque. Mon frère envisageait cette possibilité et moi aussi. C'est ce qui a inspiré cet article.

LEWIS : Est-ce que vous-même ou votre frère aviez à ce moment une idée de la charge de travail que la question de l'égalité des droits imposerait au ministre de la Justice?

KENNEDY : Oui, je crois. Je ne suis pas sûr que nous ayons prévu le nombre de problèmes qui se poseraient, mais nous en avons parlé. Comme je vous l'ai dit, j'étais particulièrement préoccupé à l'idée que j'allais être étroitement mêlé à cette affaire, qu'il serait nécessaire de prendre tant de mesures que celles-ci risqueraient de causer à mon frère d'énormes difficultés politiques, pas seulement dans les élections de 1964, mais aussi pour l'adoption de projets de lois dans d'autres domaines.

LEWIS : Votre présence à la Justice a créé des problèmes, mais sans doute pas plus que vous n'en aviez prévu.

KENNEDY : Non. Mais je pense qu'en 1963 mes fonctions lui ont valu beaucoup plus de difficultés qu'il n'en aurait rencontrées si je n'avais pas été son frère.

LEWIS : Dans les États du Sud?

KENNEDY : Oui. Au lieu de mentionner Robert Kennedy, les gens ont commencé à parler des « frères Kennedy », et le Président me l'a souvent fait remarquer. Cette réaction a pris un tour tel qu'en 1963 j'ai étudié avec mon frère les moyens de sortir de cette situation, de manière qu'il...

LEWIS : A quel moment de 1963? A partir de quand?

---

1. Lawrence avait annoncé le 19 novembre 1960 dans le *New York Times* qu'il était sérieusement question de Robert Kennedy pour le ministère de la Justice.

KENNEDY : En septembre ou en octobre, je crois. Il s'agissait de savoir dans quelles conditions je pourrais quitter les fonctions de ministre de la Justice, parce qu'elles me paraissaient constituer un lourd handicap pour les élections de 1964.

LEWIS : Il était pourtant bien difficile d'abandonner ce poste, alors que le débat sur le projet de loi relatif à l'égalité des droits était en cours.

KENNEDY : Oui. Le Président pensait que ce n'était pas possible, parce que nous aurions donné l'impression que nous avions peur de ce projet de loi. Voilà le genre de problèmes que nous rencontrions : jusqu'en 1962, toute l'attention qu'attiraient mes actes était centrée sur *moi*, alors que *lui* n'était pas si mal que ça ; mais en 1963 c'est *nous* deux qui étions devenus la cible. D'où des difficultés sur le plan politique, à l'approche de la présidentielle de 1964. Je ne pouvais me sortir de là que pour diriger la campagne à la demande de mon frère ou pour une raison de ce genre ; mais...

LEWIS : Cette sortie du gouvernement aurait aussi été une épreuve pour vous.

KENNEDY : Ce n'est pas la considération qui l'a emporté, car le Président pensait que ce n'était pas une bonne solution. Nous avons donc simplement décidé d'observer la situation et de voir s'il fallait agir. L'important était que mon frère soit réélu et cet état de choses entraînait quantité de difficultés.

LEWIS : De toute façon, il aurait été élu sans l'appui des États du Sud ; enfin, de la plupart d'entre eux. Il n'aurait pas eu les suffrages des États où le candidat républicain, Barry Goldwater, l'a emporté en 1964, n'est-ce pas ? La Géorgie peut-être ?

KENNEDY : Non. Il n'aurait gagné dans aucun de ces États et je pense qu'il aurait peut-être, probablement même, perdu le Texas.

LEWIS : Croyez-vous ?

KENNEDY : Je pense qu'il aurait fort bien pu être battu dans le Texas et je crois qu'il aurait pu l'être dans tous les autres États du Sud.

LEWIS : Bon ! Mais il s'agissait seulement de ceux-là.

KENNEDY : C'est juste ; mais à l'époque nous ne savions pas qui serait notre adversaire. Le candidat possible qui inquiétait le plus mon frère était le gouverneur du Michigan, George Romney.

98

LEWIS : Vous me surprenez!

KENNEDY : Mon frère pensait que Romney serait particulièrement difficile à éliminer et que ce genre d'évangéliste serait le candidat le plus dangereux, parce qu'il parlait tout le temps de Dieu, qu'il était contre la bureaucratie et les grands syndicats, qu'il maniait tous les thèmes qui plaisent. Il aurait exercé un certain attrait dans le Sud comme dans le Nord et nous aurait ainsi causé des difficultés. L'adversaire le plus facile, a toujours pensé mon frère, était Barry Goldwater.

LEWIS : N'a-t-il pas été question de changer de candidat à la vice-présidence?

KENNEDY : Non. Il n'en a pas été question.

LEWIS : Je parle tout à fait sérieusement!

KENNEDY : Non, non. Mais le Président a toujours pensé que Johnson voulait se mêler personnellement du problème de l'égalité des droits bien davantage qu'il n'était utile.

LEWIS : Que voulez-vous dire par là?

KENNEDY : A l'époque où la question est venue à la surface, Johnson s'exprimait fréquemment sur le sujet. Or, le Président jugeait que ce n'était pas nécessaire à ce moment-là, estimant que les actes avaient plus d'importance que les mots et que Lyndon Johnson devrait...

LEWIS : Rester une personnalité du Sud acceptable sur le plan électoral?

KENNEDY : Ne pas en dire plus que le Président. S'exprimer en public lorsque c'était nécessaire, opportun et utile; et pas autrement.

LEWIS : J'allais en venir à la question du choix de Burke Marshall, des circonstances dans lesquelles vous avez effectué ce choix, à la période de transition que vous avez connue au ministère de la Justice, où vous avez d'abord occupé un petit bureau, si mes souvenirs sont exacts. Avez-vous appris quoi que ce soit à cette époque sur les activités du ministère en matière d'égalité des droits? J'ai l'impression que vous avez été frappé par l'insuffisance de son action, notamment en ce qui concerne le droit de vote. Comment vous en êtes-vous aperçu?

KENNEDY : Les États du Sud étaient tous très favorables à ma nomination à la Justice : c'est d'eux que j'ai reçu l'appui le plus solide en tant que ministre.

LEWIS : Vous voulez dire : au début ?

KENNEDY : Oui. Parce que j'avais enquêté sur les syndicats, que les gens du Sud n'aiment guère. C'est pour la même raison que les milieux d'affaires m'ont trouvé merveilleux à cette époque-là. Alors les sénateurs démocrates Jim Eastland, du Mississippi, John McClellan, bien sûr, de l'Arkansas, Sam Ervin, de Caroline du Nord, et Olin Johnston, de Caroline du Sud, ont tous dit du bien de moi.

Je suis allé voir Jim Eastland, qui m'a confié ce qu'il pensait de mes prédécesseurs. Mais il m'a d'abord parlé de Lawrence Walsh, adjoint au ministre de la Justice, qui lui paraissait être quelqu'un de très bien : un homme très honnête, très ouvert, en qui il avait toute confiance. Il m'a ensuite parlé de Bill Rogers, disant qu'il l'aimait beaucoup, mais ajoutant avec un clin d'œil : « Bien sûr, on ne peut lui faire autant confiance qu'à Walsh, pour l'intégrité et pour l'honnêteté : savez-vous qu'il n'a jamais engagé dans le Mississippi la moindre action judiciaire en matière d'égalité des droits ? »

Son propos portait essentiellement sur le fait que Rogers avait manqué à son devoir dans le Mississippi, et il ressentait un certain mépris à son égard. En ce qui concerne Jim Eastland, je dirais qu'il n'a jamais essayé de nous empêcher de faire quoi que ce soit dans cet État. Pas plus qu'il ne lui est arrivé d'établir un lien entre un projet de loi auquel nous étions attachés – qu'il se soit agi d'un projet de loi pénale ou d'autres projets en discussion à la commission de la justice – et une disposition qu'il souhaitait voir prendre dans le Mississippi, la nomination de juges auxquels il tenait, ou bien des mesures que nous prenions ou des actions judiciaires que nous engagions dans cet État. J'ai eu avec lui de très fréquentes conversations au cours de toutes les crises qui se sont produites dans le Mississippi ; il était toujours disponible ; il a toujours tenu sa parole et m'a toujours précisé sa position, disant dans quel sens il pouvait agir et dans quel sens il ne le pouvait pas. Il m'a aussi donné son avis sur ceux en qui je pouvais avoir confiance et sur ceux à qui je ne pouvais faire confiance dans le Mississippi. Ses conseils m'ont été extrêmement utiles pendant cette période de trois ans et demi. J'ai trouvé beaucoup plus agréable de traiter avec lui qu'avec bien des soi-disant libéraux de la commission de la justice ou d'autres organes de la Chambre ou du Sénat.

LEWIS : Il va falloir nous assurer que cette conversation ne vienne pas aux oreilles des politiciens new-yorkais pendant les cent cinquante années à venir...

Vous voilà donc en janvier 1961 au ministère de la Justice. Juste un mot sur les circonstances dans lesquelles vous avez placé Burke Marshall à la direction générale d'une importante division.

KENNEDY : Je crois que mon choix a été largement influencé par Byron White.

LEWIS : Ne connaissiez-vous pas du tout Marshall?

KENNEDY : Non. Mais je connaissais Harris Wofford : c'était lui qui paraissait tout désigné pour ce poste, qu'il voulait et où le voyaient très bien Sargent Shriver et tous ceux qui étaient mêlés à notre combat pour l'égalité des droits. Mais l'engagement de Wofford dans ces affaires avait un caractère fortement émotionnel, et il était même un peu fou sur certains points. Je ne souhaitais pas voir à la tête de la division de l'égalité des droits une personne qui ne travaillait par sur des faits mais sur des émotions, dont l'avis ne serait pas allé dans le sens de l'intérêt du Président – de ce que celui-ci essayait de réaliser dans l'intérêt du pays –, mais de l'intérêt qu'il croyait être celui d'un Noir, d'un groupe de Noirs ou d'une coterie s'occupant de l'égalité des droits. Il me fallait quelqu'un dont les intérêts et les motivations soient les mêmes que les miens.

LEWIS : L'oiseau rare, autrement dit?

KENNEDY : Oui.

LEWIS : Vous avez eu de la chance.

KENNEDY : Mais c'est pourquoi j'ai cherché en dehors de Wofford. Et nous avons finalement trouvé l'homme idoine.

LEWIS : Je voudrais, en toute justice, placer ici deux remarques. D'abord, la fidélité de Wofford au Président n'a pas été mise en cause pendant très longtemps.

KENNEDY : C'est exact.

LEWIS : Ensuite, il me semble qu'il a été de ceux qui ont suggéré le nom de Burke Marshall, à titre de solution de remplacement.

KENNEDY : Je m'en souviens; en tout cas, c'est bien possible. D'ailleurs, Harris Wofford est quelqu'un de très bien; il a fait un travail remarquable pour le Peace Corps et pour tout le reste. Mais je ne crois pas qu'il aurait convenu au poste en question. Il me fallait un très bon juriste, qui ait en plus une certaine expérience. Le nom de Burke Marshall a donc été suggéré et le choix final est intervenu seulement entre Wofford et Marshall.

LEWIS : Et votre choix a eu pour raison principale l'amitié de Byron White pour Marshall, ce qu'il savait de lui?

KENNEDY : White avait suggéré son nom. Burke Marshall m'a aussi été recommandé pour les qualités que je recherchais : ses compétences juridiques, toutes ses autres qualifications. Voilà comment il a été choisi.

« Une mesure logique »
La suppression de la ségrégation
à La Nouvelle-Orléans

LEWIS : C'est à l'occasion de la crise scolaire de La Nouvelle-Orléans [1] que Burke Marshall s'est rendu compte pour la première fois que vous alliez bien vous entendre tous les deux. Il s'agissait là, en Louisiane, d'une grosse affaire politique, à laquelle étaient mêlés des hommes publics avec qui vous aviez eu des relations constantes. Le ministère de la Justice avait auparavant cherché à gagner du temps ; mais vous, vous n'avez pas hésité à déclarer qu'il convenait d'exécuter l'ordonnance judiciaire.

MARSHALL : C'est exact. Le ministère de la Justice avait temporisé dans cette affaire. Celle-ci était en suspens devant le tribunal d'instance depuis plusieurs années. Le juge Skelly Wright avait finalement considéré en 1960 que le conseil des écoles n'avait pas présenté le programme de déségrégation demandé par le tribunal, au mépris de la décision de ce dernier. Le juge avait donc pris de son propre chef une ordonnance donnant aux enfants de race noire des petites classes le choix de fréquenter l'école la plus proche de leur domicile ou celle qui leur serait désignée : il y aurait donc eu une certaine déségrégation dans un certain nombre d'écoles. Le juge a ensuite pris contact avec le ministère de la Justice, demandant l'appui de la force publique fédérale dépendant de ce ministère, en vue de la mise à exécution de son ordonnance.

---

1. Le juge fédéral de première instance Skelly Wright avait ordonné l'intégration raciale dans les écoles, contre l'opposition vigoureuse des assemblées de la Louisiane, qui avaient tenté d'empêcher l'exécution de l'ordonnance par le conseil des écoles de La Nouvelle-Orléans. L'intégration scolaire devait être réalisée sans violences en septembre 1961.

KENNEDY : Cette demande était assez curieuse. En effet, compte tenu de ce qui s'était passé à Little Rock [1], on aurait pu penser que l'intervention de l'autorité fédérale aurait dû être pratiquement automatique.

LEWIS : Le juge Wright a-t-il réitéré sa requête lorsque vous êtes entré en fonctions ?

MARSHALL : Il m'a téléphoné, je crois. En tout cas, la question qui s'est posée alors était celle de la paie des enseignants et de la suspension des subventions publiques aux écoles affectées par la déségrégation. Le problème était de savoir si le ministère agirait, face à ce qui apparaissait comme un défi lancé par le gouverneur de la Louisiane et par le conseil des écoles. Le juge souhaitait une réaction à notre niveau et c'est ainsi qu'a commencé toute l'affaire : allions-nous engager une procédure à l'encontre du gouverneur ?

KENNEDY : Et empêcher les autorités locales de suspendre les subventions et la paie des maîtres. Cette affaire présentait des aspects divers et sans précédent : il s'agissait de savoir ce que nous allions faire sur le plan financier – subventions et paiement des enseignants – et d'où viendrait l'argent, et finalement de savoir si nous étions prêts à faire envoyer en prison un certain nombre de représentants importants de l'autorité publique locale. Dans les deux mois, nous nous sommes donc trouvés aux prises avec ceux-ci, dans un conflit de première grandeur.

LEWIS : L'ensemble du ministère de la Justice a été mêlé quotidiennement à ce genre d'affaires, d'infiniment plus près qu'il ne l'avait jamais été. Des textes de lois ont été votés un jour après l'autre, en vue de modifier la composition des conseils des écoles et à toutes sortes d'autres fins.

KENNEDY : C'est exact. Nous avons dû nous battre chaque fois qu'il fallait décider jusqu'où il convenait d'aller et s'il était nécessaire d'envoyer ou non des gens en prison.

---

1. Le 23 septembre 1957, à la suite d'une décision de justice, des représentants de la force publique fédérale avaient fait entrer sous leur protection neuf élèves de race noire au collège central de Little Rock, dans l'Arkansas. Une foule de manifestants de race blanche, rassemblée autour du bâtiment, avait obtenu au bout de trois heures l'expulsion des neuf élèves. Le lendemain, le président Eisenhower avait réquisitionné la garde nationale de l'État de l'Arkansas et envoyé à Little Rock des troupes fédérales chargées de faire appliquer les décisions judiciaires de déségrégation des écoles publiques.

LEWIS : Sur ce sujet, je crois que nous devrions en venir à ce que vous en avez dit à votre frère.

KENNEDY : Je n'ai pas souvenir de lui en avoir parlé de manière particulière. J'ai dû le tenir au courant, mais il était entendu entre nous – comme il a toujours été – que j'étais seul responsable dans mon domaine. Je l'informais ou je lui demandais son avis sur la manière d'agir, lorsque se posait un problème dont il devait être informé, mais je ne me souviens pas qu'il y ait eu à cette époque une difficulté sérieuse quant à la conduite à adopter. Je pense qu'il a toujours été clair que nous voulions l'un et l'autre aller de l'avant.

MARSHALL : La décision de principe la plus importante que vous ayez eu à prendre, et qui ne l'avait jamais été auparavant, portait sur la question de savoir si le ministère de la Justice endosserait ou non la totale responsabilité de l'exécution des injonctions judiciaires en matière scolaire. Dans le passé, il fallait que quelqu'un recule : ou bien le ministère de la Justice acceptait une reculade, ou bien il encourait le mépris public pour l'incarcération de personnalités officielles locales.

LEWIS : Nous voilà dans le sujet auquel je voulais que nous venions : cette décision de caractère assez général sur la question de savoir si le ministère de la Justice irait de l'avant et assumerait de manière tout à fait directe ce genre de responsabilité. D'après ce qui vient d'être dit, je comprends que c'est bien ce qui s'est passé, parce qu'une décision en ce sens était nécessaire.

KENNEDY : C'est bien cela.

LEWIS : Cette décision a-t-elle donné lieu à délibérations ou à une réunion en grand comité ?

KENNEDY : Non.

LEWIS : Aucune grande réunion de cabinet ?

KENNEDY : La décision allait de soi. Je veux dire qu'elle était logique. Le gouvernement fédéral ne pouvait pas accepter une reculade.

LEWIS : Cette façon de voir les choses paraît bonne aujourd'hui et avait semblé telle à bien des gens à l'époque. Mais, comme l'a très bien dit Burke Marshall, elle représentait un revirement d'attitude de la part du ministère de la Justice.

MARSHALL : J'en ai un souvenir parfaitement précis. Nous en avons parlé ; nous avons étudié, le ministre et moi, les conséquences qu'impliquait la décision de ne pas céder. Et le ministre m'a dit : « Il faut aller jusqu'au bout. » A ce moment-là, cela voulait dire que nous aurions mis en prison Shelby Jackson, le directeur de l'instruction publique de Louisiane.

KENNEDY : J'ai souvenir que c'était bien l'une des questions qui se posaient. Il est certain que j'en ai parlé au Président, j'en suis sûr. Mais pour ce qui est de savoir s'il me fallait une confirmation d'un ordre d'aller ou non de l'avant, je vous dirai une fois de plus que la décision allait de soi, qu'elle était parfaitement logique. Il n'était pas nécessaire de tenir une réunion à ce sujet : je pense qu'il n'y avait pas de discussion possible sur ce que devait être l'attitude du gouvernement fédéral.

L'ouverture de la porte :
l'exercice effectif du droit de vote *

LEWIS : Nous devrions aborder maintenant la question du droit de vote. Je me souviens d'une déclaration de Burke Marshall, en forme de litote comme à son habitude, d'après laquelle il lui était apparu, très tôt après son arrivée au ministère de la Justice, qu'assez peu de mesures avaient été prises à ce sujet : ses prédécesseurs ne s'étaient guère donné de mal dans ce domaine et aucune procédure judiciaire n'avait été engagée dans le Mississippi. Comment avez-vous réagi à cette situation ?

KENNEDY : J'ai pensé qu'il convenait de lancer une action beaucoup plus large. Il me semblait en effet que c'était dans ce domaine que nous disposions de l'autorité la plus grande : c'était donc là qu'il fallait intervenir si nous voulions agir en matière d'égalité des droits. J'ai eu aussi le sentiment très vif que c'était là que notre action pouvait être le plus bénéfique. Sans doute étais-je inspiré par des considérations politiques, mais je sentais que c'était par l'exercice du droit de vote que nous pouvions apporter un véritable changement. La participation aux élections facilite considérablement l'avènement des autres droits. Bien des choses pouvaient être réalisées sur le plan local, si l'électorat noir d'un État participait aux élections.

Il me suffit, en me replaçant à l'époque de la présidentielle de 1960, de considérer le pouvoir dont disposait un Noir dans l'État de

---

* A la suite de la guerre de Sécession, le XVe amendement (1870) à la Constitution avait reconnu aux Noirs le droit de vote. Toutefois (quand l'intimidation pratiquée par les Blancs irréductibles ne suffisait pas à dissuader les Noirs de s'inscrire sur les listes électorales), les lois locales subordonnaient dans la plus grande partie du Sud l'exercice de ce droit à des conditions d'alphabétisation, voire à une taxe d'inscription. C'est seulement en 1965, 1966 et 1970 que des lois fédérales et la Cour suprême ont interdit ces pratiques, plus ou moins efficacement combattues jusque-là par les autorités fédérales sur la base des textes existants. *(N.d.T.)*

New York, par exemple, où la population noire représente vingt pour cent de la population totale, de voir toutes les mesures qui y sont prises en vue de donner satisfaction aux Noirs, de savoir qu'ils sont consultés sur tout. Or, ils représentent près de cinquante pour cent de la population dans le Mississippi, quarante pour cent dans l'Alabama et une proportion importante en Géorgie : s'ils s'inscrivaient sur les listes électorales et s'ils participaient aux élections – si la moitié ou même le tiers d'entre eux le faisait, si plus de quinze pour cent de l'électorat noir participait aux élections –, les Noirs pourraient exercer une influence très importante.

A l'époque des manifestations des Voyageurs de la Liberté *, j'ai rencontré à un certain nombre de reprises les représentants de ces militants de l'égalité des droits : j'ai essayé de leur expliquer que, même si une action de ce type était moins spectaculaire et ne bénéficiait pas d'autant de publicité, il serait plus utile pour eux d'organiser une campagne d'inscription sur les listes électorales. J'en ai parlé à Martin Luther King. Je crois que cette suggestion ne leur a guère plu : ce n'était pas dans cette direction qu'ils s'orientaient. Martin Luther King et bon nombre de ses groupes de militants n'avaient pas les mêmes idées que moi sur certaines de ces questions.

J'avais pourtant fait valoir deux raisons en faveur de l'exercice effectif du droit de vote. Premièrement, il s'agissait d'un domaine dans lequel nous avions autorité, alors que, dans certains autres, nous ne pouvions, au niveau fédéral, ni apporter une protection officielle ni prendre des mesures. Deuxièmement, il serait infiniment plus utile de concentrer les efforts sur un thème et de faire inscrire sur les listes électorales ne serait-ce qu'une centaine de personnes chaque jour. Dans certaines collectivités locales de ces États du Sud, la situation s'en trouverait considérablement modifiée. D'une manière générale, ce type d'action constituait le seul moyen d'une ouverture sur la réalisation de leurs souhaits en matière d'instruction publique, de logement, d'emploi et d'accès aux lieux publics : tout reposait sur l'exercice du droit de vote et sur la capacité de provoquer le changement sur le plan local.

---

* Au printemps 1961, les « Freedom Riders », des groupes de militants noirs du Mississippi et de l'Alabama, avaient cherché à combattre la ségrégation dans les transports publics en empruntant des lignes d'autocars circulant entre États et dont le fonctionnement se trouvait par conséquent régi par la loi fédérale. Le ministère de la Justice était intervenu pour protéger les voyageurs noirs, à la suite d'incidents extrêmement violents. *(N.d.T.)*

LEWIS : Vous avez laissé entendre que Martin Luther King et certains autres militants n'ont pas réagi d'une manière très positive à cette suggestion. N'était-ce pas, au début, parce que ce genre d'action ne leur paraissait guère spectaculaire? Mais leur attitude a changé plus tard et ils se sont davantage intéressés à la question du droit de vote. Quelle a été la cause de ce revirement?

KENNEDY : Je pense qu'ils se sont tout simplement rendu compte que leur action pourrait, par ce biais, être beaucoup plus efficace. Mais je ne suis pas sûr que l'on puisse parler d'un revirement.

LEWIS : Ils ont reçu beaucoup d'argent de fondations privées.

KENNEDY : Nous nous sommes attachés à cela aussi.

MARSHALL : Oui. Chaque fois qu'ils sont venus vous voir, vous leur avez parlé de l'inscription sur les listes électorales. Il en est résulté – et je crois que c'est vous qui avez initialement suggéré l'attribution de fonds à cet effet – qu'ils ont obtenu de l'argent et qu'ils ont été en mesure de mener des actions en ce sens. Puis nous avons évoqué la question avec Stephen Currier, de la Taconic Foundation. J'ai assisté aux réunions qui ont débouché sur l'institution du Programme d'éducation de l'électorat [1], dans lequel cette fondation a mis beaucoup d'argent, d'autres un peu moins. Comme la participation au programme comportait une aide financière, les militants ont apporté leur concours, pour avoir droit aux subventions.

KENNEDY : Je crois avoir suggéré la création d'un organisme indépendant et une exonération fiscale pour les contributions.

MARSHALL : Effectivement. Et l'exonération a été acquise.

KENNEDY : C'est avec Mortimer Caplin que j'ai pu mettre au point cette exonération.

MARSHALL : C'est tout à fait exact.

LEWIS : C'était là un mode d'action assez nouveau. Ce qui m'a frappé pendant ces trois années, c'était la portée générale des interventions du ministère de la Justice : vous n'avez pas hésité à vous affranchir

---

1. Il s'agissait d'une campagne d'inscription sur les listes électorales, à laquelle ont participé plusieurs grandes organisations militant pour l'égalité des droits, telles que le SNCC (Student Nonviolent Coordinating Committee) et le CORE (Congress of Racial Equality).

des filières officielles et à prendre contact avec des fondations privées, avec la compagnie des autocars Greyhound, avec des compagnies d'assurances en vue de la délivrance de cautions pour des particuliers, et ainsi de suite. Ne pensez-vous pas que le fait d'être le frère du Président vous ait à cet égard été d'un grand secours ? Parce que vous n'aviez pas à vous préoccuper de ce qu'il penserait de votre manière de sortir des voies officielles.

KENNEDY : C'est juste. Je n'ai jamais eu à lui en parler. Pour ce genre de choses, ce n'était pas la peine de déranger le président des États-Unis chaque fois qu'une mesure était prise, ni de se préoccuper de savoir s'il estimerait que celle-ci était inopportune.

LEWIS : Parce que vous saviez parfaitement ce qu'il jugerait opportun, n'est-ce pas ?

KENNEDY : Il n'y a donc jamais eu de problème. Je n'avais pas besoin de l'ennuyer avec mon action, pas plus qu'il n'avait à y réfléchir. Et c'était tout avantage, car si on appelle le Président au sujet d'une décision à prendre, celle-ci sera une décision présidentielle, dans laquelle devra être pesé le pour et le contre, ce qui est souvent difficile. Tandis que moi, je pouvais le faire à mon niveau bien plus facilement que lui. Cela dit, les choses étaient moins simples si je me doutais que mes intentions pourraient comporter des effets qui seraient défavorables pour le Président, s'il s'agissait d'affaires plus importantes ou si je me posais des questions. Alors, bien sûr, nous en parlions ensemble.

LEWIS : De quel genre d'affaires ?

KENNEDY : Par exemple, de l'ensemble de la question de l'université de l'Alabama [1] : à quel moment réquisitionner la garde nationale ? à quelles forces armées faire appel : fédérales ou locales ?

LEWIS : Ou, avant cela, de celle de l'université du Mississippi : de l'affaire d'Oxford [2] ?

KENNEDY : Oui. Nous avons pris ensemble une quantité de décisions de détail dans l'affaire d'Oxford. Mais celle de l'université de l'Ala-

---

1. Deux étudiants noirs s'étaient inscrits à l'université de l'Alabama, le 11 juin 1963, en dépit des protestations du gouverneur Wallace.

2. Un premier étudiant noir, John Meredith, s'était inscrit à l'université du Mississippi, à Oxford, le 1er octobre 1962.

bama m'est davantage présente à l'esprit, parce que je ne savais pas très bien quelle position prendre, à quel moment réquisitionner la garde nationale, quels effectifs faire intervenir : tout cela était extrêmement difficile, n'est-ce pas ? Nous jouions alors dangereusement au chat et à la souris. L'affaire de l'université du Mississippi était d'une certaine manière moins compliquée, parce que nous étions en contact avec le gouverneur de l'État et savions quelle attitude il allait adopter.

LEWIS : Du moins pensiez-vous le savoir.

KENNEDY : Je me réfère là à la décision que nous allions mettre au point avec lui. Une fois cette décision prise, la suite des événements a été plus claire que dans le cas de l'université de l'Alabama, où nous ne savions pas quelle ligne de conduite allait adopter le gouverneur Wallace.

LEWIS : Revenons à l'exercice du droit de vote et permettez-moi de vous poser la question suivante : Avez-vous jamais parlé avec le Président des conséquences politiques à long terme – et je n'ai ici aucune intention désobligeante – d'un élargissement de l'électorat noir dans les États du Sud ? De la possibilité évidente d'une transformation du parti démocrate en un parti multiracial et plus libéral, dans le Sud ?

KENNEDY : Non. Je pensais, et je l'ai dit à l'époque à Burke Marshall, que, si j'étais républicain, je me comporterais dans le Sud comme un modéré en matière raciale. Il me semblait que la direction démocrate dans les États du Sud était traditionnellement hostile à l'égalité des droits et aux Noirs. La vague de fond déclenchée par nos efforts et finalement, pensais-je, par ceux des militants de l'égalité des droits, entraînerait un jour l'inscription des Noirs sur les listes électorales et leur participation aux élections. Si les républicains se rapprochaient d'eux, dans une démarche de parti modéré, il me semblait qu'ils remporteraient toutes les élections, les Noirs constituant l'électorat pivot. Je me disais que, si j'étais républicain, si j'étais une personnalité du parti républicain au niveau national ou même dans le Sud, je m'associerais à ces efforts. Non pas avec l'idée de gagner les élections de 1962, ni celles de 1964, ni peut-être même celles de 1968 ; mais je remporterais celles de 1972 ou même celles de 1970.

111

LEWIS : Vous n'aviez pas prévu l'évolution qui s'est en réalité produite — du moins à la date d'aujourd'hui —, le parti républicain devenant dans le Sud un parti blanc et raciste.

KENNEDY : Non, je ne l'avais pas prévue. Je pensais que le contraire se produirait. Voyez-vous, nous avons perdu certaines circonscriptions du Sud aux élections de 1960 à cause de l'électorat noir, qui votait souvent pour les républicains.

LEWIS : Oui, je sais.

KENNEDY : En Géorgie, dans le Tennessee. Enfin, je veux dire que c'était à cause de Barry Goldwater. Mais, à leur place, j'aurais tiré parti de cette situation : je ne me serais pas donné une image d'extrémiste aux yeux de l'électorat noir.

LEWIS : Permettez-moi de vous reprendre sur ce point. Je ne crois pas que Goldwater ait constitué le seul facteur. Bien sûr, sa personnalité est tellement écrasante qu'il est difficile de juger. Mais je pense que votre action a certainement changé les choses.

KENNEDY : Je reviens à la question de savoir si je parlais de tout cela au Président. Il savait que nous faisions une campagne en faveur de l'inscription des Noirs sur les listes électorales. Il est possible que nous ayons évoqué, au passage, les conséquences politiques du vote des Noirs. Mais je ne crois pas qu'il nous ait semblé qu'à côté de l'hostilité que cette politique nous valait de la part de pas mal de monde, ce vote puisse changer grand-chose lorsqu'il se représenterait à la présidentielle de 1964. Bien que nous n'ayons pas évoqué ensemble cette perspective, je dirais qu'il estimait probablement qu'il n'y aurait pas de changement avant huit, seize ou vingt ans et qu'en tout cas il n'y avait rien à attendre pour 1964.

J'ajouterais peut-être qu'il me semblait nécessaire de considérer un troisième aspect de la question, à savoir que personne ne pouvait se montrer vraiment opposé au vote des Noirs.

LEWIS : Ce qui facilitait la tâche.

KENNEDY : Oui. Qui peut sérieusement s'insurger contre une campagne destinée à assurer que tout le monde vote ? Bien sûr, on le peut toujours, mais pas aussi ouvertement que sur la question scolaire : il est en effet plus facile de dire : « Nous ne voulons pas que nos petites têtes blondes aillent à l'école avec des Nègres. »

LEWIS : C'est bien pourquoi la loi de 1957 * relative à l'égalité des droits a pu être adoptée : même si l'on est le sénateur Richard Russell, de Géorgie, il est difficile de soutenir qu'il ne faut pas que les gens votent.

KENNEDY : Oui. C'est pour ces trois raisons que nous avons lancé notre campagne. Primo, nous disposions de plus d'autorité dans ce domaine que dans d'autres. Secundo, c'est de cette manière que nous pouvions faire le plus de bien et obtenir des résultats sur le plan local. Tertio, il y aurait moins de conflits et de dissensions dans l'ensemble du pays, si le ministère de la Justice ou le gouvernement fédéral allait dire aux États du Sud ce qu'on attendait d'eux : cela, le ministère de la Justice et le gouvernement fédéral pouvaient le faire eux-mêmes. Une quatrième raison : c'était en cette matière que nous pouvions rencontrer le moins d'opposition.

---

* Première loi relative à l'égalité des droits votée par le Congrès depuis l'époque de la « Reconstruction » qui avait suivi la guerre de Sécession. Elle avait institué la commission de l'égalité des droits et, au sein du ministère de la Justice, la division chargée des affaires relatives à l'égalité des droits. (N.d.T.)

Robert Kennedy et le FBI

LEWIS : Si nous parlions de vos rapports avec le FBI? Vous connaissiez déjà M. Hoover et le FBI, car vous aviez eu avec eux certains contacts au ministère, n'est-ce pas?

KENNEDY : Oui.

LEWIS : Connaissiez-vous personnellement M. Hoover? Votre famille le connaissait-elle?

KENNEDY : Ma famille, oui. Mon père était l'un de ses amis et ils se voyaient régulièrement. C'est à l'époque où j'étais conseiller juridique de diverses commissions du Congrès que j'ai fait la connaissance de Hoover. En 1954, alors que je travaillais à la commission McCarthy, j'ai eu un conflit assez sérieux avec le FBI et en particulier avec Lou Nichols, parce qu'ils m'avaient menti au sujet de certains documents qu'ils avaient communiqués à la commission et qu'ils prétendaient n'avoir pas remis [1].

LEWIS : Comment pouvaient-ils soutenir pareille chose, alors que vous travailliez pour la commission?

KENNEDY : Parce que j'étais conseiller de la minorité. J'étais à l'époque en conflit avec le reste de la commission.

LEWIS : Je vois : vous n'étiez donc pas au courant de tout.

---

1. Robert Kennedy était conseiller juridique de la minorité à la sous-commission permanente d'investigation présidée par le sénateur McCarthy et dépendant de la commission sénatoriale de contrôle des opérations gouvernementales. Louis (Lou) Nichols était l'un des adjoints du directeur du FBI. Le conflit portait sur l'accès au dossier du FBI concernant Annie Lee Moss.

114

KENNEDY : Je vais vous dire l'époque à laquelle cet incident s'est produit : c'était à propos de l'affaire Annie Lee Moss [1], donc aux environs de février-mars 1954. C'était de toute façon une histoire assez sordide, car le FBI n'était pas censé divulguer ces renseignements. Je savais qu'il l'avait fait et ses représentants prétendaient que non : j'ai donc eu un accrochage avec ceux-ci.

Je devais par la suite travailler en liaison étroite avec le FBI lorsque j'ai été conseiller juridique de la commission sénatoriale d'enquête sur les rackets. Je savais que le FBI n'était pas renseigné sur les associations de malfaiteurs. En effet, après la réunion qu'avaient tenue les dirigeants de ces dernières en 1957 dans l'État de New York, à Apalachin, j'avais demandé un dossier sur chacun des soixante-dix participants; or le FBI n'avait pas le moindre renseignement sur quarante d'entre eux, sinon peut-être quelques coupures de presse. J'ai adressé la même demande au bureau des narcotiques, qui avait un dossier sur chacun d'eux.

Mon expérience des deux organismes m'avait appris que le bureau des narcotiques avait, sur les syndicats du crime aux États-Unis, des renseignements beaucoup plus exacts et bien plus complets que le FBI. Ce dernier n'avait rien sur des individus qui étaient les principaux gangsters du pays et prétendait donc qu'il n'existait pas aux États-Unis de criminalité organisée, alors que le bureau des narcotiques soutenait le contraire.

LEWIS : Commençons, si vous voulez bien, par ce sujet, qui est très vaste. Comment avez-vous modifié ou contribué à modifier l'idée que s'en faisaient les gens du FBI ? Ils savent bien aujourd'hui qu'il existe un syndicat du crime.

KENNEDY : Je crois que ce sont d'abord les travaux de la commission d'enquête sur les rackets et les informations obtenues par elle qui ont joué un rôle, en stimulant le FBI. Ensuite, lorsque je me suis trouvé au ministère de la Justice, j'ai agi en partant de l'idée qu'il existait une criminalité organisée, et le FBI s'est mis à enquêter. Précédemment, ce service ne disposait ici, pour toute la ville de New York, que de dix agents affectés à ce que nous appelons la « grande criminalité » : je veux dire par là une délinquance différente de celle qui

---

1. Annie Lee Moss, télétypiste de race noire employée au service des transmissions, avait été interrogée à la commission sénatoriale des enquêtes par Joseph McCarthy et Roy Cohn au sujet de relations prétendues avec des communistes.

consiste à cambrioler les banques ou à commettre des délits de ce genre; je pense à la criminalité organisée, dans laquelle on s'établit comme dans une profession. Le FBI s'est mis au travail : à New York, au lieu des dix agents dont il disposait avant 1960, il en avait cent quarante en 1962-1963. L'unité correspondante est devenue la plus importante après celle qui s'occupait des communistes et de l'espionnage.

LEWIS : Dans la région de New York?

KENNEDY : Oui. Et à Chicago, où six agents seulement étaient affectés à ce travail, le FBI disposait de soixante ou quatre-vingts personnes à l'époque où j'ai quitté la Justice. Des effectifs importants y ont été affectés dans tout le pays. J'ai demandé au FBI de traiter cette question de la manière dont il s'occupait de celle du parti communiste. Le FBI a donc recruté des informateurs, pour compléter les sources de renseignements dont il disposait par ailleurs.

Puis le bureau des narcotiques a livré Valachi [1] au FBI, qui a été en mesure de reconstituer une trame, grâce aux informations obtenues de lui et aux renseignements déjà collectés.

A la fin de 1962, le FBI en était arrivé à la conclusion qu'il existait effectivement aux États-Unis une criminalité organisée, dirigée dans tout le pays par un syndicat d'une douzaine d'individus. Ses agents ont réussi à se procurer l'identité des membres du syndicat, puis à analyser exactement le fonctionnement de celui-ci : qui étaient les chefs des « familles », quelles zones ils contrôlaient, par qui ils étaient contrôlés et quel genre d'instructions ils recevaient. C'est ainsi qu'à l'aide des renseignements fournis par Valachi, par d'autres informateurs et par des éléments infiltrés, le FBI a fini par savoir comment fonctionnait la Mafia [2].

Mais cette découverte était assez gênante pour le FBI. Je vais vous raconter les circonstances dans lesquelles cette affaire Valachi est venue au grand jour, du moins dans une certaine mesure. Edgar Hoover, qui avait toujours été d'avis qu'il n'existait pas de syndicat du crime, a accepté d'écrire un article pour le *Reader's Digest*. Mais c'est seulement au milieu de son papier qu'il parlait de la Mafia, de

---

1. Joseph Valachi, membre de la « famille » Genovese, a témoigné devant la commission sénatoriale d'enquête sur les rackets.

2. Ce n'est pas ce terme, mais celui de *Cosa Nostra*, que Valachi a employé devant la commission d'enquête.

116

l'affaire Valachi et de ce qu'il avait découvert à cette occasion. Il a envoyé son article au ministère de la Justice pour approbation et Ed Guthman, qui était chargé de l'information du public, s'est rendu compte que le projet de Hoover divulguait toutes ces histoires, qui étaient fichtrement intéressantes, mais en les noyant au milieu du texte. Il était bien sûr de l'intérêt de Hoover de les passer en quelque sorte sous silence, car le meilleur service de renseignement du monde ne pouvait guère se permettre d'avoir l'air de découvrir tout à coup l'existence de la Mafia – qui était là depuis très longtemps – et celle d'une criminalité organisée.

LEWIS : Son article donnait ainsi à croire que le FBI était depuis toujours au courant?

KENNEDY : Absolument. Je lui en ai donc parlé, disant que si elle était publiée, cette affaire devait être présentée d'une manière mieux structurée. C'est alors que nous avons commencé à réfléchir à ce qu'il fallait dire sur Valachi. A cette époque, j'avais reçu à son sujet des demandes de la part de la commission du Congrès et c'est pourquoi celle-ci l'a finalement convoqué. Ensuite, le magazine *Look* [1] a publié un article de Peter Maas qui analysait la notion de criminalité organisée.

Mais jamais les reporters et correspondants de presse qui couvraient les activités du ministère de la Justice et qui se penchaient sur tant de questions ne se sont vraiment intéressés au syndicat du crime.

LEWIS : C'est un fait.

KENNEDY : Par ignorance, ils se sont toujours abstenus de réclamer des mesures à ce sujet.

LEWIS : Dites-moi maintenant si, dans les débuts de votre mandat de ministre de la Justice, vous avez eu d'autres occasions de vous asseoir à une table avec M. Hoover.

KENNEDY : C'est arrivé à l'occasion dont nous venons de parler.

LEWIS : Et vous lui avez dit : Écoutez, Edgar, il faut que nous nous occupions de cette affaire?

---

1. En réalité, l'article en question a paru dans le *Sunday Evening Post*.

KENNEDY : Oui. Un problème qui se posait tenait à la position de principe qu'avait toujours prise le département du Trésor et d'après laquelle les Finances ne pouvaient pas se mêler d'enquêter sur la criminalité organisée. Les services sont organisés en fonction du nombre d'affaires traitées et, pour s'occuper du cas d'un Frank Costello [1], il avait fallu vingt agents à temps plein pendant cinq ans. N'est-il pas préférable de traiter en cinq ans une centaine d'affaires ?

LEWIS : Des affaires mineures ?

KENNEDY : Oui. Les agents des finances concentraient donc leur activité sur des dentistes qui n'avaient pas payé tous leurs impôts ou sur des chauffeurs de taxi qui n'avaient pas déclaré leurs pourboires.

LEWIS : Pouvait-on y changer quelque chose ?

KENNEDY : Oui. Mais le conseiller juridique du Trésor a rédigé une note expliquant que ce département ne pouvait ni ne devait enquêter sur la criminalité organisée qu'en cas d'infraction fiscale. Les services financiers ne faisaient donc rien contre le syndicat du crime. Alors, j'ai réuni Douglas Dillon, avant sa prestation de serment, Edgar Hoover et Mortimer Caplin, lui aussi avant sa prestation de serment. Je leur ai dit que je savais que le Président s'intéressait au problème de la criminalité organisée – voilà l'avantage d'être le frère du Président –, que je m'y intéressais aussi et qu'il devait être parfaitement clair que des mesures s'imposaient. Un accord a donc existé là-dessus avant janvier 1961. Ensuite, j'ai obtenu la participation du bureau des narcotiques.

LEWIS : Hoover n'a-t-il pas élevé des objections à cette époque ?

KENNEDY : Non. Je lui ai simplement déclaré : « Voilà le domaine sur lequel nous allons concentrer notre action; voilà ce que nous allons faire, et j'entends que ce soit fait. » Il a accepté.

Au ministère de la Justice, nous disposions d'une cellule chargée de la criminalité organisée, mais elle n'était ni très active ni très efficace. Nous l'avons donc remaniée, étant entendu que les autres services spécialisés coopéreraient avec elle. Et c'est ce qui s'est passé. J'ai tenu des réunions avec tous les représentants des unités

1. Frank Costello, personnalité connue dans les milieux de la criminalité organisée, a fait l'objet d'une enquête pour racket. Condamné à cinq ans de prison en 1953 pour fraude fiscale, il devait se voir retirer la nationalité américaine en 1961.

d'enquête des autres services, que j'avais fait venir de tous les coins du pays; je leur ai expliqué notre programme et ce que nous attendions d'eux. Pendant les six premiers mois de l'année, bon nombre d'entre eux ont marqué une opposition.

LEWIS : D'où provenait cette opposition?

KENNEDY : De l'échelon local, où l'on ne comprenait pas pourquoi nous y mêlions les services financiers. Beaucoup de gens craignaient une diminution des rentrées fiscales au niveau local, dont il serait ennuyeux de devoir rendre compte au Congrès. Or, il est apparu que ces rentrées ont augmenté grâce à ces enquêtes : cette action n'a pas été payante seulement en termes de condamnations et de renseignement, mais aussi sur le plan financier. Et les services du Trésor ont remarquablement bien travaillé.

Le FBI était réticent. Il faut savoir qu'il ne partageait jamais ses informations avec aucun autre service d'investigation, et j'ai donc dû exiger un changement de comportement. C'est là que Courtney Evans – l'un des adjoints du directeur du FBI, qui avait autrefois fait la liaison avec la commission d'enquête sur les rackets – a joué un rôle très utile, en s'assurant que les autres services d'enquête obtiennent du FBI tous les renseignements qu'ils demanderaient.

LEWIS : Et tout cela a bien fonctionné?

KENNEDY : Oui, très bien.

LEWIS : Pensez-vous que cela puisse durer?

KENNEDY : Oui. Les résultats se sont révélés meilleurs dans certains domaines que dans d'autres; mais au bout de trois ans tout marchait partout de façon convenable.

Toutefois, il est hors de doute que c'est ma parenté avec le Président qui m'a permis d'agir de la sorte et que, sans elle, les gens ne m'auraient même pas écouté. S'ils avaient eu la possibilité de passer par-dessus ma tête et d'aller voir le Président, je n'aurais pas pu obtenir la coopération des services du Trésor; en particulier, l'opposition farouche d'une grande partie de la hiérarchie m'aurait empêché de faire revenir ce département sur sa position. Et, bien sûr, Hoover ne voulait pas participer à cette action. Nous avons alors obtenu le vote d'une loi qui élargissait les attributions du FBI. Mais nous nous écartons peut-être de notre sujet.

LEWIS : Non, pas vraiment. Je voulais en revenir à Hoover et au FBI. Vous venez de dire que si vous n'aviez pas été le frère du Président, le directeur du FBI se serait adressé à ce dernier par-dessus votre tête. Hoover traitait-il directement avec le Président et hors de votre présence?

KENNEDY : Nullement. Au début, Hoover était très proche de Bill Rogers. J'ai souvenir d'une conversation, à mon arrivée à la Justice – et c'était la première que j'aie eue avec lui –, dans laquelle il m'a fait tout un discours sur les défauts de Rogers. Or, je savais que celui-ci était le ministre de la Justice dont Hoover avait toujours été le plus proche.

LEWIS : Je suppose que vous n'avez guère apprécié cette attitude?

KENNEDY : Non. Mais je m'en remettais à ses avis : j'ai fait un gros effort, car je savais bien que j'étais très jeune, que je dérangeais un peu avec tous les changements que je voulais apporter, non seulement en matière de répression de la criminalité organisée, mais aussi dans le domaine de l'égalité des droits. J'allais toujours lui rendre visite dans son bureau, sans jamais lui demander de passer me voir. Je disposais en plus d'une ligne particulière qui nous permettait de rester en contact direct : il me suffisait de soulever le combiné et de lui parler. Mais je ne suis pas certain qu'il appréciait beaucoup ce dispositif. Quoi qu'il en soit, nos réalisations ont été considérables : les gens du FBI sont vraiment des enquêteurs hors pair.

Sentant la réaction de Hoover à mon égard...

LEWIS : Quelle réaction?

KENNEDY : Tout simplement celle que l'on peut avoir à l'égard d'un nouveau venu qui bouleverse le vieil ordre des choses. Je me suis arrangé avec mon frère pour que celui-ci lui téléphone tous les deux ou trois mois et l'invite à déjeuner en tête à tête. De cette manière, le Président voyait régulièrement Hoover.

LEWIS : Mais il s'agissait de mondanités, pas vraiment de questions de stratégie.

KENNEDY : Enfin, oui; c'étaient des mondanités; mais Hoover avait aussi son utilité. Il avait quelques bonnes idées sur la réorganisation de certains ministères, sur l'organisation de la CIA et sur le fonctionnement de la Maison Blanche, sur toute la question de la surveillance des gens. Oui, il a eu quelques très bonnes idées. Et il tenait toujours le Président au courant des affaires d'espionnage intéressantes qui étaient en cours ; nous en avons eu quelques-unes à l'époque : par exemple, les agissements des Russes au siège des Nations Unies à New York, le développement de leurs activités.

Hoover disposait d'une masse de renseignements et avait un bon nombre d'idées qui étaient très utiles, de sorte que le Président appréciait beaucoup ces déjeuners. Hoover parle énormément, mais je crois que le Président trouvait un intérêt à son bavardage. Et puis ce sont ces rencontres périodiques et l'impression qu'il avait un contact direct avec le Président qui ont maintenu le directeur du FBI de bonne humeur pendant trois ans. Il me disait souvent que le président Roosevelt l'invitait à déjeuner chaque mois, et je crois qu'il voyait très souvent Eisenhower. La nécessité de contacts aussi fréquents ne s'imposait plus, mais nous les avons maintenus pour lui faire plaisir et pour nous assurer que les choses avançaient. Il était très important qu'il soit content et qu'il reste à son poste : sa présence avait valeur de symbole *, et puis n'oubliez pas que mon frère avait remporté la présidentielle d'une courte tête. Qui plus est, le FBI est un extraordinaire service d'investigation et, à sa tête, Hoover a accompli bien des choses. De toute façon, il nous fallait mettre celui-ci de notre côté, si nous voulions mener à bien nos projets à l'égard du Sud, notre action contre la criminalité organisée et nos intentions en nombre d'autres domaines.

LEWIS : Pensez-vous que Hoover aurait conservé son poste après janvier 1965 ?

KENNEDY : Non. Nos rapports avec lui n'étaient pas difficiles, en ce sens qu'ils n'étaient pas insupportables. Mais le Président l'aurait remplacé avant la cessation de ses fonctions.

LEWIS : Avant la cessation des fonctions du président Kennedy.

KENNEDY : Oui.

LEWIS : Voulez-vous dire que le Président n'aurait peut-être pas prorogé...

---

* Edgar Hoover, né en 1895, était directeur du FBI depuis 1924. Il devait conserver ses fonctions jusqu'à sa mort en 1972 (N.d.T.).

KENNEDY : Si, peut-être.

LEWIS : Qu'il n'aurait pas exigé la mise à la retraite?

KENNEDY : C'est cela.

LEWIS : Ou qu'il s'en serait abstenu tout à fait provisoirement?

KENNEDY : Oui : tout à fait provisoirement.

LEWIS : On raconte aujourd'hui, fin 1964, qu'il y aurait eu des tiraillements entre vous-même et M. Hoover. Peut-être vos rapports n'ont-ils pas été aussi paisibles que vous le suggérez.

KENNEDY : Si, si. En surface, ils étaient sans nuages, car il y allait de notre intérêt à tous les deux. Mais je ne crois pas qu'il... enfin, je sais qu'il ne m'aimait pas beaucoup.

LEWIS : Comment le savez-vous?

KENNEDY : Courtney Evans disait que je le dérangeais et j'étais au courant. Sans moi, Hoover aurait dirigé le FBI à sa manière, qui n'était pas la mienne, et cela lui rendait visiblement la vie difficile. C'était la première fois, depuis qu'il était directeur du FBI, qu'il se trouvait placé sous l'autorité du ministre de la Justice, d'un ministre qu'il ne pouvait court-circuiter. Essayer de passer par-dessus ma tête n'aurait d'ailleurs eu aucun sens. Qui plus est, nous avons effectué un grand nombre de changements au FBI, dans ses procédures, dans l'orientation de son action et tout le reste.

LEWIS : En particulier en ce qui concerne la répression de la criminalité organisée, ainsi que la question de l'égalité des droits?

KENNEDY : Ainsi que l'égalité des droits : il ne pouvait donc trouver ces changements à son goût. Et c'était bien naturel : il n'avait lui-même rien modifié au FBI depuis vingt ans et je le savais. Voilà la raison de son ressentiment à mon égard. Pourtant, il s'est trouvé que, pendant tout le temps où j'ai contrôlé la situation, j'ai fait avec lui des efforts qui étaient dans mon intérêt et dans celui du gouvernement.

Mais, après le 22 novembre 1963, il n'a plus eu besoin de cacher ses sentiments et de tenir compte de moi. Et le président Johnson avait un intérêt évident à cet état de choses.

LEWIS : A entretenir des rapports directs et personnels avec Hoover?

KENNEDY : Oui.

LEWIS : Parlons maintenant de manière concrète : pouvez-vous me dire de façon précise, si ces souvenirs ne sont pas trop pénibles pour vous, ce qui s'est passé avec M. Hoover après le 22 novembre 1963, dans les heures ou les jours suivants, et ce qui vous a permis de comprendre qu'il allait désormais se comporter comme si vous n'étiez pas là?

KENNEDY : D'abord, les propos qu'il m'a tenus le 22 novembre ont été tout à fait déplaisants. Je ne peux pas vous les rapporter en détail; mais le ton de sa voix, le genre d'informations qu'il me donnait et tout ce qu'il me disait ne correspondaient pas à la manière dont je pensais que quelqu'un doive s'exprimer dans des circonstances pareilles. Ensuite, j'ai appris qu'il était allé quelques jours après à la Maison Blanche, remettre des dossiers sur tous ceux que le président Kennedy avait nommés.

LEWIS : Vous voulez parler des collaborateurs directs du Président?

KENNEDY : Oui. Il s'agissait de collaborateurs qui avaient des problèmes familiaux ou des problèmes personnels : ce qui sous-entendait que le Président avait nommé une foule de gens douteux. Ensuite, Hoover n'a plus jamais traité directement avec moi, ni par mon intermédiaire. Tous les communiqués qui ont été publiés après le 22 novembre sur des projets ou intentions du ministère de la Justice commençaient par : « Le président Johnson a prié le FBI » de faire ceci ou cela. J'en ai parlé à Johnson, lui disant que c'était une lourde erreur, car il fallait que le ministère de la Justice exerce un certain contrôle sur le FBI, sinon des problèmes se poseraient.

LEWIS : Quelle a été sa réaction?

KENNEDY : En gros, il m'a répondu que les choses n'avaient pas changé, mais que c'était sur le ministère de la Justice qu'il me fallait exercer un contrôle. Je lui ai expliqué que là n'était pas l'important, puisque je savais ce qui s'y passait et lui aussi, et que, si les circonstances étaient normales, je ne resterais pas à la Justice. C'est-à-dire que, si j'avais été simplement nommé ministre de la Justice, je donnerais ma démission, car je ne pouvais accepter ce genre de rapports avec le FBI : quand on a la charge du ministère de la Justice, il

123

faut disposer de pouvoirs adéquats. D'un autre côté, si je m'en allais dans les circonstances qui étaient celles du moment – dans une phase délicate de mes rapports avec le nouveau Président –, les gens penseraient que je démissionnais pour une autre raison et cela produirait mauvais effet. Il me fallait donc accepter cette situation temporairement, jusqu'à la fin de l'année, et ensuite m'en aller.

Mais, en même temps, je me disais qu'accepter constituait une erreur : l'état de choses que l'on m'imposait serait tout aussi intolérable pour mon successeur. J'espérais donc que Johnson y apporterait un changement. Il passait son temps à dire qu'il le ferait ou bien que la situation n'était pas celle que je décrivais, qu'Hoover ne venait jamais le voir directement. Mais ce n'était pas vrai.

Je crois qu'il s'est produit à cette époque une bonne demi-douzaine d'incidents.

Le dangereux M. Hoover

LEWIS : Avez-vous eu l'impression, dans vos rapports avec M. Hoover, qu'il en savait très long sur votre compte ? Je veux dire par là : s'est-il jamais arrangé pour que vous le pensiez ? La légende veut que ce soit le travail du directeur du FBI, après tout.

KENNEDY : Il me semble qu'il envoyait à peu près chaque mois l'un de ses agents me renseigner sur des gens de ma connaissance, sur un membre de ma famille ou sur des allégations me concernant. Vraies ou fausses, ces informations étaient destinées à me faire comprendre qu'il était le grand maître du renseignement et qu'il était au courant de tout. Je pense qu'il voulait aussi voir mes réactions.

LEWIS : Qu'entendez-vous par là ?

KENNEDY : Si une allégation concernait l'un de mes amis, pour une raison ou pour une autre, je suppose qu'il voulait voir ce que je ferais. J'ai souvenir qu'il a dit une fois que mon frère et moi avions la compagnie d'un groupe de demoiselles au douzième étage de l'hôtel LaSalle – enfin, ce n'est pas lui qui l'a dit, mais des sénateurs ou quelqu'un d'autre; il s'agissait d'une bande de filles qui se trouvaient au douzième étage, de mon frère qui allait là-bas, je crois, une fois la semaine, faisait boucler l'endroit par des agents des services secrets et avait des rendez-vous galants. Je suppose que ce qu'Hoover avait en tête, en répétant ces ragots, c'était de voir si nous allions faire enquêter ou comment nous réagirions.

LEWIS : Vous est-il arrivé d'agir ?

KENNEDY : Oui. J'envoyais systématiquement les agents des services secrets voir ce qui se passait au douzième étage ou ailleurs. Une autre fois, on nous disait qu'il se passait des choses à l'hôtel Georgetown Inn ou quelque part ailleurs. La plupart du temps, c'était tellement tiré par les cheveux que, même à première vue, ça n'avait aucun sens. Quand on a envie de se conduire de cette manière, on ne va pas à l'hôtel LaSalle, où il y avait dans tous les coins des agents des services secrets. Aucune de ces histoires ne tenait debout. Je crois qu'Hoover voulait seulement montrer que le FBI recevait sans arrêt des renseignements de ce genre.

Il y avait aussi les rapports sur des gens de ma connaissance : un tel avait un peu trop bu en ville, le père d'un tel était membre du parti communiste, le frère d'un tel avait été surpris par la police en train de se livrer à des activités curieuses, etc. Ces renseignements m'étaient communiqués pour qu'il soit bien clair que le FBI et Hoover disposaient de ce genre d'informations.

A l'époque de l'affaire Bobby Baker [1], lorsque la jeune Allemande a été reconduite à la frontière...

LEWIS : Il s'agissait d'Ellie Rometsch.

KENNEDY : C'est cela : Ellie Rometsch. Un article de Clark Mollenhoff, de Cowles Publications, a raconté qu'elle avait eu des liaisons avec des collaborateurs de la Maison Blanche – ce qui était faux. J'ai eu l'occasion de regarder les dossiers et de prendre connaissance de ses déclarations ; et elle avait effectivement eu des liaisons avec pas mal de monde au Capitole !

LEWIS : Vous avez vu les dossiers du FBI ?

KENNEDY : J'ai vu tous les renseignements qu'elle avait donnés. On avait découvert qu'elle était liée à un certain nombre d'autres filles qui opéraient toutes au Capitole. Nous nous écartons là un peu de notre sujet, mais cette affaire révèle des aperçus qui ne manquent pas d'intérêt. En regroupant l'ensemble des renseignements concernant les jeunes personnes et ceux qui visaient des membres du Sénat et de la Chambre, j'ai pu établir un décompte : cela faisait pas mal de monde, de part et d'autre.

---

1. Robert Baker, membre du secrétariat du chef de la majorité au Sénat, accusé de « trafic d'influence » dans la salle des boutiques du Sénat, avait donné sa démission au mois d'octobre 1963, au milieu des rumeurs sur ses autres activités commerciales. Une enquête de la commission du règlement intérieur du Sénat devait conclure en 1964-1965 à des « inconvenances graves ». Les républicains accusèrent les démocrates de n'avoir pas tenu compte des allégations qui concernaient l'utilisation par Baker d' « hôtesses » à des fins politiques et d'affaires. L'une des « hôtesses » impliquées dans le scandale Baker était la demoiselle Rometsch.

LEWIS : Vous voulez dire : du côté des demoiselles et du côté des membres du Congrès.

KENNEDY : Oui. Et dans tous les partis.

LEWIS : Ah oui?

KENNEDY : Le FBI était à l'époque sur cette piste. Je suis allé voir le Président, lui disant que cette affaire me paraissait tout à fait dommageable pour la réputation des États-Unis. Bien qu'aucun des collaborateurs de la Maison Blanche ne soit impliqué, je pensais qu'elle était de nature à saper la confiance de la population dans le gouvernement et à faire de nous la risée du monde entier. J'ai suggéré que Hoover rencontre les chefs de la majorité au Sénat, Mike Mansfield et Everett Dirksen, et leur explique ce qu'il avait dans ses dossiers. La rencontre a eu lieu lors d'un déjeuner chez Mike Mansfield et je crois qu'ils ont été surpris l'un et l'autre.

LEWIS : Étiez-vous présent?

KENNEDY : Non. Le Président s'est entretenu avec eux à la suite de ce déjeuner. A partir de ce moment, on a prêté moins d'attention à cet aspect de l'enquête, jusqu'à la semaine qui a précédé la fin de celle-ci. Mais certains sénateurs avaient des petites amies noires et il y avait aussi des choses qui n'arrangeaient pas la situation.

LEWIS : Étiez-vous certain de l'exactitude de tous ces renseignements?

KENNEDY : Pour une bonne partie, oui. Mais certains étaient faux : plusieurs filles avaient évidemment menti, ce qui a été facilement prouvé; dans d'autres cas, il m'a fallu regarder de très près pour faire la part du vrai et du faux. Le reste était pure affabulation.

Quoi qu'il en soit et pour revenir à votre question, l'importance était que Hoover avait en main tous ces renseignements. Mais ceux-ci se trouvaient sous notre contrôle. A cette époque, nous n'en faisions usage à aucune fin. Il reste qu'il est toujours possible de s'en servir.

LEWIS : Pourquoi?

KENNEDY : Je m'en suis aperçu à l'époque de l'affaire Jenkins [1]. Le président Johnson était à New York à ce moment-là et je lui en ai parlé. Il voulait réagir en recueillant des renseignements sur des sénateurs républicains et en particulier sur Barry Goldwater, tendant à démontrer que ce dernier était impliqué dans quelque chose, qu'il était très proche de Jenkins. Il m'a donné sur certains sénateurs et membres de la Chambre des informations qu'il pensait utile de mettre au grand jour, et je me suis rendu compte qu'elles venaient du FBI, car j'avais eu les mêmes un an ou un peu plus auparavant. Je lui ai dit que je n'approuvais pas son idée et que la meilleure manière de réagir à l'affaire Jenkins consisterait pour lui à ne pas répondre à ce genre d'histoires et à parler plutôt de politique étrangère, à réunir le conseil de la sécurité nationale, à commenter à la télévision l'expérience nucléaire chinoise. Dans sa voiture, Johnson m'a montré le texte d'une déclaration qu'il s'apprêtait à faire : elle visait indirectement, en quelque sorte, Barry Goldwater, car celui-ci connaissait bien Walter Jenkins.

LEWIS : Il avait été son supérieur dans l'armée.

KENNEDY : Oui. C'est là-dessus que Johnson voulait construire son attaque. Chaque fois que l'on ressortait l'affaire Baker, sa réaction consistait à envisager de dévoiler quelque chose sur tel ou tel sénateur. Il m'a raconté que, la veille de son départ pour New York, il avait passé toute la nuit à lire les dossiers du FBI sur ces gens-là. Et, croyez-moi, il parle très librement de ce genre de renseignements.

LEWIS : Pensez-vous qu'ils ne manqueront pas de...?

KENNEDY : Tout cela va ressortir. Bob McNamara, qui a certaines difficultés avec lui à l'heure actuelle, est persuadé qu'il a essayé de mettre son téléphone sur écoute, parce qu'il s'oppose à lui.

LEWIS : Voulez-vous dire que le président Johnson pense que McNamara lui est opposé?

KENNEDY : Non, non. C'est Hoover qui pense que McNamara lui est hostile.

LEWIS : Et McNamara pense que Hoover l'a mis sur écoute?

---

1. Walter Jenkins, chargé de mission à la Maison Blanche depuis le mois de novembre 1963, avait été accusé de « conduite immorale » et arrêté à Washington le 7 octobre 1964. Il devait démissionner le 14.

KENNEDY : Oui. Pour obtenir des renseignements, car Hoover croit que McNamara et moi conspirons pour nous débarrasser de lui.

LEWIS : Nous en arrivons à une question que je voulais vous poser, d'une manière générale : pensez-vous que le FBI avait mis des hauts fonctionnaires sur écoute ?

KENNEDY : Je ne sais pas. Je n'en ai aucune preuve.

LEWIS : Avez-vous noté des indices donnant à penser que vos conversations personnelles étaient écoutées ?

KENNEDY : Non. Mais McNamara disposait de pas mal de renseignements qui m'avaient été communiqués et qui provenaient de rapports du FBI. Des conversations qu'il a eues avec Johnson, il ressortirait que les informations de ce dernier trouvaient leur origine dans la mise sur écoute de personnalités qui étaient peut-être de hauts fonctionnaires.

LEWIS : Vous référez-vous à de récentes conversations entre McNamara et Lyndon Johnson ?

KENNEDY : Oui. Cette question préoccupait beaucoup McNamara. Il a dit avant-hier à Johnson qu'il devait se débarrasser de Hoover, à cause de la menace qu'il représentait.

LEWIS : Quelle a été la réaction du président Johnson ?

KENNEDY : Il a dit qu'il comprenait, mais ne savait comment s'y prendre. McNamara me racontait que Hoover envoyait à Johnson des renseignements me concernant et que ce dernier les lui lisait, à lui McNamara. Or, Johnson m'a assuré n'avoir jamais reçu de Hoover de rapports défavorables sur moi.

Un jour, McNamara est allé dîner chez Nick Katzenbach, pour parler avec lui d'une excursion à bicyclette à travers le cap Cod, que projetaient leurs enfants. Hoover a envoyé à Johnson un rapport d'après lequel s'était tenue chez Katzenbach une réunion – je crois que j'étais censé y avoir assisté – portant sur le renversement du Président et sur le retrait de l'investiture qui lui avait été donnée par le parti démocrate. D'après McNamara, Hoover envoyait tous les trois ou quatre jours des rapports sur moi et sur les gens que je rencontrais. Ainsi, Abba Schwartz, du département d'État, aurait dit dans une réception : « Il nous faut nous débarrasser de Johnson, pour que Robert Kennedy devienne président. » Tout cela s'est passé à la même époque. Et naturellement, Johnson prétend n'avoir jamais reçu pareil rapport. Vous voyez à quel point la situation était alors malsaine.

J'ai eu une fois avec Johnson et Hoover une conversation particulièrement intéressante. Après le voyage de Hoover dans le Mississippi, des émeutes ont éclaté à Harlem et il s'est apprêté à y faire un tour. Il m'a téléphoné pour me dire que Johnson lui avait demandé d'aller à Harlem, et je lui ai répondu que ce serait une très grosse maladresse, pour plusieurs raisons. D'abord, chaque fois qu'une émeute se produirait quelque part, les gens demanderaient pourquoi il n'allait pas y faire un tour; et s'il n'y allait pas, les gens diraient que le Président estimait que l'affaire n'avait pas assez d'importance. Ensuite, une visite de Hoover à Harlem indiquerait qu'il s'agissait là d'une responsabilité fédérale et non locale. Enfin, les politiciens s'en serviraient sur le plan électoral; or nous allions bientôt entrer en campagne. J'ai donc dit à Hoover que ce déplacement n'avait aucun sens, qu'il avait des agents à Harlem et qu'il n'avait qu'à leur demander un rapport et décider ensuite de la conduite à tenir. A quoi il m'a répondu : « C'est bien ce que j'ai dit au Président. Mais il insiste pour que j'y aille. » Je lui ai alors dit que j'allais téléphoner à Johnson et lui expliquer qu'il ne fallait pas aller à Harlem. Ce que j'ai fait, donnant mes raisons. Et le Président de me dire : « Je ne pensais pas non plus qu'il doive y aller; mais il a insisté. » J'ai simplement répondu : « C'est curieux. Il vient de me dire que vous avez insisté pour qu'il y aille. » La conversation en est restée là. Et Hoover n'est pas allé à Harlem.

LEWIS : Je repense aux liaisons avec Ellie Rometsch et à toutes ces histoires. Est-il possible que la présence de ce type de renseignements dans les dossiers d'un organisme d'enquête – et je suppose que ceux-ci contenaient bien d'autres informations, que vous n'avez pas vues ou dont vous n'étiez pas au courant – n'ait pas un effet considérable sur le comportement des sénateurs? Chantages, insinuations...

KENNEDY : Je reconnais que ça ne rend pas la vie facile, pas facile du tout. Il est de fait qu'une grande partie de ces renseignements, sur pas mal de monde, n'est pas venue à la surface. Hoover ne s'en est pas servi pour monter une vaste opération de chantage; mais il dispose de toutes ces informations. Je pense qu'il y a aussi un bon côté à cela.

LEWIS : Disons qu'il est heureux que ces renseignements n'aient pas fait surface.

KENNEDY : Je suppose qu'il est nécessaire qu'ils existent. Il faut accumuler les informations.

LEWIS : Vous avez évoqué le déjeuner de Hoover avec Mike Mansfield et Dirksen. Ce déjeuner a eu pour effet de calmer le jeu. Mansfield et Dirksen avaient donc, dans leur propre intérêt, fait passer le message qu'il convenait d'atténuer la tension. Et, à supposer qu'ils n'aient pas été au courant, les membres du Sénat et de la Chambre ont dû prendre nettement conscience de l'existence de ces renseignements.

KENNEDY : Je ne crois pas que quiconque ait été au courant de ce déjeuner. Je ne pense pas non plus que Mansfield et Dirksen aient fait passer une sorte de message. J'ignore la manière dont ils ont traité cette affaire et je ne sais pas s'ils ont fait valoir à leurs collègues qu'une enquête pourrait avoir des rebondissements. Tout ce que je sais, c'est qu'ils s'en sont bien tirés.

LEWIS : Je vois. Quelle opinion votre frère avait-il de Hoover, d'une façon générale? Je suppose que tout ce que vous en avez dit reflète les idées de votre frère, n'est-ce pas?

KENNEDY : Oui. Il avait l'impression que Hoover en savait très long, qu'il était extrêmement efficace.
Ce que savait Hoover n'avait pas une importance particulière pour lui.

LEWIS : Pensait-il – ou pensez-vous aujourd'hui – que M. Hoover était un homme dangereux? Ou simplement déplaisant?

KENNEDY : Non, je crois qu'il est dangereux.

LEWIS : Vous pensez qu'il est dangereux?

KENNEDY : Oui. Mais il représentait un danger sur lequel nous exercions un contrôle et que nous étions en mesure de dominer en temps utile. Nous estimions que ce contrôle servait les intérêts du gouvernement et ceux du pays. Hoover ne pouvait rien faire : nous orientions son action et il ne pouvait s'adresser à personne d'autre, ni se servir

131

des renseignements dont il disposait. Tout était bien ainsi : il servait nos intérêts.

LEWIS : Oui. C'est probablement ce que se sont dit tous les présidents.

KENNEDY : Oui.

LEWIS : C'est le secret de Hoover ; enfin, c'est la technique qu'il utilise : il se rend utile à chacun des présidents.

KENNEDY : Oui. Mais je crois que l'on s'en rendait mieux compte du temps de mon frère. Peut-être était-ce simplement parce que c'était lui et non un autre président, mais je pense que nous agissions dans le sens de ce qui était à l'époque l'intérêt du pays.

LEWIS : Sur le plan pratique, y avait-il pour un président un moyen de laisser M. Hoover prendre sa retraite ou de l'y amener, sans courir le risque que ce monsieur n'aille alors raconter ce qu'il avait tu quand il exerçait ses fonctions ?

KENNEDY : Je suppose que cela a toujours été un risque à prendre.
Lorsque je suis arrivé à la Justice, le FBI a été soumis à l'obligation de me demander un feu vert pour tous ses communiqués de presse et déclarations.

LEWIS : C'était une procédure nouvelle ?

KENNEDY : Oui. Elle fonctionnait par l'intermédiaire d'un homme à moi, Ed Guthman. Qui plus est, tous les communiqués destinés à la presse devaient obligatoirement émaner du ministère de la Justice et non du FBI, et être approuvés par le ministère. Cela aussi était nouveau, mais n'a jamais posé de sérieux problème – à part l'affaire du fameux article pour le *Reader's Digest* sur l'épisode Valachi, que j'ai déjà évoquée –, jusqu'au 22 novembre 1963, date à laquelle les difficultés sont apparues. Ainsi, lors de l'arrestation de membres du Ku Klux Klan pour l'assassinat du colonel Penn en Géorgie, le communiqué de presse avait reçu le feu vert sous la forme : « Le ministère de la Justice annonce l'arrestation... », puis : « M. Edgar Hoover précise que... » C'était la présentation habituelle. Nous nous sommes aperçus ensuite que le communiqué remis à la presse ne mentionnait pas le ministère de la Justice et que les journalistes avaient reçu instruction d'en renvoyer le texte, de manière qu'il ne subsiste pas de preuve que le FBI avait rayé la mention. Ensuite, nous avons eu un sérieux conflit à propos d'un projet de discours que Hoover ne voulait pas me

132

soumettre : il a fini par consentir à en modifier le texte, parce que j'ai menacé de ne pas donner le feu vert, en sorte que Hoover aurait eu à porter le différend devant le président Johnson.

LEWIS : J'ai souvenir que ce discours attribuait aux militants de l'égalité des droits des relations avec les communistes.

KENNEDY : Oui, je crois qu'il s'agissait de ce discours. Mais Hoover a modifié ce passage.

LEWIS : Dans un autre discours, Hoover s'en prenait aux fanatiques et aux groupes de pression qui se répandaient en mensonges. La seule modification exigée par Katzenbach portait sur le mot *mensonge*, dont il avait demandé la suppression. Hoover n'a pas enlevé le terme dans son texte, mais il a improvisé à la place sur le thème de « l'instigation des communistes » et de « gens atteints de dégénérescence morale ».

KENNEDY : Oui. McNamara, pour sa part, a continué de vouloir passer par l'intermédiaire du ministère de la Justice, ce qui a donné lieu à plusieurs incidents avec Hoover. Par exemple, lorsque le FBI a dû demander le concours du ministère de la Défense pour la recherche des corps des trois militants de l'égalité des droits assassinés au mois de juin 1964, ou lorsque Hoover a voulu prendre des photos aériennes au-dessus du Mississippi. J'ai eu plus tard avec Hoover une conversation au cours de laquelle je lui ai expliqué que je n'allais pas rester très longtemps à la Justice et que, dans l'intérêt du ministère comme dans notre intérêt commun, nous devrions l'un et l'autre faire un effort de coopération. Mais ces arrangements n'ont jamais très bien fonctionné pendant les quelques mois qu'il me restait à passer à mon poste.

LEWIS : Hoover avait-il d'autres raisons de ne pas aimer McNamara? L'affaire Yarmolinsky [1] a-t-elle joué un rôle?

KENNEDY : C'est possible. Il a rendu la vie très difficile à McNamara il y a peu de temps, à propos de l'enquête sur certains « dégénérés »

---

1. Adam Yarmolinsky, chargé de mission au cabinet du ministre de la Défense de janvier 1961 à septembre 1965, avait été accusé par le major-général Edwin Walker de contacts avec des communistes, dans une déposition devant la sous-commission sénatoriale spéciale de la disponibilité pour le temps de guerre.

de la Défense, que McNamara avait demandée et que le FBI avait accepté de mener. Tout d'un coup, Hoover décommande l'enquête sans prévenir McNamara, lequel va voir le Président ; ensuite, Hoover va trouver le Président et lui explique que McNamara était mêlé à un complot, dirigé par moi, visant à l'écarter, lui Hoover. Tout cela a été fort déplaisant.

LEWIS : C'est le moins que l'on puisse dire. Mais, avant d'en terminer avec le FBI, pourrions-nous concentrer un peu notre attention sur la question de l'égalité des droits, qui est du plus grand intérêt ? Avez-vous fait quelque chose en matière de recrutement d'agents noirs par le FBI ?

KENNEDY : J'en ai parlé à Hoover. Il devait lancer une grande campagne en ce sens. Ensuite, il m'a donné des statistiques sur les résultats, montrant que les candidats n'étaient pas capables de passer les tests. Pour lui, là était le problème, en gros.

LEWIS : Il a tout de même recruté quelques agents noirs, alors qu'il s'en était abstenu précédemment.

KENNEDY : Mais moi, je voulais qu'on en envoie dans le Sud.

MARSHALL : Cela, il ne l'a jamais fait.

LEWIS : Et l'infiltration des groupes de militants de la suprématie blanche dans le Sud, tels que le Ku Klux Klan, à l'instar de l'infiltration des syndicats du crime ? Était-ce là un autre objectif ?

KENNEDY : Oui. J'ai demandé à Hoover de s'y employer et je crois que le FBI a fait un véritable effort à cet égard. Le Président lui en a parlé, en lui demandant d'agir comme dans le domaine de la criminalité organisée. J'ai moi-même dit à Johnson qu'il faudrait agir ainsi dans le Mississippi, envoyer plus d'agents noirs dans cet État et être présent partout là-bas, si nous voulions éviter d'y expédier l'armée. C'est ce qui a été fait : les effectifs du FBI ont été quintuplés.

LEWIS : Je voudrais demander à Burke Marshall si M. Hoover a manifesté une réticence à enquêter dans les affaires concernant l'égalité des droits.

MARSHALL : Dans ce domaine aussi, nous avons modifié certaines procédures, concernant le moment à partir duquel le FBI devait commencer d'enquêter. Mais ce dernier n'a jamais accepté d'agir à titre préventif en matière d'attentats à la bombe. Il m'a donc fallu en référer à mon ministre. Aujourd'hui, le FBI effectue couramment ce genre d'investigations, en sorte qu'il n'y a plus de problème à cet égard. Mais, au début, nous avons rencontré des difficultés, ainsi que, dans une certaine mesure, pour les enquêtes qui mettaient en jeu les polices locales. Les effectifs du FBI étaient insuffisants dans le Sud, mais ils ont été augmentés de façon continue pendant un temps et les résultats se sont progressivement améliorés.

LEWIS : Pouvait-on parler de réticences de la part de M. Hoover, dues par exemple à un manque de foi dans le programme d'action, à une hostilité personnelle aux mesures relatives à l'égalité des droits? Ou s'agissait-il de sa part d'une réaction à la modification de procédures établies depuis longtemps?

KENNEDY : Hoover est foncièrement conservateur et n'aime guère le changement. En même temps, il est capable de voir où se trouve le pouvoir et quelles sont ses obligations. Il est très important qu'il arrive à ce genre de conclusion. En matière d'égalité des droits, il a conclu que nous avions l'intention d'aller de l'avant et que le ministère de la Justice et le ministre s'en chargeraient, avec l'appui du président des États-Unis. A partir de là, on s'exécute ou l'on s'en va. Mais Hoover ne tenait nullement à ce que se pose à lui ce genre de dilemme; de sorte que, chaque fois que j'avais à lui demander directement de faire quelque chose, ce qui n'était pas très fréquent, je trouvais un interlocuteur enthousiaste. De ce côté-là, il s'en est bien tiré. Et lorsque le FBI a entrepris un travail, il l'a souvent fichtrement bien accompli. Du moins avant le 22 novembre 1963.

LEWIS : Le FBI a bien travaillé dans le Mississippi depuis cette époque.

KENNEDY : Je ne pensais pas seulement aux actions en matière d'égalité des droits. Dans ce domaine, le FBI a bien travaillé même après le 22 novembre 1963. Vous savez que, depuis cette date, mes rapports personnels avec Hoover sont devenus plus difficiles, mais je ne partage pas l'avis de ceux qui prétendent d'une manière générale que le FBI ne fait rien dans le domaine de l'égalité des droits. Je ne pense pas que la question soit là. Elle est plus sérieuse : c'est un problème de contrôle par les civils. Au Pentagone, les civils ont le pas sur les militaires; au FBI, se pose un problème de contrôle par le pouvoir civil.

LEWIS : En dessous du directeur, jusqu'à quel échelon ce problème central se pose-t-il ? Celui du contrôle du pouvoir civil sur un organisme de renseignement qui dispose d'une énorme capacité de nuire. Que pensez-vous des différents chefs de services ?

KENNEDY : Ils sont dévoués à M. Hoover et à lui seul. Ils ne font pas de vagues et les services fonctionnent sans heurts, n'est-ce pas ?

MARSHALL : Oui, je le pense aussi. J'ajouterai, et c'est le moins qu'on puisse en dire, que M. Hoover n'a pas de convictions personnelles sur l'égalité des droits. Il n'a probablement guère de sympathie pour les groupes de militants, pour toutes sortes de raisons : notamment parce que les communistes sont toujours en train de tourner autour d'eux et aussi parce qu'il a toujours estimé, avant une certaine époque, qu'il n'avait pas intérêt à entrer en conflit avec les milieux politiques des États du Sud. Un affrontement aurait eu un effet négatif au Congrès, comme dans ses relations avec les milieux locaux. C'est pourquoi il s'est abstenu en matière d'égalité des droits. Mais cela était vrai aussi de l'ensemble du gouvernement et le FBI se contentait de suivre. Les changements qui sont intervenus – c'est-à-dire la décision prise au sein du gouvernement, de l'administration, du Congrès, dans tout le pays, d'attacher une importance au problème de l'égalité des droits, d'y consacrer une certaine énergie et de manifester une détermination à agir – ont incité M. Hoover à décider que le FBI devait se montrer de plus en plus présent en ce domaine. Si l'on peut avancer qu'il ne l'était guère dans le passé, on peut en dire tout autant de la quasi-totalité des pouvoirs publics [...].

Je pense que, de lui-même, M. Hoover n'aurait apporté aucun changement. Mais, devant l'attitude du ministre de la Justice et du Président, il a emboîté le pas. Il s'est comporté un peu comme la société du Mississippi, qui n'aurait jamais évolué spontanément. Et cela est probablement vrai partout. Il se produit toujours un décalage dans le temps. Et je dois dire qu'il s'en est effectivement produit un [...].

LEWIS : Avant d'en terminer avec le FBI et avec M. Hoover, et en manière d'illustration concrète, pourrions-nous dire un mot sur ce qui se passe en ce mois de décembre 1964 entre Martin Luther King et M. Hoover ? Le Dr King vient d'avoir une réunion avec M. Hoover, qui l'avait traité de « plus grand menteur du pays ». On a l'impression que c'est le Dr King qui a demandé à être reçu, qu'ils ont vidé la querelle et que la situation s'est détendue. Les deux hommes sont maintenant de vieux amis. Connaissez-vous les faits ?

KENNEDY : Je n'ai pas assisté à l'entretien. Martin Luther King se trouvait dans une position très vulnérable, d'abord en raison de ses relations avec des membres du parti communiste, contre lesquelles il avait été mis en garde et dont nous pourrons parler un peu plus en détail tout à l'heure [...].

Je puis vous dire que, lorsque j'ai appris en 1961 qu'il était peut-être en rapport avec des communistes, j'ai demandé au FBI, de manière à nous protéger, d'effectuer une enquête approfondie sur lui, de voir qui étaient ses amis et à quelles autres activités il participait. Il me semble qu'il y avait eu auparavant des rumeurs à son sujet. Cette enquête a donc été menée par le FBI, que j'avais aussi autorisé à placer sous écoute la ligne téléphonique de Luther King, au mois d'octobre 1963. C'est ainsi qu'ont été obtenus les renseignements concernant ses rapports avec des éléments communistes, et le FBI a suivi l'affaire.

Quoi qu'il en soit, d'après ce que je comprends de la version que Hoover a donnée de l'entretien à ses services dans tout le pays, il aurait accusé Martin Luther King d'être marxiste [...], et le pasteur Abernathy aurait répondu : « Vous n'avez pas le droit de dire cela ! »

LEWIS : Hoover a-t-il ainsi accusé King dès le début de leur entretien ?

KENNEDY : Non, c'était dans le courant de la réunion. Hoover a déclaré à King qu'il n'était pas disposé à accepter d'insolences ni de contradictions de la part d'un individu de son espèce et qui avait les rapports et les activités que l'on savait. C'est alors qu'Abernathy a évidemment élevé la voix et que Hoover lui a dit : « Vous êtes impliqué vous aussi » [...].

Hoover a tenu à King pendant une bonne heure un discours extrêmement détaillé, lui expliquant que son curriculum ne lui permettait guère de critiquer le FBI ni son directeur. Voilà, je pense, pourquoi Martin Luther King s'est montré si conciliant à sa sortie de l'entretien. Il a ensuite eu une conversation ou passé un coup de téléphone, manifestant sa stupéfaction devant le nombre de renseignements dont Hoover disposait sur ses activités.

LEWIS : Qui a-t-il appelé au téléphone ?

KENNEDY : Je l'ignore.

LEWIS : Mais M. Hoover le sait.

KENNEDY : Oui, il le sait.

LEWIS : Puisque nous avons évoqué cet épisode, nous pourrions peut-être lui consacrer encore un moment. Vous avez dit que, lorsque vous étiez ministre de la Justice, vous saviez que certains communistes étaient proches du Dr King.

KENNEDY : Oui.

LEWIS : Quelles dispositions avez-vous alors prises à ce propos? Était-ce déjà à une époque où Harris Wofford se trouvait sur le terrain, par exemple?

MARSHALL : Wofford était ici la première fois que nous avons appelé l'attention du Dr King sur cette question. Cela se passait en 1961, avant la demande d'enquête ou de surveillance prolongée par le FBI. Les renseignements que nous avions concernaient Stanley Levison [1].

LEWIS : Un militant du mouvement chrétien de Martin Luther King, la Southern Christian Leadership Conference?

MARSHALL : Non. Mais il a été conseiller de King pendant un certain temps. D'après le FBI, c'était un membre camouflé du parti communiste.

LEWIS : De haut niveau?

MARSHALL : A l'époque, je savais seulement qu'il en était un élément secret.

KENNEDY : Il est plus tard entré au conseil exécutif.

MARSHALL : Oui, il a été nommé secrètement membre du conseil exécutif du parti communiste.

KENNEDY : Il s'agissait donc de quelqu'un de très important.

MARSHALL : Il était très haut placé au sein du parti communiste. Mais ce renseignement était ultra-confidentiel. C'est moi qui ai pour la première fois mis en garde le Dr King, sur instructions de

---

1. Stanley D. Levison, avocat à New York, était un conseiller du pasteur Luther King. D'après l'épouse de ce dernier, il était « l'un des amis les plus dévoués et les plus sûrs » de son mari.

M. Robert Kennedy, mon ministre; mais j'ai agi par l'intermédiaire de Wofford, car je ne connaissais pas bien King à l'époque. Mais, compte tenu de la nécessité de protéger le renseignement et aussi parce que nous ne voulions pas porter d'accusations, nous ne pouvions pas dire que Levison était communiste. De plus, nous ne connaissions pas la gravité du problème. King a dit à Wofford qu'il ne pensait pas que Levison soit communiste et il n'a tenu aucun compte de notre mise en garde. C'est ensuite que, toujours sur instructions de mon ministre, j'ai eu moi-même avec King un entretien, plus explicite.

LEWIS : Parce que King conservait ses contacts?

MARSHALL : Oui, en sorte qu'il m'a fallu lui parler de manière plus directe.

LEWIS : A une époque où vous en saviez plus long?

MARSHALL : Oui. Mais je ne pouvais pas dire que Levison était membre du conseil exécutif du parti communiste. J'ai dit à King que je tenais Levison pour un communiste camouflé; mais après avoir un moment cessé ses contacts avec lui, il les a repris une fois encore et lui a conservé sa confiance en tant que conseiller [...]. Le ministre de la Justice en a parlé au Président au mois de juin 1963, sans que je sache si c'était la première fois, ni à quelles occasions. Toujours est-il qu'en juin 1963, après les manifestations de Birmingham et à l'époque où le Président a décidé d'envoyer au Congrès le projet de loi de 1963 relatif à l'égalité des droits, le ministre a tenu une série de réunions. Il a rencontré les dirigeants des mouvements pour l'égalité des droits et a demandé que King soit mis en garde à nouveau et de façon encore plus explicite. Nous en avons parlé au FBI. J'ai eu en premier un entretien avec King, puis le ministre l'a rencontré.

LEWIS : Bob, vous lui avez parlé vous-même?

KENNEDY : Oui. Et ensuite le Président s'est entretenu avec lui.

LEWIS : Oh mon Dieu! Et quelle a été la réaction de King? A-t-il tenu compte des mises en garde ou continue-t-il...?

KENNEDY : Comme Burke Marshall, comme nous tous, le Président s'est montré très ferme avec lui [...]. Levison [1] contribuait à la rédaction de discours, d'articles et de papiers de ce genre. Il paraît qu'il écrivait à l'époque énormément de choses pour le compte du mouvement de Luther King.

Voilà, entre autres, pourquoi Hoover a accusé King d'être marxiste.

LEWIS : Je vois. Pensez-vous, pour votre part, que King fasse simplement preuve d'inconscience, qu'il ne comprenne pas le danger qu'il y a, dans son domaine, à traiter avec des communistes ? Pourquoi s'obstine-t-il, en dépit des mises en garde qu'il a reçues de personnes qu'il doit pourtant tenir en estime ?

KENNEDY : Cette attitude fait partie de sa personnalité : il prend souvent ce genre de choses à la plaisanterie [...].

Tout ce que j'ai voulu dire, c'est que si l'on cherche à établir s'il a tenu compte de ces avertissements, il ergotera sur la question de savoir si *lui-même* est communiste ou marxiste ou que sais-je, et il haussera les épaules.

LEWIS : C'est bien compréhensible. Tous ces concepts ne présentent peut-être pas un grand intérêt pour quelqu'un qui se trouve dans sa situation. Enfin, je veux dire qu'ils ne lui paraissent peut-être pas pertinents. Et pourtant ils le sont.

MARSHALL : Je crois que, d'abord, il n'a peut-être pas ajouté foi à ce qui lui avait été révélé sur Levison. Mais il a sûrement cru ce que lui ont dit à son sujet le ministre de la Justice et le Président. Ensuite, il a probablement manqué de caractère.

KENNEDY : Je dirais aussi que tout ce dont nous venons de parler explique la réserve que le président Kennedy, moi-même et le ministère de la Justice avons à cette époque observée à l'égard de Luther King et dont il s'est sûrement rendu compte [...]. Nous n'avons

---

1. Levison avait déclaré en 1962 devant la commission sénatoriale de la sécurité intérieure « n'être ni n'avoir jamais été membre du parti communiste ». Il est certain que, s'appuyant sur des affirmations du FBI qui devaient plus tard se révéler infondées, Robert Kennedy pensait que le mouvement de l'égalité des droits risquait de pâtir sérieusement des efforts d'infiltration par les communistes. Il a cru également jusqu'à sa mort que les implications des affirmations du FBI pour la sécurité nationale lui interdisaient de divulguer le détail des allégations de Hoover à l'encontre de Levison.

jamais voulu trop nous rapprocher de lui, à cause des contacts et des relations qu'il entretenait et qui nous paraissaient dommageables pour le mouvement de l'égalité des droits. Dommageables aussi pour nous, qui nous trouvions si étroitement mêlés à ce combat. Dommageables enfin pour tout ce que nous étions en train d'entreprendre : son attitude était particulièrement gênante à un moment où nous nous efforcions d'obtenir le vote d'une nouvelle législation sur l'égalité des droits, où nous étions engagés jusqu'au cou dans le conflit de Birmingham.

J'ajouterai que j'ai bien envoyé Burke Marshall et Courtney Evans voir le sénateur Dick Russel, de Géorgie, pour que le Sénat soit informé de l'ensemble des faits. Dans une lettre au sénateur Monroney, de l'Oklahoma, j'avais expliqué qu'il n'y avait pas de communistes derrière le mouvement pour l'égalité des droits; mais je ne me souviens pas des termes que j'avais employés.

MARSHALL : Vous disiez dans cette lettre qu'aucun des principaux dirigeants – Martin Luther King compris – n'était communiste ou sous influence communiste, mais que les communistes s'efforçaient naturellement de s'infiltrer dans le mouvement. Vous m'avez également envoyé voir le sénateur Monroney : cela se passait en 1963, époque où vous avez écrit cette lettre.

KENNEDY : Oui. J'ai envoyé Burke Marshall remettre cette information au sénateur Monroney.

LEWIS : Mais, en dépit de cette lettre, vous étiez au courant des contacts de Luther King avec Levison?

KENNEDY : La teneur de la lettre était conforme aux faits. Je n'y avais pas consigné la totalité des renseignements dont nous disposions, du fait de leur caractère hautement confidentiel, mais les informations qu'elle donnait étaient exactes. Je ne me souviens pas des raisons qui m'ont amené à écrire cette lettre.

MARSHALL : Le sénateur Russell vous avait écrit, et sa lettre avait été égarée ou n'avait pas encore reçu de réponse.

KENNEDY : C'est juste. Il m'avait envoyé une lettre très arrogante à laquelle je n'avais pas répondu. Je n'avais pas reçu une première lettre de lui et je lui ai téléphoné pour m'excuser. Je répondais ainsi à sa lettre, où il était question des communistes et de Martin Luther

King. Je lui ai dit que je souhaitais lui envoyer Courtney Evans, directeur adjoint au FBI, et Burke Marshall. Ou s'agissait-il de Katzenbach?

MARSHALL : Oui, je crois que c'est lui qui y est allé.

KENNEDY : Mes émissaires ont donc expliqué à Dick Russell les aspects de cette affaire qui concernaient les communistes, ainsi que les dispositions que nous avions prises. Le sénateur de Géorgie a répondu qu'il ne s'intéressait pas à cela, qu'à son avis Martin Luther King était trop intelligent pour être communiste, qu'il n'avait pas l'intention de se pencher sur la question et qu'il ne pensait pas qu'il faille approfondir son examen.

Mais je voudrais en venir aussi à l'opuscule que Hoover a diffusé au sujet de Martin Luther King et à ce qui s'est passé à la suite de cet envoi. Vous savez bien : il s'agissait du résumé d'une analyse des relations de King avec les communistes.

MARSHALL : Oui, oui [...] M. Hoover avait établi un mémorandum ultra-confidentiel qui attaquait le Dr King. Il y était question de Levison et d'autres contacts avec des communistes ou d'anciens communistes, qui étaient moins dangereux que les relations avec Levison : tout cela visait sans aucun doute à assurer une emprise sur le Dr King [...]. M. Hoover en a envoyé un exemplaire au Président, un autre au ministre de la Justice, un autre à moi.

KENNEDY : Et d'autres aux services de renseignement de la marine, de l'armée de terre et de l'armée de l'air, et un autre au ministre de la Défense.

MARSHALL : Ce document constituait une véritable bombe, car il arrivait au moment où le projet de loi sur l'égalité des droits était en discussion au Congrès.

LEWIS : Quelles étaient à votre avis ses raisons d'envoyer ce mémorandum aux militaires? L'espoir qu'il y aurait une fuite quelque part?

KENNEDY : C'était tout simplement parce que les militaires étaient censés fournir des renseignements sur la présence de chefs communistes au sein des pouvoirs publics et ailleurs dans le pays, et là, Hoover en montrait un du doigt. Ce rapport était assez injuste, car il s'en tenait à un seul aspect des relations de Martin Luther King, alors que l'ensemble des informations en notre possession et concernant le contact avec Levison contenait des éléments qui contrebalançaient cet aspect, en indiquant que le pasteur ne voulait entretenir aucun rapport avec les communistes. Il voulait s'assurer qu'ils ne participeraient pas à la marche sur Washington *. Certains renseignements éclairaient ainsi un aspect de la personnalité de l'intéressé qui ne cadrait pas avec celui que dépeignait le mémorandum. Ce rapport était donc parfaitement déloyal.

MARSHALL : Absolument. Il aurait dû préciser clairement que, en dehors du contact avec Levison, rien n'indiquait que le Dr King assistait à des réunions communistes ou avait des relations avec des communistes.

LEWIS : Existait-il à votre avis une indication véritable que Luther King était réellement sous l'influence de Levison ?

KENNEDY : Oui. Levison exerçait une influence sur lui.

MARSHALL : C'est certain. Mais que cette influence ait eu une orientation communiste...
   Il reste qu'elle était réelle.

KENNEDY : Leurs objectifs étaient identiques, je suppose.

LEWIS : Ce qui complique tout, c'est qu'un rapport de ce type ne pouvait faire état de certains éléments du problème : ainsi, la situation des Noirs à Birmingham à l'époque de la marche sur Washington était telle qu'on avait de la peine à distinguer un objectif communiste de ce que l'on peut considérer comme l'objectif normal de cette manifestation.

KENNEDY : Quoi qu'il en soit, il est très malsain d'entretenir des relations avec un membre du conseil exécutif du parti communiste.

MARSHALL : Et de persister en dépit des mises en garde.

KENNEDY : Le maintien de ces rapports était en soi un tort. Mais le mémorandum de Hoover présentait les choses d'une manière inéquitable. Il accusait d'emblée Martin Luther King d'être marxiste ou je ne sais quoi d'autre.

---

* Quelques mois après les émeutes de Birmingham, les dirigeants des mouvements de l'égalité des droits ont organisé, avec la bénédiction du président Kennedy, une marche pacifique sur Washington qui a rassemblé plus de deux cent cinquante mille personnes, le 23 août 1963 (N.d.T.).

MARSHALL : Il l'accusait d'être marxiste et, il me semble, d'être sous le contrôle d'un communiste camouflé, ou quelque chose de ce genre.

LEWIS : Comment avez-vous réagi? Nous étions, je crois, en septembre ou en octobre 1963.

KENNEDY : J'ai appelé Hoover et j'ai eu avec lui une conversation sur son rapport. Je lui ai expliqué que j'étais aussi préoccupé que lui, et que tout le monde, des relations de Luther King avec Levison, mais qu'il nous fallait obtenir le vote du projet de loi relatif à l'égalité des droits et que nous ne tenions pas à risquer un échec à cause d'un document orienté. A quoi il m'a répondu : « Je pense qu'il faut l'annuler. » « Très bien », lui ai-je dit. Dans une autre conversation que nous avons eue par la suite, il m'a déclaré ceci : « N'oubliez pas que c'est moi qui ai fait annuler ce rapport, sans aucune suggestion de votre part. » « Très bien », lui ai-je dit encore.

Il a fait retirer tous les exemplaires de son papier, y compris celui qu'il m'avait envoyé. Il m'avait téléphoné pour me demander s'il convenait de retirer aussi celui que je possédais et je lui avais répondu : « Il faut les retirer tous – et tout de suite – et pas seulement ceux qui sont entre les mains des militaires. ». Ce qui a été fait; mais entre-temps le document avait été lu au Pentagone par des gens qui ont, bien sûr, été horriblement choqués.

LEWIS : A tout ce que nous venons de dire, je puis ajouter un petit post-scriptum. Dans l'entretien que Hoover a eu il y a quinze jours avec la presse – celui qui a donné lieu à l'incident actuel avec le Dr King –, figurait un passage qui a été retiré du compte rendu officiel. Hoover y disait à peu près, je ne me souviens pas des termes exacts, que le Dr King subissait l'influence de relations avec les communistes, qu'il était sous contrôle communiste, enfin quelque chose de ce genre.

Le projet « Bull Connor » * :
Birmingham et le projet de loi de 1963
sur l'égalité des droits

LEWIS : Je vous propose d'aller maintenant faire un tour dans l'Alabama : à Birmingham, au printemps 1963.

Il me faut une fois encore commencer par une question d'ordre général : à quelle époque vous êtes-vous rendu compte que les troubles de Birmingham étaient d'une autre nature que les manifestations de routine qui s'étaient produites en maints endroits dans le Sud, qu'il s'agissait d'un phénomène nouveau, coupant la ville en deux et qui allait conduire à des désordres très graves? C'est à ce moment que vous avez envoyé là-bas Burke Marshall.

MARSHALL : C'était en mai, au milieu du mois de mai.

LEWIS : Peut-être pourrions-nous partir de là. Pendant que Burke Marshall se trouvait à Birmingham, il s'est tenu à la Maison Blanche une réunion de quatre heures, consacrée à l'étude des mesures qui pourraient légalement être prises. Sous la forme de poursuites judiciaires, je suppose.

KENNEDY : Je suis certain d'avoir assisté à cette réunion.

LEWIS : La conclusion en a été que, juridiquement, aucune mesure ne pouvait être prise. Burke Marshall a expliqué que cette semaine passée à Birmingham, à parlementer avec les deux camps, pour s'apercevoir qu'il n'y avait pas de communication possible entre eux, a été extrêmement désagréable au président Kennedy. Les Noirs étaient arrêtés par centaines ou mordus par les chiens policiers, la presse locale publiait des photos de manifestants, la police se servait contre

---

* Eugene (Bull) Connor, commissaire à la sécurité publique dans la principale ville de l'Alabama de 1937 à 1953, était de nouveau à ce poste depuis 1957 lorsque ont éclaté les émeutes raciales dont la ville de Birmingham a été le théâtre, du 12 avril au 10 mai 1963 *(N.d.T.)*.

eux de lances à incendie. Ce spectacle soulevait l'émotion dans tout le pays et dans le monde entier, et celle-ci se retournait contre le Président, dont on se demandait pourquoi il n'intervenait pas. D'après Burke Marshall, votre frère a alors téléphoné à trois ou quatre personnalités du monde des affaires de Birmingham et a invité les membres du cabinet à prendre eux-mêmes des contacts.

KENNEDY : Nous avons effectivement commencé à téléphoner à des représentants des milieux d'affaires. J'ai moi-même demandé à Douglas Dillon d'appeler des banquiers et des dirigeants de sociétés sidérurgiques. Nous avons eu des réunions avec certains propriétaires de grands magasins, pour étudier les dispositions qu'ils pourraient prendre en vue de supprimer la ségrégation et de permettre aux Noirs de fréquenter quelques-uns de ces établissements.

LEWIS : Avez-vous pensé à la contrainte morale que ressentait Burke Marshall, à un moment où tous les regards étaient tournés vers le Président ?

KENNEDY : C'est vrai. Mais nous voulions voir quelles solutions nous pourrions proposer. Le Président savait que le cadre légal ne nous en offrait guère, mais il voulait continuer à chercher, et tout dépendait du succès de l'action de Burke Marshall. J'ai dit et répété à mon frère que je ne voyais pas ce que, sur le plan juridique, nous pouvions faire de plus : nous étions donc cantonnés à la recherche d'une solution passant par la médiation.

LEWIS : Dans quelle mesure la possibilité d'une influence communiste sur Martin Luther King a-t-elle pesé à ce moment-là sur votre réflexion ?

KENNEDY : Qu'entendez-vous par là ? Je ne crois pas que cette idée ait compté.

LEWIS : Je vais être plus précis : avez-vous eu, à la suite des comptes rendus que vous receviez de Burke Marshall, le sentiment que certains amis du Dr King ne tenaient pas à ce que la question soit réglée ?

KENNEDY : Non.

LEWIS : Vraiment ?

146

KENNEDY : Oui. Beaucoup de gens avaient l'impression que les Noirs ne savaient pas exactement ce qu'ils voulaient et que certains de leurs dirigeants n'étaient pas très valables : un grand nombre de ceux-ci avaient le sens des responsabilités, mais certains autres n'en avaient pas le moindre.

MARSHALL : A ma connaissance, ceux des communistes qui exerçaient une influence sur King n'avaient rien à voir avec tout cela et ne communiquaient même pas avec lui.

LEWIS : Vraiment ?

MARSHALL : Pas que je sache.

LEWIS : Et, à la fin, le Dr King s'est montré dans l'ensemble un dirigeant efficace et très présent, n'est-ce pas ?

KENNEDY : Oui. Je pense qu'il a joué un rôle constructif.

LEWIS : Nous en arrivons à une question à laquelle vous êtes assez sensible et qui irritait fort votre frère... Je veux parler de l'impression qui se dégageait des éditoriaux du *New York Times,* que ce sont seulement les événements de Birmingham qui ont sensibilisé le Président au problème de l'égalité des droits. J'en viendrai dans un moment à la question de savoir à quelle époque vous avez pensé – jc dis bien *vous,* car Burke Marshall a souligné que l'initiative venait de vous – qu'une législation nouvelle serait susceptible de s'attaquer au mal qui constituait le fond de la question. Mais je voudrais commencer par vous demander s'il vous est arrivé de parler avec votre frère de l'effet que ces événements produisaient dans l'opinion publique, sur l'idée que le pays se faisait des relations interraciales, sur la réaction générale de la population devant les mauvais traitements infligés aux Noirs : les chiens policiers, les lances à incendie et le reste ?

KENNEDY : Non. Ainsi que le Président l'avait fait remarquer aux Noirs et aux autres – à très juste titre, m'avait-il semblé –, le projet de loi relatif à l'égalité des droits aurait dû porter le nom de Bull Connor. Pour symboliser la réaction du peuple américain au comportement abominable de ce commissaire Connor, à Birmingham. Jusqu'à cette époque, l'opinion publique ne s'intéressait pas à ce problème ; elle ne se sentait pas concernée.

C'est peut-être parce que nous étions frères que nous ne nous sommes pas fait de longs discours, que nous n'avons même pas parlé de l'évidence que représentait la nécessité d'une législation nouvelle. La médiation constituait un moyen de traiter le problème immédiat et nous l'avons obtenue grâce à l'envoi de Burke Marshall sur les lieux.

Mais il fallait prendre des mesures d'accompagnement, de manière à ne pas nous retrouver un peu plus tard dans la même situation. Le dépôt d'un projet de loi représentait une solution plus acceptable, car l'opinion publique y était désormais préparée. Restait à déterminer la nature des dispositions législatives adéquates.

LEWIS : Burke Marshall a dit qu'au cours d'un déplacement en Caroline du Nord vous aviez décidé tous les deux d'un projet de loi portant sur l'accès aux lieux publics, fondé sur l'article de la Constitution relatif au commerce [1].

KENNEDY : C'est exact.

LEWIS : Quelles instructions le Président vous avait-il données à ce sujet ?

KENNEDY : Aucune. Notre objectif était de traiter le problème et il y avait deux manières d'y parvenir : soit assurer la protection des gens menacés – solution qui avait été généralement suggérée –, soit nous attaquer au fond de la question qui était à l'origine de ces difficultés.

Nous pensions que la première solution n'était ni pratique ni acceptable, compte tenu de notre système constitutionnel. Il nous fallait par conséquent tenter de traiter le problème de fond. Pour la première fois, l'opinion publique était suffisamment préoccupée pour que nous ayons une chance de succès, dans une entreprise qui recueillait assez de suffrages.

LEWIS : Vous dites que telle était l'alternative dans laquelle vous vous trouviez, et la suite a démontré qu'il existait effectivement deux solutions. Mais cette analyse est un peu compliquée et je ne crois pas que

---

1. Il s'agit de la disposition constitutionnelle qui reconnaît la primauté du gouvernement fédéral en matière de réglementation des opérations commerciales intervenant entre les États de la Fédération. C'était à cette disposition (« Commerce Clause ») que le gouvernement américain faisait surtout appel en vue de la protection des droits individuels, avant le vote de la loi de 1965 relative à l'égalité des droits.

la majeure partie de l'opinion publique ait bien vu que la question se posait en ces termes.

KENNEDY : Je pense qu'elle ne le voit toujours pas.

LEWIS : Enfin, pas tout le monde. Mais, à l'époque, très peu de gens voyaient comment se posait la question; cela est certain. En avez-vous parlé de façon précise au Président?

KENNEDY : Nous n'avons pas parlé particulièrement de l'existence d'une alternative, car nous étions surtout à la recherche de solutions, quelles qu'elles fussent. Effectivement, nous avons renoncé à celle qui consistait à assurer la protection des gens menacés. Nous avons d'ailleurs rencontré ce problème une bonne douzaine de fois au cours des mille jours qu'a duré la présidence, car il se produisait tout le temps des situations qui incitaient l'opinion à demander pourquoi nous ne fournissions pas de moyens de protection, pourquoi nous n'envoyions pas la gendarmerie fédérale ou l'armée. Nous nous y sommes toujours refusés, sauf dans les cas où une intervention paraissait avoir un fondement légal et où la situation le justifiait. Cela dit, dans une affaire du type de celle de Birmingham, il nous fallait agir d'une manière ou d'une autre : le pays le voulait et appuierait sûrement les mesures qui seraient prises. Voilà pourquoi nous avons retenu l'orientation que vous savez.

LEWIS : En d'autres termes, il n'existait en réalité qu'une solution.

KENNEDY : Il y avait tout de même deux éléments à considérer. Le premier, comme je l'ai dit, portait sur les mesures de protection, lesquelles entraînaient des difficultés de tous ordres. Le second concernait le fond du problème, à quoi il convenait de s'attaquer, parce que c'était une solution beaucoup plus intelligente. Mais je suis d'accord avec vous, lorsque vous dites que c'est là une idée que bien des gens ont du mal à comprendre ou à accepter. J'ai souvent été attaqué là-dessus en commission des lois, où l'on ne cessait de me demander pourquoi je ne prenais pas de mesures protectrices. Et je crois que cette attitude persiste aujourd'hui.

LEWIS : Oui, bien sûr! Aujourd'hui encore et en toute occasion. Pourriez-vous nous expliquer le débat juridique sur les raisons de préférer une référence à l'article de la Constitution relatif au commerce entre les différents États?

KENNEDY : Cette question était plutôt du ressort de Burke Marshall.

149

Le Président l'avait soulevée et nous avons eu tous les deux de nombreuses conversations à ce sujet : je crois que nous avons passé là-dessus plus de temps que sur tous les autres aspects du problème. Le Président s'y intéressait parce qu'un conflit avait surgi à ce propos. L'annonce de notre intention d'utiliser cette disposition de la Constitution avait suscité toute une série d'articles et de déclarations publiques. John Lindsay, représentant de l'État de New York, Ted Sorensen lui-même et certains autres collaborateurs de la Maison Blanche étaient hostiles à une référence à cet article plutôt qu'au XIVᵉ amendement *.

MARSHALL : De même que les républicains, d'une manière générale.

KENNEDY : Ils y étaient tous hostiles. Le Président se posait donc des questions, mais il s'intéressait surtout au Titre II du projet de loi [1], qui a soulevé au début une forte opposition, du fait de sa référence à l'article de la Constitution relatif au commerce. C'est Burke Marshall qui a mené le combat pour le maintien de cette référence.

Je crois que c'était la bonne solution, mais ni le Président ni moi n'en avons jamais été bien sûrs. Les explications de Burke Marshall nous paraissaient raisonnables et nous nous sommes laissé convaincre, largement parce que nous lui faisions confiance. Nous avons passé un temps fou là-dessus.

LEWIS : La formulation du projet de loi ne reposait pas sur l'usage par le Congrès d'un pouvoir constitutionnel prévu par le XIVᵉ amendement et qui n'aurait pas été utilisé jusque-là. La seule référence qui était faite à cet amendement revenait à donner une sanction législative à une jurisprudence de la Cour suprême, ce qui était une manière de tourner en rond.

MARSHALL : Le projet final a intégré un article qui se référait au XIVᵉ amendement et qui constituait, comme vous le dites, une réaffirmation de décisions de la Cour suprême.

---

* Le XIVᵉ amendement (1868) à la Constitution, qui donnait la citoyenneté aux anciens esclaves, disposait que les différents États devaient apporter à tout citoyen « l'égale protection de la loi », garantissant ainsi – en principe – les Noirs contre l'application de lois locales restrictives en matière de droits individuels *(N.d.T.)*.

1. Le Titre II du projet de loi de 1964 relatif à l'égalité des droits prévoyait qu'en matière d'instruction publique, de logement et d'accès aux lieux publics, toute discrimination fondée sur des considérations de race, de croyance ou de nationalité constituait une infraction passible de poursuites devant les tribunaux fédéraux.

LEWIS : Exact. On peut dire, en matière d'explication, que la référence à cet amendement aurait pu prendre deux formes différentes. La première aurait consisté à dire : « Le Congrès exerce ici un pouvoir qu'il tient du XIVᵉ amendement, en vue de fonder sur celui-ci le présent projet de loi. Il estime que cet amendement lui confère le droit d'agir à l'égard des entreprises privées. D'où le texte qui suit. » La seconde, qui a été retenue, consistait à dire : « La Cour suprême estime que, s'il existe un certain degré d'intervention des pouvoirs publics à l'égard d'une entreprise, le XIVᵉ amendement confère au Congrès le pouvoir d'exercer un contrôle sur celle-ci. Le Congrès reconnaît la jurisprudence de la Cour suprême et invoque par conséquent le XIVᵉ amendement partout où existe un certain degré d'intervention publique à l'égard d'une entreprise. » C'était en cela que vous tourniez en rond : l'application de la loi au bénéfice du XIVᵉ amendement supposait que vous démontriez l'existence d'une intervention publique. Or, il n'y en avait aucune dans les cas qui nous intéressent. La référence en question ne vous a donc menés nulle part. Est-ce que je me trompe ?

MARSHALL : Non. Vous avez raison.

LEWIS : Est-il exact que le Président ne se soit pas posé de questions sur le titre relatif à l'accès aux lieux publics et autres, sur la nécessité à laquelle il répondait, et que ses dispositions aient été reconnues comme un élément indispensable de la nouvelle loi ?

KENNEDY : C'est exact. Pourtant, nous parlions souvent ensemble du problème général que posait le dépôt des projets de loi. Des oppositions se manifestaient fréquemment au sein de la Maison Blanche, chaque fois qu'un projet créait trop de difficultés et suscitait une tension excessive.

LEWIS : Nous n'avons pas encore abordé cette question. Mais elle m'intéresse beaucoup.

MARSHALL : Nous n'avons pas non plus parlé de l'attitude du vice-président, par exemple.

LEWIS : C'est juste. Et je pense qu'il peut s'agir là d'un sujet très important.

MARSHALL : Mais il y en a d'autres.

151

KENNEDY : Oui. Il existait d'autres oppositions au sein de la Maison Blanche. Et pour commencer, celle des collaborateurs qui n'aimaient pas l'idée du discours du 11 juin *. Kenny O'Donnell et Larry O'Brien, comme pratiquement tous les autres collaborateurs du Président, je crois, y étaient hostiles.

MARSHALL : Ted Sorensen aussi, il me semble.

LEWIS : Pour quelles raisons?

KENNEDY : Ils estimaient simplement que le Président ne devait pas intervenir aussi personnellement dans les questions relatives à l'égalité des droits.

LEWIS : Son discours du 11 juin avait un ton terriblement personnel.

KENNEDY : Ses collaborateurs ne savaient même pas ce que contiendrait ce discours, car le Président avait l'intention d'improviser à partir de notes qu'il avait prises sur un texte dicté par lui, discuté ensuite entre nous, puis mis en forme par Ted Sorensen. Ce dernier est revenu avec son papier au moment où mon frère s'apprêtait à prononcer son discours et j'ai suggéré que celui-ci soit fondé en partie sur ce texte et en partie improvisé : voilà pourquoi la fin était impromptue.

Les réticences de certains collaborateurs de la Maison Blanche à l'égard de ce discours et d'un engagement aussi direct du Président dans la question de l'égalité des droits invoquaient des considérations politiques, l'idée qu'il n'était pas opportun, à ce moment-là, de froisser les sénateurs et représentants des États du Sud. J'étais personnellement tout à fait favorable à ce discours et j'étais suivi par tout le ministère de la Justice, par Burke Marshall, par Katzenbach.

Le Président a donc prononcé son discours, puis a envoyé le projet de loi au Congrès. Il avait l'impression que ce serait peut-être pour lui le chant du cygne, sur la scène publique. Nous nous demandions tous les trois ou quatre jours si nous avions eu raison d'agir ainsi, puisque ma politique lui valait tant de difficultés et que l'attention générale était centrée sur elle d'une manière déplaisante.

LEWIS : La tension?

---

* Quelques jours avant le dépôt du projet de loi relatif à l'égalité des droits (19 juin 1963), le président Kennedy avait consacré à ce problème un grand discours télévisé, qui avait fortement ému l'opinion publique américaine (N.d.T.).

KENNEDY : Je pense à l'ensemble du problème de l'égalité des droits. Le projet de loi avait été déposé et le Président recevait sans cesse des rapports donnant à penser que tous les autres textes législatifs que nous voulions faire passer en subiraient les conséquences.

LEWIS : Évoquant la question du discours du 11 juin, vous avez dit qu'il existait au sein de la Maison Blanche une hostilité, non seulement au discours, mais aussi au dépôt de projets de lois. Pourriez-vous préciser votre pensée ?

KENNEDY : Je veux simplement dire par là que les collaborateurs du Président étaient par principe hostiles au dépôt de projets de lois, sur l'égalité des droits, dont O'Donnell et O'Brien ne connaissaient d'ailleurs même pas le détail. Ils estimaient seulement que ces initiatives risquaient de ne pas nous faciliter les autres tâches que nous voulions entreprendre.

LEWIS : On ne peut pas dire que Sorensen ait eu les mêmes réticences, n'est-ce pas ?

KENNEDY : Non, je ne le crois pas. Mais je ne me souviens pas.

MARSHALL : J'ai parfaitement souvenir qu'il était hostile à l'idée du discours, du moins à l'époque.

KENNEDY : Tous les collaborateurs de la Maison Blanche y étaient hostiles et moi, j'y étais très favorable. Mais j'ignore s'ils estimaient que ce discours dût être reporté à une date ultérieure.

Quant au dépôt du projet de loi relatif à l'égalité des droits, Lyndon Johnson y était hostile. Nous avions d'abord envisagé d'envoyer le projet à la Chambre juste après le discours du Président. Après avoir pris connaissance du texte final, Johnson a estimé que nous commettions une erreur et qu'il convenait au préalable de travailler un peu le Congrès. La suggestion était très sage et nous sommes allés voir tous les représentants et sénateurs, ce qui a retardé d'une dizaine de jours le dépôt du projet. En réalité, Johnson était par principe hostile au dépôt de projets de lois : c'est ainsi que j'ai interprété sa position.

MARSHALL : C'est aussi ce qu'il m'a donné à penser. Sur instructions du Président ou de mon ministre – mais le Président était sûrement au courant –, j'ai eu avec le vice-président une conversation de trois quarts d'heure sur la question du dépôt du projet relatif à l'égalité des droits. Son idée était qu'il fallait s'en tenir strictement aux aspects économiques du problème et s'abstenir de déposer un projet portant sur l'égalité des droits.

LEWIS : Ce qu'il avait en tête, c'était un plan de lutte contre la pauvreté, n'est-ce pas ?

MARSHALL : Oui. Il revenait à sa vieille expérience, à son Office de je ne sais plus quoi, dans les années trente...

LEWIS : L'Office national de la jeunesse...

MARSHALL : C'est cela. Il m'a expliqué que quantité d'emplois avaient été créés en un temps record, que ce type de mesures constituait la seule réponse possible au problème, que le texte que nous avions déposé n'avait aucune chance d'être voté, qu'il était affreux et allait provoquer une foule d'ennuis. Voilà en gros ce qu'il m'a raconté, et j'en ai parlé à mon ministre.

KENNEDY : Le Président était à l'époque assez agacé par Johnson, qui était hostile à ce projet – comme à bon nombre d'autres mesures –, sans jamais proposer de solutions de rechange.

MARSHALL : Le vice-président a aussi dépêché auprès de moi l'un de ses conseillers, Hobart Taylor, qui a entrepris de m'expliquer qu'il fallait commencer par améliorer la qualité de l'enseignement en milieu noir, que rien ne serait possible sans cela.

LEWIS : Katzenbach a laissé entendre que le vice-président avait joué un rôle utile en matière de stratégie. Une fois la décision prise de déposer le projet de loi, il ne l'a pas du tout saboté.

KENNEDY : C'est ce que j'ai dit. Il a rendu service, avec son idée d'aller voir les membres du Congrès.

LEWIS : Ce que je voulais dire, c'est qu'il n'a pas fait d'obstruction. Il n'a pas travaillé en sous-main et il a même essayé d'aider au vote du projet, par les suggestions qu'il a pu présenter.

KENNEDY : Oui. Mais je ne suis pas sûr que son aide ait été très utile au Sénat à cette époque, entre juillet et novembre 1963. Et il n'avait aucune influence à la Chambre.

LEWIS : C'est juste. Mais Katzenbach n'a-t-il pas dit que l'une de ses suggestions avait recommandé l'organisation de dépositions devant la commission sénatoriale du commerce, de manière qu'il y ait une trace des débats dans ce domaine? Je ne me rappelle pas si Katzenbach a attribué cette suggestion à Johnson.

KENNEDY : Il est tout à fait possible qu'elle soit venue de lui. Mais cela se situait dans un moment difficile des rapports entre le Président et le vice-président.

LEWIS : Bien sûr : il y avait les autres projets que vous avez évoqués précédemment et qui devenaient critiques.

Le seul point qui, me semble-t-il, soit resté un peu dans l'ombre – probablement parce que personne ne s'est étendu là-dessus , c'est l'importance considérable de la décision de recourir à un texte législatif de cette nature, même si celle-ci a été prise sans grande préparation. En effet, ceux qui n'étaient pas dans le secret des dieux n'avaient guère l'impression que les organisations militantes, la commission de l'égalité des droits ou qui que ce soit d'autre s'attendaient à l'élaboration d'une loi fédérale réprimant la discrimination dans les lieux publics, jusqu'au moment où vous avez pris la décision et où celle-ci a commencé à filtrer. Mais elle ne répondait pas à une demande qui vous aurait été adressée, ni à une exigence formulée par des groupes de militants. Il s'agissait pourtant là, à mes yeux du moins, d'un immense pas en avant.

KENNEDY : La décision de déposer le projet de loi a été prise après mûre réflexion. Il m'a semblé qu'un certain nombre de raisons la rendaient pratiquement inévitable. Primo : il nous fallait agir, face à la situation, et cette considération s'est imposée de manière permanente. L'état de l'opinion publique, qui semblait accepter et appuyer une réaction de notre part, a joué un rôle supplémentaire. La question qui se posait à nous portait sur la nature des mesures à prendre. Et comme je vous l'ai dit, il y avait deux façons de procéder : ou bien nous attaquer aux causes du problème, ou bien fournir une protection à ceux qui étaient menacés. Voilà pourquoi nous nous sommes orientés vers la solution qui mettait en cause le logement, les écoles et autres lieux publics.

LEWIS : Naturellement. Mais ce que sous-entendait ma question, c'est qu'un autre gouvernement aurait pu adopter une troisième solution : celle qui aurait consisté à ne rien faire.

KENNEDY : J'ai saisi votre sous-entendu. Et permettez-moi de vous dire qu'il nous a fallu beaucoup de courage, mais que la solution retenue m'a toujours paru s'imposer. Je reconnais qu'il existait des oppositions : celle de Johnson, celle d'un certain nombre de collaborateurs de la Maison Blanche. Le Président lui-même n'a pas toujours été très heureux de notre action et me demandait tous les trois ou quatre jours : « Penses-tu que nous ayons eu raison de déposer ce projet de loi? Regarde les embarras qu'il nous cause. » Mais cela, il le disait toujours en plaisantant à moitié.

Pour répondre à votre question, je vous dirai qu'il est bien possible qu'un autre gouvernement s'en serait tiré sans rien faire. Mais je pense que l'inaction aurait, à long terme, entraîné des difficultés bien plus grandes que celles qu'a soulevées notre politique. De cela, j'ai toujours été convaincu.

LEWIS : Permettez-moi de préciser ma question. Par « ne rien faire », j'entendais : ne rien faire sur le plan législatif. Vous auriez pu montrer qu'à Birmingham vous aviez sauvé la situation; vous auriez pu prononcer des discours sur la nécessité du maintien de l'ordre public, du respect des droits d'autrui et ainsi de suite. Burke Marshall pourrait-il nous donner son avis sur ce qui vient d'être dit?

MARSHALL : Je pense qu'il était clair que, jusqu'à son adoption, le projet de loi en cause rendait impossible le vote de tout autre texte législatif. Or, le Président souhaitait faire passer un projet d'allégements fiscaux. Il se rendait compte, par ailleurs, que le reste de son programme serait totalement compromis aussi longtemps que la question du projet relatif à l'égalité des droits ne serait pas réglée au Congrès, ce qui ne pouvait être le cas avant la fin de l'année, au mieux.

LEWIS : Mais, en même temps, vous estimiez que ce projet répondait à une nécessité absolue?

MARSHALL : Le ministre de la Justice a rencontré à ce moment-là des représentants des milieux commerciaux, et ces réunions se sont ensuite prolongées à la Maison Blanche. Il y a été maintes et maintes fois souligné que le problème concernait chaque citoyen et qu'il allait s'aggraver durant l'été – ce qui s'est effectivement produit dans un grand nombre de villes –, d'un endroit à l'autre, d'une entreprise à l'autre. Il était donc absolument nécessaire d'agir. Mais il est tout à fait probable qu'un dirigeant qui aurait répugné à faire face aux situations se serait cantonné dans l'inaction.

KENNEDY : Oui. Il était, sans le moindre doute, impossible de s'esquiver. Les difficultés auraient été encore plus graves un an plus tard : notre politique était donc de sagesse. Mais je reconnais une fois de plus que tout le monde n'approuvait pas l'importance que nous attachions à la question de l'égalité des droits.

Je vais vous citer des exemples précis d'opposition. Lorsqu'il a été envisagé que le Président aille prononcer un discours à la conférence des maires américains, qui se tenait à Hawaii en juin 1963, presque tous les collaborateurs de la Maison Blanche étaient hostiles à cette idée, notamment O'Donnell, qui était violemment contre. J'ai insisté, le Président a finalement décidé d'y aller et je crois que nous n'avons pas eu à le regretter. Les réunions à la Maison Blanche, dont nous venons de parler : quantité de collaborateurs y étaient hostiles, au motif qu'elles engageaient trop le Président dans la question de l'égalité des droits.

LEWIS : Peut-être serait-il utile de préciser de quelles réunions il s'agissait et la manière dont l'initiative a été prise.

MARSHALL : Elles ont débuté avec les réunions organisées par le ministre de la Justice, certaines à New York, certaines à Washington, auxquelles assistaient des hommes d'affaires directement affectés par le problème. Les listes avaient été préparées au ministère avec l'aide d'un collaborateur du Président. Les premières réunions ont rassemblé les entreprises les plus étroitement concernées, c'est-à-dire les magasins à succursales multiples. La première s'est tenue à New York, au Waldorf, juste après mon retour de Birmingham, donc aux environs du 22 mai. Il y avait là une quinzaine de propriétaires de magasins comportant des cafétérias.

KENNEDY : Et certains d'entre eux se sont cachés au rez-de-chaussée de l'hôtel, n'est-ce pas ?

MARSHALL : C'est exact : l'idée d'assister, avec le ministre de la Justice et sur ce sujet précis, à une réunion susceptible de recevoir une quelconque publicité les inquiétait au plus haut degré. C'était d'ailleurs l'une des raisons du choix de New York.

LEWIS : Où se sont-ils cachés?

KENNEDY : En bas, je crois. Puis l'un d'eux a été envoyé en éclaireur pour voir si j'avais amené des équipes de télévision.

MARSHALL : C'est juste. Certains d'entre eux se refusaient à monter à la salle de réunion, croyant qu'il s'agissait d'un complot publicitaire organisé par le ministre de la Justice.

KENNEDY : Je suppose qu'ils pensaient que le diable en personne avait fait apparition à New York et qu'ils étaient invités à le rencontrer. Ils étaient très inquiets de ce qui allait leur arriver et de ce à quoi mènerait la réunion.

MARSHALL : Effectivement. Nous avons eu un an plus tard une réunion avec ce même groupe dans le bureau du ministre et aucun d'eux n'a manifesté ce genre d'hésitation. Il leur a fallu environ un mois pour surmonter leur frayeur. Mais je puis vous assurer que les premiers qui sont venus ont bien cru que le ministre de la Justice allait les faire clouer au pilori ou leur infliger quelque mauvais traitement.

LEWIS : Comment ces réunions se sont-elles étendues à la Maison Blanche, en dépit des divergences de vues sur l'opportunité de rencontres avec le Président sur ce sujet? Il me semble qu'elles ont eu lieu presque juste après le dépôt officiel du projet de loi. Voire avant?

MARSHALL : Je crois que la première s'est tenue avant cette date, mais après le discours du 11 juin. Le message au Congrès est du 19 juin et je dirais que la première réunion a eu lieu autour du 13.

KENNEDY : L'idée était de montrer que le Président était le patron et qu'il participait activement, avec tout le gouvernement, à la recherche de solutions au problème. Nous savions par expérience que les manifestations allaient se poursuivre et s'étendre, que les violences allaient s'aggraver, d'autant plus que, les vacances scolaires d'été approchant, élèves et étudiants allaient entrer dans la danse. Si nous pouvions obtenir des milieux d'affaires et des dirigeants des communautés locales qu'ils prennent, à leur échelon – c'est-à-dire au niveau des lieux publics – des mesures tendant à mettre fin à la ségrégation, le risque de désordres ou de violences s'en trouverait grandement atténué.

De toute façon, des mesures de ce genre allaient être prises dans plusieurs secteurs à la suite des incidents, l'attention de l'opinion publique s'étant portée tout particulièrement sur telle ou telle communauté. Alors, n'aurait-il pas mieux valu prendre ces mesures spontanément, avant que les désordres se produisent ? Voilà le message urgent que nous avons communiqué à ces chefs d'entreprise. Avec eux, nous avons analysé la situation à fond, évoqué l'affaire de Birmingham, étudié les dispositions qu'ils pourraient prendre à leur niveau.

LEWIS : Vous avez parlé de ce qui s'était réellement passé à Birmingham ?

KENNEDY : Oui. Mais nous leur avons aussi parlé des communautés dans lesquelles la ségrégation avait été supprimée spontanément. Nous leur avons montré à quel point la situation y était moins tendue, comparant à l'aide d'une carte les exemples de communautés où l'intégration avait été réalisée et ceux de localités où persistait la ségrégation au niveau des hôtels, des cinémas, des serveurs de restaurants. Nous leur avons demandé de se réunir entre eux, d'essayer d'analyser les problèmes qui se posaient dans chacune des localités : le propriétaire new-yorkais d'une chaîne de cinémas, par exemple, attirant l'attention sur les mesures qui étaient prises dans ses salles du Mississippi, de l'Alabama ou du Texas.

LEWIS : Une question en passant : avez-vous fait venir en même temps des propriétaires de cinémas habitant le Nord et les directeurs de leurs salles du Sud ?

KENNEDY : Oui.

LEWIS : Venant même de localités farouchement attachées à la ségrégation ?

KENNEDY : Oui. Et puis nous avons fait venir des représentants du clergé, des enseignants, des avocats.

LEWIS : Comment ceux qui venaient des profondeurs du Sud ont-ils réagi à votre message ? Avez-vous, dans ces réunions, senti une certaine animosité, entendu des « Laissez-nous tranquilles » ?

159

KENNEDY : Non. Certains d'entre eux ont marqué leur désapprobation; mais ils ont tous fait preuve de bonne volonté et ils ont, à mon avis, obtenu de très bons résultats. C'est de là qu'est sorti le comité du clergé, à partir de là que s'est formé un comité féministe. Nous avons également exprimé notre préoccupation au sujet de ce qui pourrait se passer dans le Nord et demandé que les localités du Nord prennent elles aussi des mesures. C'est pourquoi nous avons fait venir quelques enseignants et le comité des avocats. Nous souhaitions tout particulièrement voir ce dernier jouer un rôle catalyseur dans ces différentes communautés, provoquer des rencontres entre groupes de population, comme Burke Marshall l'avait fait à Birmingham.

Le Président s'est exprimé devant eux, le vice-président aussi; moi aussi, à l'occasion, ainsi que le secrétaire d'État au Travail, Bill Wirtz.

MARSHALL : Et Dean Rusk s'est adressé à l'organisation patronale, le Business Council.

KENNEDY : Nous avons tenu ainsi une vingtaine de réunions à la Maison Blanche. Mais au fait, y en a-t-il eu autant?

MARSHALL : Une quinzaine, réunissant au total entre seize cents et dix-sept cents personnes, en l'espace d'un mois.

KENNEDY : A mon avis, c'est le clergé qui a été le plus efficace, en ce qui concernait l'adoption du projet relatif à l'égalité des droits. Avec les chefs d'entreprise, de très bons résultats ont été obtenus, qui apparaissent dans les rapports que nous avons sur le nombre de localités où la ségrégation a été supprimée.

LEWIS : Un point me paraît appeler une clarification. Ces réunions avaient en réalité un double objet : presser les gens de prendre des initiatives au niveau de leurs communautés, d'une part; faciliter le vote du projet de loi sur l'égalité des droits, de l'autre, n'est-ce pas?

KENNEDY : Non. Le second objectif que vous mentionnez était tout à fait secondaire. L'idée essentielle était d'inciter les communautés locales à prendre l'affaire en main. C'est ensuite que les représentants du clergé, comme le groupe féministe, ont constitué un organisme de défense du projet de loi. Mais l'objectif fondamental consistait à rendre les gens bien conscients de leurs responsabilités

160

propres : à leur montrer les mesures qui devaient ou pouvaient être prises par eux, à leur faire voir qu'il était de leur intérêt de les prendre avant que n'éclate la violence.

LEWIS : Avez-vous lu dans le *Washington Post* de ce jour, 6 décembre 1964, le long récit par un Noir d'un voyage qu'il vient de faire dans le Sud en compagnie de sa femme? Cet article m'a paru dans l'ensemble très encourageant. Dans les lieux publics où ce ménage s'est présenté, il a été servi sans hésitation et aimablement dans, je dirais, un cas sur deux; désagréablement dans un cas sur quatre et pas du tout une fois sur quatre. Or, ces gens sont allés un peu partout : parvenir à un tel résultat en aussi peu de temps n'est pas si mal...

KENNEDY : Surtout quand on a entendu le gouverneur de l'Alabama déclarer : « Si vous faites voter cette loi, il vous faudra rappeler vos troupes de Berlin »...

Le barrage à l'entrée des écoles :
l'université de l'Alabama

LEWIS : Tous ces événements se sont succédé à un rythme très rapide : l'affaire de Birmingham, le retour de Burke Marshall, le projet de loi sur l'égalité des droits et, en même temps, l'impasse à l'université de l'Alabama.

MARSHALL : Celle-ci était prévue, naturellement. Bob Kennedy est allé là-bas, pour voir le gouverneur de l'État. Un gros effort avait été fait en direction de l'Alabama, des milieux d'affaires et des notabilités représentatives, en vue de prévenir tout affrontement à l'université.

LEWIS : Ma première question portera sur la conversation avec Wallace, qui a été enregistrée [1]. D'après ce que j'ai compris, cette entrevue n'a servi à rien.

KENNEDY : A rien. Elle n'a pas manqué d'intérêt, mais elle ne nous a guère avancés.

MARSHALL : Il était clair qu'elle ne pouvait mener à rien. La capitale de l'Alabama, Montgomery, était quadrillée par la police comme pour la visite d'un dignitaire étranger dont la personnalité aurait été un peu louche.

KENNEDY : J'ai eu droit au plus grand déploiement de compagnies locales de sécurité qu'on ait jamais vu. Leurs gros bâtons garantissaient que personne ne me ferait de mal. La population s'est montrée amicale et j'ai serré beaucoup de mains. Mais à un moment donné,

---

1. La conversation de Robert Kennedy, accompagné par Burke Marshall, avec le gouverneur Wallace, le 25 avril 1963, avait été enregistrée à la demande de ce dernier.

l'un de ces gendarmes a mis son bâton sur mon ventre et m'a ceinturé de ce gourdin.

LEWIS : Pour rire?

KENNEDY : Oh non! Pas du tout. Ces gendarmes se sont, pour la plupart, conduits de façon parfaitement désagréable. C'était tout à fait inutile, mais il fallait démontrer que j'étais à ce point honni dans l'Alabama que ma vie y était en danger. J'ai donné une conférence de presse et un journaliste m'a demandé si j'étais communiste.

LEWIS : Voilà qui en dit long sur l'utilité de la rencontre avec le gouverneur Wallace...

MARSHALL : Elle ne pouvait qu'être improductive. Bob était à peine entré dans la salle que le gouverneur a annoncé que toutes les déclarations allaient être enregistrées et il a branché un magnétophone. Nous avons eu droit à un discours après l'autre.

KENNEDY : Wallace avait amené l'un de ses adjoints, un type insupportable, avec qui il a échangé des propos visiblement destinés à être diffusés par les radios locales. Je ne pouvais tout de même pas laisser passer sans réponse tout ce qui se disait, et il y a eu des moments difficiles.

LEWIS : Bien sûr, cette réunion n'a servi à rien. Mais en avez-vous au moins retiré une impression : que le gouverneur recourrait à la force ou qu'il s'agissait seulement d'une mise en scène?

KENNEDY : Non. Mais j'ai eu par la suite de très nombreuses conversations avec le Dr Rose, président de l'université de l'Alabama, qui est l'un de mes anciens condisciples et un vieil ami.

MARSHALL : En réalité, le Dr Rose est venu vous voir très tôt le matin, pour vous parler de l'université, avant même votre rencontre avec le gouverneur. Il a expliqué que l'université avait reçu deux demandes d'inscription d'étudiants noirs et qu'il fallait s'attendre à de sérieuses difficultés avec le gouverneur. Mais il pensait que la majorité des administrateurs de l'université serait d'avis de déférer à l'injonction du tribunal fédéral. Il voulait garder le contact avec le ministre de la Justice et coopérer avec lui dans toute l'affaire. Mais il lui fallait agir de manière que George Wallace ne porte pas préjudice à l'université, en décidant sa fermeture ou par toute autre mesure. Le Gouverneur était de droit président du conseil d'administration de l'université...

KENNEDY : ... et rendait la vie difficile au président de celle-ci. Le Dr Rose était de notre côté : il tenait à ce que son université reste ouverte, tout en prenant les dispositions nécessaires pour l'inscription des deux étudiants noirs [1]. Il était très désireux de coopérer avec nous, mais il souhaitait que cela ne se sache pas dans l'Alabama et qu'en tout cas le gouverneur ne soit pas au courant. C'est par la suite que nous avons eu toutes les conversations que j'ai mentionnées : Rose venait nous voir, car il évitait de parler au téléphone.

LEWIS : Avez-vous agi en liaison avec les avocats du fonds de soutien de l'Association nationale pour le progrès des gens de couleur, qui voulaient voir accélérer l'instruction des instances engagées par eux ? Étant donné que votre action revenait à vous charger de l'exécution pratique des décisions de justice concernant l'admission de ces étudiants, je suppose que vous avez été en rapport avec les avocats.

MARSHALL : Ils ont fini par nous en vouloir, pour la simple raison que nous n'étions pas en mesure de leur dire ce que nous faisions. Nous prenions des décisions sans bien les consulter, soit parce que le temps pressait, soit parce qu'il n'était pas possible de les tenir au courant.

Il faut bien voir que nos responsabilités étaient complètement différentes des leurs. Préoccupés de leurs clients, ils voulaient que nous envoyions l'armée : ils se souciaient assez peu de la situation dans laquelle se trouvait le Président, des conséquences à long terme de mesures précipitées ou dont la justification n'aurait pas paru évidente, du risque de division de tout le pays entre le Nord et le Sud. S'ils ont toujours été très aimables avec nous, ils ne nous en ont pas moins voulu de ne pas suffisamment les consulter.

LEWIS : A quel moment le Président a-t-il été mis au courant de ce qui se passait à l'université de l'Alabama ? Vous aviez été informé longtemps avant que l'affaire vienne devant l'opinion publique. Vous en souvenez-vous ?

KENNEDY : Non. J'ai probablement dit au Président, à un moment ou à un autre, dans le courant du printemps, que nous allions agir en

---

1. Ces deux étudiants, Vivian Malone et James Hood, ont été les deux premiers Noirs à s'inscrire à l'université de l'Alabama.

sorte que ces étudiants puissent fréquenter l'université de l'Alabama. Je crois que c'est le Dr Rose qui m'a parlé d'eux le premier : il avait reçu les demandes d'inscription et avait l'intention d'y accéder. L'une des questions qui se posait était de savoir s'ils pourraient entrer dès le mois de juin ou si on les ferait attendre jusqu'en septembre. L'autre question était de décider s'ils entreraient à la principale université ou à l'annexe de Huntsville.

Nous avons discuté pendant deux mois de la meilleure manière de nous y prendre, de la possibilité de leur permettre d'aller non seulement à Huntsville, mais aussi à l'université de Tuscaloosa, de façon que le gouverneur ne puisse se trouver en même temps en deux endroits. Le Dr Rose et moi avons fini par adopter des positions différentes et le contact s'est relâché : l'impression générale était que le président de l'université subissait des pressions considérables.

MARSHALL : Un détail a fortement irrité Katzenbach : l'université avait fait tracer sur le porche des lignes à la craie marquant l'endroit où Wallace devrait se tenir pour permettre aux équipes de télévision de prendre les meilleures photos possibles du gouverneur en train de barrer l'accès.

KENNEDY : L'université s'était également arrangée pour que Wallace ait le temps d'aller aussi à Huntsville.

LEWIS : Les formalités d'inscription devaient-elles se dérouler à des heures différentes aux deux endroits ?

KENNEDY : Oui.

MARSHALL : A un certain moment, nous avions demandé qu'elles aient lieu à la même heure en plusieurs endroits.

KENNEDY : Oui, de manière que le gouverneur ne puisse se trouver qu'à un endroit : au moins un étudiant noir aurait-il ainsi été admis. Mais nous avons fini par nous rendre compte que les dirigeants de l'université avaient changé leur fusil d'épaule et étaient prêts à se plier à la volonté du gouverneur.

LEWIS : Lequel cherchait à se faire de la publicité ?

KENNEDY : Oui. Il voulait faire son cinéma, mais cela ne me dérangeait pas tellement. Le vrai problème, c'était la nature de ce cinéma

165

et ses conséquences. D'autant que Wallace ne tenait pas à me parler : j'ai donc pris la peine d'aller le voir [...].

Hostiles au gouverneur, les administrateurs rapportaient les propos que celui-ci tenait aux réunions du conseil et signalaient les positions qu'il s'apprêtait à prendre. Mais nous étions très inquiets, car ils ne cessaient de dire que Wallace était cinglé, qu'il avait peur, que son comportement était celui d'un fou à lier. Dans ces conditions, pouvions-nous échafauder des plans sur la base de ce qu'il était permis d'attendre d'un homme sensé occupant les fonctions de gouverneur de l'État d'Alabama ? Le gros problème qui se posait à nous, ce n'était pas tant d'avoir à faire arrêter le gouverneur, à le faire inculper d'obstruction à la justice, à envoyer l'armée en Alabama : c'était d'introduire ces étudiants à l'université.

LEWIS : Avez-vous eu l'impression que Wallace souhaitait être arrêté et déféré à la justice fédérale pour refus d'exécuter une décision judiciaire ?

KENNEDY : Notre opinion sur ce sujet a changé plusieurs fois. Je pense qu'il ne tenait pas à aller en prison ; or, il se trouvait dans l'Alabama quelques juges fédéraux assez durs, qui auraient bien pu l'y expédier. Je crois que cinq ou dix jours de prison ne l'auraient pas dérangé, mais la perspective d'y passer six mois, un an ou deux ans ne cadrait pas avec ses projets. Ce qui ne l'empêchait pas de nous rendre la vie très difficile. Nous ne tenions pas à envoyer l'armée, car il aurait crié à la manœuvre d'intimidation. Néanmoins, il nous a rendu un fier service en...

MARSHALL : ... en rappelant au service actif certaines unités de la garde nationale et en les affectant à Tuscaloosa. Ce qui nous a permis de les avoir sous la main lorsque le Président les a réquisitionnées, et de gagner ainsi plusieurs heures.

KENNEDY : Sans cela, il nous aurait fallu faire appel à des troupes fédérales, ce qui nous aurait retardés. De plus, dans la mesure où il fallait envoyer des troupes, nous préférions de beaucoup avoir recours à la garde nationale, en aussi petites unités que possible.

L'autre gros problème qui se posait à nous était de savoir de quels effectifs nous aurions besoin si le gouverneur allait se poster en travers de la porte de l'université. Nous ne voulions pas voir se repro-

166

duire les incidents que nous avions connus à l'université du Mississippi *. En cas de violences, lorsque l'on dispose seulement de trois cents hommes de troupe et que la police n'a pas l'intention de coopérer, à quels effectifs faut-il faire appel, dans quelles circonstances et pendant combien de temps convient-il de les utiliser?

Une fois de plus, nous avons dû faire un pari.

LEWIS : Vous avez parlé de *troupes*. Compte tenu de l'expérience d'Oxford, a-t-on envisagé de faire appel à la gendarmerie fédérale?

KENNEDY : Il n'y avait aucun avantage à l'utiliser. Qui plus est, le Dr Rose avait clairement fait comprendre que Wallace ne céderait pas et resterait devant la porte. C'était de troupes que nous avions besoin : il nous fallait faire sortir le gouverneur de son embrasure de porte et pour cela, il était préférable de submerger les lieux sous le nombre.

Les dispositions finales n'ont été arrêtées que ce matin-là. Le Président avait été tenu en permanence au courant. Encore une fois, le problème était de savoir quel délai demanderaient un appel à la garde nationale et, en cas d'insuffisance de celle-ci, un recours à la troupe. Les plans de bataille ont été établis en collaboration avec l'armée et le général Abrams, qui avait l'expérience d'Oxford, était sur les lieux.

MARSHALL : J'en reviens à l'éventualité d'une incarcération du gouverneur. Nous avions obtenu une injonction judiciaire à son encontre, signée du président du tribunal fédéral du district Nord de l'Alabama. J'avais assisté à l'audience; ensuite, le magistrat avait prévenu les conseillers du gouverneur que, si celui-ci ne se pliait pas à l'injonction, la peine qu'il envisageait n'aurait pas un caractère symbolique : six mois de prison au moins, ce qui était beaucoup à l'époque. J'imagine que c'est cette menace qui a incité Wallace à s'incliner aussi promptement, après avoir obtenu l'affrontement public qu'il recherchait pour des motifs politiques.

---

* L'inscription d'un premier étudiant noir, du nom de James Meredith, à l'université d'Oxford, dans le Mississippi, avait donné lieu, au début du mois d'octobre 1962, à des incidents d'une rare violence. L'armée ne s'étant pas trouvée sur les lieux en temps utile, appel avait été fait à la gendarmerie fédérale et le face-à-face avait pris l'allure d'un affrontement entre le pouvoir fédéral et un État local *(N.d.T.)*.

LEWIS : D'ailleurs, il se trouvait probablement déjà en état d'infraction, car je suppose qu'il n'est pas normal de devoir recourir à l'armée pour faire exécuter une décision de justice.

KENNEDY : Mais nous avions un objectif précis : l'admission de ces étudiants à l'université. Nous ne cherchions pas à faire inculper Wallace, encore moins à l'envoyer en prison : une inculpation aurait inévitablement conduit à l'incarcération, et il nous aurait alors fallu faire occuper l'Alabama par l'armée. Voilà des considérations que l'opinion a du mal à comprendre.

Dans le Sud, tout le monde était persuadé que nous brûlions d'envie d'y dépêcher l'armée, alors que tous nos efforts tendaient à éviter cette extrémité. L'adoption en dernière minute du dispositif reposant sur la garde nationale s'est révélée représenter la meilleure solution; mais il faut bien voir qu'elle correspondait alors à un véritable pari : en cas de violences, comment expliquer que n'aient pas été prises des mesures plus draconiennes?

Puis nous avons eu l'idée d'envoyer Katzenbach se présenter seul à la porte de l'université, sans les deux étudiants, et de prier le gouverneur de bien vouloir laisser le passage. Ce qui a donné à Wallace la possibilité de refuser, tout en nous permettant de ne pas le faire inculper d'obstruction à décision de justice, puisque les étudiants n'étaient pas encore là.

MARSHALL : Et cette solution nous a épargné l'indignité de le voir affronter les deux étudiants. Nous avions d'ailleurs agi sans consulter les dirigeants de l'université.

KENNEDY : L'inscription de ces étudiants constituait donc un pas important. Mais il était tout aussi important de les maintenir sur le campus. Personne ne savait que nous y étions déterminés.

MARSHALL : Katzenbach a réussi à s'emparer de la clé de leur pavillon, sous le prétexte de vérifier qu'une bombe n'avait pas été placée dans leurs chambres.

KENNEDY : Ces deux étudiants ont ainsi pu se maintenir sur le campus, mais ce n'a pas été sans peine de notre part. Qui plus est, nous nous trouvions en face de tant d'inconnues : nous ignorions l'attitude qu'allait adopter le gouverneur; nous avions l'expérience de l'université du Mississippi et n'étions donc pas sûrs de pouvoir prévenir des violences dans l'Alabama; enfin, nous ne savions pas si les membres locaux de la garde nationale feraient leur devoir.

LEWIS : Avez-vous eu le temps et la possibilité de surveiller les mouvements éventuels de petits Blancs de la campagne en direction de Tuscaloosa, ce que vous n'aviez pu faire à Oxford, où vous avez été pris par surprise?

MARSHALL : A Tuscaloosa, comme à Oxford, le FBI avait instruction de surveiller les routes. Mais, à Tuscaloosa, il fallait en outre apprécier l'effet qu'aurait eu sur la population l'attitude d'un gouverneur qui avait juré de barrer en personne l'accès à l'université. N'oubliez pas que Tuscaloosa était le quartier général du Ku Klux Klan, dont les adhérents ont toujours été très nombreux dans la région.

KENNEDY : Mais cette ville possédait un certain nombre de fonctionnaires remarquables et un très bon journal local.

Je crois aussi que nous avons bénéficié des résultats de la campagne de persuasion menée dans les milieux de l'industrie et du commerce de l'Alabama pendant les trois mois précédents. Nous avions distribué à tous les membres du cabinet la liste des entreprises employant plus de cent salariés, et un contact avait été établi avec chacune d'elles. C'est de cette façon que nous avons réussi à faire comprendre le sens de notre politique et à provoquer une prise de conscience des responsabilités de chacun. Les administrateurs de l'université et certains entrepreneurs ont aussi travaillé de leur côté. Nous avons ainsi préparé une réaction à l'attitude de Wallace.

Jusqu'à la dernière minute, le gouverneur s'est interrogé sur le parti à prendre. S'il avait bénéficié d'un large appui populaire, il aurait, je pense, barré en personne l'accès à l'université, puisqu'il s'y était engagé au cours de sa campagne électorale. Souvenez-vous de la fameuse phrase : « Je barrerai moi-même la porte des écoles. » Ne pouvant compter sur un appui populaire, il a cherché à se tirer de ce mauvais pas.

LEWIS : Les milieux d'affaires faisaient-ils pression sur lui?

MARSHALL : Très fortement. Il recevait chaque jour quinze ou vingt coups de téléphone de chefs d'entreprise soucieux de s'assurer que les incidents d'Oxford ne se reproduiraient pas dans l'Alabama. Pouvait-il leur répondre : « J'ai l'intention de déclencher des violences »?

KENNEDY : Il a finalement passé un arrangement avec le Ku Klux Klan : il s'engageait à se mettre en personne en travers de la porte de l'université, le Ku Klux Klan promettant pour sa part de ne pas provoquer de violences à ce moment-là.

LEWIS : J'ai du mal à comprendre pourquoi la futilité de son attitude ne lui a pas valu de devenir la risée de tout son État et comment il a pu, l'année suivante, consolider sa position politique.

KENNEDY : Je crois que son prestige a subi une érosion passagère et qu'il l'a rétabli grâce à ses tournées dans le pays et à la publicité que lui ont apportée les primaires.

J'ajouterai seulement que le Président a participé personnellement à toutes les décisions qu'il nous a fallu arrêter durant les soixante-douze heures qui ont précédé l'entrée de l'un des étudiants noirs à l'université principale de l'Alabama. Le second a été admis le lendemain, sans le moindre incident, à l'annexe de Huntsville.

LEWIS : Il me vient à l'esprit une question qui est sans rapport avec cet épisode. Est-il arrivé au Président d'entrer en conversation, téléphonique ou autre, avec l'étudiant noir dont l'entrée à l'université du Mississippi avait donné lieu aux violences d'octobre 1962 à Oxford ?

KENNEDY : Non.

LEWIS : Ce James Meredith était un phénomène, n'est-ce pas ?

KENNEDY : Un drôle de phénomène, oui !

MARSHALL : C'est exact. L'histoire de la grosse Ford dorée...! Elle nous a valu l'un des grands moments critiques de la présidence Kennedy... Meredith voulait une Thunderbird dorée, et il a fini par en acheter une : voilà le genre de problèmes auxquels un ministre de la Justice peut avoir à faire face.

KENNEDY : Il ne nous manquait plus que de le voir arriver sur le campus dans une Thunderbird dorée ! Mais nous avons trouvé des personnalités qui ont réussi à l'en dissuader.

LEWIS : Certains de ses commentaires ont aussi valu à Meredith des difficultés avec l'Association nationale pour le progrès des gens de couleur, n'est-ce pas ?

KENNEDY : Oui.

170

LEWIS : Y a-t-il aujourd'hui des étudiants noirs à l'université du Mississippi?

MARSHALL : Il y en a deux, dont un, une femme, à la faculté de droit.

KENNEDY : Est-ce qu'ils réussissent?

MARSHALL : L'un ne marche pas mal. Je ne connais pas l'autre, l'étudiante en droit; mais je sais qu'elle est la femme de Robert Moses, le militant de l'égalité des droits.

LEWIS : Lequel ne fait peut-être pas partie des admirateurs de Robert Kennedy...

MARSHALL : Moses est un extrémiste, un jeune homme très aigri.

KENNEDY : Même aujourd'hui?

MARSHALL : Il l'a toujours été, mais il l'est devenu de plus en plus.

KENNEDY : Est-ce à nous qu'il en veut?

MARSHALL : C'est l'ensemble du gouvernement qu'il critique. A la différence de nombre des siens, son animosité n'a pas un caractère personnel : il est trop intelligent pour cela. C'est à tout le système qu'il s'en prend, aux mauvais traitements infligés sous ses yeux aux Noirs du Mississippi.

LEWIS : Alors que leur condition ne cesse pourtant de s'améliorer, n'est-ce pas?

MARSHALL : Disons que nous constatons une évolution.

KENNEDY : Très lente.

MARSHALL : Il y a un mieux. Restent la pauvreté et l'inculture : Moses se rend compte que le problème ne porte pas seulement sur l'accès aux hôtels : c'est le niveau de vie des Noirs qui l'intéresse aujourd'hui. Prenez, par exemple, la question de l'inscription des Noirs sur les listes électorales : soixante-dix pour cent des adultes noirs du Mississippi sont analphabètes, fonctionnellement analphabètes. Moses considère donc le problème sous tous ses angles.

LEWIS : Quelle gloire pour cet État! Cet aspect de la situation conduit à envisager un autre type de problème : vous est-il arrivé de vous demander quel genre de dirigeants les Noirs du Mississippi finiront par se donner, d'en parler avec votre frère, d'en discuter dans votre

171

milieu? Allons-nous voir arriver des révolutionnaires? Ou est-il encore temps de trouver une élite dirigeante d'un style plus traditionnel, issue des classes moyennes?

KENNEDY : Oui, nous en avons parlé.

Mais je voudrais d'abord revenir à votre première question, concernant les motifs qui m'ont incité à organiser les réunions que nous avons évoquées. Cette campagne, en 1963 et 1964, ne visait pas seulement à arracher le vote d'un projet de loi, mais aussi - et ceci me paraissait encore plus important - à préserver la confiance de la population noire dans le gouvernement et dans la majorité blanche.

Quant à la question des futurs dirigeants noirs, nous l'avons abordée sans nous cantonner au Mississippi, mais en pensant à l'ensemble du pays. La nouvelle loi n'était pas destinée aux Noirs du Nord, mais il importait d'en obtenir le vote, de manière à montrer à ceux-ci que la population blanche était résolue à agir en ce domaine.

LEWIS : Et de montrer aussi que la révolte ne constituait pas la seule issue, que subsistait l'espoir d'une solution plus traditionnelle, fondée sur les classes moyennes?

KENNEDY : Oui; mais je n'aime pas l'expression *classes moyennes*. Ne voyez là aucune arrogance de ma part. J'ignore d'où seront issus les Noirs qui prendront la tête de leurs communautés. Il se produit actuellement, chez les dirigeants noirs, une révolution dans la révolution. C'est ainsi que nous avons vu l'initiative échapper à Martin Luther King et glisser vers certains jeunes qui ne font pas confiance au système politique, estimant que la seule solution consiste à donner des armes à la jeunesse noire et à l'envoyer dans les rues. Ce qui ne représente pas une politique très satisfaisante : en effet, ainsi que je le leur ai expliqué, les Blancs sont plus nombreux que les Noirs et, même si un affrontement devait coûter très cher en vies humaines, les Blancs auraient toutes chances de l'emporter.

Troisième partie

MILLE JOURS DE CRISE

Introduction

La « fonction présidentielle est la fonction clé. » De cette maxime, relevée par Theodore White dans la première des analyses qu'il a consacrées au choix de leurs présidents par les Américains [1], John Kennedy avait fait le leitmotiv de sa campagne de 1960.

« Et pourtant, ajoutait White, cette fonction représentait pour lui en 1961, comme pour tout autre président des États-Unis, une expérience absolument nouvelle. Personne ne fait en effet un apprentissage préalable de la présidence. Nul manuel n'apporte de lumières sur la vertu de créativité attendue de celui qui aura la charge de conduire le plus grand peuple libre du monde. Aucune analyse ne définit une fonction dont les pouvoirs et les limites sont déterminés non tant par la loi que par le tempérament de celui qui l'exerce et par la force des événements. »

Cette troisième partie est placée sous le signe de la dynamique impitoyable de la conjoncture internationale – des Caraïbes au Viêtnam – qui a pesé sur le président Kennedy, sur sa politique, sur ses réactions. De tous les entretiens auxquels s'est prêté Robert Kennedy dans le cadre de sa relation orale de l'histoire, ceux qui vont suivre, sous la conduite de John Bartlow Martin, ont été les plus difficiles : ils ont en effet débuté le 1er mars 1964, trois mois à peine après la mort du Président. Triste époque pour Robert Kennedy qui, mal remis de la disparition de son frère, dépouillé du pouvoir qu'il avait exercé et du rôle central qui avait été le sien, s'interrogeait dans l'angoisse sur le parti à prendre : retourner à la vie privée ou se maintenir d'une manière ou d'une autre dans l'arène politique.

---

1. Theodore White est l'auteur de trois ouvrages, qui font désormais autorité, sur le choix du président des États-Unis (*The Making of the President*) en 1960, 1964 et 1972. C'est dans le livre consacré à la campagne de 1960 que figure la maxime citée ici.

La troisième partie est largement consacrée aux crises survenues à l'étranger et qui ont occupé une si grande part du séjour de John Kennedy à la Maison Blanche. Elle comporte aussi d'intéressantes incursions dans le domaine de la politique intérieure, essentiellement avec le récit par Robert Kennedy de l'élection de son frère Edward (Ted) au Sénat en 1962 et de la crise qui a éclaté la même année dans l'industrie sidérurgique. Mais nous y verrons Robert Kennedy, non plus dans son rôle d'agent suprême de l'application de la loi, mais dans celui du plus proche conseiller du président en matière de politique extérieure.

Bien qu'il ait été dès le début le lieutenant de son frère, Robert Kennedy n'a été étroitement mêlé à la politique étrangère qu'après l'affaire de la baie des Cochons. Il évoque, les nerfs encore à vif, certaines leçons tirées de l'expérience et la manière dont le président Kennedy a remanié le processus de décision en politique extérieure. C'est en effet la douloureuse et tragique bévue commise à Cuba au mois d'avril 1961 qui a permis à l'administration Kennedy de gagner en sagacité et en circonspection. Les jugements désabusés de Robert Kennedy demeurent un guide précieux pour tout occupant du bureau ovale de la Maison Blanche.

(Le lecteur remarquera l'existence d'une lacune dans les questions posées sur la crise des missiles de Cuba. Fort heureusement, Robert Kennedy a fourni une relation détaillée des décisions et des mesures prises dans cette périlleuse conjoncture : ce récit fait l'objet du livre publié après sa mort sous le titre *Treize jours* [1] et dont il avait pratiquement achevé la rédaction avant son assassinat à Los Angeles.)

C'est d'une manière factuelle que Robert Kennedy se remémore ici les grands moments dans lesquels il a joué un rôle de premier plan. Certains passages sont cependant tout à fait poignants : il y donne libre cours à l'expression de ses sentiments envers son frère et la présidence Kennedy, des espoirs et des ambitions qu'ils ont partagés. De cela il était rarement capable en dehors du petit cercle de sa famille et de ses amis.

Nous prendrons congé de lui sur l'évocation rageuse de son animosité à l'égard du président Johnson et de la dégradation de leur fragile rapport, sur la mélancolique rumination que lui inspire son avenir personnel pour l'immédiat. (La double impasse devait d'ail-

---

1. *Treize jours : Souvenirs de la crise des missiles de Cuba*, par Robert Kennedy (New York, Norton, 1969).

leurs se résoudre dans les mois suivants, avant ses entretiens avec Schlesinger et Lewis.) Le dernier chapitre de la troisième partie, intitulé « A lui de jouer tout seul », nous livre le portrait d'un homme aux prises avec les événements et avec les conséquences que la mort de son frère comportait pour l'avenir du pays et pour le sien propre.

L'ensemble de ces entretiens, et particulièrement ceux de la troisième partie, fait décidément apparaître une trame commune, à travers les réponses livrées par Robert Kennedy. En effet, les problèmes auxquels le président Kennedy s'est trouvé confronté – interdiction des essais nucléaires, réalisation d'un consensus au sein de l'alliance atlantique, réaction à la supériorité soviétique en matière d'armements conventionnels, réalité du danger présenté par la nature de tel ou tel régime à l'étranger, dans la mesure où celui-ci était anti-communiste – tous ces problèmes, et bien d'autres, se sont présentés au président Reagan et attendent son successeur.

Entretiens avec John Bartlow Martin

McLean, Virginie, 1er mars 1964
New York, 13 et 30 avril, 14 mai 1964

Le baptême du feu :
L'affaire de la baie des Cochons et ses lendemains

MARTIN : Je propose que nous couvrions la période allant approximativement du milieu du mois d'avril 1961 au 4 juillet de la même année. Nous y trouvons l'affaire de la baie des Cochons, la rencontre au sommet avec Khrouchtchev et le début du conflit sur l'égalité des droits dans le Sud.

KENNEDY : Jusqu'à la veille de la crise de Berlin?

MARTIN : C'est exact. La crise de Berlin date de l'été 1961; la construction du mur, du mois d'août. Commençons, si vous le voulez, par l'affaire de la baie des Cochons. A quelle époque vous y êtes-vous trouvé mêlé pour la première fois?

KENNEDY : J'ai assisté en janvier 1961 à un exposé du général Lemnitzer au département d'État, en présence de Dean Rusk, suivi d'une discussion portant sur les secteurs d'une éventuelle vulnérabilité de Cuba. J'ai souvenir qu'il a été question de l'île des Pins, de la possibilité d'y effectuer un débarquement ou d'y fomenter une révolution [1]. Il me semble que cette réunion s'est tenue un samedi matin et qu'elle a duré environ deux heures; mais je ne sais pas très bien ce qui m'avait amené à y assister. Toujours est-il que c'est la seule fois que j'ai entendu évoquer ce sujet.

MARTIN : C'était en janvier. Saviez-vous à cette époque que des Cubains étaient à l'entraînement par les soins des États-Unis, aux États-Unis même et en Amérique centrale? Vous souvenez-vous s'il en a été question?

---

1. C'est sur l'île des Pins que les exilés anticastristes ont débarqué le 15 avril 1961.

KENNEDY : Je n'en ai pas souvenir, mais je devais être au courant. Je ne sais pas quand je l'ai appris, mais je pense que j'étais au courant.

MARTIN : Quand avez-vous commencé à être mêlé à l'affaire de la baie des Cochons?

KENNEDY : Une semaine environ avant le débarquement. Le Président m'avait appelé pour me dire qu'il souhaitait qu'un agent de la CIA vienne m'informer d'une certaine question. C'est ainsi que j'ai vu arriver Dick Bissel, directeur adjoint des programmes à la CIA.

MARTIN : Le débarquement a eu lieu le 15 avril. Si vous vous en souvenez, l'idée avait déjà commencé à filtrer dans la presse, et Castro avait lancé le 7 avril un appel aux armes. Et que vous a dit Bissel?

KENNEDY : Il m'a dit que la CIA prévoyait une invasion de Cuba et que l'opération était prévue pour la semaine suivante. Il m'en a indiqué les grandes lignes. Estimant qu'elle présentait de grandes chances de succès, il s'est montré très enthousiaste. Il m'a précisé – et ceci a constitué dans mon esprit et, je pense, dans celui du Président, une considération extrêmement importante – que l'opération ne pouvait en aucun cas échouer complètement : en effet, une fois débarqués et même si les envahisseurs ne l'emportaient pas sur le plan militaire, ils pourraient toujours se maintenir à Cuba et y mener, sur un terrain qui s'y prêtait admirablement, le type de guérilla auquel ils avaient été formés. Cette action causerait tant de difficultés à Castro qu'elle contribuerait à son renversement.

MARTIN : A-t-il mentionné précisément la baie des Cochons?

KENNEDY : Oui.

MARTIN : Avez-vous posé des questions ou manifesté un doute devant l'émissaire de la CIA?

KENNEDY : Non, pas vraiment.

MARTIN : En avez-vous ensuite parlé au Président?

KENNEDY : Oui. Je suis ensuite allé à une réunion sur ce sujet le lundi ou le mardi suivant.

MARTIN : Vous souvenez-vous de votre conversation avec le Président?

KENNEDY : Je puis vous parler de la teneur des discussions et de mes réactions à ce moment-là.

Le Président en était au stade de la décision finale. Un colonel des marines avait été envoyé au Nicaragua sur instructions du Président en vue de s'entretenir avec les chefs des forces cubaines et de bien préciser qu'ils ne pourraient en aucun cas compter sur un appui militaire de la part des États-Unis. Le Président avait aussi dépêché là-bas un expert chargé d'apprécier la capacité de ces forces à remplir leur mission après débarquement. Le colonel a fait un exposé à son retour et a également remis une note : je crois que c'est celle-ci qui a joué le plus grand rôle dans la décision du Président d'aller de l'avant.

Ce colonel, très décoré, avait combattu à Tarawa pendant la Seconde Guerre mondiale et était extrêmement bien noté. Il a déclaré n'avoir jamais vu une unité aussi efficace, par la puissance de feu, la technique et la compétence, et recommandait vigoureusement le débarquement. Allen Dulles, qui avait naturellement participé à l'opération du Guatemala [1], estimait pour sa part que les chances de succès étaient cette fois-ci bien plus grandes. McNamara, ministre de la Défense, était favorable à l'opération; Dean Rusk, aux Affaires étrangères, aussi, de même que l'état-major général des armées.

Il m'a semblé que l'opération serait un succès et qu'il fallait aller de l'avant. Sans doute un certain nombre d'éléments devaient-ils être pris en compte; mais la considération qui a le plus contribué à ma conviction était l'idée que les envahisseurs pourraient toujours trouver refuge dans la guérilla, dans les marécages et les montagnes. Par ailleurs, l'opération soulevait l'enthousiasme d'Allen Dulles, qui avait une vieille expérience de ce type d'initiatives, de Bissel, qui avait bonne réputation, et de l'ensemble des militaires. J'ai appris par la suite que William Fulbright, qui avait assisté à deux réunions sur le sujet, avait soulevé une sérieuse objection au cours de la première, puis avait admis pendant la seconde, sur plus ample information de la part des militaires, que les facteurs favorables étaient plus nombreux qu'il ne l'avait cru.

La seule personne qui était fortement hostile à l'opération était Arthur Schlesinger. Il est donc venu me voir chez moi cette semaine-là et m'a fait part de son opposition. Je lui ai expliqué que

---

1. Une armée d'exilés constituée sous l'égide de la CIA avait contribué en 1955 au renversement du gouvernement du président guatémaltèque Jacobo Arbenz.

tout le monde avait pris parti en faveur du projet et que ce serait un bien mauvais service à rendre que de le remettre en question devant le Président. Je me souviens de lui avoir dit qu'une fois que le Président avait pris sa décision – ou était allé aussi loin dans cette direction –, il convenait que chacun lui apporte son appui. J'ai donc incité Schlesinger à rester tranquille.

Le Président n'avait pas à prendre une décision définitive avant la fin de la semaine. Je suis allé faire une conférence à Williamsburg et mon frère m'a téléphoné le samedi de sa maison de campagne de Virginie, me disant qu'il avait l'intention de donner le feu vert et me demandant si j'avais des réserves. Je lui ai répondu que j'étais partisan d'aller de l'avant. Ce devait être le samedi soir ou peut-être le dimanche soir. Le lundi matin, nouvel appel du Président, m'annonçant que le débarquement avait eu lieu et ne se passait pas bien, et me demandant de rentrer immédiatement à Washington.

MARTIN : Qu'avez-vous fait alors?

KENNEDY : Le Président m'ayant dit que l'opération ne se déroulait pas aussi bien que prévu, je suis rentré tout de suite et j'ai passé à la Maison Blanche le plus clair de mon temps pendant les trois ou quatre jours qui ont suivi. Notre rapport contient tous les renseignements concernant l'affaire.

MARTIN : Oui, je sais; mais il est inutile d'entrer ici dans tous les détails. En revanche, il me paraît nécessaire de parler de la réaction du Président et des conversations que vous avez eues avec lui, et qui ne figurent peut-être pas au rapport.

KENNEDY : Je voudrais préciser d'abord que tous les entretiens qui ont servi à l'élaboration de notre rapport ont été enregistrés. Il faudrait que quelqu'un rassemble tous ces matériaux.

MARTIN : Je suppose que vous pensez ici aux entretiens que vous avez menés à la suite du désastre.

KENNEDY : Oui.

MARTIN : Au Pentagone? A la CIA, surtout?

KENNEDY : Au Pentagone, il me semble. Le rapport est très bien fait. Très mesuré, il avait reçu l'approbation du général Maxwell Taylor, celle d'Allen Dulles, celle du chef des opérations navales, l'amiral Burke, et la mienne. Il a fallu arrondir certains angles ici et là.

J'aurais pour ma part été beaucoup plus critique, à l'égard des militaires par exemple, que Maxwell Taylor; mais l'ensemble du rapport contient un certain nombre d'appréciations sévères sur l'armée.

MARTIN : Venons-en plutôt aux échanges que vous avez eus avec le Président et à ses réactions pendant le déroulement du désastre.

KENNEDY : La seule chose qui nous ait vraiment frappés l'un et l'autre, c'était le fiasco du système de communications : il n'y avait pas moyen de savoir exactement ce qui se passait. Nous savions que l'opération ne se déroulait pas bien, mais les rapports arrivaient avec douze, dix-huit ou vingt-quatre heures de retard. Si, par exemple, nous décidions de mettre en place un appui aérien ou de parachuter des fournitures, ne serait-ce pas déjà douze heures trop tard? Insuffisance de communications, absence de renseignements venant du théâtre des opérations : voilà le tracas dont nous avons le plus souffert pendant ces soixante-douze heures. Le Président était, bien sûr, extrêmement contrarié de voir que l'affaire tournait mal.

MARTIN : Qui en portait la responsabilité?

KENNEDY : Qu'entendez-vous par là?

MARTIN : Je pense à la responsabilité du renseignement et des communications.

KENNEDY : Je pense que l'opération n'avait pas été bien préparée sur ce plan-là.

MARTIN : Je vois. Mais qui en était chargé?

KENNEDY : Il s'agissait d'une opération secrète, donc relativement difficile à préparer. La flotte croisait au large des côtes de Cuba, mais il n'y avait aucun Américain sur la plage et nul avion américain n'a survolé celle-ci pendant les vingt-quatre ou trente-six premières heures. C'est ensuite que le Président a autorisé les vols d'observation, de manière à savoir ce qui se passait, mais il s'est produit des retards dans les comptes rendus. C'est pourquoi nous nous sommes par la suite efforcés d'améliorer les communications dans toute opération : ainsi, à l'époque de la seconde crise cubaine, celle des missiles, nous avons pu disposer d'un système de communications entièrement différent et qui fonctionnait à l'échelle mondiale.

MARTIN : Je m'en souviens. Comment le Président a-t-il réagi pendant ces quatre jours?

KENNEDY : Le problème se ramenait à la question de savoir ce que nous pourrions faire pour sauver la situation. Je me souviens que Dean Rusk était vivement hostile à l'envoi d'avions. Le Président avait en effet annoncé publiquement que nul appel ne serait fait à l'armée américaine et il ne pouvait revenir sur sa parole.

MARTIN : Oui. Sa déclaration publique, avant le débarquement, avait été catégorique.

KENNEDY : Ce qui constituait un premier problème. Autre motif de non-intervention armée de notre part : en l'absence de renseignements suffisants, nous ne savions pas si l'envoi de l'aviation, de bombardiers, réussirait à sauver la situation. Troisième et très importante raison de ne pas intervenir : nous ignorions si les Russes marcheraient sur Berlin.

Une intervention militaire américaine, si elle avait été décidée, aurait à ce moment-là dû reposer sur l'aviation, car nous ne disposions pas alors dans la région d'effectifs suffisants qui soient prêts à débarquer. Et tout cela pour retarder de cinq ou six jours l'anéantissement du corps expéditionnaire, et au risque supplémentaire de voir les Russes entrer pendant ce temps-là dans Berlin...

MARTIN : Khrouchtchev a déclaré publiquement à cette époque que Castro n'était pas tout seul.

KENNEDY : Oui. Je ne crois pas que nous nous soyons trop souciés d'une action soviétique à Cuba, car les Russes ne pouvaient pas faire grand-chose là-bas. Mais, comme Khrouchtchev ne pouvait rester passif, nous avons pesé le risque d'une initiative de sa part, qui aurait rendu la situation difficile au Laos, au Viêt-nam ou à Berlin. Nous avons donc passé d'interminables journées dans la frustration la plus complète, à délibérer sans même savoir si une intervention à Cuba aurait une efficacité quelconque.

Le Président a finalement autorisé le survol de la baie des Cochons par des appareils destinés à fournir une protection aérienne à quelques avions appartenant aux forces de débarquement et qui étaient censés atterrir sur l'aéroport de la baie, occupé par les envahisseurs. Mais les avions en question ont été abattus, car les nôtres ne se sont pas présentés à la même heure.

184

Nous devions découvrir plus tard qu'en dépit des ordres de non-intervention donnés par le Président les deux premières personnes débarquées dans la baie des Cochons étaient des Américains, envoyés par la CIA. Je crois savoir qu'un ouvrage en cours de parution et dont les auteurs sont les quatre responsables de l'expédition – Eneido Oliva, Roberto San Roman, Enrico Williams et Manuel Artime – fait état d'assurances données aux exilés anticastristes par des officiers américains au Nicaragua : au cas où le Président tenterait de décommander l'opération, le débarquement serait néanmoins effectué et l'on s'arrangerait pour que les envahisseurs rendent les armes et se laissent capturer. Trahison potentielle..!

Le Président souhaitait vivement secourir l'expédition, mais personne ne savait sous quelle forme. Nous sommes donc passés de réunion en réunion, recevant une mauvaise nouvelle après l'autre : le premier détachement avait été liquidé, puis un second; les envahisseurs étaient à court de munitions et ne pouvaient plus continuer le combat. Nous avons traversé alors des moments de tristesse et de frustration intenses. Je dirais que, pendant tout le temps que j'ai passé à cette époque avec le Président, c'est la fin de cette semaine-là qui a représenté pour lui la pire épreuve : il était bouleversé. Nous avons connu ensemble des moments difficiles, mais jamais je n'ai vu mon frère aussi désemparé.

MARTIN : Je crois me souvenir qu'il vous a demandé d'enquêter sur les causes du désastre.

KENNEDY : Nous cherchions également à comprendre pourquoi le corps expéditionnaire n'avait pas gagné le maquis. Tout simplement, parce qu'il n'y en avait pas : ceux qui avaient souligné l'aptitude du terrain à une action de guérilla se référaient à des relevés topographiques datant de 1890! Or, la zone en question est aujourd'hui occupée par des marécages. Castro survolait en personne les parages dans son hélicoptère, ramassait les hommes qui se trouvaient là et les abattait de ses propres mains. Nous avons dépêché des navires, pour rapatrier les envahisseurs, et l'un de nos destroyers a failli être coulé, car les instructions interdisaient la riposte. Nos bateaux se sont avancés courageusement jusqu'au bord de la baie, sans pouvoir répondre à l'artillerie renforcée dont disposaient désormais les troupes castristes. Force nous a donc été d'envoyer des embarcations de nuit et nous avons été en mesure de secourir un certain nombre de membres de l'expédition. Mais nous recevions sans cesse le récit navrant de la fuite de leurs camarades, pourchassés par les hélicoptères de Castro et fusillés sur la plage. Nous avons été fortement impressionnés par la bravoure, par la ténacité et par le dévouement de ces hommes.

Cette opération n'a pas été inutile, tant s'en faut, en raison d'abord des leçons que nous en avons retirées et aussi du fait que nous avons été en mesure de porter secours à ces gens qui représentaient le meilleur de Cuba. Mais si tous avaient été tués ou étaient allés croupir en prison, leur sort aurait pesé très lourd sur la conscience de chacun de nous. Il reste que, si nous avons déploré des pertes en vies humaines, cette expérience a radicalement modifié, véritablement révolutionné, les conceptions du Président en matière de gouvernement.

Je dirais volontiers que l'affaire de la baie des Cochons a peut-être bien constitué ce qui pouvait arriver de mieux à l'administration Kennedy.

MARTIN : Vous estimez que cette affaire a fondamentalement modifié, chez votre frère, la manière de gouverner. Qu'entendez-vous par là?

KENNEDY : Comment vous expliquer cela? Mon frère avait été habitué à traiter avec des gens qui savaient ce dont ils parlaient. Lorsqu'il a succédé à Eisenhower, glorieux soldat et grande figure militaire, il n'a écarté aucun des hommes que son prédécesseur avait placés à des postes clés : Allen Dulles, le général Lemnitzer, les chefs d'état-major général. C'est sur les recommandations et sur les renseignements de ces derniers – c'est-à-dire sur *leur* connaissance des dossiers – qu'il a fondé sa décision dans l'affaire qui nous occupe.

Il en a certes assumé la responsabilité, comme il était normal. Mais celle-ci reposait sur les avis d'hommes en qui il avait confiance, non parce qu'il les connaissait personnellement mais parce qu'ils détenaient telles ou telles fonctions. Le Président a donc cru pouvoir s'en remettre à eux : quand on lui a expliqué, opinion des militaires à l'appui, que l'entreprise en question présentait de meilleures chances de succès que l'opération du Guatemala, il est allé de l'avant. Il faut voir aussi qu'il était bien difficile dans ces conditions de renoncer à une si belle entreprise et de devoir rapatrier d'Amérique centrale tous ces exilés qui avaient reçu là-bas une instruction militaire sur ordre d'Eisenhower.

Certains ont prétendu après coup que le Président avait fait preuve d'amateurisme en donnant son feu vert. Dans le cas contraire, on aurait dit qu'il manquait de courage : renoncer à un plan conçu par Eisenhower et dont tout le monde assurait qu'il avait les meilleures chances de succès...! Quoi qu'il en soit, mon frère a tiré de cette expérience une double leçon : il n'a plus laissé à quiconque le soin de formuler à sa place un jugement sur aucun problème; et il s'est désormais appliqué à étudier minutieusement les faits de toute cause.

MARTIN : Et en premier lieu?

KENNEDY : Oui, bien sûr : à étudier d'abord les situations dans le détail. Et cela devait valoir pour les autres comme pour lui. Et pourtant, très peu de temps après cette malheureuse affaire, nous avons été à deux doigts d'envoyer des troupes au Laos : il aurait pu s'agir d'effectifs importants, si nous n'avions pas eu l'affaire de Cuba sur le dos. Les militaires voulaient absolument parachuter des milliers d'hommes sur des aérodromes laotiens, sans s'être souciés au préalable des conséquences d'une éventuelle destruction des pistes par la guérilla communiste *. Réponse des militaires : nous lancerons une bombe atomique sur Hanoi. Et voilà comment on s'engage dans un conflit nucléaire! Ce qui n'avait nullement été prévu dans les plans présentés au Président. Ensuite, la question des maladies que nos soldats pouvaient contracter au Laos : jaunisse, fièvre jaune ou quoi encore? Pas moyen de savoir de laquelle parlaient les représentants de l'armée : il a fallu les renvoyer à leurs dossiers.

Fort de l'expérience cubaine, le Président a fait sien le vieux précepte – de Francis Bacon, je crois : Une question intelligente fournit à elle seule la moitié de la réponse. Il ne cessait de cuisiner ses collaborateurs, jusqu'à ce qu'il obtienne toutes les données qui lui étaient nécessaires. Si quelqu'un – quels que soient ses fonctions, son grade ou ses antécédents – formulait un avis ou une recommandation sur un point ou sur un autre, il s'efforçait toujours de juger par lui-même et exigeait la même démarche de la part de tout son entourage. Cette attitude a vivement impressionné chacun de nous, notamment McNamara, qui s'était montré extrêmement favorable à l'expédition de Cuba, parce qu'il avait accepté le point de vue des militaires.

MARTIN : Il est naturel que, n'étant ni l'un ni l'autre des spécialistes,

---

* Le récit détaillé figure en première partie, dans l'entretien conduit par A. Schlesinger, p. 36. (N.d.T.)

ni le Président ni le ministre de la Défense ne soient alors allés à la recherche des données sur lesquelles se fondait l'avis des militaires; et ce comportement ils l'ont modifié à la lumière de l'expérience. Mais n'est-il pas vrai aussi que, compte tenu de la complexité des affaires et du nombre de celles qui sont portées, comme de juste, à l'attention du Président, celui-ci peut difficilement aller fouiller dans chaque situation les données qui justifient tel ou tel avis? Ne serait-ce pas l'une des raisons qui, après le fiasco de la baie des Cochons, ont conduit votre frère à vous rapprocher du centre de décìsion sur ce genre de grandes affaires, de manière que vous puissiez en assurer pour son compte l'analyse en profondeur?

KENNEDY : Oui, je le crois.

MARTIN : Vos relations avec le Président et avec le gouvernement s'en sont-elles trouvées affectées?

KENNEDY : J'ai alors été mêlé à toutes les affaires importantes, ainsi qu'à tous les problèmes internationaux.

MARTIN : Le Président avait-il d'autres raisons de vous confier ce rôle?

KENNEDY : Probablement souhaitait-il simplement avoir quelqu'un avec qui parler de certaines de ces affaires.

MARTIN : Quelqu'un en qui il aurait une confiance totale? Quoi qu'il en soit, vous y avez été associé et, à partir de ce moment, vous avez été très proche de lui dans tout ce qui présentait une importance capitale.

KENNEDY : Il est intervenu un certain nombre d'autres changements. L'autre impression que j'ai tout de suite retirée du désastre de Cuba, c'est qu'il était nécessaire de confier un rôle de coordination à une seule personne dans certaines affaires. C'est alors que nous avons commencé de constituer des cellules de réflexion, de coordination ou d'action *, chargées de traiter tel ou tel problème : celui du Laos, par exemple, sur lequel nous avons fait travailler Ros Gilpatric, puis Paul Nitze.

Compte tenu de la dimension du gouvernement et de l'administration et de la diffusion des compétences – réparties en une multiplicité

---

* Cf. Première partie, pp. 29 et 35-36. (N.d.T.)

de services : la CIA, l'armée, l'agence pour le développement international, etc., ayant chacune les siennes – une coordination centrale était indispensable, car le Président ne pouvait remplir ce rôle en permanence. Chacun agissait de son côté et j'ai pris cette situation très à cœur. Une fois remis notre rapport sur l'affaire de Cuba, nous avons présenté des recommandations en ce sens, lesquelles n'ont pas été acceptées par le département d'État, qui y voyait une atteinte à ses pouvoirs et à ses attributions. Nous avons néanmoins réussi à l'y plier de fait, du moins dans une bonne mesure.

Le Président a commencé de nommer des responsables de cellules de coordination, chargés de lui présenter des rapports communs. Cela n'impliquait pas qu'une seule personne soit désignée en qualité de porte-parole pour la définition d'une politique, face à un problème donné ; mais une seule personne avait la charge d'ajuster les points de vue et de présenter des recommandations au Président. Cette procédure a notamment été suivie dans le cas du Sud-Est asiatique, avec le groupe Taylor *.

Par ailleurs, le fonctionnement de la Maison Blanche a subi lui aussi un changement radical. Chacun des collaborateurs était directement rattaché au Président. Il m'a donc semblé qu'un certain degré de centralisation était nécessaire. Ce résultat a été atteint surtout par l'octroi à Mac Bundy d'une autorité plus large : les autres collaborateurs lui ont été rattachés ou ont dû au moins passer par lui pour voir le Président. Les attributions de chacun étaient ainsi nettement définies.

MARTIN : S'agissait-il là des questions de sécurité nationale ?

KENNEDY : Oui. C'est Mac Bundy qui en était chargé, assisté par Dick Goodwin et Mike Feldman. Le Président traitait un problème donné avec deux ou trois personnes, qui s'en occupaient à l'exclusion de quiconque d'autre : une seule d'entre elles faisait son rapport directement au Président et si celle-ci n'était pas Mac Bundy, ce dernier était tenu au courant.

Mac Bundy avait son domaine de compétence propre ; Kenny O'Donnell et Pierre Salinger, chacun le sien. O'Donnell s'occupait des nominations, une responsabilité qui lui avait d'ailleurs déjà été clairement attribuée avant la réorganisation de la Maison Blanche. Je crois que le principal problème concernait la politique étrangère,

* Cf. Première partie, pp. 29 et 34-35. *(N.d.T.)*

domaine dans lequel existaient certains doubles emplois avec **Ted Sorensen** et **Mike Feldman.**

MARTIN : Quelles étaient les attributions de Sorensen ?

KENNEDY : Il s'occupait surtout des affaires intérieures. Mais, après l'incident de la baie des Cochons, il a eu à intervenir plus fréquemment dans des problèmes de politique extérieure. C'est parce que lui et moi avions précédemment travaillé avec le Président que ce dernier a fait appel à nous deux dans ce domaine. Sorensen se trouvait donc dans la même situation que moi : chargés l'un et l'autre d'affaires intérieures, lui à la Maison Blanche, moi à la Justice, nous avions à donner un avis ou à poser des questions au stade final des décisions sur des questions importantes de politique étrangère.

MARTIN : Des questions sur les points délicats ?

KENNEDY : Oui. Il ne s'agissait pas du tout des affaires courantes, mais de Berlin, du Laos, du Viêt-nam, de Cuba. Et puis ont été créés des comités, que je jugeais importants, chargés de coordonner les activités du gouvernement fédéral dans ce domaine et qui devaient également centrer leur attention sur les problèmes susceptibles de surgir dans l'avenir.

Auparavant, notre intérêt se concentrait sur les situations de crise au fur et à mesure de leur apparition : nulle part on ne les anticipait ni on ne s'y préparait. Il existait bien au département d'État une cellule de crise, mais elle se contentait de traiter des problèmes portés à l'attention du département.

MARTIN : S'agissait-il de l'unité dont Steve Smith était chargé ?

KENNEDY : Oui, mais cette cellule n'avait guère d'efficacité [...]. Elle ne travaillait pas, comme il eût été nécessaire, en liaison avec la Défense, la CIA, l'Agence pour le développement international et les autres services. Maxwell Taylor et moi avions suggéré la création d'une cellule qui serait chargée d'anticiper les événements ; mais, comme je l'ai dit, le département d'État – Dean Rusk – s'y est opposé. Notre proposition a tout de même abouti à la remise journalière au Président d'une feuille de contrôle rapide – une espèce de « checklist » –, indiquant de manière très précise les situations de crise et les problèmes qui se posaient. Cette initiative est née, une fois encore, de l'affaire de la baie des Cochons et de l'enquête que nous avons menée à son sujet. Ce document est le plus confidentiel de tous les papiers du gouvernement, et mon frère a été le premier président à en disposer. Je me souviens que celle du 22 novembre 1963 portait en exergue ces quatre vers de la comptine que le Président avait récitée au lendemain de la crise des missiles de Cuba :

Sur les gradins, les aficionados
Emplissaient l'immense plaza de toros.
Seul, un homme savait l'enjeu de la fête :
C'était celui qui affrontait la bête *.

MARTIN : Je crois me souvenir aussi que vous avez mené, à la demande du Président, un très grand nombre d'entretiens et de vérifications à la CIA et au Pentagone : c'est de là qu'est sorti le rapport que vous avez évoqué, bien qu'il n'ait pas été rendu public. Est-ce que je me trompe ?

KENNEDY : Non, non.

MARTIN : Des changements sont également intervenus dans le personnel : ainsi, Allen Dulles a quitté la CIA...

KENNEDY : Dick Bissell aussi.

MARTIN : A cause de l'affaire de la baie des Cochons ?

KENNEDY : Essentiellement, je crois. Dulles s'est extrêmement bien comporté, avec une très grande dignité, sans chercher à faire porter le chapeau à quelqu'un d'autre. Le Président et moi l'aimions beaucoup. Quant à Dick Bissel, sa plus grande erreur avait consisté, à mon avis, à répéter partout que le corps expéditionnaire pourrait s'engager dans la guérilla, alors que c'était absolument impossible. On ne le lui avait d'ailleurs jamais demandé : nous nous en sommes aperçus par la suite. C'est là un point très important : en effet, si l'on peut à la rigueur se tromper sur l'éventualité d'un soulèvement ou sur la ponctualité d'une arrivée des troupes, il n'est pas permis, en revanche, d'ignorer qu'une région n'est pas propice à une activité de guérilla, de raconter qu'un corps expéditionnaire a été formé à la guérilla, alors que personne ne lui en a parlé.

---

* *« Bullfight critics ranked in rows*
Crowd the enormous plaza full,
But only one there is who knows,
And he's the man who fights the bull. »

MARTIN : C'est catastrophique.

KENNEDY : C'est horrible. Nous avons interrogé à ce sujet des membres de l'expédition, ainsi que les Américains chargés de leur instruction militaire. Réponse de ces derniers : Si nous avions dit à ces hommes qu'ils avaient la possibilité de se réfugier dans la guérilla, ils en auraient conclu qu'il leur faudrait reculer en s'égaillant et éviter l'affrontement direct : voilà pourquoi il n'a jamais été question de guérilla. Mais il est impardonnable que le Président n'en ait pas été informé. Cela dit, c'est Dick Bissell qui a mis au point l'idée de l'avion d'observation U-2 ; c'est à lui aussi que revient largement celle du nouvel appareil, le SR-71 de surveillance à haute altitude : il mérite donc la reconnaissance du peuple américain. Mais il a commis une très grosse erreur dans l'affaire du débarquement à Cuba.

MARTIN : Comment expliquez-vous la désignation de John McCone à la succession d'Allen Dulles ?

KENNEDY : Le Président m'avait demandé si je pouvais envisager de prendre la direction de la CIA, et j'avais refusé : étant son frère et appartenant au parti démocrate, l'idée ne me paraissait pas très heureuse. Nous avons donc cherché ailleurs, et la première personne à laquelle nous avons pensé était celle qui devait finalement prendre la tête de l'Agence pour le développement international : Fowler Hamilton.

Nous avions entendu dire du bien de lui et son curriculum était excellent. Puis nous avons découvert dans un message codé qui avait été déchiffré pendant la Seconde Guerre mondiale – époque à laquelle l'intéressé avait occupé des fonctions dont je ne me souviens plus – qu'un espion soviétique travaillant dans le même service donnait aux communistes des renseignements importants. L'espion était suffisamment proche de Hamilton pour qu'une personne au moins, du côté des Anglais, ait pu penser que les informations émanaient de ce dernier. Une enquête approfondie m'a convaincu que ce n'était pas le cas. Mais comme les Britanniques disposaient de ce renseignement, nous avons pensé que nos relations avec eux risquaient de subir un dommage si nous placions Hamilton à un poste important et dans lequel il aurait à travailler avec l'Angleterre. C'est alors que nous nous sommes demandé ce que nous allions faire de lui. Comme l'Agence pour le développement international ne fonctionnait pas très bien à l'époque, je lui ai proposé d'en devenir l'administrateur : il a accepté, préférant ce poste à celui de la CIA, dont je lui avais parlé précédemment. Ce qui nous enlevait une épine du pied.

MARTIN : Comment en êtes-vous venu au choix de McCone *?

KENNEDY : Je ne sais pas qui avait été le premier à suggérer sa nomination : peut-être était-ce Henry Jackson, sénateur de l'État de Washington. Toujours est-il que j'ai fait venir l'intéressé et que je lui ai proposé le poste. J'ai reçu ensuite une vigoureuse protestation de la part de James Killian, le président du MIT, également président du conseil consultatif du contre-espionnage, dont font partie Clark Clifford et d'autres. Le conseil était très hostile à McCone, qui s'était fait pas mal d'ennemis. J'ai finalement pu arranger les choses, mais il faut dire que McCone est un personnage qui sort de l'ordinaire.

MARTIN : De quel genre de qualités étiez-vous à la recherche ? Celles d'un gestionnaire ?

KENNEDY : D'un bon gestionnaire. McCone présentait aussi l'avantage d'être du parti républicain et d'avoir la confiance des milieux du renseignement : son nom, son prestige et ses fonctions pouvaient restaurer une confiance en la CIA que l'affaire de la baie des Cochons avait sérieusement ébranlée. Il nous fallait aussi quelqu'un qui puisse s'entendre avec le Président et se montrer loyal à son égard. Mais l'intéressé rencontrait l'hostilité de ceux qui estimaient qu'il serait trop proche du Congrès et ne croyaient pas à sa fidélité au Président. De fait, il nous a posé des problèmes juste après l'affaire de la baie des Cochons, lorsqu'il a eu avec McNamara une dispute grave et assez méprisable.

MARTIN : Vous voulez dire : juste après la crise des missiles de Cuba, et non après le premier incident avec ce pays ?

KENNEDY : Oui, vous avez raison.

MARTIN : Dans quelles circonstances Maxwell Taylor a-t-il... **?

KENNEDY : Je ne sais pas qui a en premier mis son nom en avant. Le Président avait beaucoup apprécié son livre, *La trompette incertaine*. Après qu'il fut venu de New York à Washington, il a travaillé avec

---

* Voir aussi Première partie, pp. 37-39. *(N.d.T.)*
** Voir aussi Première partie, pp. 34-36. *(N.d.T.)*

moi – plus exactement, j'ai travaillé avec lui – pendant trois mois et nous...

MARTIN : Après l'affaire de la baie des Cochons?

KENNEDY : Oui. Nous avions ensemble des séances de travail d'environ neuf heures du matin jusqu'à cinq heures de l'après-midi; ensuite, j'allais m'occuper jusqu'à neuf heures et demie ou dix heures des affaires du ministère de la Justice.

MARTIN : Mais vous avez aussi travaillé avec Taylor au Pentagone et à la CIA?

KENNEDY : Oui. J'ai été très fortement impressionné par ses capacités intellectuelles, par la sûreté de son jugement, par la force de ses idées. Il était, avec McNamara, l'homme le plus efficace que j'aie jamais rencontré. Et je dirais que ce sont ces deux hommes-là qui ont le plus compté dans tout le gouvernement. Maxwell Taylor m'avait fait une telle impression que le Président l'a pris comme conseiller militaire.

MARTIN : Les milieux de l'armée, l'état-major général ont-ils tenté de faire obstacle à l'idée qu'une seule personne conseille le Président en la matière?

KENNEDY : Je crois qu'il s'est produit au début une certaine résistance. De plus, Taylor avait éprouvé quelques inquiétudes, à l'idée d'accepter ce poste : venant de l'armée, il craignait que ses anciens collègues ne se sentent court-circuités. Mais McNamara s'est employé à arrondir les angles. Il faut dire aussi que Taylor habitait alors New York avec sa femme et qu'il y gagnait trois ou quatre fois plus d'argent que dans l'armée, en sorte que sa décision a été difficile à prendre. Mais il admirait le Président et ce dernier avait grand besoin d'un conseiller de sa trempe; et puis cet ancien général manifestait un très grand enthousiasme pour les idées que nous avions mises au point ensemble, sur la manière de traiter les affaires pour le cas où il viendrait travailler à Washington.

Il partageait tout à fait les conceptions du Président sur le renforcement des forces conventionnelles (ainsi, notre enquête sur l'affaire de la baie des Cochons nous a conduits à augmenter considérablement, de quatre à cinq fois, l'effectif des unités d'intervention spéciale) et sur son action dans la préparation à des conflits circonscrits, sans attacher une importance exclusive à la puissance de feu atomique.

MARTIN : C'est la leçon de la baie des Cochons qui a fait avancer si rapidement la redéfinition de la stratégie nucléaire de manière à éviter le recours aux représailles massives, n'est-ce pas ?

KENNEDY : Oui, et aussi la réflexion de Maxwell Taylor lui-même. Bien sûr, le Président avait, pendant sa campagne, utilisé le thème que Taylor devait développer par la suite : cette orientation était logique et mon frère l'avait comprise. Voilà pourquoi Maxwell Taylor est venu à la Maison Blanche. En dépit des susceptibilités, toute décision présidentielle en politique étrangère passait par lui, et il voyait tout le temps le Président. Nous avons ensuite créé un certain nombre de comités chargés de traiter quelques-uns de ces problèmes.

MARTIN : Par exemple ?

KENNEDY : Nous avons institué un Comité anti-insurrections (le « C.I. » *), dont j'étais membre, sous la présidence de Maxwell Taylor, et comprenant l'administrateur de l'Agence pour le développement international, le directeur de la CIA et un représentant du ministère de la Défense, Ros Gilpatric. C'était tout à fait le genre de comité dont nous avions besoin, car il rassemblait tous les services gouvernementaux.

Nous avons commencé à travailler sur une douzaine ou une quinzaine de pays. Ce comité existe toujours : nous nous réunissons une fois par semaine, sans aucune publicité. Nous traitons des situations insurrectionnelles dans telle ou telle partie du monde. Il est généralement admis, il me semble, que c'est à ce comité que l'on a dû la sauvegarde de la démocratie au Venezuela [1]. Sans le travail qu'il a réalisé, sans les suites qui ont été données, c'est-à-dire l'action policière, les communistes auraient pris le contrôle de ce pays. Nous avons aussi reçu l'ambassadeur de Colombie, d'après qui les procédures policières introduites dans son pays donnaient de bons résultats. Les autres actions qui ont été entreprises ont joué un rôle très important dans le rétablissement d'une relative stabilité en Colombie.

---

* Voir aussi Première partie, p. 35. *(N.d.T.)*
1. Une assistance technique américaine a aidé le président du Venezuela, Romulo Bétancourt, à résister en 1963 à une insurrection fomentée par Cuba.

Nous avons créé un séminaire sur l'insurrection [...], par sessions de quatre semaines (cinq initialement et quatre aujourd'hui), avec la participation de fonctionnaires de très haut rang : ambassadeurs, militaires de grades élevés, responsables des programmes de l'Agence pour le développement international, responsables du service américain d'information, hauts fonctionnaires de divers pays étrangers. Le Président n'avait pas caché que ce séminaire n'était pas destiné à des gens qui n'avaient rien d'autre à faire, en sorte que ceux qui le suivaient étaient des décideurs en matière de politique. Je crois que ce séminaire a été très utile. Nous avons également créé à Panama une école de police pour la formation d'agents provenant d'Amérique centrale et d'Amérique du Sud. Et nous avons créé tout récemment − sa première session vient de prendre fin − à Washington une académie de police qui accueille des chefs de services policiers venant de tous les pays du monde.

MARTIN : Oui, je me souviens qu'au printemps 1962, à l'époque où j'étais ambassadeur en république Dominicaine, les communistes avaient pris possession des rues. Je n'avais pu obtenir aucune aide du Conseil interaméricain de défense ni d'aucune autre source, en vue d'envoyer là-bas des policiers américains qui auraient été chargés de la formation de la police dans le pays. Il m'a fallu aller voir le Président pour réunir les concours nécessaires. Je lui ai expliqué que j'avais seulement besoin de deux bons éléments de l'équipe mexicaine de William Parker. Il a prié l'un de ses conseillers techniques, Ralph Dungan, de vous demander de les faire mettre à ma disposition : nous les avons eus tout de suite et le gouvernement dominicain a repris le contrôle des rues. Il s'agissait là d'une solution ponctuelle, mais les initiatives que vous avez évoquées correspondaient à une organisation chargée de traiter des situations de ce type.

KENNEDY : J'ai effectivement pris contact avec Parker : les bons rapports que j'entretenais avec lui l'ont incité à apporter un concours qu'il venait de refuser à l'agence pour le développement international. Même scénario au Venezuela : Parker y a dépêché trois de ses hommes. Un tout petit groupe de personnes peut obtenir des résultats incroyables.

MARTIN : Oui, j'ai vu cela de mes yeux. L'affaire de la baie des Cochons a donc, de toute évidence, été à l'origine d'un tournant très important. Mais a-t-elle eu une incidence sur la personnalité du Président?

KENNEDY : Oui, à l'époque. Je crois qu'elle lui a appris à prendre de la distance et à se montrer plus sûr dans certaines affaires. Il me semble qu'il s'est détendu par la suite, après qu'a été mise au point une procédure de traitement des situations difficiles, ce qui a pris environ un an. Mais je puis vous assurer que, chaque fois qu'il avait à prendre une décision mettant en jeu la politique ou une position des États-Unis ou des vies américaines, il savait exiger d'avoir en main tous les éléments d'appréciation des conséquences de la décision.

MARTIN : Dans son ouvrage paru en 1963 sous le titre *John F. Kennedy,* Hugh Sidey, du magazine *Time,* rapportait qu'à l'époque de l'affaire de la baie des Cochons votre frère ne faisait une confiance totale à personne, sauf à vous, et que le métier de président avait dans une certaine mesure cessé de lui plaire. Qu'y a-t-il de vrai là-dedans?

KENNEDY : Sur le premier point, je dirai que l'adversité rapproche les gens. Nous avions connu ensemble maints moments difficiles : je pense donc qu'il était tout simplement naturel qu'il se repose sur moi.

Pour ce qui est du second, je crois que la réaction de mon frère a été seulement temporaire. Nous avons eu à cette époque une vie fichtrement difficile : pas seulement à cause de l'affaire de la baie des Cochons, mais aussi à cause de Berlin, ce que l'ensemble de l'opinion publique ne me semble pas avoir vraiment compris. Le Président avait, comme moi, sérieusement l'impression que la guerre n'était pas loin. C'est alors qu'il est allé à Vienne, où Khrouchtchev s'est imaginé qu'il avait affaire à un personnage falot.

Le Président a subi toute cette tension durant les six mois qui ont suivi l'incident cubain. Je lui demandais toutes les semaines s'il était content d'être président et il me disait souvent : « S'il n'y avait pas les Russes, ce serait le plus beau métier du monde. »

Les années de la présidence Kennedy

1961 : « Une dure année »

MARTIN : L'année 61 a été une...

KENNEDY : ... une sale année. Plus dure qu'on ne pense. Et pas seulement à cause de l'affaire de la baie des Cochons, mais aussi à cause de Berlin et du fait que les Russes croyaient pouvoir faire marcher le Président à la baguette.

C'est à cette époque que j'ai commencé d'être en rapport avec un certain Georgi Bolchakov : la plupart des grandes questions concernant les relations américano-soviétiques donnaient lieu à entretiens et arrangements entre lui et moi. Il était le représentant de Khrouchtchev et nous nous rencontrions toutes les deux semaines environ. Nous discutions de toutes ces questions, de l'attitude qu'adopteraient les États-Unis, de Berlin. Nous étions assez optimistes sur l'inspection des armements nucléaires, car il m'avait indiqué un jour que son gouvernement consentirait à laisser inspecter jusqu'à vingt sites, je crois ; mais, à Vienne, les Soviétiques n'ont pas accepté.

MARTIN : Qui était ce Bolchakov et comment êtes-vous entré en contact avec lui.

KENNEDY : Je crois que c'était par l'intermédiaire de Frank Holeman, du *Daily News* de New York et qui avait joué un rôle dans l'administration Eisenhower. Il me semble que c'est lui qui avait suggéré initialement l'idée du voyage de Nixon en Union soviétique, mais je n'en suis pas absolument sûr. Toujours est-il qu'il voyait souvent Bolchakov et qu'il m'a dit un jour que ce dernier souhaitait me voir.

MARTIN : Était-il membre de l'ambassade soviétique ?

KENNEDY : Oui. Je crois qu'il y était chargé des relations publiques.

MARTIN : De quoi parliez-vous avec lui ? Quels rapports aviez-vous avec lui ?

KENNEDY : Chaque fois qu'il avait (ou que Khrouchtchev avait) un message à transmettre au Président ou que ce dernier voulait dire quelque chose à Khrouchtchev, on passait par lui. J'ignore pourquoi les Russes procédaient ainsi, mais il est évident qu'ils ne tenaient pas à passer par leur ambassadeur, Mikhaïl Menchikov. Celui-ci traitait les affaires courantes et Bolchakov le reste.

MARTIN : Quel genre de messages faisait-on passer et que disaient-ils?

KENNEDY : Je voyais Bolchakov sur toutes sortes de sujets : sur l'opportunité d'une rencontre au sommet, sur la question de savoir si le Président souhaitait voir Khrouchtchev, sur l'ordre du jour de la réunion, sur Berlin quand cette question les préoccupait [...]. Je me souviens d'avoir discuté avec lui de l'ordre du jour, des avantages et inconvénients d'une rencontre, de l'importance qui s'attachait à ce que son gouvernement comprenne que nous avions un engagement à l'égard de Berlin, à ce que les conversations sur le contrôle des armes nucléaires finissent par déboucher sur une décision.

MARTIN : Qu'y avait-il encore à l'ordre du jour? Le Laos?

KENNEDY : Oui. Nous avons traité de ce problème.

MARTIN : Cuba?

KENNEDY : Oui.

MARTIN : Les essais nucléaires?

KENNEDY : Oui. Nous avons parlé du Laos, de la possibilité d'y organiser un contrôle sur les forces communistes.

Vous souvenez-vous de l'époque où s'est posé le problème de Berlin, de l'incident au cours duquel les Russes ont aligné leurs chars [1]? J'ai pris contact avec Bolchakov, lui disant que le Président désirait que ces tanks soient retirés dans les vingt-quatre heures. Il m'a répondu qu'il en parlerait à Khrouchtchev et les chars ont été retirés dans les vingt-quatre heures. Bolchakov savait tenir parole quand une affaire était importante.

Il devait plus tard me demander de voir si nous pourrions retirer nos troupes du Laos. Je ne me souviens plus exactement de la date à

---

1. C'est le 27 octobre 1961 que les blindés américains et soviétiques s'étaient trouvés face à face sur la frontière berlinoise.

laquelle nous avons envoyé des troupes en Thaïlande et au Laos * et où les communistes sont entrés au Laos. Toujours est-il que Bolchakov m'a fait savoir que Moscou attachait une grande importance à ce retrait : je lui ai donc dit, après en avoir référé au Président, que ce serait chose faite dans les deux mois, et Khrouchtchev a renvoyé un message soulignant l'intérêt de ce geste. Bolchakov et moi nous entretenions de certaines crises qui commençaient à se développer et qui étaient peut-être imputables à des malentendus. Un effort a été fait en vue de les résoudre par ce genre de conversations. Comme je vous l'ai dit, les Soviétiques ne voulaient pas passer par leur ambassadeur, ce qui a fortement contrarié le successeur de Menchikov, Anatoly Dobrynine. Bolchakov me disait que Menchikov transmettait des messages qui ne reflétaient pas les vrais points de vue; d'où, finalement, la confrontation au sujet de Cuba : Khrouchtchev ne connaissait pas la position des États-Unis, car son ambassadeur ne lui faisait pas des rapports exacts.

MARTIN : Notre ambassadeur à Moscou se trouvait-il court-circuité là-bas de la même manière?

KENNEDY : Je suppose que oui.

MARTIN : A cette époque, il s'agissait de Llewellyn Thompson, qui a été remplacé par Foy Kohler. Mais des conversations officieuses étaient échangées des deux côtés, n'est-ce pas?

KENNEDY : Oui. Mais le département d'État était tenu au courant. Malheureusement, j'ai stupidement négligé de noter un grand nombre de ces conversations : je transmettais verbalement les messages à mon frère, qui agissait en conséquence. Je pense qu'il en parlait parfois au département d'État – et que parfois il s'en abstenait. Mais je ne puis vous dire qu'en termes généraux ce dont nous discutions.

Il s'agissait d'affaires terriblement importantes : le Laos et nos troupes, Berlin et les chars, l'inspection des sites nucléaires. Je n'ai cessé de faire valoir à Bolchakov que nous étions prêts à entrer en guerre pour Berlin; de son côté, il ne cessait de m'assurer qu'il transmettait ce message, ajoutant plus tard que l'ambassadeur ne lui semblait pas retransmettre ceux qu'il recevait lui-même.

Je n'ai plus vu Bolchakov après la construction du mur de Berlin,

---

* En mai 1962 (N.d.T.).

car cette initiative m'avait écœuré, et je ne l'ai finalement revu que trois ou quatre mois plus tard.

MARTIN : Où le rencontriez-vous d'habitude?

KENNEDY : A mon bureau, la plupart du temps. Il est revenu à Washington juste avant la seconde crise cubaine. Je ne l'ai pas vu à ce moment-là, mais il était censé me remettre un message aux termes duquel les Russes n'iraient jamais installer des missiles à Cuba. Une fois que les missiles ont été en place, j'ai envoyé un ami journaliste, Charlie Bartlett, voir Bolchakov, avec une photo des missiles. Ce dernier lui a expliqué que le message qu'il avait été chargé de transmettre au Président consistait à assurer qu'il n'y avait pas de missiles à Cuba. Précisant que le vice-premier ministre, Mikoyan, était présent lorsque Khrouchtchev lui avait remis ce message, il a naturellement ajouté qu'on lui avait menti. La situation était gênante pour les Russes, pour Khrouchtchev, car il était clair que ce dernier avait envoyé un message destiné à tromper le Président et le gouvernement américain. Nous avions d'ailleurs reçu des Soviétiques d'autres assurances qu'il n'y avait pas de missiles à Cuba.

Je me souviens qu'au cours d'un déjeuner d'adieu organisé par Bartlett en l'honneur de Bolchakov le numéro deux de l'ambassade de Pologne a fait un grand laïus sur les missiles, persuadé qu'il s'agissait d'un malentendu. Raccompagnant Bolchakov en ville après ce déjeuner, je lui ai fait remarquer que le diplomate polonais n'avait pas appuyé les propos tenus par un Soviétique et il m'a répondu avec violence : « C'est parce qu'il ne sait pas ce que moi je sais. » J'ai toujours eu l'impression que Bolchakov était très franc avec moi.

Le département d'État n'appréciait guère sa présence, car celle-ci impliquait des court-circuitages. Bien que je l'aie toujours trouvé loyal à mon égard, j'ai cessé d'utiliser cette filière après la seconde crise cubaine. Durant celle-ci, Pierre Salinger et moi avons fréquemment traité directement avec l'ambassadeur, Dobrynine, et lui avons remis des ultimatums, notamment celui d'un certain samedi soir [1].

L'activité de Bolchakov étant désormais connue, les Soviétiques ont pensé que son rappel était souhaitable. Il n'a jamais été vraiment

---

1. Robert Kennedy avait rencontré Dobrynine dans la soirée du 27 octobre 1962. D'après la version qu'il a donnée de l'entretien, il aurait déclaré : « Il nous faut un engagement de votre part demain au plus tard. Il ne s'agit pas d'un ultimatum, mais seulement d'un exposé des faits. »

remplacé et, de mon côté, je n'ai plus jamais joué le même rôle. Sauf, brièvement, juste après la crise des missiles; mais les Russes m'ont alors remis un message écrit à ce point insultant que je leur ai fait savoir que je me refusais à le transmettre au Président : s'ils tenaient à remettre des messages à ce genre, ils n'avaient qu'à passer par le département d'État, mais pas par moi. Ils ont alors communiqué aux Affaires étrangères un autre message, tout à fait différent, et mes rapports avec Bolchakov ont pris fin là-dessus.

MARTIN : Au cours de son voyage de 1961 en Europe, le Président avait rencontré Khrouchtchev, de Gaulle, Macmillan, entre autres. Qu'a-t-il dit sur eux et qu'a-t-il pensé de son voyage?

KENNEDY : Il aimait beaucoup Macmillan et il l'a apprécié de plus en plus.

MARTIN : Pour quelle raison?

KENNEDY : Sentiment personnel. Macmillan avait beaucoup d'humour, il était très intelligent et rapide. Il voyait toujours les choses d'une manière très ironique.

Mais je crois que Macmillan éprouvait une appréhension à l'idée que John puisse devenir président, alors qu'il était si jeune. J'ai appris plus tard qu'il craignait que mon frère ne le trouve trop âgé pour un contact utile. Et puis le Premier ministre avait eu des rapports plutôt bons avec Eisenhower. C'est donc avec une vive inquiétude qu'il est entré en relations avec John; mais celles-ci sont devenues très étroites. J'ai une lettre de lui me disant que mon frère était la personnalité officielle la plus remarquable qu'il ait jamais rencontrée. Jackie lui a écrit pour lui faire part de l'opinion que le Président avait de lui, et j'ai raconté à ma belle-sœur ce que Macmillan m'avait écrit. Voulez-vous noter cela, car c'est un détail qui éclaire bien l'ensemble des rapports.

Quant à de Gaulle, je crois que mon frère éprouvait à son égard une grande admiration, qu'il lui trouvait une personnalité assez imposante. Ils s'entendaient bien. Tout bien pesé, il pouvait comprendre sa position, bien que celle-ci fût décevante. Mais il avait le sentiment que ce que de Gaulle faisait pour son pays avait un sens du point de vue des Français et que les difficultés créées par le général finiraient à la longue par s'aplanir. Il pensait aussi que la détérioration des relations des Etats-Unis avec la France était naturelle, puisque l'URSS était sortie affaiblie de la seconde crise cubaine.

MARTIN : Mais la première impression qu'il a eue de De Gaulle au cours de ce voyage, a été bonne, n'est-ce pas?

KENNEDY : Oui. Le général lui a plu.

MARTIN : Quel effet lui a fait Khrouchtchev?

KENNEDY : Il pensait que c'était un personnage pas commode, roublard, implacable, totalement intransigeant. La discussion avec lui n'a donc pas été très utile. Alors que le Président savait mieux que personne dialoguer en dépit des désaccords, il a eu beaucoup de mal à y parvenir avec Khrouchtchev.

MARTIN : Y est-il parvenu?

KENNEDY : Je crois que, le premier jour de la rencontre, Khrouchtchev s'est imaginé qu'il avait affaire à un petit garçon et qu'il pourrait donc diriger et dominer la conversation. Ce qui a été le cas. Le deuxième jour, le Président a décidé de bien faire comprendre à Khrouchtchev, avant son départ de Vienne, la position américaine. Il a donc engagé la controverse sur nombre de problèmes. Chip Bohlen m'a dit, à la suite de cette rencontre, que dans toutes les réunions auxquelles il avait assisté, entre personnalités officielles américaines et soviétiques personne n'avait montré autant de présence et d'efficacité que le Président.

MARTIN : A son retour, votre frère avait-il le sentiment que son voyage était un succès?

KENNEDY : Oui, il en était enchanté. Il était inquiet de ce qui allait se passer avec les Russes, des gros ennuis inévitables à Berlin, auxquels il convenait de se préparer. Il est tout de même parvenu à un accord avec Khrouchtchev sur le Laos : l'un de mes sujets de conversation avec Bolchakov. Chaque fois que cet arrangement menaçait d'être rompu, je prenais contact avec ce dernier, demandant s'il verrait un inconvénient à faire exercer une pression sur les Laotiens pour qu'ils reviennent à la table de conférence et cessent de faire les imbéciles.

MARTIN : Le Président et Khrouchtchev ont effectivement conclu à Vienne un arrangement sur le Laos. Et vous avez suivi son exécution par l'intermédiaire de Bolchakov, n'est-ce pas?

KENNEDY : Oui. Nous nous étions mis d'accord, avant la rencontre, pour l'inscription de la question laotienne à l'ordre du jour. C'était l'un des sujets sur lesquels Khrouchtchev avait indiqué à Bolchakov qu'un arrangement pouvait être conclu. L'autre accord possible portait sur l'interdiction des essais nucléaires ; mais il n'a pas abouti, car les Soviétiques ont changé d'avis entre le moment où j'en avais parlé à Bolchakov et l'arrivée du Président à Vienne. J'ignore la raison de ce revirement, mais mon interlocuteur m'avait indiqué très clairement qu'un arrangement était possible sur cette question.

MARTIN : C'est sur Berlin qu'aucun accord ne paraissait possible, et nous y reviendrons. Dites-moi d'abord s'il a été question de Cuba, de l'affaire de la baie des Cochons.

KENNEDY : Oui. Le Président m'a raconté qu'il avait fait à Khrouchtchev une remarque revenant à dire : « Nous admettons avoir commis des erreurs là-bas ; nous reconnaissons que nous sommes capables de nous tromper. Mais ce qui m'impressionne chez vous, c'est que vous ne vous êtes jamais trompé. » A quoi Khrouchtchev lui a répondu : « Si, si! Nous avons commis des erreurs du temps de Staline. » Et le Président de rétorquer : « Vous êtes toujours prêt à reconnaître les erreurs des autres. »

MARTIN : Souhaitez-vous parler de Chester Bowles?

KENNEDY : Au début, il était chargé des nominations d'ambassadeurs, et je pense qu'il s'est remarquablement bien acquitté de cette tâche. Il a essuyé pas mal de critiques pour avoir voulu mettre en place au département d'État des hommes qu'il estimait brillants, mais certains d'entre eux l'étaient effectivement. En revanche, ses rapports avec le Président n'étaient pas bons, à cause de sa terrible manie de n'aller jamais au fait, de tourner autour du pot, tout en longues phrases et en grands mots, ce qui agaçait très fort le Président. Et puis il avait toujours en tête un plan, une idée géniale qu'il essayait de faire passer, sans être jamais capable de centrer l'attention sur le sujet. Mais je crois qu'il est utile d'avoir autour de soi des gens tels que lui, car ils stimulent la réflexion, et mon frère semblait partager cet avis. Chester Bowles avait donc toujours quantité d'idées, mais il était trop bavard avec la presse. S'il était en désaccord avec le Président, il allait pleurnicher auprès des journalistes.

204

Je me suis disputé à deux reprises avec lui, au sujet de la première crise cubaine. Une première fois, lorsqu'il a essayé de faire croire à tout le monde qu'il avait été hostile à l'opération de la baie des Cochons. Une seconde fois, huit ou dix jours plus tard, quand il s'est amené avec un plan stupide sur Cuba : je lui ai expliqué que, devant le conseil de la sécurité nationale, son plan ne tiendrait pas debout.

Le Président s'apprêtait à le déplacer, mais la mutation a été retardée parce que l'intéressé est allé raconter aux journaux qu'il était sur le point d'être muté. La fois suivante, mon frère n'en a parlé à personne, sauf peut-être à Sorensen et à moi, et Chester Bowles s'est trouvé à la porte sans avoir eu le temps de se plaindre. Il exaspérait vraiment tout le monde.

MARTIN : Il a ensuite été nommé ambassadeur en Inde. Pourquoi?

KENNEDY : Je ne le sais pas. Je suppose que le Président a pensé qu'il pourrait y faire du bon travail. On peut en effet confier à Chester Bowles certains rôles.

MARTIN : Il avait précédemment très bien réussi en Inde dans le poste d'ambassadeur, il me semble.

KENNEDY : Oui. Voyez-vous, il avait démissionné du Congrès et m'en avait parlé auparavant, disant qu'il souhaitait travailler avec mon frère. En réalité, il risquait d'être battu aux élections et ne tenait pas à s'engager dans une campagne électorale. Je crois qu'il a cru que, s'il donnait sa démission, il pourrait être mis à la tête du département d'État : c'est en tout cas l'arrangement qu'il a tenté de négocier avec moi. Je lui ai dit que ce n'était pas possible; mais ce personnage était un fameux arriviste : il essayait encore d'obtenir ce poste dans les quelques semaines qui ont suivi la présidentielle. Ses rapports avec le Président n'étaient donc guère amicaux.

MARTIN : Et George Ball? Comment est-il entré au département d'État, dès le premier jour, puisqu'il a prêté serment en même temps que les membres du cabinet?

KENNEDY : Je ne me souviens pas de lui, sinon qu'il avait travaillé à la campagne présidentielle. Je ne pense pas que le Président le connaissait particulièrement et je ne sais qui l'avait recommandé. Bien sûr, il était lié avec Adlai Stevenson.

MARTIN : A-t-il été très proche du Président, dans le travail?

205

KENNEDY : Non, pas particulièrement. Il a fini par agacer le Président, qui pensait que plusieurs missions qu'il lui avait confiées n'avaient pas été bien menées. Du moins est-ce l'impression que j'ai eue. Il m'a toujours semblé que George Ball ne portait pas suffisamment d'attention à certains problèmes et que les avis qu'il donnait au Président sur certaines affaires étaient mauvais. Mon frère avait la même impression et pensait moins de bien de lui la dernière année qu'auparavant.

MARTIN : Et Alexis Johnson, le sous-secrétaire d'État adjoint aux Affaires politiques ?

KENNEDY : Je crois que le Président a toujours eu l'impression qu'il était à la hauteur.

MARTIN : Il y avait aux Affaires étrangères un poste terriblement prenant : celui du directeur général chargé des affaires d'Amérique latine.

KENNEDY : Oui. Nous avions approché pas mal de gens et, naturellement, personne n'a voulu du poste.

MARTIN : Vous avez cru que Carl Spaeth, le président de la faculté de droit de Stanford, l'accepterait, mais il a changé d'avis.

KENNEDY : Nous l'avons aussi proposé à Clark Kerr, qui était président de l'université de Californie.
   Ah oui ? Mais savez-vous comment vous avez fini par y mettre Ed Martin ?

KENNEDY : Non.

MARTIN : Bob Woodward a eu ce poste pendant très peu de temps.

KENNEDY : Il était inefficace.

MARTIN : Il avait été ambassadeur au Chili, puis a été envoyé à Madrid. Le poste est resté sans titulaire pendant quatre ou cinq mois.

KENNEDY : Personne n'en voulait. Nous avons approché une quinzaine de candidats possibles.

MARTIN : Les ambassadeurs des pays d'Amérique latine se plaignaient de ne savoir qui était responsable du secteur.

KENNEDY : Nous avons offert le poste à John Connally, qui était mon candidat. Il l'avait accepté, puis s'est récusé au moment où le Président était sur le point de procéder à sa nomination.

MARTIN : Thomas Mann avait été chargé des affaires d'Amérique latine du temps d'Eisenhower, n'est-ce pas?

KENNEDY : Oui, je crois. J'ai eu de sérieux accrochages avec lui, après qu'il eut repris ce poste en décembre 1963. Désastreuse nomination!

MARTIN : On a eu généralement l'impression que le Président avait nommé à des postes diplomatiques une foule de politiciens et d'amis personnels. En fait, les nominations de ce type avaient été moins nombreuses qu'autrefois.

KENNEDY : Oui. Et je crois que le Président pensait que celles-là étaient les plus valables de toutes celles auxquelles il avait procédé.

MARTIN : Vraiment? Même celles de diplomates de carrière?

KENNEDY : Oui. Nous avons eu un certain nombre de professionnels de valeur; mais les postes exotiques, ceux qui sortaient de l'ordinaire, ont été pourvus par des nominations politiques, en particulier ceux d'Afrique. Les politiques nous ont toujours paru plus efficaces, plus au courant et mieux susceptibles de réussir. Le Président aurait procédé à un bien plus grand nombre de nominations politiques, s'il avait trouvé plus de candidats. Les bons postes en Europe allaient, bien sûr, aux gens de la carrière et mon frère passait son temps à se battre avec des Chip Bohlen et autres, qui tenaient à ce que tous ces bons postes soient donnés à des diplomates de métier.

Nous avons eu un mal fou à réorganiser le département d'État. Ce ministère était très mal structuré et il ne l'a jamais été convenablement. Le désordre qui y régnait était tel que nous y avons détaché Bill Orrick, qui était directeur général au ministère de la Justice et qui avait un talent d'organisateur. Mais l'appareil et les vieilles lunes ont eu raison de lui. Il n'a trouvé aucun appui au plus haut de la hiérarchie : Dean Rusk ne s'intéressait pas aux questions d'organisation et George Ball ne suivait jamais les questions. Résultat : le ministère des Affaires étrangères manquait à la fois d'une structure administrative et d'une orientation générale. Une reprise en main aurait représenté un travail énorme, mais tout de même pas surhumain : il

207

aurait seulement fallu que le ministre sache déléguer quelques-unes des tâches qui lui incombaient. Or, Dean Rusk en était incapable. Il ne parvenait même pas à concentrer son attention sur les questions importantes. Je vous citerai un exemple récent : nous venons d'avoir un nouvel accrochage avec Cuba [1], au sujet des bateaux de pêche, et Dean Rusk a participé à une réunion sur trois quand il s'est agi de décider d'une action en vue du rétablissement de l'eau. A la réunion finale, le ministre de la Défense a pris une position, moi une autre – ministre de la Justice, j'étais là par tolérance –, et celle-ci reprenait le point de vue initialement défendu par le département d'État. Pendant les deux heures qu'a duré cette réunion, le secrétaire d'État n'a pas exposé d'opinion, et il s'est retrouvé finalement du côté de McNamara, dans une position inverse de celle qu'il avait adoptée au début. De même, lors de la seconde crise cubaine, il n'a pas assisté à toutes les réunions qui se sont tenues sur la question des missiles soviétiques. Il n'est pas allé aux Bermudes lorsque y a été étudié le problème du missile Skybolt [2] et, aujourd'hui, il ne met pas les pieds au Viêt-nam. Je ne vous livre là que les souvenirs qui me viennent à l'esprit, mais je puis vous assurer que Dean Rusk était constamment absent des réunions importantes.

MARTIN : Que faisait-il, alors ?

KENNEDY : Il assistait à des dîners, à des déjeuners ; il recevait des ambassadeurs. Résultat : les dossiers n'étaient pas étudiés et le département d'État n'avait pas de position sur les affaires importantes. Ce ministère n'avait même pas d'organisation interne à cet égard. Bill Orrick n'est pas arrivé à lui en imposer une. William Crockett, qui l'a remplacé, était tout à fait valable, mais Dean Rusk ne suit jamais ; je veux dire par là qu'il n'établit jamais les règles du jeu. [...]. Comme je l'ai déjà dit, le Président était très occupé.

Autre exemple : lorsque s'est posée la délicate question du coup d'État contre Diêm au Viêt-nam en 1963, la position de Rusk a continuellement varié. Le Président voulait savoir ce qui était prévu pour le cas où le coup de force échouerait, de quels moyens militaires dis-

---

1. Les États-Unis avaient saisi, en février 1964, quatre bateaux de pêche cubains qui étaient entrés dans les eaux américaines au large de la Floride. Castro avait réagi en coupant l'eau douce à la base navale américaine de Guantanamo.

2. Il s'agissait d'un missile balistique à deux étages, lancé d'un bombardier. John Kennedy avait résilié en 1962 un accord conclu en 1960 entre Macmillan et Eisenhower, prévoyant la fourniture à la Grande-Bretagne de missiles de ce type.

posaient les partisans et les adversaires de Diêm. Personne ne savait. Rusk ne donnait aucune directive à notre ambassadeur à Saigon et Henry Cabot Lodge n'en faisait donc qu'à sa tête.

Je reviens sur l'affaire des bateaux cubains. Lors de la première réunion, j'ai voulu savoir comment ces bateaux étaient entrés dans nos eaux, si la violation de notre espace était délibérée, quelles mesures étaient envisagées. Personne n'a été capable de répondre. J'ai alors demandé aux représentants des Affaires étrangères ce qu'ils venaient faire en réunion : ils ne le savaient pas et leur ministre non plus.

C'était tout le temps ainsi. Après les réunions, le Président me disait souvent – car nous nous retrouvions toujours dans son bureau – qu'il était effaré et qu'il devrait se débarrasser de Rusk aussitôt que possible. Nous nous sommes demandé si nous pouvions le limoger à cette époque et mon avis était que ce n'était pas possible. Mais mon frère abordait souvent ce sujet, envisageant de remplacer Rusk par McNamara, notamment. Je crois qu'il aurait même bien pu mettre Mac Bundy au département d'Etat.

MARTIN : Il a beaucoup été question, à diverses époques, d'un remplacement de Dean Rusk par Georges Ball.

KENNEDY : Non. Le nom de Ball n'est jamais venu sur le tapis.

MARTIN : On parlait beaucoup de Paul Nitze dans les dîners en ville.

KENNEDY : Non. Dans les derniers temps, le Président ne l'aimait pas. Il est clair qu'il ne lui aurait pas donné les Affaires étrangères, puisqu'il ne lui a même pas offert le sous-secrétariat de la Défense.

MARTIN : Et Averell Harriman? A-t-il été question de le remplacer?

KENNEDY : Le président disait du bien de lui. Mais il n'a guère été utile, ni efficace dans l'affaire du Viêt-nam, où son avis était erroné : il nous a embarqués dans une voie extrêmement dangereuse [...].

MARTIN : Certains ambassadeurs nommés pour des raisons politiques ont eu des difficultés avec le département d'État et se sont adressés directement au Président. Je suppose que Ken Galbraith, en Inde, a été le meilleur exemple de ce comportement, n'est-ce pas?

KENNEDY : Oui. Certains ambassadeurs ont agi ainsi. Galbraith aussi et il a naturellement eu des accrochages avec beaucoup de gens au département d'État et, je crois aussi, à la CIA.

209

MARTIN : Pour quelles raisons Galbraith a-t-il démissionné de son poste d'ambassadeur? Avait-il réussi? Sa nomination paraissait bien inspirée.

KENNEDY : Oui, je le pense, et je crois que le Président était content de son action en Inde. Mais Galbraith s'est disputé avec Harriman et certains autres au département d'État, sur la conduite à tenir lors de l'invasion de ce pays par la Chine. Probablement en avait-il tout simplement par-dessus la tête. En tout cas il a toujours eu accès direct au Président, comme tous ceux que ce dernier connaissait personnellement. Mon frère était devenu infiniment plus accessible, du moins pour eux, qu'il ne l'était au début.

MARTIN : Autrement dit, il encourageait la communication directe.

KENNEDY : Oui. Et puis je connaissais un grand nombre d'entre eux : en cas de problème particulier, je pouvais correspondre avec eux, qu'il s'agisse de Jim Wine en Côte-d'Ivoire, de Bill Attwood en Guinée ou de William Mahoney au Ghana et d'autres [...].

MARTIN : Nous avons couvert les six premiers mois de l'année 1961. Vous avez passé le long week-end du 4 juillet au cap Cod avec le Président et quelques autres personnes. Avez-vous un souvenir particulier de ce week-end? Vous aviez vous-même affronté la première crise de l'égalité des droits; le Président avait été au sommet de Vienne; vous aviez traversé l'affaire de la baie des Cochons. Vous vous êtes sans doute livrés ensemble à un examen de conscience.

Je crois me souvenir que l'ambiance dans la presse était au découragement, en ce début d'été. Les cent jours dont tous les journaux avaient tant parlé s'étaient écoulés, et quantité de choses ne s'étaient pas passées. On disait ici et là que le Président était allé doucement dans certains domaines, parce que son élection avait été remportée de justesse. Les réalisations étaient minces en matière d'emploi, comme à l'égard des autres problèmes nationaux et internationaux. Vous souvenez-vous si le Président était conscient de ce sentiment de déception?

KENNEDY : Certes, il lisait les journaux et certains articles l'exaspéraient; mais il ne voulait pas changer de politique ni d'orientation sous prétexte que la presse désapprouvait ou suggérait une politique différente. Je pense qu'il a toujours su où il allait, qu'il avait le sentiment de devoir modifier non seulement l'orientation du pays, mais aussi celle du monde entier, d'avoir à transformer les aspirations des populations, leur genre de vie et bon nombre d'idées reçues.

Ce n'était pas avec un simple discours que cet objectif pouvait être atteint, surtout aux Etats-Unis, avec le genre de Chambre que nous avions et dont l'orientation était différente de la nôtre : il n'était donc pas question de lui faire avaler du jour au lendemain des idées relativement révolutionnaires en matière d'enseignement, de logement, etc.

Sur le plan international, nous n'avons jamais imaginé pouvoir modifier l'attitude des Russes par le rayonnement d'une personnalité ni par la persuasion : cette idée est devenue évidente au sommet de Vienne. Ce qui nous est apparu à Vienne, et très fortement, c'est qu'il nous fallait la puissance militaire la plus efficace possible : c'était, en dernière analyse, le seul argument que comprendraient les communistes.

Autant de résultats que mon frère n'espérait nullement obtenir tout de suite. Il souhaitait pouvoir disposer d'une période de huit années, pour apporter quelques changements dans le pays et à travers le monde. La presse a donc manifesté de l'impatience ; mon frère en avait conscience et en était agacé ; mais il ne s'est pas laissé influencer sur l'essentiel.

C'est, me semble-t-il, ce qui le différencie le plus de l'actuel président. Ce qui compte pour ce dernier, c'est ce qu'il lit dans les journaux ou la manière dont l'opinion va réagir. Bien sûr, mon frère en tenait compte lui aussi ; sinon, il n'aurait pas fait de politique. Mais il ne se laissait jamais influencer par la presse. Or, pour la première fois dans mon passage au gouvernement, j'ai vu ces deux derniers mois des décisions de politique générale se prendre sur la base de la réaction possible des électeurs : voilà qui n'arrivait jamais, sur une question importante, avec le président Kennedy.

MARTIN : Vous avez dit précédemment que votre frère était rentré de Vienne avec l'impression que des difficultés très sérieuses se préparaient à Berlin pour l'été. J'aimerais bien revenir là-dessus. J'ai en effet noté que, le 19 juillet, vous avez assisté à la Maison Blanche à une réunion d'un comité portant le nom de « comité de direction ». Étaient présents : Dean Rusk, McNamara, Dillon, Allen Dulles, Ed

Murrow, qui était alors directeur de l'Agence américaine d'information, Lemnitzer, Taylor, Bundy, Sorensen, le Président et vous-même. Or, le lendemain ou dans les quarante-huit heures, le Président s'est adressé au pays sur la question de Berlin [1]. Je suppose que c'est ce discours qui avait fait l'objet de la réunion. Pouvez-vous donc me dire en quoi ce comité de direction différait du comité exécutif – l'ExComm * –, du Conseil de la sécurité nationale, etc.? Vous vous référez toujours à ce comité de direction, qui s'est réuni sans désemparer pendant toute la période qui a précédé la crise de Berlin.

KENNEDY : Il me semble que ce comité était le fruit des suggestions et recommandations que nous avions présentées à la suite de l'affaire de la baie des Cochons et qu'il a finalement pris la forme du comité ExComm, ou comité exécutif du Conseil de la sécurité nationale. Ce conseil trop large – il réunissait parfois jusqu'à trente-cinq personnes, y compris le directeur de la protection civile, par exemple, et les deux ou trois adjoints que chacun amenait – ne parvenait pas à prendre de décisions.

Le Président a voulu le réduire à un petit nombre de personnes en qui il avait confiance. J'étais membre du conseil, mais Sorensen n'en faisait naturellement pas partie. Nous avons donc institué ce petit comité de direction, chargé des attributions qui étaient initialement celles du Conseil de la sécurité nationale. Nous l'avons ensuite transformé en comité ExComm, à l'époque de la crise de Cuba. Il y avait aussi un autre comité, qui portait le nom de comité permanent. Et aussi le comité anti-insurrections.

MARTIN : Le discours présidentiel du 25 juillet était assez sinistre. Il y était question de guerre, de protection civile, d'une augmentation possible des impôts, d'un renforcement des préparatifs militaires et ainsi de suite : tout cela à cause de Berlin. Il me semble vous avoir entendu dire, d'une manière un peu cavalière, que le Président et vous-même estimiez que la guerre n'était pas loin.

KENNEDY : C'est exact.

---

1. Face à la crise de Berlin, le président Kennedy s'était adressé au pays le 25 juillet 1961 : « Nous ne pouvons ni ne voulons laisser les communistes nous chasser de Berlin... Mais nous ne sommes pas oublieux de notre devoir vis-à-vis de l'humanité qui nous impose la recherche d'une solution pacifique. »
* Voir aussi Première partie, pp. 35-36.

MARTIN : Souhaitez-vous entrer dans le détail sur ce sujet de la crise de Berlin pendant cet été-là?

KENNEDY : Elle a donné lieu à un très grand nombre de réunions. Nous avons fait appel à Dean Acheson, pour une étude de la situation, ce qui répondait une fois encore à l'idée qui était sortie de l'affaire de la baie des Cochons : une seule personne devrait être chargée de présenter des suggestions et des recommandations. Nous avons ensuite eu le débat, habituel aux Etats-Unis, sur la question de savoir s'il nous fallait des armements conventionnels ou si les armes atomiques suffisaient.

MARTIN : Quels étaient les points de vue en présence? Car il s'agissait d'une alternative assez saugrenue, n'est-ce pas?

KENNEDY : Oui.

MARTIN : C'était toute la conception de notre système de défense qui se trouvait en cause.

KENNEDY : Oui. Il a été procédé à une étude de l'état de préparation de nos forces conventionnelles. Je n'ai plus les chiffres exacts, mais McNamara et le Président les avaient fournis. J'ai alors suggéré à mon frère d'exiger un rapport en forme de bilan, qui restât dans les archives pour servir à l'édification des générations futures. La moitié des torpilles de sous-marins étaient démunies de batteries; le tiers des effectifs terrestres en Europe manquait de munitions; un canon de DCA sur cinq était hors de service. Ces proportions ne correspondent pas aux chiffres précis, mais elles approchent la réalité : en cas d'attaque, nos armements n'auraient pas pu protéger nos troupes pendant plus de quelques jours. Il était nécessaire de changer tout cela et nos besoins étaient évidents. Dans la vieille garde, certains ont protesté et élevé des objections.

Notre impréparation était manifeste; mais le renforcement de notre armement conventionnel a donné lieu à un débat très serré. McNamara en était tout à fait partisan, à l'encontre de certains membres de l'état-major général des armées, et notamment du général LeMay, qui pensait évidemment que c'était une erreur; sa réaction à nombre de ces problèmes était toujours la même : « Flanquez-leur une bombe atomique! »

C'est alors que nous avons envoyé en Europe des troupes de renfort. Le problème qui s'était posé consistait à décider s'il fallait en envoyer, pour quelle durée et jusqu'où nous irions pour inciter les autres pays à nous imiter. Lorsque nous avons eu la crise de Berlin sur les bras, la France a donné une indication de fermeté, laissant entendre que les Etats-Unis n'avaient peut-être pas manifesté autant de détermination. Les Français faisaient des discours et se refusaient à discuter avec Khrouchtchev. Mais les partisans d'une riposte vigoureuse à une action des Russes ou des communistes contre nous étaient toujours contrés par les Français, sur les points essentiels : comment réagir si un avion était abattu depuis le sol ? Faudrait-il attaquer les installations au sol ? Avec quel genre de bombes ? En cas de contre-attaque aérienne, faudrait-il envoyer la chasse et quel effectif engager ? Si un avion était abattu par un appareil adverse, quelle devrait être la réaction ? Les Français lançaient des proclamations de fermeté sur Berlin, disant qu'il ne fallait pas lâcher d'un pouce. Mais, quand on en venait aux aspects vraiment désagréables de la question, on voyait bien qu'ils n'étaient pas réellement déterminés.

Charles de Gaulle a toujours pensé, au fond de lui-même, qu'il ne se passerait rien et que, si jamais il arrivait quelque chose, on pourrait alors lancer une bombe atomique : il fallait être prêt à une guerre nucléaire. Le Président, lui, a toujours estimé que ce ne devait pas être la première mesure à prendre : je veux dire par là qu'il convenait de voir d'abord si on pouvait éviter cela.

MARTIN : Au début du mois d'août 1961, vous êtes allé en Afrique : en Côte-d'Ivoire, je crois, et dans d'autres pays. C'était avant que l'affaire de Berlin ne commence à se gâter. Quel était l'objet de votre déplacement et quels pays avez-vous visités ?

KENNEDY : Je suis allé seulement en Côte-d'Ivoire. Le département d'État estimait qu'Houphouët-Boigny présentait une importance particulière pour l'orientation de tous les pays africains. Houphouët était en quelque sorte leur chef à tous, il exerçait une forte influence sur le président guinéen, Sékou Touré, et peut-être même sur celui du Ghana, Nkrumah. Nous voulions faire connaître à Houphouët-Boigny la vive amitié que lui portaient le Président et son pays : j'ai donc représenté mon frère aux fêtes de l'indépendance ivoirienne. Je crois que ce déplacement a été très utile, car Houphouët-Boigny a joué un rôle extrêmement important et nous avons eu de fréquents rapports avec lui.

Il avait une grosse influence sur Sékou Touré, auprès de qui notre ambassadeur, William Attwood, a été très actif, comme mon frère lui-même, à qui le président guinéen vouait un véritable culte. Mais Houphouët a imprimé une orientation et a été très utile. Lorsqu'il est venu aux Etats-Unis, il a rencontré plusieurs fois le Président. Puis, il a eu au département d'État quelques réunions qui ne se sont pas trop bien passées. Il m'a appelé et je suis allé le voir à sa résidence pendant deux heures avant son départ, car il était sur le point de quitter les Etats-Unis dans un état d'esprit plutôt morose. J'en ai parlé au Président qui, de manière inattendue, l'a reçu de nouveau et certaines questions ont ainsi été clarifiées.

MARTIN : Votre voyage en Côte-d'Ivoire était le premier déplacement que vous ayez accompli pour le compte du Président, n'est-ce pas?

KENNEDY : Oui. J'ai passé là-bas quelques jours.

MARTIN : Revenons à Berlin. Jusque-là, les crises avaient concerné le Laos, le Congo [1] et autres lieux périphériques, mais Berlin occupait une position tout à fait centrale. Le mur a été achevé le 13 août. Le département d'État n'a pas eu sur le coup de véritable réaction. Puis, subitement, le Président a envoyé le vice-président à Berlin, pour rassurer la population sur la permanence du soutien américain.

KENNEDY : Le Président a tenu une réunion à la Maison Blanche le dimanche au matin, il me semble. Il n'y avait eu jusque-là aucune réunion sur le mur ni sur le fait qu'il était en cours de construction. Il a été achevé un vendredi, si ma mémoire est bonne, et c'est ensuite que nous avons eu à la Maison Blanche une réunion au cours de laquelle ont été étudiées les diverses décisions : premièrement, dépêcher Lyndon Johnson à Berlin; deuxièmement, envoyer à Berlin, en passant à travers l'Allemagne de l'Est, un régiment ou un autre corps de troupe. La discussion n'a pas manqué d'intérêt, car le Président croyait que nos troupes se trouvaient sur la frontière : c'est en prenant sa décision qu'il s'est aperçu – une fois de plus, on ne lui avait rien dit – qu'elles étaient à deux jours de là. Ce qui a retardé de deux jours le...

---

1. La proclamation de l'indépendance, au mois de juillet 1960, avait entraîné un bouleversement au Congo. La province du Katanga, favorable à la Belgique, s'était érigée en république autonome, sous la conduite de Moïse Tshombé. Le président Kennedy a appuyé les entreprises de l'ONU dans la région.

MARTIN : Par quoi était motivé l'envoi de troupes à Berlin?

KENNEDY : Elles n'auraient rien pu faire, mais sur le plan psychologique...

MARTIN : Pour remonter le moral des Berlinois?

KENNEDY : Oui. Et aussi pour indiquer que la permanence de notre présence à Berlin correspondait à un engagement de notre part.

MARTIN : Ne s'agissait-il pas de sonder les intentions de Khrouchtchev ou d'une manifestation de ce type?

KENNEDY : Non, car nous pensions que le moment était plein de dangers. Le Président s'est senti très soulagé lorsque nos troupes ont finalement pu arriver sur les lieux, un samedi ou un dimanche, il me semble. Tout le monde était très inquiet et le Président ne savait pas si les Russes tenteraient de nous empêcher de passer.

MARTIN : Il se produisait, à cette époque, une chose tout à fait étrange. En effet, Khrouchtchev avait pris à Vienne une position très dure sur Berlin; il avait ensuite annoncé son intention de signer à Noël ou vers la fin de l'année un traité avec l'Allemagne de l'Est, confirmant ainsi une attitude très raide. Mais, en même temps, le 30 juillet, il publiait une déclaration qui reprenait sous une nouvelle forme une vieille thèse soviéto-communiste, affirmant la possibilité d'épargner un conflit nucléaire à la génération actuelle. C'était là le premier programme de base du parti depuis l'époque de Lénine, en 1919. Sa déclaration préconisait aussi la coexistence pacifique en tant que nécessité objective, pour ainsi dire. Et, au même moment, nous assistions à ce durcissement public sur la question de Berlin. Voilà deux attitudes que je ne parviens pas à concilier. Pouvez-vous nous apporter quelque lumière là-dessus?

KENNEDY : Je pense que Khrouchtchev voulait sonder la détermination du président Kennedy.

MARTIN : Souhaitez-vous développer ce point?

KENNEDY : Je crois que, dans l'esprit de Khrouchtchev, le Président n'allait pas se montrer très ferme, puisque nous ne nous étions pas servis de notre force militaire pour écraser Cuba. Je pense qu'ensuite, au sommet de Vienne, il a cru se trouver en face d'un jeune homme sans expérience : relisez à ce sujet les comptes rendus de presse. Je crois aussi qu'il avait reçu de son ambassadeur à Washington des rapports donnant à entendre que le Président ne représentait pas grand-chose et n'était pas très courageux. Je pense que cet ambassadeur, qui n'avait guère de contacts à cette époque, racontait à Khrouchtchev ce que celui-ci avait envie d'apprendre. C'était d'ailleurs ce que Bolchakov m'a expliqué; mais lui, il ne cessait d'affirmer que nous nous battrions, que nous ferions face. Comme l'ambassadeur passait son temps à dire le contraire, Khrouchtchev a cru qu'il pourrait faire pression sur nous à Berlin, que le président Kennedy accepterait une reculade totale et que lui-même mettrait alors sans peine la main sur Berlin.

MARTIN : Comment ce processus a-t-il été arrêté? Comment Khrouchtchev en est-il venu à comprendre que...

KENNEDY : Tout d'abord, à cause des mesures d'ordre psychologique qui ont été prises.

MARTIN : L'envoi de troupes, par exemple?

KENNEDY : Oui. Mais nous avons également pris des dispositions sur le plan intérieur, au niveau des forces dont nous disposions ici même. Des troupes supplémentaires ont été envoyées en Allemagne.

MARTIN : Vous avez rappelé des réservistes?

KENNEDY : Oui. Et nous avons fait procéder à certains mouvements de troupes. Nous avons pris diverses mesures destinées à être connues des Russes en temps utile – et signifiant que nous nous préparions à une guerre –, mais qui n'avaient pas tout de suite donné lieu à une large publicité. Par exemple, en mettant le Strategic Air Command en alerte plus active, en déployant en divers endroits un plus grand nombre de sous-marins, en ordonnant des mouvements de troupes dans diverses directions, en annulant des permissions, en débarquant des armes en Europe, etc. Autant de manifestations d'une intention de se battre.

MARTIN : Avez-vous réellement pensé, le Président et vous-même, que la guerre n'était pas loin?

KENNEDY : Oui.

MARTIN : Vraiment?

KENNEDY : Personne ne la voyait aussi proche que nous.

Je ne sais plus si nous en avons parlé ensemble en pourcentage de risque; mais je pensais, pour ma part, qu'il y avait à peu près une chance sur cinq pour qu'elle éclate.

MARTIN : Vraiment?

KENNEDY : Oui [...].

Nous avons eu quantité de réunions au sujet de Berlin. A ce moment-là, j'étais partisan d'un relèvement du taux des impôts d'un point ou d'un point et demi. Par la suite, mon frère avait l'habitude de me dire... enfin, je suppose qu'il s'est finalement déclaré hostile à cette idée. Je ne sais pas qui en était partisan; mais il me semble que le nombre des partisans équilibrait à peu près celui des adversaires.

MARTIN : Qu'est-ce que le Président avait l'habitude de vous dire?

KENNEDY : Lorsque je lui remettais en mémoire des suggestions pas très heureuses qu'il avait lancées, il me rappelait toujours que j'avais été favorable à un alourdissement de la fiscalité.

Lorsque le Président a prononcé son discours du 25 juillet sur Berlin, nous réfléchissions toujours non seulement au rappel de réservistes, mais aussi au relèvement du taux des impôts. Pour moi, il s'agissait là d'une mesure de caractère psychologique : chacun comprendrait ainsi la gravité de la situation et se sentirait concerné. Arguments contre : l'économie se trouvait en état de récession et une augmentation d'un point de la pression fiscale aurait retardé la reprise qui commençait de se profiler. Nous aurions par conséquent commis peut-être une grosse erreur.

MARTIN : Vous étiez à la recherche d'une mesure destinée à faire prendre conscience du sérieux de la situation.

KENNEDY : C'est cela. Mais les considérations économiques ont prévalu. Nous nous réunissions à cette époque deux ou trois fois par semaine, je crois. Nous entrions alors dans l'ère de l'après-crise cubaine : l'ambiance des rapports n'était plus la même, le ton des questions présidentielles s'était durci. Je ne sais comment décrire exactement cette période : je dirais simplement qu'elle a été plus rude, plus pénible que la précédente. Tout ce changement était largement imputable à l'affaire de la baie des Cochons.

McNamara s'est parfaitement comporté; il disait des choses intelligentes et c'est à ce moment qu'il a commencé d'affirmer une personnalité assez dominante.

MARTIN : Quelqu'un a-t-il émis l'idée d'abandonner Berlin?

KENNEDY : Non.

MARTIN : N'a-t-elle jamais été envisagée comme une possibilité?

KENNEDY : Non, non.

MARTIN : La grande question suivante a été celle des essais nucléaires.

KENNEDY : Voyez-vous, je n'étais là qu'un empêcheur de danser en rond. Je trouvais en effet scandaleux que les Russes aient repris leurs essais nucléaires [1], sans que personne aille organiser des manifestations ni lancer des pavés dans les fenêtres de leurs bureaux de relations publiques, comme eux-mêmes l'auraient fait si nous avions repris les nôtres.

J'ai émis l'idée que nous obtiendrions de meilleurs résultats si nous arrivions à mobiliser toutes les énergies que recèle la société américaine, à susciter des contacts entre ses divers éléments et leurs équivalents dans les autres pays : hommes d'affaires avec hommes d'affaires, hommes de loi avec hommes de loi, syndicalistes avec syndicalistes, étudiants avec étudiants, sans parler de ce que pouvaient apporter nos pouvoirs publics (encore que nous ne disposions pas d'un appareil de parti semblable à celui des pays communistes, et qui leur donne une certaine supériorité sur nous). Le Président m'a donc désigné, pour former, avec Maxwell Taylor et quelqu'un d'autre, une cellule de réflexion sur cette proposition. Nous avons fait une étude avec le concours de la CIA, ainsi que celui d'Arthur Goldberg, que j'avais associé à nos travaux.

MARTIN : Je suppose qu'il s'agissait pour nous de retirer un bénéfice moral, tant à l'intérieur qu'à l'étranger, et d'isoler les Soviétiques du reste du monde.

KENNEDY : Oui. Mais le bénéfice a été assez mince, car nous avons eu, une fois de plus, des difficultés avec le département d'État. A l'époque où Khrouchtchev a annoncé qu'il allait tester sa bombe de cent mégatonnes, nous avions prévu d'exciter à travers le monde des groupes de gens qui auraient été particulièrement inquiets si nous avions procédé à cet essai à la place des Russes. A la manière inimi-

---

1. L'URSS avait annoncé, le 30 août 1961, la reprise de ses essais nucléaires.

table qui est la sienne, le département d'État a phagocyté l'opération en en confiant la réalisation à Bill Jordan, qui venait du *New York Times*. Naturellement, sitôt nommé membre du conseil de prévision politique des affaires étrangères, Jordan a été expédié au Viêt-nam pour s'y occuper de tout autre chose. Le Président a alors confié la responsabilité du projet à George McGhee. J'ai eu deux ou trois réunions avec ce dernier, lequel m'a assuré que toutes les dispositions étaient prises et qu'il suivait l'affaire. C'est à ce moment que j'ai commencé à détester ce personnage : c'est le genre d'homme qui n'arrête pas de parler, une phrase après l'autre, un paragraphe après l'autre, pour strictement rien dire. En réalité, il ne voulait rien faire et ne suivait même pas le projet [...]. Cette bataille a duré un an; puis McGhee a été nommé ambassadeur à Bonn, en remplacement de Walter Dowling, qui a été particulièrement mal traité à cette occasion et qui a quitté les Affaires étrangères. Ce McGhee était absolument nul et représentait l'un des problèmes que nous avions au département d'État.

MARTIN : Revenons aux essais nucléaires. Nous avons repris les nôtres le 15 septembre, dans le Nevada. Y a-t-il eu à ce sujet un grand débat, au sein du gouvernement?

KENNEDY : Oui. Surtout sur la nature des essais : dimension des bombes, nombre d'explosions, durée de l'expérience.

MARTIN : Mais le principe même de la reprise n'a guère donné lieu à discussions, n'est-ce pas?

KENNEDY : Le principe était acquis : nous pensions qu'il fallait reprendre les essais.

MARTIN : Pourquoi? Pour des raisons scientifiques?

KENNEDY : Oui, car les milieux scientifiques étaient persuadés que nous y gagnerions énormément. De plus, il y a toujours eu au sein du gouvernement et de l'administration des éléments favorables à une reprise des essais. Leur point de vue l'a emporté lorsque les Russes ont repris les leurs. Mais le Président n'était pas enthousiaste. Il a posé un certain nombre de questions très précises. Les essais devaient conduire à la mise au point de bombes plus petites et plus puissantes; mais le Président n'était pas convaincu de leur absolue nécessité.

MARTIN : Sa réticence s'appuyait-elle sur d'autres raisons?

KENNEDY : Quand il a finalement donné son accord, il a prévu des limites plus strictes, à cause du problème des retombées : il fallait les réduire à environ vingt-cinq pour cent de celles des Russes. Mais je crois que le Président ne se serait pas laissé convaincre s'il n'avait pensé que les essais présentaient un intérêt certain sur le plan militaire. D'ailleurs, l'un des meilleurs arguments des scientifiques portait sur la possibilité de mettre alors au point un missile antimissiles. C'est cette raison qui a emporté l'accord du Président.

MARTIN : Quel rapport avec les essais?

KENNEDY : Si, si; il y en a un.

MARTIN : Vraiment?

KENNEDY : Oui. La technique du missile antimissile consiste, en partie, à provoquer dans le ciel une explosion qui repoussera les bombes ou détruira les missiles adverses.

MARTIN : Je vois [...]. Je reviens à la question de Berlin. Une raison particulière, un fait précis expliquent-ils que la situation se soit tassée peu à peu? Le Président disait encore à la fin de l'année que celle-ci restait dangereuse et que nous étions loin d'être sortis d'affaire. La psychose de crise était néanmoins passée. Que s'est-il produit durant l'automne, pour entraîner cette évolution?

KENNEDY : Plusieurs choses. D'abord, la réaction du Président et du pays dans le courant de l'automne : l'envoi de troupes, l'intention de se battre si nécessaire, qui était évidente chez le Président. Nous avons consacré une bonne partie de notre temps à étudier les différentes possibilités : la façon dont nous réagirions si un missile lancé du sol abattait l'un de nos avions, si un avion communiste abattait l'un de nos appareils, si...

MARTIN : Qu'aviez-vous prévu?

KENNEDY : Nous avions plusieurs solutions. Mais le problème, c'était d'obtenir l'accord de tous nos alliés. Cette épreuve nous a vraiment appris une leçon, celle de l'avantage dont bénéficient les communistes et les dictateurs : ceux-ci peuvent se contenter d'arrêter une politique, sans avoir besoin de la rendre publique.

A cette époque, les journaux criaient à qui mieux mieux : Pourquoi ne montrons-nous pas la même fermeté que la France? Les Français font face à Khrouchtchev, ils ne lâcheront pas sur Berlin et nous, nous hésitons. En réalité, c'est la France qui a causé le plus de difficultés quand il s'est agi d'étudier des questions précises. Les Anglais n'ont guère été meilleurs; mais les Français! Dès que l'on se mettait à décider d'une ligne de conduite au cas où se produirait tel ou tel incident, les Français ne donnaient jamais, ou très rarement, leur accord sur une riposte immédiate : ils se réservaient systématiquement la possibilité d'en reparler. Avec eux, jamais de mesure définitive. Voilà ce qui a rendu la programmation si difficile.

De plus, l'obligation de discuter avec les autres pays comportait le risque de fuites : nous avions en permanence l'impression que nos décisions se retrouveraient dans les journaux ou sous les yeux des Russes, qui connaîtraient ainsi à l'avance toutes nos réactions. Supériorité de Khrouchtchev : il pouvait décider d'aller jusqu'à un certain point, y aller sans faiblir, puis décider de reculer ou non. Alors que nous, nous ne pouvions prendre aucune initiative ni reculer sans demander l'accord de nos alliés : Khrouchtchev pouvait jouer avec nous comme d'un yoyo. Nous avons ainsi eu beaucoup de mal à réagir. Et ceux qui nous ont créé le plus de difficultés, ce sont les Français.

MARTIN : Quand vous dites : « la France », « les Français », c'est à de Gaulle que vous pensez?

KENNEDY : Je suppose qu'il était l'un de ceux qui prenaient les décisions. Mais les consultations ne passaient pas directement par lui : elles intervenaient par l'intermédiaire de l'ambassadeur de France ou d'un représentant de son gouvernement.

MARTIN : Qui avez-vous donc consulté? Qui était chargé de ces consultations?

KENNEDY : Pour certaines décisions, tous les pays de l'OTAN; pour d'autres, la France seulement. Sur Berlin en particulier : la France et la Grande-Bretagne. Mais, comme je vous l'ai dit, ce sont les Français qui nous ont posé le plus de problèmes. Lorsque je suis allé à Berlin au début de 1962, le commandant américain de la place m'a raconté qu'il avait eu exactement le même problème sur le terrain : alors que c'étaient toujours les Français qui ne voulaient pas suivre, c'étaient eux que les déclarations publiques et la presse de l'époque présentaient comme les véritables tenants de la fermeté et de la résistance aux entreprises de Khrouchtchev.

Toutes ces considérations nous ramènent aux éléments fondamentaux de notre stratégie, qui commençait à être mise au point à cette époque. L'idée du Président était de faire en sorte que nous n'ayons pas à répondre par une guerre atomique à une initiative adverse de moindre envergure. Or, de Gaulle et, dans une certaine mesure, les Anglais étaient persuadés, pour une bonne part en raison de ce que nous leur avions dit pendant les dix années précédentes, que nous réagirions par l'arme atomique à toute initiative soviétique. Le souci de De Gaulle était, en ce cas et même si le délai de réflexion se trouvait réduit à quarante-huit ou vingt-quatre heures, de préserver une marge de manœuvre permettant, dans ce délai, de recourir seulement aux armes conventionnelles. Si l'adversaire envoie un peloton, faut-il lancer une bombe atomique sur Moscou, ou envoyer deux pelotons? Et s'il envoie l'équivalent d'une brigade, quelle doit être la réaction?

Voilà pourquoi les Français ne voulaient pas définir de réactions à un incident précis, tel que la destruction de l'un de nos avions ou une action de barrage devant l'acheminement de nos troupes. Ils n'y avaient en réalité jamais réfléchi, persuadés que tout finirait par un conflit atomique. Issue dans laquelle le Président a toujours vu une solution dangereuse, mais aussi une position de faiblesse, car elle ne laissait aucune souplesse à notre action.

Notre stratégie inquiétait naturellement les Allemands, et notamment Adenauer, et ceux-ci m'en ont parlé avec beaucoup de détails lorsque je suis allé là-bas en 1962.

MARTIN : Adenauer était-il hostile à nos conceptions?

KENNEDY : Oui. Essentiellement parce qu'il pensait ou imaginait que, pendant que les Russes s'avanceraient jusqu'au Rhin, nous serions occupés à discuter et à négocier, et que la plus grande partie de l'Allemagne serait sous contrôle soviétique avant que nous ayons terminé nos palabres. Cette situation correspondrait en fin de guerre à un statu quo à partir duquel les Russes pourraient négocier. Ce que voulait Adenauer, face à la supériorité conventionnelle des Soviétiques, c'était que nous lancions une bombe atomique au moindre mouvement de leur part, de manière à leur faire comprendre qu'ils risquaient un conflit nucléaire à l'échelle mondiale.

MARTIN : Quelle était la position de la Grande-Bretagne?

KENNEDY : Les Anglais manifestaient un petit peu plus de souplesse. Comme tout le monde aujourd'hui, je crois. Le plus gros problème que nous ayons eu avec eux venait de ce que nous leur avions auparavant dit et répété que nous nous en tiendrions à l'arme atomique.

MARTIN : Vous vous référez là à la politique de l'administration Eisenhower : celle des représailles massives, n'est-ce pas?

KENNEDY : C'est exact.

MARTIN : C'est un complet revirement de notre politique étrangère que vous abordez maintenant.

KENNEDY : C'est juste. Et c'est le Président qui en a été l'auteur, pour l'essentiel. A part lui, c'est Maxwell Taylor qui a joué le plus grand rôle à cet égard : il était convaincu de la nécessité d'un renforcement de notre armement conventionnel. Il y a eu des débats houleux, auxquels Dean Acheson a participé. Au printemps 1961, le Président a confié à Taylor la mission de présenter une étude, un rapport et des recommandations sur les mesures à prendre, et l'intéressé était partisan d'envoyer en Allemagne des effectifs considérablement plus importants en 1961.

MARTIN : Des forces conventionnelles?

KENNEDY : Oui. Il y a eu un compromis là-dessus. Et nous en revenons à la question précédente, aux causes de la diminution de la tension au sujet de Berlin, c'est-à-dire à l'effort important et coûteux que nous avons consenti en vue d'accroître des effectifs qui n'étaient considérables que sur le papier et d'améliorer leur équipement. L'autre facteur de détente était constitué par le fait que la construction du mur réglait un problème qui ennuyait sérieusement les Russes : l'exode massif des meilleurs éléments d'Allemagne de l'Est.

Mais je ne soulignerai jamais assez l'inquiétude que la perspective d'une guerre causait au Président et à tous ceux qui étaient associés au débat. En effet, tirant la leçon de l'affaire de la baie des Cochons, Khrouchtchev s'était lancé dans une première tentative de sondage de la détermination du Président et la réponse était en train de lui arriver. Comme je vous l'ai dit, je n'ai cessé d'avertir Bolchakov que nous nous battrions et lui n'a cessé de transmettre le message.

MARTIN : Qui négociait pour notre compte avec les ambassadeurs de France et de Grande-Bretagne?

KENNEDY : Quelqu'un du département d'État. Nous nous réunissions à la Maison Blanche – il ne s'agissait pas du Conseil de la sécurité nationale, mais d'un comité moins nombreux –, et nous examinions les mesures à prendre dans chaque série de circonstances. La décision était ensuite transmise aux fins de négociation. C'est Paul Nitze, me semble-t-il, qui a réalisé la plus grande partie de ce travail.

MARTIN : Il était directeur général au Pentagone.

KENNEDY : Oui. C'est lui qui était chargé de tenter d'obtenir l'accord des alliés.

MARTIN : Et pas Dean Rusk, n'est-ce pas?

KENNEDY : Non.

MARTIN : Et pourquoi?

KENNEDY : Les directeurs généraux des Affaires étrangères n'ont pas été chargés de cela, voilà tout. Les deux ambassadeurs transmettaient ensuite chez eux les propositions que nous leur avions ainsi présentées, car ils n'avaient pas de pouvoirs de décision.

MARTIN : Khrouchtchev avait apparemment des difficultés avec Pékin [1]. Il me semble que celles-ci se sont manifestées dès la fin de l'automne de cette année-là. Elles ont peut-être constitué un facteur de détente, n'est-ce pas? Ou bien leur effet s'est fait sentir plus tard?

KENNEDY : Elles ne sont pas entrées en ligne de compte dans notre réflexion de l'époque dont nous parlons. Je ne sais d'ailleurs pas si quiconque a cherché à ce moment-là à évaluer leurs conséquences; en tout cas, je n'ai pas entendu de débat sur le sujet.

MARTIN : C'est bien au cours de cet automne de 1961 que le Président a déclaré que chacun devrait disposer d'un abri antiatomique, n'est-ce pas?

KENNEDY : Oui, oui.

MARTIN : Et qu'il a fait peur à tout le pays?

---

1. De sérieuses dissensions idéologiques sont apparues au début des années 60 entre la Chine et l'URSS.

KENNEDY : Oui.

MARTIN : N'auriez-vous pas dû prendre des dispositions pour atténuer les appréhensions de la population, pour éviter une réaction de panique ?

KENNEDY : Non, parce que le risque de guerre était jugé certain, ainsi que je vous l'ai dit.

MARTIN : Le Président ne plaisantait donc pas, pas plus qu'il ne cherchait à rassembler derrière lui l'opinion publique ?

KENNEDY : Non. Non. Non. Nous avons commandé une étude sur le risque de pertes humaines : celle-ci a montré qu'en l'absence d'abris nous aurions dans les soixante-dix millions de morts au bout de vingt-quatre heures et que l'existence d'abris pourrait réduire ce chiffre aux environs de cinquante millions. La construction d'abris permettrait d'épargner vingt millions de vie humaines : voilà pourquoi le Président a pensé qu'il était de son devoir, pour le moins, d'en informer la population.

MARTIN : [...] C'est dans le courant de l'automne que Khrouchtchev a annoncé son intention de reprendre les essais nucléaires dans l'atmosphère – et qu'il est passé à l'acte. Nous n'avons pas repris les nôtres avant le printemps suivant, si j'ai bonne mémoire. Alors, savez-vous à quelle époque le Président a décidé la reprise de nos essais ?

KENNEDY : Immédiatement.

MARTIN : C'est ce que j'imaginais. Mais pourquoi avoir attendu si longtemps pour agir ?

KENNEDY : D'abord, parce qu'il tenait à ce que les retombées soient réduites le plus possible : il voulait donc que les essais interviennent dans les meilleures conditions atmosphériques. Par ailleurs, la préparation des essais demande du temps. Enfin, la décision comportait des aspects politiques.

MARTIN : Dans le pays ?

KENNEDY : Non ; sur le plan international : il convenait de choisir le moment de l'annonce, en tenant compte des circonstances. La question de principe d'une reprise des essais, il l'avait déjà fait étudier sous l'angle de la nécessité : il était arrivé à la conclusion que le comportement des gens d'en face rendait cette décision nécessaire.

Ce processus a pris quelque temps. Ensuite s'est posée la question du choix du moment de l'annonce.

MARTIN : Vous souvenez-vous de la manière dont le Président a arrêté une date ? Le choix du moment étant de l'essence même de la politique, je me demande simplement si, à propos de cette circonstance ou d'autres occasions, vous avez souvenir de la façon dont le Président choisissait son moment.

KENNEDY : C'était, en principe, lorsque tout était prêt pour une action, et pour une action rapide. Il fallait éviter que l'exécution traîne en longueur. Dans le cas des essais dans l'atmosphère, certains d'entre eux ne se sont pas trouvés au point avant quelque temps. Or, il convenait de s'assurer qu'ils puissent tous être effectués dans un délai aussi court que possible. C'est, je pense, la principale considération qui a déterminé le calendrier. Il fallait également limiter le plus possible les retombées, car nous savions que celles-ci avaient été considérables dans les essais soviétiques.

Nous avions, par ailleurs, été très impressionnés par le fait que Khrouchtchev avait été en mesure d'annoncer ses essais et d'y procéder immédiatement, sans provoquer véritablement un tollé mondial. Le Président avait constitué à ce sujet un comité qui n'a pas donné grands résultats et qui aurait en tout cas pu en faire un peu plus.

MARTIN : [...] Sûrement tout président est-il désireux de réalisations ; mais les choses ne se passent jamais comme on l'espère : avant de pouvoir suivre lui-même une affaire, il a dix autres crises sur les bras. Y a-t-il eu là un problème dont votre frère vous ait parlé ?

KENNEDY : Oui.

MARTIN : Comment réagissait-il devant cette situation ?

KENNEDY : Il écrivait de nombreuses notes. Ainsi, dans l'avion du Cap Cod, il avait toujours avec lui son dictaphone : nous lui lisions des papiers et il dictait des notes destinées aux divers ministères. Le relais était ensuite pris par les collaborateurs de la Maison Blanche. Je dois dire que la procédure était devenue infiniment plus efficace dans les derniers temps.

MARTIN : Ce genre de suivi permanent a-t-il donné de bons résultats ? Il me semble en effet que le plus difficile dans l'exécution d'une politique, c'est le suivi permanent.

KENNEDY : Je crois qu'il a donné de bons résultats dans certains cas. Mais il était horriblement difficile de faire bouger le département d'État. A cause de sa mauvaise organisation, d'abord. A cause de ce Dean Rusk, aussi, que le Président s'apprêtait à remplacer en 1965, dès le début d'un second mandat.

Il était devenu évident, dans les six derniers mois, que les avis du ministre des Affaires étrangères étaient presque toujours erronés, particulièrement en ce qui concernait le Viêt-nam [...]. Il ne suivait aucune affaire, ne lançait jamais une idée neuve et ses services ne prenaient pas la moindre initiative. Je dirais que, sur dix idées nouvelles ou plans d'action, six venaient du Président seul, deux de ce dernier et des collaborateurs de la Maison Blanche, et deux du département d'État et des autres ministères. Mais je crois que vous savez déjà ce que je pense de Rusk et de ses services.

MARTIN : C'est au cours de cet automne-là que la situation a commencé de se gâter au Viêt-nam. Maxwell Taylor a alors été dépêché là-bas. La presse a rapporté que le Président était vigoureusement hostile à l'envoi de troupes de combat dans ce pays. Vous souvenez-vous d'avoir évoqué ce sujet avec lui à ce moment?

KENNEDY : Oui [...]. L'une des solutions suggérées avait été d'envoyer des troupes, à l'instar de la France, et de mener une guerre. Le général MacArthur, lorsqu'il est venu voir le Président, s'était déclaré hostile à l'envoi de quelques troupes que ce soit en Asie du Sud-Est, assurant que ce serait une lourde erreur, parce que nous ne nous en sortirions pas. D'où la mission Taylor, chargée d'étudier la solution initialement proposée. Le Président était allé au Viêt-nam en 1951 et avait été très impressionné par la pugnacité des troupes françaises : une bonne partie d'entre elles venait de la Légion étrangère; elles comportaient beaucoup de parachutistes; les effectifs représentaient plusieurs centaines de milliers d'hommes; tout cela produisait une forte impression. Et les Français ont été battus. A son retour, Taylor a prononcé un discours à ce sujet, sur le thème de la nécessité de l'accord et de l'appui de la population. Lorsque le Président a déclaré qu'il n'y aurait pas d'envoi de troupes, ce qu'il rejetait, c'était la suggestion de certains militaires tendant à expédier plusieurs divisions et à participer aux combats. Les hommes que nous avons finalement envoyés – quelque seize ou dix-sept mille – avaient seulement un rôle de conseillers.

MARTIN : Le Président avait-il le sentiment qu'il nous faudrait un jour nous engager largement au Viêt-nam?

KENNEDY : Nous n'avons pas manqué d'envisager les conséquences d'un abandon du Viêt-nam et même du Sud-Est asiatique, en nous demandant s'il valait la peine de s'y accrocher.

MARTIN : Qu'en pensait le Président?

KENNEDY : Il est arrivé à la conclusion que ce serait probablement utile sur le plan psychologique, politique, plus que pour toute autre raison.

MARTIN : Pour des raisons de politique internationle?

KENNEDY : Oui.

MARTIN : Il faut dire que, dans le pays, le corps électoral n'y est guère favorable.

KENNEDY : C'est juste. De plus, nos services de renseignement avaient, une fois de plus, fait du mauvais travail : je vous ai raconté comment ils s'étaient trompés sur les maladies que les soldats risquaient d'attraper là-bas. Et aussi la passe d'armes avec l'état-major général des armées sur la question des aéroports du Laos. Mais Maxwell Taylor commençait à cette époque de tenir une place plus importante ; les réorganisations inspirées par le fiasco de Cuba se mettaient en place : nous devenions mieux armés pour traiter ce genre de problèmes. Et puis nous avons envoyé quelques autres équipes d'études au Laos et au Viêt-nam, en vue de réunir des renseignements. Toujours avec l'idée, née de l'aventure cubaine, de centraliser les rapports au Président.

Sans l'affaire de la baie des Cochons, nous aurions probablement envoyé au Laos et au Viêt-nam des effectifs importants, et cela aurait été très dommageable. La politique que nous avons suivie a résulté, me semble-t-il, du fait que le Président est revenu inlassablement sur les mêmes sujets, posant question sur question, cherchant à obtenir des réponses claires, sans tenir compte d'une opinion individuelle, quel qu'ait été le grade de l'intéressé.

MARTIN : C'est au cours de cet automne-là que le Président a déposé devant le Congrès un projet de loi relatif au commerce extérieur et aux droits de douane, destiné à nous lier plus étroitement au Marché commun. Y voyait-il un élément de concertation avec nos alliés européens ou seulement un intérêt économique?

KENNEDY : Je ne sais pas si cette distinction existait dans son esprit, ni quel aspect il jugeait plus important.

MARTIN : Passons. Le Président s'est rendu cet automne-là au Venezuela et en Colombie? Pourquoi justement ces deux pays, et pourquoi l'Amérique latine?

KENNEDY : Il voulait souligner l'importance de cette partie du monde, qui est un pilier de notre politique étrangère. Il se sentait particulièrement proche du Venezuela et de la Colombie, à cause de leurs liens d'amitié traditionnels avec les Etats-Unis.

MARTIN : Ce voyage a été un très grand succès, n'est-ce pas?

KENNEDY : Oui, tout à fait.

MARTIN : Dans le courant de l'automne 1961, le Premier ministre de Guyane britannique, Cheddi Jagan, est venu à Washington. Il semble que le Président se soit donné beaucoup de mal pour bien le recevoir. Était-il très inquiet de la situation dans ce pays-là?

KENNEDY : Oui, très inquiet. La perspective de la présence d'un second bastion communiste dans l'hémisphère occidental, en sus de Cuba, annonçait bien des difficultés supplémentaires. Le Président était à peu près convaincu que Jagan était communiste.

MARTIN : Il a voulu essayer de s'arranger avec lui, mais il n'y a pas eu moyen. Quelle était l'idée du Président et que pensait-il pouvoir faire?

KENNEDY : Nous avons conçu plusieurs approches, auxquelles j'ai participé en cours de route, et qui tendaient à obtenir des Anglais qu'ils proposent une solution. Comme la Guyane allait entrer en période électorale, nous nous sommes demandé si nous ne pourrions pas soutenir ou faire soutenir par les syndicats le rival de Jagan, si la

230

Grande-Bretagne ne pourrait envisager d'accorder l'indépendance à ce territoire qui jouissait seulement de l'autonomie interne. La CIA et d'autres organismes ont préparé des études sur la manière de traiter avec Jagan; mais, pour l'essentiel, tout reposait sur les Anglais : nous nous sommes donc attachés surtout à amener ceux-ci à admettre notre inquiétude, à les inviter à prendre des mesures en vue de contrôler la situation. Or, ils se sont montrés réticents.

MARTIN : Pourquoi?

KENNEDY : Ils n'étaient pas aussi préoccupés que nous.

MARTIN : Ne comprenaient-ils pas les raisons de notre inquiétude?

KENNEDY : Non.

MARTIN : Si l'on se place sur le plan de la vie politique intérieure, c'était justement ces raisons qui étaient importantes.

KENNEDY : Il y allait aussi de l'avenir de l'Amérique latine.

MARTIN : Mais il s'agissait d'un très petit pays.

KENNEDY : Cuba n'est pas un grand pays, mais nous a causé pas mal d'ennuis.

MARTIN : Et des ennuis d'un genre que la plupart des gens n'ont pas aperçu. C'est en effet Castro qui a renforcé artificiellement notre droite militariste. Nous avons vu se profiler chez nous des apprentis dictateurs, lorsqu'il est arrivé au pouvoir, en 1959.

KENNEDY : Oui.

MARTIN : Le Président a prononcé au mois d'octobre 1961, à l'université de la Caroline du Nord, un discours qui contenait ces mots : « Ils se trompent, ceux qui croient que l'on peut obtenir une victoire totale ou une défaite totale : c'est là une illusion dangereuse. » C'est un thème que l'on retrouve aussi bien dans la campagne présidentielle que dans les années de la présidence, n'est-ce pas?

KENNEDY : Oui, je crois. Et plus souvent durant la présidence, en raison des prévisions que j'ai évoquées à propos de la crise de Berlin : le nombre des victimes, la possibilité d'un conflit armé, l'anéantissement de populations par la bombe que nous lancerions sur l'Union soviétique. Un groupe d'études rend compte chaque année au Président des conséquences d'une guerre pour les Etats-Unis et pour l'URSS : ces rapports donnent froid dans le dos.

MARTIN : Je l'imagine.

KENNEDY : Ce sont les villes que ces études prennent en considération : que se passe-t-il si l'Union soviétique ou les Etats-Unis subissent un bombardement, que se passe-t-il si le bombardement est concentré sur les régions les plus peuplées ou au contraire sur les objectifs militaires ? Voilà l'explication de toutes nos discussions de 1963 sur la question de savoir si nous axerions notre action sur ces derniers plutôt que sur des populations civiles.

MARTIN : C'est à cette époque, ou peut-être un peu plus tard, que George Kennan a proposé, au sujet de l'Europe, une idée tout à fait nouvelle, sous le nom de désengagement. Dans un discours, Dean Rusk a rejeté cette suggestion. Le Président l'a-t-il jamais considérée sérieusement ?

KENNEDY : Je crois qu'il la trouvait peu réaliste pour l'époque. Notre politique était peut-être trop largement déterminée sur la base de ce que l'Allemagne voulait ou ne voulait pas, mais voilà qui correspondait à une réalité du moment. Adenauer se méfiait du président Kennedy. Il nous causait pas mal d'ennuis, avec sa manie de se plaindre de ce dernier auprès de tiers. Lorsqu'il est venu à Washington, tout s'est bien passé et il a apprécié le Président, et puis il est venu se plaindre auprès de moi et d'autres personnes. Mon frère a fini, en 1963, je crois, par lui envoyer une lettre très sèche sur ses récriminations, soulignant que les troupes qui se trouvaient en Allemagne étaient américaines, que les Etats-Unis supportaient le fardeau de la défense et payaient la facture.

Mais, en ce qui concerne la proposition de Kennan et les autres suggestions qui ont été présentées, le Président estimait, me semble-t-il, qu'il lui fallait, tout au moins pendant la durée d'un premier mandat, agir sur la base des réalités politiques du jour.

MARTIN : C'est à la fin de cet automne-là qu'est intervenue la démission du général Walker [1], manifestation de l'extrémisme de droite qui

---

1. Fortement orienté à droite et vigoureux critique de l'administration Kennedy, le major-général Edwin Walker dénonçait les influences communistes dans les pouvoirs publics et les milieux militaires. Il a quitté l'armée au mois de novembre 1961.

agitait alors le pays. Cette vague d'opinion inquiétait-elle le Président?

KENNEDY : Pas vraiment.

MARTIN : Et la John Birch Society? et les autres mouvements d'extrême-droite?

KENNEDY : Pas plus.

MARTIN : Il n'y voyait pas une force politique d'importance?

KENNEDY : Non. Il trouvait que tout cela était idiot, que Walker était cinglé et que tous les autres étaient de simples emmerdeurs. Il prenait ces manifestations avec beaucoup d'humour.

MARTIN : C'est au cours de ce même mois de novembre 1961 que le Président a nommé Teodoro Moscoso au poste de coordinateur de l'Alliance pour le progrès. Celui-ci avait été précédemment ambassadeur au Venezuela. Quelle opinion votre frère avait-il de lui?

KENNEDY : Il aimait bien le personnage, mais il a fini par penser que ce n'était pas un très bon administrateur.

MARTIN : A cet égard, Moscoso était en bonne compagnie.

KENNEDY : Le Président ne trouvait personne pour reprendre ce poste. J'aurais moi-même peut-être pu m'intéresser davantage à l'Amérique latine.

MARTIN : Regrettez-vous de ne pas l'avoir fait?

KENNEDY : Je ne m'y serais intéressé qu'au cours d'un second mandat présidentiel. Le problème qui s'est posé alors, peu à peu, était de trouver un remplaçant pour Moscoso à l'Alliance pour le progrès.

En ce qui concernait l'Agence du développement international, je vous ai raconté les déboires que nous avions eus avec Fowler Hamilton, lorsque nous l'avons mis à la tête de l'AID, ne pouvant le mettre à la CIA. Ce dernier s'est révélé très mauvais administrateur et l'AID est allée à vau-l'eau. Le Président l'a amené à démissionner et a fait appel à Sargent Shriver, lequel a estimé en conscience ne pouvoir procéder au nettoyage qui s'imposait au niveau du personnel. Le poste a donc été proposé à David Bell, qui était alors directeur du bureau du budget.

MARTIN : Lorsqu'il a été nommé, je lui ai envoyé un mot, lui souhaitant bien du plaisir : l'AID était un véritable marécage.

KENNEDY : David Bell y a fait du bon travail.

MARTIN : Bien sûr : il était seul à pouvoir diriger l'AID.

KENNEDY : Lorsque nous réunissions notre comité anti-insurrections, c'était Fowler Hamilton qui venait ; puis il a envoyé son adjoint, Frank Coffin, et ni l'un ni l'autre ne pouvait jamais répondre aux questions posées. Tous les problèmes que nous avons rencontrés venaient pratiquement de l'AID.

MARTIN : Comment expliquez-vous que l'Alliance pour le progrès ait été un échec, alors qu'elle avait débuté sous des auspices aussi favorables ?

KENNEDY : Nous n'avons pas réussi à trouver le personnel de direction dont nous avions besoin. Ni aux États-Unis ni au niveau local. Et puis, il n'est pas facile de faire marcher ces pays-là : nous avions à faire face à une opposition communiste, mais aussi à une opposition des éléments de droite. Les résultats ont varié suivant les pays, selon le degré de coopération que nous avons obtenu. Par ailleurs, nous ne savions pas très bien quels programmes d'action mettre en place. Mais je crois qu'il s'agissait au total, d'un problème de personnel.

MARTIN : Y avait-il seulement des programmes ?

KENNEDY : Le Président pensait que le concept était valable, que nous allions dans le bon sens, et il était déçu par les résultats.

MARTIN : C'est justement le point auquel je voulais arriver. Était-il prêt à laisser l'Alliance pour le progrès mourir de sa belle mort ?

KENNEDY : Non, non. Il tenait à ce qu'elle marche.

MARTIN : Toujours pendant cet automne-là, l'ONU a repris son sempiternel débat sur l'admission de la Chine communiste. Vous est-il arrivé de parler de ce sujet avec le Président : pas seulement de la tactique à adopter, mais surtout des perspectives qu'ouvrirait cette adhésion, dans nos relations futures avec ce pays ?

KENNEDY : Je la tenais pour acquise, à terme. Mais elle me semblait ne présenter dans l'immédiat aucun intérêt pour notre politique étrangère et un inconvénient certain sur le plan électoral. Nous

234

avions intérêt, du moins dans l'immédiat, à nous y opposer, et j'ai cru comprendre que le Président était de cet avis. Nous avions bien assez de problèmes sur les bras, sans aller perdre notre temps à nous interroger sur l'avenir de la Chine. Il ne me semble pas que nous ayons eu une vision à long terme de nos relations avec ce pays. Nous remettions cet examen à un second mandat présidentiel, à un moment où la situation mondiale aurait été à peu près satisfaisante – ce qui n'était certainement pas le cas en 1961. N'oubliez pas que la conjoncture de la fin de l'année 1963 était totalement différente de celle que nous avons connue en 1961, où chaque jour semblait apporter un nouveau problème.

MARTIN : De ce que vous venez de dire, de même que d'autres réponses précédentes, je retire l'impression que l'année 1961 s'est passée à tenter d'éteindre des incendies, à surmonter tant bien que mal une crise après l'autre. Est-ce que je me trompe beaucoup?

KENNEDY : Non. Nous avons eu l'affaire de la baie des Cochons, la crise de Berlin, puis le problème du Laos et du Viêt-nam. Pensez à tout ce que cela représentait, ajouté à la réorganisation des services, à la recherche du haut personnel idoine, aux bagarres avec un Chester Bowles, sans oublier la difficulté de faire élire les magistrats dont nous avions besoin dans notre combat pour l'égalité dans les droits de l'individu. Un problème après l'autre, et tous à la fois, comme je vous l'ai expliqué. Je vous ai dit aussi que mon frère pensait que le métier de Président serait formidable, s'il n'y avait pas ces Russes...

MARTIN : Quelle était l'impression du Président en cette fin d'année 1961?

KENNEDY : Que nous avancions un peu, mais que le terrain était abominablement glissant. Il n'y avait pas seulement les problèmes internationaux que j'ai évoqués, mais aussi les batailles avec la Chambre des représentants, où nous n'avions pas la majorité, et la presse qui racontait que nous ne faisions rien. Mais mon frère était un peu, dirons-nous, du genre optimiste.

MARTIN : J'ai toujours eu l'impression contraire : le sentiment qu'il était profondément pessimiste.

KENNEDY : Non. Il ne l'était pas vraiment. Je crois que – un peu comme mon père – il voyait toujours le bon côté des choses. Il voyait bien les problèmes, il appréciait bien les perspectives à long terme; mais son perfectionnisme lui rendait insupportable la lecture des journaux. Il tenait absolument à avoir bonne presse, à ce que personne ne fasse de bêtises. A la moindre critique dans les journaux, il réclamait une explication : sans cesse il appelait ses collaborateurs, pour s'assurer que ses instructions étaient bien exécutées.

Cela dit, il faut comprendre qu'il voyait à huit, dix ans de terme. Le moindre geste à l'égard d'un ambassadeur ou d'un chef d'État étranger avait pour lui son importance. Toute initiative avait pour lui un sens : il fallait aller jusque-là, mais pas au-delà. Bien qu'il ait toujours été très préoccupé de la gestion au jour le jour, il n'a jamais perdu de vue les perspectives à long terme, ni l'essentiel d'une situation.

Je vois bien la différence avec les pratiques actuelles, celles de la présidence Johnson. Nous ne commettons pas de grosses sottises, mais nous ne faisons pas les petits gestes qui seraient nécessaires. Nous agissons de moins en moins. Qui plus est, les décisions en matière de politique étrangère sont maintenant prises en fonction de considérations électorales, alors que ce n'était jamais le cas du temps de mon frère.

Bien que le Président ait compris qu'il lui fallait centrer son attention sur les problèmes internationaux – et il n'avait pas le choix –, il savait qu'il y avait beaucoup à faire sur le plan intérieur. D'abord sur la question de l'égalité des droits, où il me laissait une large initiative, en dehors des situations de crise, une fois décidée l'orientation générale. Sur le chômage et sur la pauvreté aussi : tout en sachant qu'une action était nécessaire sur ce plan-là, il voyait bien que la simple considération des milliards de dollars qu'elle représentait en dépenses budgétaires annuelles était de nature à compromettre l'acceptation d'un autre projet, qui n'aurait coûté qu'un milliard de dollars. Il lui fallait donc attendre le vote du projet de loi fiscale.

De là à croire que les choses s'arrangeraient toutes seules, sur le plan intérieur, il y avait un pas qu'il ne franchissait pas. Les crises, c'était à l'extérieur qu'elles se produisaient. Mais tous les autres problèmes le préoccupaient énormément. Les sorties d'or, par exemple : nous avons perdu dans les vingt premiers jours de janvier 1961 trois cent cinquante millions de dollars de métal, et mon frère a pris à cet égard une vingtaine de mesures en l'espace de deux ans et demi. Les entreprises? Je crois que davantage a été fait pour elles dans les trois dernières années que jamais auparavant; et pourtant on ne le sait pas; mais le jour où cette partie de l'histoire sera écrite, on sera étonné.

Certes, il m'arrivait d'être en désaccord avec mon frère. J'ai évoqué précédemment ma suggestion d'un relèvement des prélèvements fiscaux, face à la crise de Berlin, et qui a été écartée pour des raisons d'ordre économique. Le Président ne manquait jamais de me la rappeler. Ainsi, alors que je lui remettais en mémoire mon opposition à la nomination de Cabot Lodge à Saigon – je pensais qu'il nous créerait dans les six mois une foule de difficultés –, mon frère m'a répondu que j'avais le chic de me souvenir toujours des occasions où j'avais eu raison, ajoutant : « Te rappelles-tu ta proposition d'augmentation des impôts? C'était le jour où tu t'étais trompé! »

MARTIN : Votre idée visait à rappeler aux gens la célèbre phrase de l'allocution inaugurale du Président : « Demandez-vous plutôt ce que vous pourriez faire pour votre pays », n'est-ce pas?

KENNEDY : Oui.

MARTIN : Mais je crois que l'on a généralement eu l'impression que vous étiez l'unique partisan de cette mesure fiscale.

KENNEDY : Oui. L'autre accrochage, ou discussion, que j'ai eu avec le Président – je l'évoque pour les archives de l'histoire – s'est produit en 1961, à propos du projet ghanéen de construction d'un barrage sur la Volta. Il était question que nous participions à son financement et je craignais que notre mise de fonds ne soit perdue. Le projet était conçu de manière à faire apparaître que nous apporterions de l'argent chaque année, que nous conserverions le contrôle de l'opération jusqu'à la fin de 1965 et qu'il n'y avait donc pas lieu de s'inquiéter. Compte tenu des difficultés que nous cause le Ghana depuis quelques semaines, cette prévision ne me paraît pas avoir été tout à fait exacte et je ne vois guère comment nous pourrons rentrer dans nos fonds. Toujours est-il que nous avions tenu des réunions sur ce projet et que j'avais avancé l'idée qu'il serait préférable de mettre tout cet argent chez des pays africains amis. Il me semblait en effet difficile d'expliquer à la Côte-d'Ivoire, ou même à la Guinée ou au Togo, par exemple, que nous ne pouvions lui prêter deux ou trois millions de dollars, alors que nous en investissions quatre-vingt-seize au Ghana. Tel était pour moi le problème principal.

Deuxième argument : le risque de perte des fonds. En troisième lieu, il fallait tenir compte de tous les rapports que nous recevions sur Nkrumah, donnant à entendre que ce dernier allait vers le communisme. Nous aurions ainsi construit un barrage au profit des communistes et il me semblait que ce n'était pas une bonne affaire.

Les partisans de la participation faisaient valoir que celle-ci contribuerait à l'amélioration du niveau de vie des Ghanéens. Un retrait de notre part aurait un effet très négatif, non seulement au Ghana, mais aussi dans le monde entier. J'ai donc proposé d'annoncer que nous continuerions d'investir dans ce pays, mais dans d'autres projets, ou que nous verserions les fonds à d'autres pays. J'ai formulé des objections à cette affaire tout au long de l'année 1961 et j'ai eu à ce sujet quelques discussions assez vives avec le Président, qui a finalement décidé de construire ce barrage. Je me souviens de ses remarques sur les gros yeux que je faisais derrière son dos. Rétrospectivement, je pense qu'il a pris la bonne décision.

MARTIN : Oui. Enfin, je ne sais pas. Nous aurions pu nous servir de cet argent dans la république Dominicaine : pour le même prix, nous aurions pu y construire deux barrages.

KENNEDY : Certes. Mais l'effet aurait probablement été négatif.

MARTIN : Sur quelles autres questions vous êtes-vous trouvé en désaccord avec le Président ?

KENNEDY : Nous avons eu des divergences de vues, dans certaines affaires, sur le choix du moment. Il est arrivé aussi que je me pose des questions sur un sujet et que lui décide tout de suite.

MARTIN : Pouvez-vous citer un exemple ?

KENNEDY : Ce qui est merveilleux avec l'histoire orale ou avec la rédaction d'un livre, c'est que l'on peut noter les occasions où l'on a eu plus ou moins raison. Il est arrivé, par exemple, que je ne sache quelle décision prendre et que le Président décide instantanément et dans le sens qui me paraissait le bon : au fil du temps, cela n'a pas manqué de m'impressionner. Il s'est aussi trouvé des situations comportant plusieurs solutions possibles et où je penchais plutôt vers celle-ci ou celle-là, en matière d'égalité des droits, par exemple. Et puis celles où nous avions décidé tous les deux de la conduite à tenir, sur la question de l'égalité des droits en particulier, et où, à la réflexion, notre décision ne m'avait pas paru bonne, auquel cas j'agissais différemment. Je pense ici à la manière de traiter certains problèmes raciaux en Alabama.

MARTIN : Pouvez-vous donner un exemple précis?

KENNEDY : Je pense par exemple à la décision qu'il nous a fallu prendre sur le moment où il conviendrait de réquisitionner la milice locale. Il me semble que nous sommes sortis de la Maison Blanche avec l'idée de ne faire appel à la garde nationale que le lendemain, c'est-à-dire vingt-quatre heures seulement avant l'incident que j'ai évoqué précédemment. Mais j'ai changé d'avis entre-temps.

MARTIN : En avez-vous reparlé au Président?

KENNEDY : Jamais! Il était devenu clair entre nous que, si je me posais des questions sur un problème et si lui avait une idée bien arrêtée sur le sujet, si nous en avions discuté et défini ensemble une ligne de conduite, mais si ensuite, à la réflexion, je penchais pour une solution contraire, je pourrais peut-être alors décider tout seul. Mais si le Président avait une idée très arrêtée et si, de retour à mon bureau, j'en venais à une conclusion différente, alors je lui téléphonais. Je me souviens, en revanche, du matin où je l'ai appelé sur cette affaire de l'Alabama, disant qu'il serait préférable de réquisitionner tout de suite la milice locale et où il m'a répondu : « Restons-en à ce que nous avons décidé. » Et cette décision s'est révélée la bonne. Il reste que la plus grosse difficulté que nous ayons jamais eue pour prendre une décision a porté sur le choix de Johnson comme vice-président.

MARTIN : Vraiment?

KENNEDY : Oui. C'était épouvantable : nous avons changé huit fois d'avis à ce sujet.

MARTIN : Que s'est-il passé sur la question de notre retard dans le domaine des missiles? D'après le *New York Times*, la commission de l'énergie atomique assurait en décembre 1961 que tout allait bien et que nous nous trouvions en situation de supériorité. Mais le problème de notre retard avait fait recette lors de la campagne présidentielle. Qu'en était-il à la fin de l'année 1961?

KENNEDY : L'idée que nous étions en retard sur les Russes s'appuyait sur des rapports de la CIA rapprochant le nombre de missiles dont nous disposions à l'époque et une estimation du nombre des missiles soviétiques. La comparaison faisait apparaître que les Russes avaient une avance considérable. Puis, nous avons été en mesure de prendre des photos par satellites en 1961 et surtout en 1962 et 1963, et nous nous sommes aperçus que les Soviétiques n'avaient pas de missiles. Lorsqu'ils se sont mis à en fabriquer, les satellites ont fait un travail remarquable en prenant des photos aussi bonnes que celles de l'avion d'observation U-2.

A ce propos, l'article de Hanson Baldwin dans le *New York Times* en 1963 * a constitué la fuite la plus grave qu'ait connue l'administration Kennedy : il révélait en effet que nos satellites prenaient des photos, que nous savions quels missiles soviétiques étaient enchâssés dans du béton et lesquels ne l'étaient pas, et que nous pouvions ainsi effectuer des estimations. Il s'en est suivi que les Russes ont modifié toutes leurs procédures, en se mettant à enterrer tous leurs missiles dans le béton, ce qui a causé des difficultés énormes à nos services de renseignement. Nous avons donc cherché à savoir qui avait fourni l'information à Baldwin, et celui-ci en a fait un drame, ainsi que son journal. Mais le conseil consultatif du contre-espionnage, qui conseille le Président sans toutefois être placé sous son autorité, a évalué le dommage et conclu qu'il s'agissait de la pire indiscrétion dont il ait eu à connaître [...].

De cette affaire, Hanson Baldwin a conçu une vive amertume à mon égard, comme vis-à-vis du Président : ses articles s'en sont ressentis en 1963, époque à laquelle il s'est montré systématiquement critique, disant par exemple que nous vivions dans un État policier. Mais l'affaire était terriblement grave. Le Président a finalement eu un entretien avec l'éditeur du journal et lui a montré le rapport des services de renseignement. Ce qui est arrivé ensuite a été particulièrement malheureux, car l'article en cause a conduit les Russes à ajuster toute leur stratégie. Oui, ce Baldwin a été bien déplaisant !

MARTIN : Avez-vous pensé personnellement que nous ayons jamais pris du retard en matière de missiles ?

KENNEDY : Non.

MARTIN : Le Président non plus, n'est-ce pas ? Il l'a cru à l'époque de

* Voir aussi Première partie, p. 52.

sa campagne électorale et, une fois à la Maison Blanche, il est arrivé à la conclusion que ce n'était pas le cas. Est-ce bien cela?

KENNEDY : C'est exact. Nous disposions et disposons encore d'une avance énorme sur les Russes et je pense que c'est l'une des raisons qui les ont incités à reculer dans l'affaire des missiles de Cuba, car nous aurions vraiment pu les anéantir. Mais cette avance va se réduire à mesure que les années passeront.

MARTIN : Le croyez-vous?

KENNEDY : Oui. Elle va diminuer jusqu'en 1968 et 1969, date à partir de laquelle nous nous trouverons à égalité.

MARTIN : Qu'arrivera-t-il alors?

KENNEDY : Nous disposerons de missiles de divers types et mieux répartis et les Soviétiques auront une force de frappe nucléaire supérieure. Ce qui veut simplement dire qu'ils seront mieux que nous en mesure de tuer.

MARTIN : Au mois de décembre, des combats ont éclaté au Congo entre les troupes katangaises et celles de l'ONU. Le Président a pris l'initiative de s'interposer. A première vue, ce geste m'a surpris par son caractère inhabituel, puisque le problème avait déjà été porté devant les Nations Unies. Le Président avait-il une raison particulière d'intervenir, alors que ce n'était pas nécessaire?

KENNEDY : Sa politique au Congo reposait sur l'idée que si ce pays se trouvait coupé en deux États indépendants – le Katanga et le reste – le premier serait riche et puissant et l'autre deviendrait communiste. Le seul moyen de créer un État viable était d'unifier le pays indépendant. Les Belges et les autres se méprenaient lourdement. Si nous voulions empêcher le communisme de s'installer dans le centre de l'Afrique, il nous fallait éviter une partition du Congo, faire l'impossible pour prévenir cette éventualité.

MARTIN : Oui, je crois que telle était bien la raison de notre intervention.

KENNEDY : Le Président s'est totalement engagé dans cette action. Il a nommé ambassadeur au Congo Ed Gullion, un diplomate de carrière

241

que nous avions rencontré au Viêt-nam en 1951 et qui avait fait à mon frère une très forte impression. Le Président a jugé qu'il valait mieux envoyer un homme de son calibre au Congo ou dans un pays d'Amérique latine plutôt qu'à Paris, à Londres ou dans une de ces capitales où une ambassade n'est plus qu'une boîte aux lettres, alors qu'ailleurs le rôle de l'ambassadeur peut être primordial.

MARTIN : Une opposition se développait au Congrès, à l'encontre de la si coûteuse intervention de l'ONU au Congo. Il a fallu lancer un emprunt obligataire, et la presse a beaucoup parlé du Président à ce sujet, n'est-ce pas ?

KENNEDY : Oui. Il avait connaissance des sondages qui montraient la popularité énorme de l'ONU dans l'opinion américaine. Il estimait donc non seulement avoir raison, mais aussi bénéficier de l'appui du pays.

MARTIN : Il se sentait sur un terrain solide et non dans l'isolement, n'est-ce pas ?

KENNEDY : C'est exact. Sa politique congolaise avait été critiquée, notamment par des éditorialistes du *New York Times* tels que Arthur Krok et David Lawrence. Mais il était convaincu que l'autre solution aurait provoqué le chaos au Congo.

MARTIN : Il plaçait une confiance considérable en l'ONU, n'est-ce pas ?

KENNEDY : Il estimait que les Nations Unies représentaient notre plus bel espoir. Sa confiance, il la plaçait surtout dans la puissance et dans le prestige des États-Unis.

MARTIN : Cette idée était fondamentale dans sa politique, n'est-ce pas ?

KENNEDY : Oui, mais les deux ensemble...

MARTIN : Je ne cherchais pas à dévaloriser l'ONU, mais dans la pensée du Président...

KENNEDY : Elle représentait un espoir.

MARTIN : Il a été annoncé à la fin de l'année qu'Abraham Ribicoff allait démissionner de son poste de ministre de la Santé, de l'Instruction publique et des Affaires sociales. De toute façon, il ne s'était pas montré très efficace. Dans quelles circonstances a été nommé son successeur, Anthony Celebrezze, le maire de Cleveland?

KENNEDY : Plusieurs noms nous avaient été suggérés. Celebrezze avait bonne réputation à Cleveland et O'Donnell lui était très favorable. Et puis, il était italien et c'était là un facteur électoral important à considérer. N'oubliez pas que nous nous trouvions dans une année d'élections.

MARTIN : C'est juste. J'ai entendu dire que vous rencontriez des difficultés avec le vote des Italiens dans le Massachusetts au moment de la campagne sénatoriale de votre frère Edward. Était-ce la raison de la nomination de Celebrezze?

KENNEDY : Non.

MARTIN : Vraiment?

KENNEDY : Oui. Son origine italienne est entrée largement en ligne de compte, mais ce n'était pas du tout le Massachusetts que nous avions en vue. Nous avions un petit dicton à son sujet : « Avec Celebrezze, tout est aisé. » Il nous a beaucoup aidés dans tout le pays pour les législatives, car il a amené les suffrages italiens [...].

MARTIN : C'est aux environs de Noël 1961, lorsque le Président est rentré des Bermudes après son entrevue avec Macmillan au sujet des missiles Skybolt, que votre père a eu son attaque, n'est-ce pas?

KENNEDY : Oui. Il était allé à l'aéroport dire au revoir à mon frère, qui devait rentrer le 21 ou le 22 décembre. C'est au retour de ce dernier, ce matin-là vers midi, que mon père a eu cette attaque. Nous sommes tous allés en Floride ce soir-là [...].

MARTIN : Ce drame a sans doute beaucoup impressionné le Président. Son comportement a-t-il changé?

KENNEDY : Non. Mais il regrettait souvent que mon père n'aille pas bien, car il ne pouvait plus s'entretenir avec lui des questions dont il avait l'habitude de lui parler : pendant le conflit de 1962 sur le prix de l'acier, par exemple, sur le projet de loi fiscale et sur d'autres affaires. Il était affreusement pénible pour lui, comme pour nous tous, de voir notre père dans cet état, alors que nous l'avions connu si actif et si compétent.

C'est John qui savait le mieux prendre mon père : il le faisait rire et lui racontait des choses monstrueuses. Le vendredi, mon père attendait impatiemment l'arrivée de l'hélicoptère qui amenait mon frère : les petits séjours que faisait celui-ci avaient beaucoup d'importance pour mon père, qui le raccompagnait le dimanche après-midi à l'héliport.

1962

MARTIN : Une foule de choses ont débuté en 1962. La première a été la loi relative au commerce extérieur et aux droits de douane. Quelle importance le Président y attachait-il? Ce texte passait pour représenter un tournant important dans la politique extérieure américaine. Était-ce aussi l'opinion du Président?

KENNEDY : Oui, mais je me demande s'il n'a pas fini par changer d'avis, lorsque les Français et les Anglais ont...

MARTIN : Ce rêve s'est évanoui quand l'Angleterre s'est vu refuser l'entrée dans le Marché commun.

KENNEDY : Je crois qu'il en avait espéré infiniment plus au début.

MARTIN : Finalement, toute cette affaire n'a guère eu d'importance, n'est-ce pas?

KENNEDY : Je ne dirais pas cela.

MARTIN : Khrouchtchev avait auparavant prononcé un discours sur le thème de la future société d'abondance en URSS. C'était là un véritable tournant.

KENNEDY : S'agissant de Khrouchtchev, je vous dirais que le discours qui a le plus fortement impressionné le Président a été celui du 6 janvier 1961 sur les guerres de libération. Les propos que Khrouchtchev a tenus ce jour-là ont sérieusement influé sur la mise en cause du déséquilibre entre nos forces conventionnelles et notre armement stratégique. Le Président a fait lire ce discours à tous les membres du Conseil de la sécurité nationale et à tous les chefs militaires.

Ce texte présentait en effet une grande importance. Il signifiait que les guerres ne se résumeraient pas à un échange de bombes atomiques, mais qu'elles seraient menées par la subversion, par le renversement de gouvernements, par la guerre civile, par la désobéissance civile. Le Président estimait nécessaire d'adapter nos ripostes à ce genre de situations, jugeant que nous avions jusque-là trop largement fait confiance à la bombe atomique. Nous avions désormais besoin de gens capables de se servir d'un fusil et il importait de renforcer nos moyens les plus conventionnels. Lorsqu'il a abordé cette question, six mois après l'affaire de Cuba, notre comité anti-insurrections s'est efforcé d'évaluer les mesures à prendre. L'une des suggestions a porté sur la création d'une école qui fournirait un enseignement sur la subversion et sur le communisme. Un séminaire a été mis en place à cet effet, sous l'égide du comité anti-insurrections; il réunit une soixantaine de personnes qui occupent ou sont destinées à occuper des postes importants. Puis nous avons quadruplé l'effectif de nos forces d'intervention spéciale, à qui le Président a donné des bérets verts.

MARTIN : Était-ce une idée du Président?

KENNEDY : Oui, je crois. J'ai fait venir ces militaires à béret vert aux funérailles de mon frère, car il tenait beaucoup aux unités d'intervention spéciale [...].

MARTIN : Le discours de Khrouchtchev du 6 janvier 1961 a joué un rôle important dans tout cela. Mais un an plus tard, Khrouchtchev s'est mis à parler comme un capitaliste, sur le thème de la société d'abondance. Le ton du dialogue avec l'Union soviétique a complètement changé. Je crois que les Russes avaient à cette époque-là des difficultés avec les communistes chinois et avec l'Albanie. De plus, notre attitude de 1961 avait dû commencer à produire un effet sur eux. Avez-vous souvenir d'avoir parlé au Président d'un changement réel, au moins en apparence, dans le comportement de Khrouchtchev?

KENNEDY : Il me semble que nous sommes parvenus, à ce moment-là ou peut-être plus tard, à la conclusion que ce ton nouveau servait un objectif. Khrouchtchev alternait l'amabilité et l'hostilité, de manière à tenir tout le monde en haleine. Il s'est montré conciliant en 1962, mais à la fin de l'année il envoyait des missiles à Cuba. A la fin de 1961, nous avions eu la crise de Berlin, puis le problème du Laos. Je pense que Khrouchtchev voulait simplement voir nos réactions à ses pressions.

246

MARTIN : Estimiez-vous qu'il ne s'agissait de sa part que d'une tactique ?

KENNEDY : Oui.

MARTIN : Et non d'un revirement de fond ?

KENNEDY : Non. L'affaire de Cuba avait démontré aussi, me semble-t-il, que Khrouchtchev ne tenait pas à entrer en guerre avec les États-Unis. Il a au moins l'intelligence de voir où se trouve son intérêt. Si un facteur quelconque l'a incité à changer d'avis, c'est à la fin de 1962 qu'il a dû apparaître ; sinon, Khrouchtchev aurait serré la vis ou recommencé à la serrer.

MARTIN : La fin de 1962 ? Est-ce à la seconde crise de Cuba que vous faites allusion ?

KENNEDY : Oui.

MARTIN : Le discours présidentiel de 1962 sur l'état de l'Union mettait l'accent sur les affaires intérieures : il promettait l'équilibre budgétaire et quantité de mesures en matière sociale et dans d'autres secteurs de la vie nationale. Existait-il une raison particulière de donner en 1962 la priorité aux questions intérieures ? Sans doute s'agissait-il d'une année électorale.

KENNEDY : Non. La raison était autre : c'était en effet dans le domaine intérieur que le Président avait la possibilité d'agir en vue de poursuivre l'achèvement de tâches qui restaient à accomplir. Mon frère s'intéressait naturellement à une foule de programmes de mesures intérieures : certains ont été votés, d'autres se sont trouvés bloqués.

MARTIN : Pourquoi le Président n'a-t-il pas mieux réussi avec la Chambre des représentants ?

KENNEDY : Il me semble au contraire qu'il a parfaitement réussi.

MARTIN : Estimez-vous qu'il a obtenu des résultats meilleurs que ne le pense la plus grande partie de l'opinion publique ?

KENNEDY : Je crois que les résultats ont été très bons. Nous avons réussi à faire voter une quantité de projets de lois, notamment dans des domaines très importants.

MARTIN : Le bilan vous semble donc plus favorable qu'on ne le pense généralement, n'est-ce pas?

KENNEDY : Oui, bien plus favorable. Il faut voir aussi les moyens dont nous disposions. N'oubliez pas que, lorsque nous avons eu à nous battre à la commission du règlement intérieur *, nous avons emporté le vote à une majorité de cinq voix seulement, alors que nous disposions du prestige de Sam Rayburn et de l'appui de certains représentants du Sud et que la discipline de vote avait été strictement assurée. Quand je repense à cette expérience, je me dis que le Président a obtenu à la Chambre d'excellents résultats.

MARTIN : Parlez-vous de manière générale : d'excellents résultats chaque année?

KENNEDY : Oui; je veux dire : dans l'ensemble. Je crois que Ted Sorensen est le mieux placé pour parler de cette question, car le Président lui faisait établir le bilan. En tout cas, j'estime pour ma part que celui-ci est fichtrement bon.

MARTIN : Souhaitez-vous commenter maintenant le long voyage que vous avez effectué en 1962? Quels pays avez-vous visités? Que s'est-il passé? Par quoi avez-vous été impressionné? Quelle importance revêtait ce déplacement? Qu'avez-vous pensé des personnalités que vous avez rencontrées? Peut-être ce voyage a-t-il été à l'origine de vos relations avec Sukarno, le président de la République indonésienne?

KENNEDY : Reischauer, notre ambassadeur à Tokyo, était venu me voir à mon bureau, pour me dire qu'il souhaitait que j'aille au Japon. Il a ensuite vendu cette idée au département d'État.

Au cours d'un voyage en Extrême-Orient en 1951, nous avions fait la connaissance d'un homme d'affaires japonais du nom de Gunji Hosono, qui a correspondu régulièrement pendant les dix années suivantes avec mon frère, avec ma sœur Patricia et avec moi. Alors que personne ne prêtait attention au sénateur américain qui arrivait à Tokyo avec son frère et sa sœur, ce monsieur Hosono, un vieil homme qui cultivait l'amitié nippo-américaine, s'est beaucoup intéressé à nous.

---

* Voir première partie, pp. 79-81.

Lorsque mon frère s'est présenté aux élections sénatoriales en 1952, c'est ce même Hosono qui a fait envoyer une lettre par le capitaine de l'*Amuri*, le bateau qui avait coulé le torpilleur que mon frère commandait pendant la dernière guerre. Cette missive nous avait fait une publicité considérable. Cet ancien marin est devenu un bon ami et nous avons correspondu avec lui. Le Président avait invité M. Hosono à sa cérémonie d'investiture et l'avait placé à la tribune avec lui. Tout cela venait du fait que ce Japonais avait été aimable à l'égard d'un sénateur en 1951.

M. Hosono souhaitait vivement que j'aille le voir dans son pays ; il en a donc parlé à notre ambassadeur, le Président a pris intérêt à ce projet et il a été décidé que j'irais là-bas. Puisqu'il en était ainsi, je devais me rendre aussi en Indonésie. Ce pays commençait à cette époque d'essayer, ou continuait de tenter, de récupérer la Nouvelle-Guinée occidentale : tel était son grand problème [1].

MARTIN : Il vous a fallu aller aussi en Hollande.

KENNEDY : Oui. Le véritable objet de ma mission était de voir s'il était possible de faire asseoir les Hollandais et les Indonésiens à une table de négociations et de vider leurs griefs mutuels. J'étais chargé en Indonésie d'une seconde mission : un pilote du nom de Pope, fait prisonnier au cours de l'insurrection de 1958 dans ce pays, avait été condamné à mort. Il s'agissait d'un ancien agent de la CIA, dont celle-ci s'efforçait d'obtenir la libération. Seul Américain détenu là-bas, il avait montré un grand courage et n'avait rien révélé de ses activités. Sa femme est venue me voir et m'a fait une très forte impression : elle m'a parlé de ses enfants, de leurs disputes continuelles, soulignant que l'un d'entre eux ne connaissait pas son père. J'ai donc pris ce problème très à cœur.

J'ai commencé mon périple par le Japon, où j'ai passé six jours. J'avais envoyé en reconnaissance John Seigenthaler et un jeune diplomate du département d'État, Brandon Grove, car je ne tenais pas à passer mon temps dans des cocktails. Il avait été entendu que je consacrerais une journée ou une journée et demie à des visites à des

---

1. Les États-Unis cherchaient à prévenir des hostilités entre l'Indonésie et les Pays-Bas au sujet de la Nouvelle-Guinée occidentale (ou Irian, du nom que lui donnent les Indonésiens), territoire sous contrôle hollandais, mais revendiqué par l'Indonésie.

personnalités officielles, le reste du séjour devant avoir un caractère privé.

Nous nous sommes promenés dans le pays en autobus, nous avons visité des endroits curieux, nous avons fait des choses étranges, goûté une nourriture bizarre et tout et tout. Je me suis rendu dans des écoles et dans des universités; j'ai passé un temps considérable avec des étudiants, des ouvriers d'usine, des intellectuels et des professeurs.

MARTIN : Comment avez-vous trouvé les étudiants? Aimables?

KENNEDY : Oui, très.

MARTIN : Aucune hostilité de la part de certains d'entre eux?

KENNEDY : Non, non! Ils m'ont pour la plupart bien accueilli. Ou disons plutôt qu'ils étaient indifférents pour la plupart, que certains étaient extrêmement aimables et d'autres très hostiles. Nous avons failli avoir une émeute à l'université Waseda de Tokyo, provoquée surtout par un petit groupe d'environ deux cents étudiants.

MARTIN : J'aimerais beaucoup savoir comment vous vous y prenez avec des étudiants qui vous manifestent de l'hostilité. J'ai connu ce problème lorsque j'étais ambassadeur en république Dominicaine : dans mes tournées systématiques, je rencontrais une sérieuse hostilité, sans jamais être sûr de réagir de la bonne manière. Je me demande si vous avez une idée là-dessus.

KENNEDY : Si les manifestants cherchent à saboter une réunion, je crois qu'il est très difficile de les en empêcher.

MARTIN : En réalité, c'est même impossible.

KENNEDY : Oui : il suffit qu'ils se mettent à hurler. Puis quelqu'un va crier dans leur direction et ils répondent de la même façon, en sorte que personne n'entend ce que vous dites. Mais je ne pense pas qu'il s'agisse d'une technique d'un grand avenir. Toujours est-il que c'est ce qui est advenu lors de la réunion que j'ai tenue dans cette université : les manifestants voulaient tout simplement m'empêcher de parler. La scène était télévisée en direct dans tout le Japon. Quand les hurlements ont commencé, j'ai invité le porte-parole des trublions à monter sur le podium, à s'exprimer pendant cinq minutes et à me laisser ensuite parler pendant cinq minutes.

MARTIN : Votre proposition a-t-elle eu un effet?

KENNEDY : Oui, mais pas celui auquel vous pensez. Ils ont recommencé à hurler lorsque j'ai pris la parole et tout le Japon a pu constater les procédés des communistes. Tout le pays a vu que j'étais prêt à leur donner une chance de s'exprimer et que je demandais seulement d'avoir moi-même la possibilité de parler : or, celle-ci m'a été refusée. C'est ce qui est arrivé de mieux dans tout mon voyage. Et puis, chacun était si gêné, si humilié de m'avoir invité sans que je puisse m'adresser à l'auditoire. Je suis revenu dans cette université au mois de janvier 1964 : le hall était plein, vingt ou trente mille étudiants attendaient dehors, une véritable mer humaine, et tous étaient très excités de me voir revenir. Il n'y a pas eu le moindre incident.

MARTIN : Avez-vous eu des conversations particulières avec des étudiants hostiles ?

KENNEDY : Oui.

MARTIN : Avez-vous eu l'impression que ces entretiens étaient utiles ou bien les esprits étaient-ils à ce point fermés qu'aucun message ne passait ?

KENNEDY : Il n'y avait pas moyen de faire passer quoi que ce soit.

MARTIN : C'est bien le problème que j'ai toujours rencontré en république Dominicaine.

KENNEDY : S'ils sont communistes, il est impossible de discuter avec eux. J'ai rencontré des groupes très divers au cours d'une même réunion : je faisais le tour de la table et je m'adressais à chacun d'eux. Il est utile, dans une certaine mesure, d'avoir la présence d'un groupe hostile : même s'il ne vous écoute pas, il pose au moins des questions désagréables, et si l'on est en mesure de répondre intelligemment, c'est déjà un résultat.

Après mon départ du Japon, je suis allé en Indonésie, où j'ai rencontré Sukarno. Je me suis bien entendu avec lui.

MARTIN : Était-ce la première fois que vous le voyiez ?

KENNEDY : Oui. Ce que j'avais entendu dire de lui ne me portait pas à l'estimer. Je ne l'ai pas aimé du tout quand je l'ai vu et je ne l'aime pas plus aujourd'hui.

MARTIN : Vraiment ?

251

KENNEDY : Je n'ai aucun respect pour lui. C'est un homme brillant, mais totalement immoral et on ne peut lui faire confiance.

MARTIN : Il ment?

KENNEDY : Oui, je pense que c'est un menteur. Ses défauts ne sont guère compensés par des qualités. Il n'est pas communiste, mais c'est un démagogue; et je crois qu'il déteste les Blancs. Mais j'ai l'impression qu'il aime bien le Président, qu'il aime et admire les États-Unis, qu'il m'aime bien aussi, ainsi qu'Ethel.

MARTIN : Quel était le but de votre rencontre?

KENNEDY : Il était double. Il s'agissait, en premier lieu, de faire oublier que nous n'avions pas effectué de voyage officiel dans ce pays, alors que toutes les personnalités chinoises et soviétiques, et Khrouchtchev lui-même, y avaient séjourné. Je suis allé visiter des universités, j'y ai prononcé des allocutions et j'ai eu partout des discussions et des disputes.

MARTIN : Avez-vous pu faire avancer les choses sur la question de l'Irian?

KENNEDY : Oui, dans les universités, et je crois que cela a été extrêmement utile. Le second volet de ma mission a consisté à amener Sukarno à accepter une négociation avec les Hollandais. Celle-ci a eu lieu et la question a été réglée : les Indonésiens étaient prêts à entrer dans une guerre qui a ainsi été évitée.

MARTIN : Pensez-vous vraiment que l'Indonésie aurait déclenché des hostilités?

KENNEDY : Oui. Et le conflit aurait opposé l'homme blanc aux Africains, aux Asiatiques et aux communistes, situation qui aurait été extrêmement dangereuse. Mon voyage a donc servi à quelque chose. Les Hollandais souhaitaient quitter la Nouvelle-Guinée occidentale, mais leur ministre des Affaires étrangères, Joseph Luns, causait des difficultés et il a fallu exercer des pressions sur lui.

La situation était tout à fait différente du contexte qui entoure la querelle actuelle entre l'Indonésie et la Malaisie au sujet du Bornéo septentrional. L'Indonésie n'est soutenue par aucun des pays de la région et Sukarno se trouve isolé aujourd'hui, ce qui n'était pas le cas dans le contentieux de la Nouvelle-Guinée occidentale. Autre différence : à l'époque où ils avaient accordé l'indépendance aux Indonésiens, les Hollandais leur avaient promis de prendre des dispositions en vue de régler la question de la Nouvelle-Guinée occidentale, mais au bout de quinze ans rien n'avait été fait. Enfin, les Hollandais voulaient se débarrasser de ce territoire, ce qui n'est pas le cas de la Malaisie dans l'affaire du Bornéo septentrional. Les Russes souhaitent que l'Indonésie règle son conflit avec la Malaisie, estimant que cette querelle est stupide, ce qui est aussi mon avis.

Sur la question de Pope, le pilote, j'ai eu avec Sukarno une séance assez désagréable, au cours de laquelle j'ai quitté la salle. J'avais demandé dès ma première entrevue la libération du pilote, que Sukarno avait auparavant promise au Président, et je reçois pour tout apaisement un « Je vous répondrai à la fin de la semaine ». Le moment venu, il apparaît à l'évidence que le Président indonésien a l'intention de se servir de Pope comme d'une monnaie d'échange en vue d'obtenir notre appui dans l'affaire de la Nouvelle-Guinée occidentale. Je lui explique qu'il ne peut en être question et qu'une éventuelle exécution du pilote ne changerait rien à notre position sur ce territoire, parce que celle-ci est conforme à l'intérêt des États-Unis et à la justice. J'ajoute que j'ai le sentiment qu'il essaie de nous faire marcher et je quitte la séance. Howard Jones, notre ambassadeur, me dit : « Vous ne pouvez agir ainsi : nos relations avec ce pays vont s'en trouver totalement compromises. » Je retourne alors dans la salle, déclare que je regrette de m'être emporté, sans pour autant présenter d'excuses pour mes propos, car ils me paraissaient justifiés.

Le ministre des Affaires étrangères a ensuite pris contact avec moi, annonçant que Pope serait libéré dans six semaines. Au bout de six semaines, rien. Je reprends donc contact et dis au ministre qu'il nous a menti. Le pilote a été relâché trois semaines plus tard, étant entendu que sa libération ne donnerait lieu à aucune publicité. Revenu sans bruit aux États-Unis, Pope a été caché par nos soins pendant un mois, puis la nouvelle de sa libération a finalement été publiée. Il est venu me remercier : très bien de sa personne, il a le genre du soldat de fortune; il repartait pour l'Extrême-Orient. Lui ayant fait compliment de sa femme, je lui ai demandé si elle partait avec lui et il m'a répondu : « Non. Nous ne vivons pas ensemble. Nous étions déjà séparés depuis un certain temps. » « Eh bien! je n'en ai que plus d'estime pour elle : alors que vous ne viviez même pas ensemble, elle a vraiment fait tout ce qu'elle a pu », lui ai-je dit.

MARTIN : Quels autres pays avez-vous visités au cours de ce voyage?

KENNEDY : Nous sommes allés passer une journée à Hong Kong, puis nous nous sommes rendus en Thaïlande.

MARTIN : Dans quel dessein?

KENNEDY : J'ai passé une journée aussi dans ce pays, où j'ai de nouveau rencontré des étudiants. Ensuite, je suis allé à Rome.

MARTIN : Mais pas en Iran?

KENNEDY : Non. On m'avait demandé d'y aller et le département d'État avait pris des dispositions pour un séjour. Mais je tenais à y visiter une université et à rencontrer des étudiants, et l'on m'avait expliqué que ce ne serait pas possible. J'ai donc dit que je n'irais pas en Iran et ça a fait une histoire avec le département d'État, qui a insisté pour que j'y aille. J'ai déclaré que je n'irais là-bas qu'à la condition d'être libre de mes mouvements. Les Affaires étrangères ont donc décommandé ma visite et l'ont remplacée par une journée en Thaïlande, je ne me souviens plus sous quel prétexte.

Je suis donc allé à Rome, où je suis arrivé le 20 février, le jour du retour de l'astronaute John Glenn. Nous avons continué sur Berlin, à cause du problème qui se posait là-bas, l'idée étant qu'il serait utile d'y envoyer un membre du gouvernement. D'ailleurs, le général Clay, représentant personnel du Président à Berlin, était venu me voir pour me demander d'y aller.

MARTIN : Existait-il entre le Président et le général Clay un désaccord fondamental sur la politique à suivre?

KENNEDY : Non.

MARTIN : La presse en a pourtant beaucoup parlé.

KENNEDY : Non, ce n'est pas avec le Président que Clay était en désaccord, mais avec le département d'État, si je me souviens bien. Le général souhaitait disposer à Berlin de pouvoirs plus larges. Il lui fallait passer sans cesse par les Affaires étrangères pour adopter la moindre mesure et il en résultait certains retards. En tant que militaire sur le terrain, il estimait qu'on pouvait l'autoriser à prendre seul ces décisions.

Je lui ai parlé de ce problème lors de mon passage à Berlin et en plusieurs autres occasions. Le Président a essayé d'arranger les

254

choses du mieux qu'il a pu. Je crois que Clay aimait bien mon frère et partageait nos vues sur la conduite à tenir. En dépit des efforts du Président, le général n'a guère eu de liberté d'action : sa présence avait valeur de symbole – et ce rôle, il le tenait remarquablement bien –, mais celle-ci devait s'éroder du fait qu'il ne disposait pas de moyens propres : autre épisode désagréable dans nos rapports avec le département d'État. J'avais de l'amitié pour Clay et je le voyais fréquemment; lui-même venait souvent me voir lorsqu'il rencontrait des difficultés de ce genre.

La ville de Berlin m'a réservé un accueil fabuleux, sans commune mesure avec celui que j'avais reçu ailleurs. La population était vraiment émue; il y avait foule au bord de la route qui menait de l'aéroport au centre de la ville, comme sur la place où nous avons prononcé des discours. Bien sûr, cet accueil n'a pas été comparable à celui qui a été réservé plus tard au Président, mais nous avons senti la même émotion et constaté la manifestation des mêmes sentiments. J'en ai parlé à mon frère dès mon retour, et celui-ci a eu la même impression lorsqu'il est allé à Berlin au mois de juin 1963.

MARTIN : Avez-vous rencontré Adenauer?

KENNEDY : Je me suis entretenu avec lui.

MARTIN : Avez-vous fait avancer les choses avec lui?

KENNEDY : Je crois que oui. La discussion a été utile.

MARTIN :Vous avez dit précédemment qu'Adenauer était méfiant.

KENNEDY : Oui. Je crois qu'il ne faisait pas confiance aux jeunes dirigeants – il regrettait l'absence d'un John Foster Dulles –, ni aux positions que nous avions prises, en particulier sur la priorité aux armements conventionnels. Nous nous étions bien sûr efforcés d'obtenir des autres pays qu'ils renforcent les leurs, à cause du problème de Berlin; mais aucun d'eux n'a apporté une contribution sérieuse et nous avons porté l'intégralité du fardeau en Allemagne.

Comme je l'ai dit, le désaccord provenait en bonne part de l'idée que les Allemands se faisaient de la manière de réagir à la menace communiste : leurs conceptions sont devenues tout à fait différentes des nôtres. Il nous a donc fallu faire leur éducation, et je pense que nous y avons partiellement réussi.

Le commandant suprême des forces alliées en Europe, le général Norstad, ne nous a guère aidés dans cet effort, car ses idées étaient

255

celles de la vieille école. Il n'était pas vraiment d'accord avec la politique du Président en matière militaire, ni avec l'action de Maxwell Taylor. Ses avis ont été très utiles pendant la crise cubaine de 1962, mais mon frère ne l'aimait guère avant cette époque : le désaccord était fondamental et Norstad ne cessait de faire des histoires, se prenant un peu pour une prima donna. Je l'ai vu à une certaine époque et je crois que nos entretiens ont été utiles.

De Berlin, je suis allé à Paris, voir de Gaulle.

MARTIN : Quelle opinion avez-vous eue de lui?

KENNEDY : Je l'ai trouvé infiniment moins chaleureux qu'Adenauer : il a été froid, dur, hostile. Il m'a parlé de son opposition à une rencontre avec les Russes, disant : « Je serai prêt à voir les Soviétiques en temps utile, mais à mes conditions et seulement lorsque sera venu le moment de régler les problèmes mondiaux et non des difficultés particulières. »

MARTIN : A votre retour, vous avez rendu compte de votre voyage au Président. Que lui avez-vous dit alors?

KENNEDY : Je lui ai rendu compte simplement pour que l'on sache que j'étais rentré. Rusk assistait à la conversation et nous avons parlé un peu de l'Indonésie et un peu du Japon.

Mon voyage a ensuite donné lieu à un certain nombre de développements. Il a d'abord fallu mettre en place la procédure destinée à obtenir un règlement du contentieux hollando-indonésien. J'étais allé aux Pays-Bas et j'avais rencontré Luns à Paris, pour tenter de le convaincre d'accepter une négociation. C'est finalement un diplomate de carrière, Ellsworth Bunker, ancien ambassadeur en Inde, qui a été chargé d'arbitrer. Grâce aux pressions qui ont été exercées sur les deux parties, celles-ci ont consenti à se rencontrer dans une maison en Virginie et ont liquidé leur différend. Nous n'avions pas caché que nous souhaitions le règlement de cette affaire et avions dans ce dessein exercé une pression vigoureuse sur les Hollandais.

MARTIN : De quel genre?

KENNEDY : Politique surtout. Nous leur avons expliqué qu'il était indispensable de négocier, que nous n'étions pas disposés à appuyer ce type de conflit armé et que nous ne tenions pas à y être mêlés. Puisque eux-mêmes cherchaient à se débarrasser de la Nouvelle-Guinée occidentale, le problème consistait seulement à leur sauver la face : ce qui pouvait être réalisé par l'organisation d'élections au bout de dix ans. La seule question qui se posait en réalité était de savoir combien de temps les forces des Nations Unies demeureraient sur le terrain et à quelle date auraient lieu les élections : il n'y avait donc pas matière à entrer en guerre. De toute façon, c'est nous qui en aurions supporté la charge, tout compte fait. Je dois dire que je n'ai pas caché aux Hollandais ma manière de voir.

Sur un autre sujet, celui de la jeunesse dans les pays du tiers monde, il m'a semblé que nous manifestions une présence très insuffisante. Nous avons donc créé la commission de la jeunesse que vous connaissez et qui opère depuis deux ans et demi dans le monde entier, en vue de favoriser les échanges de livres et de personnel et les relations culturelles en général.

MARTIN : Cette commission a-t-elle obtenu des résultats?

KENNEDY : Oui, je le crois. Nous sommes maintenant actifs dans une quantité de pays où nous ne faisions rien à cet égard. Et la commission dispose de programmes.

MARTIN : Je ne suis jamais parvenu, lorsque j'étais ambassadeur à Saint-Domingue, à obtenir le démarrage d'une action de ce type en république Dominicaine. Il me semblait pourtant qu'il s'agissait d'une initiative particulièrement utile et comblant un vide évident. N'était-il pas possible de passer par les canaux traditionnels : le département d'Etat et l'agence américaine d'information? Ceux-ci prendront peut-être des dispositions dans une dizaine d'années, sur l'exercice budgétaire 1974...

KENNEDY : Les services ont bien travaillé dans certains pays, mais pas dans certains autres. Du moins savent-ils maintenant que nous nous intéressons directement à cette action : il existe une impulsion.

MARTIN : Nous en avons maintenant terminé avec votre voyage, n'est-ce pas?

KENNEDY : Oui; mais je m'aperçois que nous n'avons pas encore parlé de la crise dominicaine.

Quand je repense à tous les événements qui se sont produits, je me rends compte que j'ai été mêlé à plus de choses que je ne croyais.

Le Président ne se trouvait pas aux Etats-Unis lorsque le dictateur dominicain Rafael Trujillo...

MARTIN : Il était à Paris et s'apprêtait à se rendre au sommet de Vienne. C'est de Paris que Salinger a annoncé l'assassinat de Trujillo.

KENNEDY : C'est exact. Je lui ai téléphoné pour savoir ce qu'il convenait de faire. Par ailleurs, nous avions préparé un plan d'urgence pour le cas où les communistes tenteraient de prendre le pouvoir en république Dominicaine. Nous avions envoyé la flotte croiser au large de l'île. La grande question qui s'est posée, lorsque Trujillo a été assassiné, était de savoir qui allait le remplacer. J'étais préoccupé, mais il n'y avait personne à Washington à ce moment-là et je ne sais même pas si Dean Rusk s'y trouvait.

MARTIN : Si, si, il était là.

KENNEDY : En tout cas, il m'a semblé que personne ne faisait quoi que ce soit. C'est pourquoi j'ai téléphoné au Président. J'ai pensé qu'il m'appartenait d'essayer de préparer des dispositions ou tout au moins d'organiser une réunion, de manière à commencer à réfléchir à la conduite à tenir. Nous avons donné à la flotte l'ordre de se rapprocher de la côte. L'une des principales difficultés que nous ayons rencontrées concernait les communications. Il n'y avait pas moyen de savoir ce qui se passait dans l'île : la CIA y disposait d'agents, mais ceux-ci ne parvenaient pas à transmettre leurs renseignements.

Puis je me suis aperçu qu'un journaliste était allé là-bas et envoyait des articles. Pourquoi, ai-je donc suggéré, les gens de la CIA ne se servent-ils pas du téléphone ordinaire, comme ce journaliste? Ils ont alors appelé d'une cabine et ils ont obtenu la communication immédiatement.

Voilà le genre de désagréments que nous avons subis. Mais le pire était que, si nous avions des informations éparses sur la situation dans la capitale, nous ignorions en revanche ce qui se passait dans le reste du pays. Fort de cette expérience, j'ai demandé une réorganisation de notre système de communications, de manière que nous soyons mieux renseignés, notamment sur l'Amérique du Sud. Mais la réorganisation n'a pas été très bien menée, et nous avons eu les mêmes ennuis au moment de la seconde crise de Cuba, quelques mois plus tard.

MARTIN : J'ai été au courant de ces difficultés.

258

KENNEDY : J'en ai donc parlé à mon frère, qui a chargé un sous-comité de notre comité ExComm de présenter un plan de communications qui soit vraiment efficace, quel qu'en soit le coût. Et je crois qu'il l'a été.

MARTIN : La plus grande partie du temps, le système ne fonctionnait pas. Il s'agissait du téléphone rouge qui avait été mis à ma disposition à la suite de la deuxième crise cubaine.

KENNEDY : Je suppose que oui.

MARTIN : La première fois que j'ai essayé de m'en servir, j'ai bien entendu la sonnerie, mais il n'y avait personne au bout du fil. Alors, comme le journaliste dont vous parliez, je suis allé téléphoner d'une cabine publique et j'ai tout de suite obtenu la communication.

KENNEDY : Il reste que ce système est l'un des résultats de notre expérience de Cuba. Il a bien fonctionné dans certains endroits et les communications se sont améliorées.

Quoi qu'il en soit, nous avons tenu réunion sur réunion, sans savoir ce qui se passait en république Dominicaine, agacés par cette insuffisance des communications. J'ai parlé deux fois au Président et nous avons suivi les événements. Comme je vous l'ai dit, nous avons rapproché la flotte, puis la situation s'est peu à peu décantée d'elle-même : Balaguer a pris le pouvoir et nous lui avons apporté notre coopération.

MARTIN : Les Trujillo sont revenus, du moins le fils du dictateur, Ramfis [1]. Une réunion a été tenue le 28 août à la Maison Blanche, en vue de décider de notre politique dans ce pays. Vous aviez eu le même jour un entretien avec deux Dominicains.

KENNEDY : Quel jour?

MARTIN : Le 28 août. L'une de ces deux personnes s'appelait Luis Manuel Baquero; l'autre était un certain Johnny Vicini. C'est Steve Smith qui les a conduites chez vous. Vous vous êtes ensuite rendu à la réunion de la Maison Blanche. Et voici comment je suis entré en scène : le lendemain de cette réunion, je suis venu à Washington, à la

---

1. Le jeune Ramfis Trujillo, à la tête de l'armée depuis le mois de mai, a provoqué une crise politique par son départ de Saint-Domingue en novembre 1961. On a cru en effet que ses deux oncles, frères du dictateur assassiné, préparaient le renversement du président Balaguer.

demande de Steve Smith, et le Président m'a confié une mission d'enquête sur la situation en république Dominicaine. Je suis resté là-bas jusqu'à la fin de septembre. Robert Murphy y avait été envoyé au printemps, avant l'assassinat de Trujillo, et il assistait à la réunion de la Maison Blanche.

KENNEDY : Celle-ci a débouché sur une tentative d'entente avec Balaguer, en partant de l'idée que Ramfis tiendrait ses oncles à l'écart et se débarrasserait des méchants. Lui-même se retirerait et des élections seraient organisées. Telles étaient les assurances que nous avions reçues. Nous sommes entrés dans ce jeu pendant un certain temps, tout simplement parce qu'il ne semblait exister aucune solution de rechange.

MARTIN : C'est en gros ce que j'avais recommandé : mettre Balaguer à la porte si nous ne pouvions négocier son départ, mais, en attendant, le laisser en place et nous servir de lui tant que nous en aurions besoin. C'est, je crois, la ligne qu'a suivie notre politique.

KENNEDY : C'est exact. A cette époque-là, nous nous étions abouchés avec Porfirio Rubirosa, qui était très proche de Ramfis et souhaitait nous voir adopter une attitude permettant son maintien dans l'île. Mais il nous a toujours assurés que ce dernier allait la quitter. Je pense donc que nous n'avions pas d'alternative à cette époque-là. Nous ignorions le tour que prendrait la situation et les rapports que nous recevions de vous ou de je ne sais qui sur Balaguer n'étaient pas vraiment défavorables.

MARTIN : Non, mes rapports étaient défavorables, à l'inverse de ceux qu'envoyait John Hill, notre consul.

KENNEDY : Quoi qu'il en soit, telle a été notre politique. Puis le Président est rentré et il ne s'est pas produit de crise sérieuse : tout s'est bien passé.

MARTIN : Vous avez envoyé la flotte le 19 novembre et vous avez mis les Trujillo à la porte de l'île : décision que j'avais recommandée depuis le début.

KENNEDY : C'est juste. Mais rappelez-moi qui étaient les deux personnes qui sont venues me voir.

MARTIN : L'une était Luis Manuel Baquero, un psychiatre qui était l'un des dirigeants de l'Union nationale des citoyens, un des principaux partis politiques de l'époque. L'autre était Johnny Vicini, l'un des manitous de l'industrie sucrière dominicaine. Je n'étais pas là quand Steve Smith vous les a amenés, mais j'ai su que vous avez eu l'impression qu'ils étaient cinglés et que rien de sérieux ne pouvait être envisagé avec eux. C'est l'opinion que vous avez exprimée lors de la réunion qui a suivi, à la Maison Blanche. Et c'est pourquoi le Président m'a envoyé là-bas en mission d'information, estimant qu'il ne disposait pas de suffisamment de données.

Mais je me pose une question qui pourrait présenter un intérêt sur le plan historique : pourquoi le Président a-t-il attaché une telle importance à la situation en république Dominicaine ? Après tout, il s'agissait d'un bien petit pays.

KENNEDY : Cuba aussi, et voyez les ennuis que nous a causés cette île ! Si Castro avait contrôlé la république Dominicaine, nous aurions eu le plus grand mal à tenir l'ensemble des Caraïbes. Voilà quelle était la grande préoccupation. Nous étions heureux de nous être débarrassés des Trujillo, tout autant que nous le serions de nous débarrasser de Duvalier en Haïti.

Mais il est difficile ensuite de guider un nouveau gouvernement dans une voie démocratique, de manière à éviter de nous trouver en face d'une autre dictature, puis d'une nouvelle révolution. Les populations finissent par être tellement découragées et dégoûtées qu'elles se tournent vers le communisme. Or, c'est là l'écueil dont il faut nous garder. Il s'est naturellement produit un conflit au sein du gouvernement et de l'administration, certains estimant que la forme d'un gouvernement ou la nature du régime politique dans un pays étranger n'a pas d'importance, dans la mesure où il est anticommuniste. Ce point de vue était contraire à la philosophie du Président, comme à la mienne et, je crois, comme à celle de la majorité d'entre nous. Mon frère avait une ambition plus grande : sa politique a tendu à se débarrasser des dictatures et des régimes inhumains, tout en évitant leur remplacement par les communistes. Dans le cas de la république Dominicaine, on a sans cesse agité devant nous le spectre d'un changement de régime qui mènerait inéluctablement au communisme.

MARTIN : Oui, bien sûr. C'est sous ce prétexte, en agitant l'épouvantail mcCarthyste du communisme, que les Dominicains ont finalement renversé en 1963 leur président, Juan Bosch. Ils n'ont cessé de nous faire ce chantage. Lorsque j'étais ambassadeur dans ce pays, la ritournelle était : Aidez-nous, sinon nous allons tous devenir communistes. Comme suffisamment de gens partagent cet avis dans les milieux officiels américains, ce genre d'argument porte et je crains bien qu'il ne prévale aujourd'hui.

KENNEDY : Le comportement des Dominicains manque parfois totalement d'efficacité : c'était le cas pour Bosch.

MARTIN : Oui, je sais. C'était affreux. Mais le Président n'a pas cessé d'attacher de l'importance à ce pays, n'est-ce pas ?

KENNEDY : Oui, une grande importance. Cette évocation d'un petit pays me fait penser à une situation qui s'est présentée à moi plus tard. Dans les quatre derniers mois de la présidence, je m'étais donné beaucoup de mal pour que quelqu'un s'occupe un peu de Zanzibar [1]. Averell Harriman avait remis une note dans le même esprit. George Ball a répondu en disant qu'il serait idiot de perdre notre temps avec un si petit pays, ajoutant que Dieu prenait soin des petits oiseaux qui volent dans le ciel et qu'il pourrait certainement s'occuper aussi d'un si petit pays.

MARTIN : Voilà qui était un peu stupide. Pourtant, je ne l'ai jamais entendu se prononcer d'une manière aussi définitive : il savait d'habitude d'où venait le vent.

J'ignore ce que le Président pensait de notre action en république Dominicaine dans les années 1962 et 1963. Je ne sais même pas quelle opinion il avait de Bosch.

KENNEDY : Je ne crois pas qu'il le tenait en très haute estime, mais nous n'avons guère évoqué ensemble la question dominicaine après la crise.

MARTIN : Vous êtes pourtant intervenu personnellement lorsque j'ai demandé le détachement de deux policiers de l'équipe Parker pour aider les autorités dominicaines à reprendre le contrôle des rues, tombé aux mains de la gauche. Vous avez envoyé ces deux hommes, qui ont sauvé la situation. Mais il était tout de même extraordinaire de devoir déranger le président des Etats-Unis pour obtenir ce genre de décision.

---

1. L'île de Zanzibar est devenue indépendante le 10 décembre 1963. Le gouvernement de coalition a été renversé par la gauche le 12 janvier 1964 et, le 27 avril 1964, Zanzibar fusionnait avec le Tanganyka pour former la Tanzanie.

KENNEDY : C'était le type de situation de crise dont notre comité anti-insurrections est censé s'occuper.

MARTIN : Non, non : c'est sur votre intervention personnelle que la décision a été prise. Nous avons pu rétablir le calme en 1962 dans la république Dominicaine et organiser en 1964 les premières élections depuis 1924. Nous avons épaulé le gouvernement provisoire jusqu'aux élections et l'avons obligé à procéder à cette consultation. Et nous avons fait entrer vivant et en temps prévu Bosch au palais présidentiel. Tels étaient les trois objectifs de notre politique et celle-ci a réussi.

Avez-vous été associé à la préparation des mesures d'urgence concernant Trujillo avant son assassinat?

KENNEDY : Oui.

MARTIN : Souhaitez-vous que cela figure dans les archives historiques?

KENNEDY : Il s'agissait seulement de décider si nous enverrions des troupes et dans quelles circonstances, où elles débarqueraient et jusqu'où elles iraient à l'intérieur des terres.

MARTIN : Souhaitez-vous aborder la question de l'assassinat de Trujillo?

KENNEDY : Notre politique était fondée sur l'idée que nous ne pouvions accepter de voir un jour le pays passer au communisme. Il nous fallait enrayer cette évolution d'une manière ou d'une autre.

MARTIN : Souhaitez-vous parler des circonstances précises de l'assassinat de Trujillo?

KENNEDY : Je sais qu'il y avait sans cesse des projets d'assassinat, que diverses personnes tenaient des réunions à ce sujet. Mais je n'étais pas au courant.

MARTIN : Il a été dit publiquement aux Etats-Unis et l'on pense généralement en république Dominicaine que nous avons organisé cet assassinat.

KENNEDY : Ce n'est pas vrai.

MARTIN : J'ignore si c'est vrai ou non, car je n'ai pas cherché à le savoir lorsque je me trouvais à Saint-Domingue.

KENNEDY : Ce n'est pas vrai. Pour autant que je sache, ce n'est pas vrai. Ayant été mêlé à la préparation des mesures d'urgence, je suppose que j'aurais été au courant. J'en savais autant que le Président à ce sujet.

MARTIN : Je ne pense pas que des projets d'assassinat d'un chef d'Etat étranger auraient été élaborés sans que le Président en soit informé.

KENNEDY : Non. C'est aussi mon avis. Et j'aurais été tenu au courant.

MARTIN : Nous n'avons donc, à votre connaissance, ni commandité l'assassinat ni aidé l'assassin.

KENNEDY : Non. Je vous avouerai d'ailleurs que, jusqu'à ce que vous m'en parliez, je n'avais jamais entendu dire que les Etats-Unis pourraient avoir joué un rôle dans cet assassinat. Lorsque Diêm a été renversé à Saigon, le président Kennedy était hostile à cette opération, estimant que les gens ne savaient pas où ils allaient. De fait, il n'approuvait pas le moment où cette révolution prenait place.

MARTIN : La désapprouvait-il?

KENNEDY : Oui. Plus tard, Lyndon Johnson a confié à Pierre Salinger qu'il se demandait si l'assassinat du président Kennedy n'avait pas constitué le châtiment de sa participation à l'assassinat de Trujillo et à celui du président Diêm.

MARTIN : Johnson pensait-il à un châtiment du ciel? Ou à un complot?

KENNEDY : Non, à une punition divine. C'est ce qu'il a dit. Il a ajouté que, lorsqu'il était enfant, un garçon de sa connaissance et qui s'était mal conduit avait heurté un arbre de la tête, en faisant de la luge ou je ne sais quoi, et était devenu bigleux. Il expliquait que tel est le châtiment que le ciel inflige aux méchants et qu'il faut se méfier des gens qui louchent, parce que Dieu les a ainsi marqués. Pour Johnson, l'assassinat du président Kennedy pourrait bien être avoir été la punition divine de sa participation à l'assassinat de ces deux chefs d'Etat.

MARTIN : Je ne connaissais pas cette histoire.

KENNEDY : Je sais que vous ne la connaissiez pas. Mais, à part cela, Johnson est un ami!

MARTIN : Voulez-vous dire un mot de la Conférence du désarmement? De cette conférence à dix-sept qui s'est ouverte à Genève au mois de mars 1962. Avez-vous eu à son sujet des entretiens avec le Président?

KENNEDY : J'ai assisté à la réunion qui l'a précédée.

MARTIN : Savez-vous quel était le point de vue de votre frère, quels espoirs il nourrissait?

KENNEDY : Pendant l'année 1962, il a été très préoccupé par les retombées atomiques, par la poursuite des essais nucléaires. Il a demandé une étude sur les pays qui possédaient la bombe atomique : il est ressorti de ce rapport qu'environ seize pays seraient en mesure de l'avoir dans les dix ans à venir. Pour lui, la possession de la bombe par un pays même hostile, mais à peu près responsable, tel que l'Union soviétique, ne présentait pas le même risque que sa détention par Israël et par l'Égypte.

MARTIN : Ou par Sukarno.

KENNEDY : L'Indonésie figure dans la liste des seize pays. Il pensait que nous devrions faire l'impossible pour obtenir le contrôle tant de la diffusion des connaissances nécessaires à la mise au point de la bombe atomique que de sa fabrication et des essais nucléaires. Il a été particulièrement déçu en 1962 et 1963 que nous n'y soyons pas parvenus et qu'aucun accord n'ait été signé.

L'ambassadeur de Grande-Bretagne, David Ormsby-Gore – qui était un ami personnel du Président et avait dirigé la délégation anglaise à Genève – estimait que, dans le passé, nous avions manqué des occasions de prendre des initiatives en ce domaine et que nous donnions souvent l'impression de ne pas savoir ce dont nous parlions. David était très influent à la Maison Blanche et c'est d'ailleurs le Président et moi-même qui avions suggéré à Macmillan de le nommer à Washington, à la fin de 1961. Mon frère pensait qu'il fallait préserver à tout prix la poursuite des négociations, peut-être pas dans l'espoir d'un désarmement général, mais au moins dans celui d'un contrôle sur les armes nucléaires. ,

MARTIN : Sans doute serait-il utile de préciser ce que nous entendons par « contrôle ». S'agissait-il d'un retour à notre objectif du passé, qui tendait au maintien du secret sur le procédé de fabrication des armes atomiques? Ou mettions-nous désormais l'accent sur la nécessité d'un traité interdisant les essais nucléaires?

KENNEDY : Notre but était triple : pas de distribution de ces armes, pas de diffusion des renseignements permettant leur fabrication, interdiction des essais, celle-ci devant enlever son intérêt à la fabrication elle-même.

MARTIN : C'est au début de ce printemps 1962 qu'a été annoncée la candidature de votre frère Edward aux élections sénatoriales dans le Massachusetts. Pouvez-vous préciser les circonstances de cette décision ?

KENNEDY : Aucun d'entre nous n'y était hostile. Mais c'était surtout mon père qui tenait à ce que Teddy se présente. Sans lui, mon jeune frère ne serait jamais entré au Sénat, pas plus que je n'aurais été ministre de la Justice et pas plus que mon frère aîné n'aurait été président. Mon père pensait tout simplement que Teddy avait beaucoup travaillé dans la campagne présidentielle, qu'il s'était sacrifié pour son grand frère et qu'il avait comme nous le droit d'occuper un poste, mais que viser à moins qu'à un siège de sénateur serait une erreur. Teddy était certainement aussi qualifié pour se présenter aux sénatoriales qu'Eddie McCormack [1] et que les autres candidats possibles dans le Massachusetts, des gens peut-être moins jeunes, mais qui n'avaient rien d'exceptionnel.

Je crois que, si la décision n'avait tenu qu'à lui, mon frère aurait été candidat au poste de garde des Sceaux, qui est électif dans le Massachusetts, plutôt qu'à un siège au Sénat. Mais c'est dans cette dernière voie qu'il s'est fermement engagé, surtout à partir de la maladie de mon père. Aucun de nous ne s'y est opposé. Certains collaborateurs de la Maison Blanche ont marmonné que cette candidature était inopportune ou qu'elle causerait du tort au Président. Mais j'en étais personnellement très heureux et mon frère John aussi, je crois.

---

1. Edward J. McCormack, Jr. était le neveu de John McCormack, représentant démocrate du Massachusetts et président de la Chambre des représentants. Le jeune McCormack s'est présenté contre Edward Kennedy aux primaires du parti démocrate de 1962 pour un poste de sénateur du Massachusetts.

MARTIN : Aucun de vous deux n'a-t-il pensé que cette décision pourrait avoir des conséquences politiques défavorables pour le Président, dans le pays?

KENNEDY : Non, non.

MARTIN : Aucun de vous deux n'a-t-il pensé qu'elle serait préjudiciable aux relations du Président avec John McCormack ou qu'elle affecterait ce membre de la Chambre des représentants?

KENNEDY : Non, car nous avions cru, du moins au début, qu'Eddie McCormack se retirerait. Mais il a maintenu sa candidature.

MARTIN : Quelles raisons vous ont-elles donné à penser qu'il se retirerait?

KENNEDY : Comme nous supposions que Teddy l'emporterait, nous avons cru qu'Eddie McCormack se retirerait avant d'être battu. En réalité, je souhaitais vivement qu'il reste dans la course.

MARTIN : Pourquoi?

KENNEDY : Parce qu'il m'a semblé qu'il serait utile à Teddy d'entrer dans une primaire et de battre un adversaire – tout ne reposant plus ainsi sur la bataille finale –, pour se faire connaître en menant campagne. Entre-temps, j'ai pensé que le candidat républicain, George Lodge, ne serait pas facile à battre et qu'il serait bon d'avoir d'abord une primaire. En effet, les primaires *nous* ont toujours été utiles. Un combat préliminaire attirerait l'attention sur mon frère et l'aiderait à se faire un prénom, à montrer avant l'élection finale quel genre d'homme il était.

Il se trouve que, dans mon esprit, il l'a emporté sur McCormack dès le premier débat en face à face.

MARTIN : J'ai entendu ce débat. Je m'en souviens, à cause du bruit qu'a soulevé cette confrontation.

KENNEDY : Et Eddie McCormack a été si mauvais! Teddy a si bien gagné la sympathie du public que le second débat a pris moins d'importance. McCormack a été liquidé et George Lodge n'a pas réussi à rattraper l'avance que mon frère s'était acquise. On peut donc dire que Teddy a gagné dès le premier round [...].

MARTIN : Son appartenance à la dynastie Kennedy a-t-elle gêné votre frère dans ces élections?

KENNEDY : Non, non. Je crois que, dans le Massachusetts, elle constitue un facteur positif.

MARTIN : Et au niveau national, pensez-vous que ce facteur soit également positif?

KENNEDY : Cette histoire de dynastie a eu dans le pays une influence
sur un plan général, mais je ne crois pas qu'elle nous ait coûté un seul
suffrage dans des élections. Ce genre de considérations ne m'a jamais
beaucoup préoccupé. En revanche, ce qui a été certainement négatif
pour nous, c'est l'aversion dont j'étais l'objet dans le Sud, en particulier, mais aussi dans certaines autres régions. Cette réaction nous a
été infiniment plus dommageable. A telle enseigne que j'ai envisagé
avec le Président la possibilité d'une démission ou de mon passage à
une autre activité.

MARTIN : Vraiment? A quelle époque?

KENNEDY : Au mois de septembre ou d'octobre 1963. J'avais d'abord
pensé quitter le gouvernement pour diriger la prochaine campagne
présidentielle. Bien sûr, cette sortie n'aurait guère arrangé les choses,
car les gens se seraient dit que j'étais encore dans les allées du pouvoir. Mais je pouvais aussi raconter que j'allais me promener et faire
des discours ou des conférences...
   Le Président n'a pas voulu. Mais, vous savez, je persiste à penser
que la situation aurait changé si je n'étais pas resté à la Justice.

MARTIN : Que vous a dit le Président?

KENNEDY : Que tout le monde aurait l'impression que les Kennedy
reniaient l'un de leurs engagements.
   Alors, je lui ai expliqué qu'il nous fallait surveiller l'évolution du
climat politique et décider par la suite de l'utilité éventuelle de
mon retrait. Vous vous souvenez des réactions violentes, terribles,
des gens du Sud : dans les années 1962 et 1963, ce n'était plus
seulement *moi* que l'on montrait du doigt, mais *nous deux,* « les
frères Kennedy ». Et mon frère faisait souvent remarquer qu'en
Alabama et dans le Mississippi on ne disait plus « Bobby Kennedy », mais « les jeunes Kennedy ». C'était bien ce que je craignais lorsque j'avais hésité à accepter le portefeuille de la Justice.
J'avais vu mon prédécesseur Bill Rogers se cacher dans son avion

en Caroline du Sud et je savais à l'avance que, portant le même nom, tout serait plus difficile pour moi comme pour mon frère. Il me semblait que nous nous donnions un handicap inutile. Eisenhower n'avait pas rencontré ce problème. Certes, les républicains n'ont guère pris d'initiatives, mais Eisenhower n'a pas subi le contrecoup de l'aversion que Rogers soulevait dans le Sud. Mais comment éviter ce genre de conséquences lorsque l'on porte le même patronyme et que la parenté est aussi proche?

MARTIN : Puisque nous sommes dans le sujet de l'égalité des droits, une question qui vous a valu de représenter pour votre frère un désavantage certain, pouvez-vous confirmer que vous vous y êtes trouvé en toute première ligne au début de la présidence Kennedy?

KENNEDY : Oui.

MARTIN : Chargé, en d'autres termes, du sale travail pour le compte du Président?

KENNEDY : Oui. Je pense que c'est nous qui assumions l'essentiel de la tâche.

Avant 1961, le ministère de la Justice avait manifesté, dans le domaine de l'égalité des droits, une inactivité que je qualifierai de criminelle. Nous avons donc engagé une quantité de poursuites judiciaires et pris une foule de mesures. Mais je n'ai jamais lancé de procédures sans tenter de faire régler les affaires au préalable par les autorités locales. Je connaissais un grand nombre de responsables locaux, pour avoir travaillé avec eux pendant la campagne présidentielle. En 1961, je représentais dans le Sud un atout politique. Souvenez-vous du nombre de sénateurs du Sud qui ont appuyé la confirmation de ma nomination à la Justice. J'avais exercé dans ces États une responsabilité directe en tant que directeur de campagne, j'y avais prononcé quantité de discours et y comptais beaucoup d'amis. De plus, comme j'avais combattu la corruption dans les syndicats, bien des gens du Sud se disaient que je ne devais guère aimer les syndicalistes en général.

MARTIN : Vous êtes très tôt devenu un handicap, dont le Président n'a pas tardé à se ressentir, au bout d'un an ou du moins dès le début de l'année 1963.

KENNEDY : C'est exact.

MARTIN : Mais ce qui a enfoncé le clou, c'est le remarquable discours que votre frère a prononcé le 11 juin 1963 sur l'égalité des droits, n'est-ce pas?

KENNEDY : C'est juste. Plus l'appel à l'armée en octobre 1962.

MARTIN : Je voulais justement vous poser une question à ce sujet. Vous avez envoyé des troupes fédérales à l'université du Mississippi au moment de l'inscription de l'étudiant noir Meredith. Pourquoi avez-vous dû agir ainsi à Oxford et pas dans l'Alabama, à Montgomery?

KENNEDY : Parce qu'il y avait eu à Oxford violation d'une injonction judiciaire et qu'en l'absence de trouble à l'ordre public nous n'avions pas pouvoir d'envoyer des troupes à Montgomery. Nous en avons envoyé un peu plus tard en Alabama, dans la banlieue de Birmingham, pensant en avoir peut-être besoin en cas de troubles. Je ne sais si vous vous souvenez de toutes les objections que j'avais soulevées à l'époque, me demandant si nous avions le droit de faire appel à l'armée. Si nous avons estimé avoir ce pouvoir, c'est parce que la situation à Birmingham devenait incontrôlable : il ne s'agissait pas de disperser des piquets de manifestants devant une cafétéria ou un grand magasin, mais de faire face à l'éventualité de troubles graves.

MARTIN : [...] Si nous parlions maintenant du conflit sur le prix de l'acier? De la société U.S. Steel et de son président, Roger Blough? Que s'est-il passé [1]?

KENNEDY : Estimant, comme tous les économistes, que le relèvement du prix de l'acier ne manquerait pas d'affecter tous les autres secteurs de notre économie, le Président s'est efforcé de priver cette augmentation de toute justification. Il a donc exercé une assez forte pression sur Dave McDonald et sur le syndicat des ouvriers de la sidérurgie qu'il dirigeait, en vue d'obtenir une modération des revendications salariales. Il a dépêché auprès d'eux Arthur Goldberg, ministre du Travail, lequel rendait compte ensuite aux sociétés sidérurgiques de l'état des négociations. Cette procédure a duré un cer-

---

1. Le 10 avril 1962, la société U.S. Steel avait annoncé une augmentation de prix de six dollars par tonne. Cette initiative, suivie par d'autres sociétés, avait entraîné une vigoureuse protestation de la part de l'administration Kennedy.

270

tain temps. Les sociétés et le syndicat sont finalement parvenus à un accord sans conséquences inflationnistes, du moins dépeint comme tel par la presse et par les économistes : il a donc été jugé qu'un relèvement du prix de l'acier ne s'imposait pas. Tout le travail du Président, d'Arthur Goldberg et d'autres personnes avait visé à mettre les sociétés sidérurgiques en mesure de signer une convention salariale qui ne leur imposât pas un relèvement de leurs prix. Et les patrons des sociétés – Roger Blough et tous les autres – comprenaient le sens de l'action de mon frère.

MARTIN : S'était-il donc arrangé officieusement avec Blough?

KENNEDY : Rien n'avait été exprimé en termes précis. Je veux dire par là que personne n'avait déclaré : « Si j'empêche les syndicats de présenter des revendications excessives, accepterez-vous de ne pas augmenter vos prix? » Mais le Président disait au patronat : « Je pense que nous allons réussir à dissuader les syndicats de demander une hausse excessive des salaires. » Bien sûr, l'unique objectif était d'enlever toute raison à un relèvement du prix de l'acier. Aux syndicats, mon frère a vendu l'idée que la modération de leurs revendications constituerait un appui au gouvernement et une contribution à la santé de l'économie nationale.

Roger Blough arrive donc un jour dans le bureau du Président et annonce qu'il va faire sous quelques heures une déclaration : hausse du prix de l'acier! Mon frère m'appelle, furieux : « Tu n'as pas idée de ce que ces gens-là viennent de faire. » Puis il m'a demandé de venir le voir et nous avons eu réunion sur réunion en vue d'arrêter la conduite à tenir, la manière de prendre le problème. Ce fut une bataille difficile, délicate, une véritable bataille.

Nous avons exercé toutes sortes de pressions. Ainsi, le ministère de la Défense laissait entendre qu'il passerait ses commandes d'acier auprès des sociétés qui ne relèveraient pas leurs prix. Nous avons aussi mis en place un jury d'accusation et c'est cette décision qui a suscité le plus beau tollé dans toute cette affaire. Mais il nous fallait absolument empêcher cette hausse de prix et nous avions l'intention de mener un jeu très dur.

MARTIN : Avec le recul du temps, pensez-vous que cette action était à la fois justifiée et politiquement sage?

KENNEDY : Oui, les deux. Agir différemment n'aurait pas été du tout dans le genre du Président. Une absence de réaction de sa part aurait

271

nui au pays, tant sur le plan intérieur qu'au niveau international, car elle aurait laissé entendre que les États-Unis étaient gouvernés par une poignée d'industriels. Je ne crois pas que nous aurions pu rétablir notre autorité.

Qui plus est, le Président a eu l'impression d'avoir été trahi.

MARTIN : Comment avez-vous finalement amené la société Inland Steel à une capitulation qui a marqué un tournant et ouvert les voies ?

KENNEDY : La société ne cherchait pas à relever ses prix. Ses dirigeants se sont parfaitement bien conduits [...].

MARTIN : Aviez-vous ou le Président avait-il des relations étroites avec le président d'Inland Steel, Joseph Block ?

KENNEDY : Non. Je crois que le Président le connaissait un peu ; mais il ne cessait de dire que les Kennedy et bon nombre de leurs collaborateurs ne se connaissaient pas de relations dans les milieux d'affaires, encore que mon père en fît partie et y connût tout le monde. Je veux dire par là que, lorsque nous avons regardé la liste des dirigeants de la sidérurgie, nous nous sommes aperçus que nous n'en connaissions aucun.

Mais moi, j'avais organisé un jury d'accusation. Nous avons pris ces dirigeants un à un, comme des particuliers. Il nous fallait les amener à résipiscence : nous avons scruté leurs notes de frais, nous avons demandé à chacun d'eux de préciser où il était et ce qu'il faisait tel ou tel jour ; j'ai fait saisir leurs archives et le FBI est allé le lendemain interroger chacun d'eux dans son bureau, d'un bout à l'autre du pays. Ils ont tous été astreints sous contrainte judiciaire à communication de leurs papiers personnels et des dossiers de leurs sociétés.

Je reconnais que la manière d'opérer a été assez brutale, mais nous ne pouvions nous permettre une défaite.

MARTIN : Vous disposiez là d'un pouvoir redoutable.

KENNEDY : Oui, c'est un pouvoir qui donne des frissons. Cela ne fait pas l'ombre d'un doute. Et on peut l'utiliser abusivement ou de manière impropre.

MARTIN : Je n'insinue pas que vous ayez commis des abus de pouvoir, mais il faut reconnaître que le risque existait.

KENNEDY : Non, je n'ai pas abusé de mon pouvoir, mais quelqu'un d'autre aurait pu le faire. Le pouvoir du ministre de la Justice des

États-Unis prend une infinité de formes : c'est précisément au risque d'abus de ce pouvoir que s'en prend le projet de loi sur les écoutes téléphoniques. La simple possibilité pour le ministre d'ordonner une enquête sur quelqu'un comporte elle-même un danger. Supposez que je déclenche dans votre localité des investigations sur votre compte : vous serez un homme fini. Le FBI ira demander à chacun de vos voisins ce qu'il sait sur vous ; il ira saisir vos relevés bancaires, interroger les commerçants chez qui vous vous approvisionnez et le mal sera fait. Et supposez que j'ordonne votre arrestation, ou bien votre comparution devant un jury d'accusation ? Alors, croyez-moi, le risque d'abus de pouvoir n'est nullement théorique.

MARTIN : Nous sommes dans un pays immense et puissant où tout tourne autour de quelques bureaux. On n'y échappe pas.

KENNEDY : Nous nous sommes tous donné beaucoup de mal dans ce conflit avec la sidérurgie : Bob McNamara, John McCone, Clark Clifford, qui a joué un rôle particulièrement important, Arthur Goldberg, qui a tenu des réunions avec certains dirigeants de sociétés, Charlie Bartlett, qui a eu des rapports indirects avec certains de ceux-ci. Chacun décrira notre action à sa manière, mais je pense pour ma part que c'est la prise en main de l'opération par le Président lui-même qui a constitué l'élément essentiel. En second lieu, le ralliement d'Inland Steel a comporté des conséquences très importantes, en brisant la fronde. Et puis le gouvernement fédéral a usé de tous ses pouvoirs. Enfin, je pense à toutes ces réunions et aux efforts de Clark Clifford pour ramener à la raison ces gens qui avaient commis une telle erreur.

MARTIN : Sur ce champ de bataille, c'est le Président qui exerçait en personne le commandement, n'est-ce pas ?

KENNEDY : Oui, oui, oui. J'ai lu quelque part, dans le magazine *Life*, je crois, que les opérations avaient été dirigées par Ted Sorensen. C'est absolument inexact : c'est le Président qui a tout organisé.

MARTIN : Ce fut une vraie victoire. Votre frère était-il content ?

KENNEDY : Oui. Il était enchanté de cet aboutissement. Vous savez, il aimait bien la bagarre. Et il aimait *gagner*. Là, c'est *lui* qui a gagné.

J'ai souvenir d'un dîner qui réunissait à la Maison Blanche les correspondants de presse, au cours duquel le Président s'est amusé à se pasticher lui-même. Il a été très drôle quand il a rappelé, au sujet de ce conflit : « Et lorsque l'on réveille les journalistes en pleine nuit pour leur communiquer des nouvelles, on se trouve dans de beaux draps ! »

MARTIN : Qu'a-t-il dit quand il a su que la bataille était gagnée ?

KENNEDY : Il était très, très heureux. C'était là l'une des cinq ou six grandes affaires dans lesquelles il s'était engagé personnellement et dont il souhaitait vivement une issue convenable.

MARTIN : Cinq ou six affaires, avez-vous dit. Quelles étaient les autres ?

KENNEDY : Voyons : la crise de Berlin en 1961 et celle de 1962, le fiasco de la baie des Cochons, la crise des missiles de Cuba en 1962, le conflit de la sidérurgie, la crise d'Oxford, les émeutes du Mississippi.

MARTIN : Parmi les crises provoquées par la question de l'égalité des droits, c'est dans celle d'Oxford que le Président s'est senti le plus engagé, n'est-ce pas ?

KENNEDY : Non ; ce n'est pas ce que j'ai voulu dire. Il a consacré beaucoup de temps à certains autres conflits sur l'égalité des droits ; mais à Oxford il y avait des morts. Notre gendarmerie risquait d'être débordée ou de devoir tirer sur les étudiants.

MARTIN : Mais il n'a pas ressenti comme critique la question du traité sur l'interdiction des essais nucléaires, dont la signature en août 1963 a pourtant représenté un beau succès, n'est-ce pas ?

KENNEDY : C'est exact. Il a pensé que c'était un succès important, mais je crois qu'il y manquait l'élément critique.

A mon avis, c'est la question de l'égalité des droits qui lui tenait le plus au cœur, de beaucoup : jusqu'à la fin de l'année 1962, il a estimé que son principal échec avait été l'absence de progrès dans ce domaine où aucune percée ne s'annonçait.

Le désarmement ? Comme je vous l'ai dit, on n'avait pas le sentiment que la situation fût critique, ni qu'il y eût urgence absolue, ce d'autant moins que les négociations avaient traîné en longueur.

MARTIN : La signature de la convention a été le lent aboutissement d'une longue chaîne d'événements et de beaucoup de travail. De

274

beaucoup de travail sur dossiers aussi. J'ai remarqué à l'époque que le chef de notre délégation à la conférence de Genève, Arthur Dean, avait reçu les félicitations de la presse pour ce que celle-ci considérait comme la préparation la plus complète à laquelle un Américain se soit jamais livré avant une négociation sur le désarmement.

KENNEDY : Il me semble que l'influence de David Ormsby-Gore a également été considérable à cette occasion. Jusque-là, nous étions allés à ces conférences sans préparation et notre attitude avait été très négative. David, qui avait observé notre comportement, était d'avis que nous ne nous montrions pas très constructifs. Le Président a donc veillé personnellement en 1961 à ce que nos représentants connaissent leurs dossiers, au lieu de se contenter d'étudier les motions présentées, et à ce que nos propositions deviennent plus positives. Il a pris cette question très à cœur et a tout étudié dans le détail [...].

MARTIN : Revenons au printemps 1962. A cette époque, le Président avait dit que Lyndon Johnson recevrait de nouveau l'investiture s'il décidait de se représenter à la vice-présidence à la présidentielle de 1964. Cette déclaration était-elle motivée par une raison particulière?

KENNEDY : Le bruit avait couru – en 1963, je crois, et non en 1962 – que Johnson allait être écarté.

MARTIN : Cette rumeur est revenue en 1963.

KENNEDY : Je pense que c'est cette récurrence qui a motivé la déclaration. Il n'avait jamais été envisagé d'écarter Johnson et cette éventualité n'avait même pas été soulevée. C'est sa personnalité qui donnait lieu à discussion.

MARTIN : Mais sa mise à l'écart n'avait pas été sérieusement considérée?

KENNEDY : Une mise à l'écart? Non.

MARTIN : A cette époque, l'Angleterre reprenait ses négociations en vue d'une entrée dans le Marché commun. Le Président était-il préoccupé? Craignait-il que toute sa politique en matière douanière et de commerce extérieur, qu'il avait eu tant de mal à faire accepter par le Congrès, ne se trouve compromise par le refus des pays du Marché commun de laisser entrer la Grande-Bretagne? A-t-il pris des dispositions à cet égard?

KENNEDY : Je pense qu'il était préoccupé; mais il ne se passionnait pas pour ce genre de problèmes qui, dans son esprit, trouve tôt ou tard une solution.

MARTIN : Le 12 ou le 13 mai 1962, nous avons donné ordre à la flotte de s'avancer vers les côtes du Laos, déclarant qu'il était tout à fait possible que nous y débarquions des troupes – ce qui aurait été bigrement difficile, en l'absence de tout port maritime.

KENNEDY : Ne les avons-nous pas débarquées en Thaïlande?

MARTIN : Oui, nous avons envoyé quelques unités dans ce pays. Notre ambassadeur à Moscou, Llewellyn Thompson, avait à ce moment-là des entretiens avec Khrouchtchev et, vers le 17 mai – trois ou quatre jours plus tard –, la situation semblait s'être un peu améliorée. Or, cette évolution suggère que Khrouchtchev était en train d'user de son influence pour maintenir la cohésion du groupe des pays non alignés [1], n'est-ce pas?

KENNEDY : Oui, c'est exact.

MARTIN : Ces tractations ont-elles emprunté les canaux diplomatiques habituels?

KENNEDY : J'ai eu aussi des conversations avec Georgi Bolchakov à cette époque-là.

MARTIN : Pensez-vous que celles-ci aient influé sur l'évolution de la situation?

KENNEDY : Oui. Nous avons fini par retirer nos troupes de Thaïlande, à la suite de ces conversations. Il s'est produit à cette époque deux ou trois occasions dans lesquelles nous avons vu des signes d'inapplication de l'accord conclu à Vienne, dans des circonstances où l'Union soviétique aurait normalement dû user de l'autorité qu'elle pouvait avoir, en vue de redresser la situation.

---

1. Le 23 juillet 1962, quatorze pays avaient signé à Genève des accords garantissant pour l'avenir la neutralité du Laos. Un gouvernement provisoire de coalition avait été installé à Vientiane, sous l'autorité de Souvanna Phouma.

MARTIN : C'est à peu près à ce moment-là que les cours de Bourse sont tombés en chute libre aux Etats-Unis : un véritable krach, au mois de mai 1962 [1]. Le bruit a couru que le Président allait intervenir, prendre des mesures à cet égard. Il a finalement décidé de s'en abstenir. Avez-vous à ce sujet des informations qui n'aient pas été publiées ?

KENNEDY : Ah oui...! Le « marché Kennedy... ». Comme disait le Président : « Quand la Bourse baisse, on parle du marché Kennedy ; mais quand elle monte, c'est grâce à la liberté d'entreprise. » Mais personne n'a pensé que des mesures puissent être prises. Il me semble que les conseillers de la Maison Blanche estimaient que les cours des actions étaient excessifs à cette époque, qu'une correction était inéluctable et qu'elle avait peut-être été précipitée par le conflit sur le prix de l'acier. Nous avons bien regardé le rapport entre les cours et les bénéfices, et il nous a paru que nombre d'actions étaient surcotées et qu'une réaction ne pouvait manquer de se manifester.

MARTIN : L'idée était largement répandue qu'une crise économique aussi grave que celle des années trente ne pouvait se reproduire aux Etats-Unis, en raison des mécanismes de sauvegarde qui avaient été institués. Était-ce aussi l'opinion du Président ?

KENNEDY : Oui.

MARTIN : C'est au mois de juillet 1962 que le Président a nommé Foy Kohler ambassadeur à Moscou. J'avais compris que son prédécesseur, Thompson, souhaitait s'en aller. Le départ de celui-ci n'a-t-il pas soulevé une certaine émotion ?

KENNEDY : C'est exact.

MARTIN : On a beaucoup parlé de la longue recherche de l'homme le mieux approprié à l'emploi

KENNEDY : Il y a eu un conflit entre les Affaires étrangères, qui voulaient donner le poste à Kohler, et ceux qui, comme moi, n'étaient

---

1. Le 28 mai 1962, les cours boursiers avaient subi la baisse journalière la plus forte qu'ils aient connue depuis la débâcle de 1929.

guère impressionnés par l'intéressé et qui souhaitaient y voir quelqu'un d'autre. Cela dit, je ne me souviens plus du nom de mon candidat. Mais j'ai eu quelques accrochages avec Chip Bohlen à ce sujet. Mon frère a dit que je n'avais qu'à proposer une candidature et que, si celle-ci était valable, il y serait donné suite. Mais je n'ai pu trouver quelqu'un qui sache le russe et qui ait des chances de faire l'affaire. Si le poste a été pourvu avec un tel retard, c'est parce que nous avons voulu éviter d'y nommer Foy Kohler : comme nous n'avons pu trouver de solution de remplacement, c'est Kohler qui a été envoyé à Moscou. J'avais participé avec lui à nombre de conférences et, outre qu'il me faisait piètre impression [...], ce personnage me donnait la chair de poule. Je ne pensais pas qu'il soit capable d'arriver à quoi que ce soit avec les Soviétiques.

MARTIN : Un ambassadeur à Moscou compte-t-il beaucoup?

KENNEDY : Je l'ignore, mais je crois que les Russes avaient placé une certaine confiance en Thompson. Je ne sais pas si un ambassadeur à Moscou finit par ne plus être qu'une boîte aux lettres. Peut-être joue-t-il un rôle pendant les deux ou trois premiers mois de son séjour, les Russes supposant qu'il est encore en contact avec le Président. Mon frère a évoqué une fois la possibilité de me nommer à Moscou, à la condition que je me mette au russe.

MARTIN : Pourquoi n'avez-vous pas été nommé?

KENNEDY : D'abord, parce que je n'aurais jamais pu apprendre le russe, étant donné que j'ai passé dix ans à apprendre le français à l'école sans arriver à le parler. Ensuite, j'aurais peut-être pu avoir un rôle utile pendant un ou deux mois, mais je ne pense pas que les effets bénéfiques de ma présence à Moscou auraient été durables. Quoi qu'il en soit, nous évoquons là une époque pendant laquelle nous étions à la recherche d'un candidat autre que Foy Kohler.

MARTIN : C'est aussi ce moment-là que le Congrès a décidé de mettre fin à l'aide à la Yougoslavie et à la Pologne. Notre ambassadeur à Belgrade, George Kennan, est venu à Washington et John Moors Cabot, l'ambassadeur à Varsovie, a remué ciel et terre, si bien que la Maison-Blanche a tout mis en œuvre pour faire revenir le Congrès sur sa position, sans obtenir entière satisfaction. Avez-vous, de près ou de loin, été mêlé à ce débat?

KENNEDY : Je rentrais du voyage dont nous avons parlé et je me suis trouvé dans le même avion que Kennan.

MARTIN : Que pensez-vous de lui?

KENNEDY : Il m'a fait très bonne impression : il m'a paru avoir beaucoup de jugement.

MARTIN : Il a finalement démissionné à cause de cette affaire, n'est-ce pas? Il pensait que le Congrès avait sapé sa position à Belgrade.

KENNEDY : Dans une certaine mesure, je crois. Je n'ai pas vraiment cherché à connaître les raisons de sa démission. Kennan aimait beaucoup le Président : c'était un de ses fidèles.

Il avait des idées sur l'évolution de la Yougoslavie [1]. Sachant qu'il arrive à des ambassadeurs d'être mis, à leur retour, sur une voie de garage au département d'État, sans plus jamais approcher le Président, celui-ci pouvant même ignorer leur présence à Washington, je me suis arrangé pour que mon frère rencontre Kennan. Ce dernier avait rédigé des notes assez révélatrices du tour des événements en Yougoslavie et qui n'étaient guère optimistes sur les perspectives. J'ai lu ces papiers dans l'avion et j'ai tenu à ce que le Président reçoive l'ambassadeur. Kennan a modifié certains passages qu'il estimait excessivement pessimistes, mais il se rendait parfaitement compte que Tito ne nous prenait pas vraiment au sérieux.

MARTIN : C'est à cette époque qu'est survenu un coup d'État au Pérou [2]. Cette situation préoccupait-elle le Président? Y attachait-il une grande importance?

KENNEDY : Oui, je le crois. Il a cherché à exercer une pression par tous les moyens dont il pouvait disposer, et je pense qu'il a fini par admettre que les militaires péruviens avaient gagné la partie. Je veux dire par là que nous avons finalement reconnu le nouveau régime.

---

1. A la suite d'une rupture officielle avec le bloc soviétique, le parti communiste yougoslave avait mis en œuvre une conception du socialisme reposant sur la décentralisation politique et économique. Au début des années 60, la Yougoslavie avait déjà rétabli avec l'Ouest des relations indépendantes de Moscou et était devenue l'un des chefs de file des pays non alignés.

2. L'armée avait pris le pouvoir au Pérou à la suite de l'élection présidentielle de 1962, dans laquelle Haya de La Torre avait obtenu la majorité relative, mais non celle des deux tiers qui était nécessaire.

Mais notre action a contraint ce dernier à accepter certaines conditions. Le Président y tenait beaucoup.

MARTIN : Estimait-il avoir obtenu un résultat ?

KENNEDY : Oui. L'analyse que la presse a donnée de ces événements répandait l'impression qu'après avoir résisté aux militaires péruviens le Président avait capitulé. Mais lui-même, comme tous ceux qui ont été mêlés à cette affaire, considérait qu'il avait obtenu un résultat.

MARTIN : [...] A cette époque, le Sénat et la Chambre ont approuvé un programme d'aide extérieure portant sur quatre milliards de dollars, pour le réduire un peu plus tard : tout l'été de cette année 1962 a donc été marqué par une longue bataille au sujet de ce programme et la situation a encore empiré en 1963. Le Président a-t-il pris une part vraiment active à ce combat, tant en 1962 qu'en 1963 ?

KENNEDY : Oui. Il était très préoccupé et il a fait tout ce qu'il a pu. Je n'ai pas participé à la définition d'une stratégie politique vis-à-vis du Congrès et j'ai seulement entendu le Président dire qu'il y avait à la Chambre assez de salauds pour pouvoir réduire l'aide à l'étranger et saper son action.

MARTIN : C'est au mois d'août 1962 que les Russes ont mis sur orbite deux engins spatiaux. De notre côté, nous étions en train de mettre des astronautes sur orbite. Cette compétition a suscité beaucoup de bruit dans la presse, tout au long de l'administration Kennedy. Quelle importance le Président y attachait-il ?

KENNEDY : Une très grande importance. Il disait souvent qu'il nous fallait réaliser dans l'espace ce que les explorateurs d'autrefois avaient accompli dans notre pays. Il semblait tenir beaucoup à cette comparaison. Il pensait aussi que cet effort était nécessaire au maintien de notre position dans le monde, que nous devions nous montrer les meilleurs et consentir par conséquent tous les sacrifices requis. Il lui arrivait fréquemment de dire que, s'il s'était rendu compte plus tôt de l'importance qu'allait présenter notre programme et de l'énormité de son coût, il n'aurait jamais placé Jim Webb à la tête de la NASA.

MARTIN : Vraiment ?

KENNEDY : C'est Lyndon Johnson qui avait suggéré sa nomination. Webb était épouvantable : c'était un bavard incorrigible et, de surcroît, assez indiscret [...]. En tout cas, le Président était très mécontent de lui, car il détestait les gens qui ont besoin de cinquante mots pour exprimer ce que l'on peut dire en sept mots. Webb l'exaspérait.

MARTIN : [...] Je reviens à ce sentiment qu'avait le Président de l'importance de la compétition spatiale sur les plans du prestige et de la découverte, et je note que deux de nos sous-marins nucléaires se sont rencontrés sous le pôle Nord en 1962. La presse a monté cet événement en épingle et le Président a salué l'exploit. Le sentiment que vous avez évoqué a-t-il joué un rôle ici et votre frère était-il vraiment heureux de ce haut fait?

KENNEDY : Il était toujours enchanté lorsque son pays accomplissait quelque chose d'extraordinaire, quand il n'y fallait pas seulement de l'intelligence et des compétences, mais aussi du courage.

C'est cette qualité qu'il appréciait le plus chez un être humain et surtout chez un Américain. Elle l'émouvait toujours.

MARTIN : Le 30 août 1962, Arthur Goldberg a été nommé à la Cour suprême. Pour quelles raisons? Pourquoi Goldberg? Pourquoi pas, par exemple, David Bazelon, qui avait pour lui une longue carrière de magistrat? Cette nomination a-t-elle donné lieu à beaucoup de discussions?

KENNEDY : Non. La décision a été prise beaucoup plus rapidement que celle concernant l'autre nomination à la Cour suprême. Le choix du Président s'était tout simplement porté sur Goldberg et il n'y avait aucune raison de ne pas désigner ce dernier. D'abord, je crois que le poste devait échoir à un Juif. Il avait été un peu question de l'éventualité de la démission d'un juge en place et de la possibilité de le remplacer alors par un non-Juif. Mais je suis sûr que la nomination de Goldberg a été largement due au fait qu'il était juif. Qui plus est, c'est un remarquable juriste. Il n'y avait donc nulle raison d'aller chercher ailleurs quelqu'un que nous ne connaissions pas pour sa loyauté. D'ailleurs, même si l'intéressé n'avait pas été juif, il aurait été du nombre des tout premiers candidats possibles. Mais la considération que j'ai évoquée a joué un rôle, et il n'a guère été envisagé d'autres possibilités.

MARTIN : C'est le 22 septembre 1962 que le Président a ouvert, en ce qui le concernait, la campagne de 1962 *, sur un discours qu'il a prononcé à Harrisburg. C'était la première depuis son élection. Puis-je vous demander s'il aimait ce genre d'exercice?

KENNEDY : Beaucoup. Il adorait s'éloigner de Washington.

MARTIN : La crise des missiles de Cuba a, bien sûr, interrompu sa campagne au cours de l'automne. Mais je suppose qu'il a été content des résultats. Ces élections ont, en particulier, été marquées par la défaite de Nixon. Le Président a-t-il eu le sentiment que la carrière politique de celui-ci était terminée?

KENNEDY : Non. Il pensait que Nixon se trouvait désormais sur la touche, mais pas de manière définitive.

MARTIN : Et pour la présidentielle de 1964?

KENNEDY : Je crois que mon frère estimait que Nixon n'aurait pas la moindre chance.

MARTIN : Nelson Rockefeller avait été réélu à son poste de gouverneur de l'État de New York et William Scranton à celui de gouverneur de Pennsylvannie, et George Romney avait été élu gouverneur du Michigan. Votre frère a-t-il pensé que l'un des trois serait candidat républicain à la présidentielle de 1964?

KENNEDY : C'est Romney qu'il craignait le plus, qu'il jugeait le plus difficile à battre.

MARTIN : Vraiment?

KENNEDY : Oui, il avait peur que Romney ne gagne la prochaine présidentielle. Il n'en a jamais parlé à personne, sauf peut-être à moi. Ce qu'il redoutait chez le gouverneur du Michigan, c'était sa manière d'utiliser les thèmes de la religion et de la patrie. Alors que l'électorat était un peu inquiet et fatigué de certains aspects de la politique du

---

* Il s'agit de la campagne pour les élections législatives de novembre 1962, où le parti démocrate a remporté la majorité, tant au Sénat qu'à la Chambre des représentants. *(N.d.T.)*

Président, notamment dans le domaine de l'égalité des droits, Romney arrivait avec une réponse à tous les problèmes, une panacée en main. Qui plus est, il parlait et présentait bien. Il aurait pu nous créer des difficultés dans le Sud, où nous étions de toute façon mal placés ; mais il aurait pu l'emporter dans certains États des Rocheuses, peut-être aussi dans le Michigan : au total, il aurait pu nous mener la vie dure. Mon frère était donc très préoccupé : voilà pourquoi nous ne prononcions jamais le nom de Romney.

MARTIN : Je vois. Le Président ne pensait pas que Nelson Rockefeller serait très difficile à battre, n'est-ce pas ?

KENNEDY : Non.

MARTIN : A cause de son divorce ?

KENNEDY : Je crois que Rockefeller s'était discrédité dans l'État de New York par son divorce et par l'ensemble de sa politique. Il a montré dans de multiples occasions qu'il n'avait rien dans le ventre : nous avons vu cela notamment pendant la campagne de la présidentielle, par sa reculade du New Hampshire en 1960, dans son attitude au cours du débat sur les crédits d'aide à l'étranger. Chaque fois que s'est présentée une véritable difficulté, il s'est défilé. C'est ce qui l'a tué ; mais la chose était prévisible depuis des années. Voyez-vous, le jeu politique est infiniment plus difficile au niveau fédéral que sur le plan local : on peut y être très vite liquidé.

MARTIN : Quant à William Scranton, c'était alors un parfait inconnu.

KENNEDY : Le Président a toujours pensé qu'il n'était pas sérieux.

MARTIN : Vraiment ?

KENNEDY : Ce que je veux dire par là, c'est que les autres reprochaient à mon frère de manquer d'expérience. Or, il avait derrière lui toutes ces années au Sénat et une longue habitude des affaires publiques. Et voilà qu'arrive un Scranton : deux années de Chambre, deux années de gouvernorat, à peine à la moitié de son mandat, et il allait prétendre à une candidature à la présidentielle...

Mon frère pensait gagner ces élections-là. La vie à Washington le déprimait un peu. Enfin, pas vraiment : le mot est trop fort. Mais vous lisiez vous aussi tous ces éditoriaux : aucun d'entre eux ne lui témoignait beaucoup d'enthousiasme. James Reston tapait sans cesse sur lui dans le *New York Times,* imité par tous ces autres journalistes

283

qui auraient pu être les amis de mon frère. Voyez-vous, chacun trouvait à redire à son action, et c'est seulement lorsqu'il se déplaçait en province que...

Voilà pourquoi il aimait tant les campagnes électorales. Chaque fois qu'il en revenait, il disait : « C'est un autre pays. » De Washington, on ne se rend pas compte de cela et c'est pourquoi les gens qui résident dans la capitale n'ont pas compris la profondeur de sa popularité, pas plus qu'ils n'avaient imaginé qu'il puisse être assassiné. C'est ce qui me rend si amer aujourd'hui à l'égard de gens tels que James Reston : ils ne manifestent pas plus de lucidité par leur manière de promouvoir l'image de Lyndon Johnson en le comparant au Président. Je crois tout simplement qu'ils n'ont rien compris à tout ce qui s'est passé pendant trois ans et qu'ils se sont totalement mépris sur les sentiments du pays.

Le pays, ils ne le connaissent même pas. Ces gens prétendaient que mon frère n'obtiendrait pas l'investiture : s'ils le « savaient », c'était parce qu'ils s'informaient auprès de sénateurs et de représentants qui vivaient eux aussi à Washington et avaient perdu contact avec le pays.

MARTIN : On a généralement considéré que les législatives de novembre 1962 ont représenté une grande victoire pour le parti démocrate et un succès personnel pour le Président. Il reste que les démocrates ont perdu quelques grands États qui présentaient dans le Nord une importance politique considérable, et notamment certains postes de gouverneur. Cette situation a-t-elle préoccupé le Président ?

KENNEDY : Non.

MARTIN : Vraiment ? Pourtant, dans les États, une défaite fait perdre beaucoup de terrain, au niveau de l'organisation et de la clientèle politique.

KENNEDY : Le Président ne s'est jamais vraiment mêlé des questions d'organisation ni de la clientèle. Voyez ce qui s'est passé dans le pays en 1960 : les gens ont mis en avant l'argument que vous venez d'évoquer, disant que si l'on n'obtient pas le poste de gouverneur, etc. Mais prenez, par exemple, le cas de la Californie : Pat Brown avait été élu gouverneur avec une majorité de, je ne me souviens plus, quatre ou cinq cent mille voix, puis réélu avec une majorité d'un million de voix (peut-être avait-il eu une majorité de huit cent mille voix précédemment) et nous avons ensuite perdu ce poste pour quarante mille voix.

MARTIN : Le gouverneur démocrate de l'Illinois, Otto Kerner, avait été élu avec une majorité de quatre cent mille voix, et nous l'avons emporté de six mille voix dans cet État.

KENNEDY : Que représentent six mille voix! Prenez les six principaux États : nous en avons perdu deux ou trois, qui étaient démocrates, et nous en avons gagné deux qui étaient républicains. Je crois qu'un gouverneur démocrate peut s'aliéner l'électorat : il augmentera les impôts, comme l'a fait Matthew Welsh dans l'Indiana, et la population sera furieuse contre les démocrates. Le gouvernorat est un poste ingrat et je ne pense pas qu'il présente l'intérêt que l'on croit. Il rend même souvent la vie plus difficile : dans l'ensemble du pays, nous avons perdu une dizaine ou une douzaine de grands États dont les gouverneurs étaient démocrates, le Wisconsin par exemple; dans certains autres, nous avons gagné, alors que les gouverneurs étaient républicains; mais dans l'Ohio, où Mike DiSalle était gouverneur démocrate, nous avons perdu.

Je pense donc qu'il n'existe pas nécessairement de corrélation, et la perte de postes de gouverneurs ne nous causait pas grand souci. Je crois même qu'il n'est pas mauvais, dans certains cas, de se présenter contre un gouverneur, que ce soit pour ce poste ou pour des fonctions de niveau national. Il est très difficile d'être un gouverneur populaire et je n'en connais aucun qui le soit. Voilà pourquoi tant d'États ont changé de camp aux législatives de 1962 : nous avons vu les États républicains, je veux dire le New Hampshire et le Vermont, passer aux démocrates et les principaux États industriels, comme la Pennsylvanie, devenir républicains. Tout cela parce que les gouverneurs finissent toujours par manquer de crédits pour gérer leurs États.

MARTIN : C'est qu'en réalité, à mesure que le pouvoir se déplace vers Washington, les États ne remplissent plus, ni ne peuvent remplir les missions dont le citoyen attend qu'ils s'acquittent.

Au cours de cette campagne, nous avons entendu un discours d'Eisenhower lui-même, qui s'en prenait aux « blancs-becs » du gouvernement, puis un autre, dans lequel l'ancien Président accusait votre frère de « mainmise sur le pouvoir ». Avez-vous souvenir d'une réaction du Président à ce sujet?

KENNEDY : Vous savez, je ne crois pas que mon frère ait jamais eu beaucoup d'estime pour Eisenhower, qui l'exaspérait. Nous nous attendions d'ailleurs à ce type de déclarations, grâce aux rapports de

John McCone, qui indiquaient qu'Eisenhower devenait de plus en plus furieux et qu'il fallait nous attendre à ce qu'il déverse ce genre de venin contre le Président.

C'est John McCone qui faisait la liaison avec l'ancien Président et il nous a été très utile à cet égard. Vous savez qu'il avait une grande affection pour ma femme, et c'est ainsi que nous sommes devenus de grands amis et que lui-même est devenu un admirateur du Président. Il a été très loyal à l'égard de ce dernier, mais son intérêt personnel a toujours prévalu. Des heurts se sont produits, notamment au début de 1963, à cause de l'affaire des missiles de Cuba [...].

MARTIN : Pourriez-vous citer des circonstances dans lesquelles McCone a rendu service dans les rapports avec Eisenhower ?

KENNEDY : Il le tenait au courant des affaires. Il lui faisait part de son admiration pour mon frère : en un mot, il le calmait. Il était seul à donner à l'ancien Président un autre son de cloche, à nuancer ce que ce dernier entendait dire tout le temps. McCone me confiait souvent qu'Eisenhower était un peu isolé dans sa retraite, privé d'informations, et qu'il se remplissait du venin distillé par tous les gens qui venaient lui raconter des sornettes. McCone a été assez choqué de constater que l'ancien président connaissait mal certains problèmes; mais il lui a semblé que ses réactions étaient bonnes et il lui a été possible de raisonner un peu Eisenhower, ce qui nous a été bien utile. L'ancien Président s'est intéressé de plus en plus à la politique : il regrettait de l'avoir quittée, il était en manque d'adulation. Il avait donc envie de retourner à la vie publique et McCone lui a fourni l'impression d'y revenir. Eisenhower lui a même dit qu'il s'y était davantage intéressé durant la campagne de 1962 que pendant ses années à la présidence.

MARTIN : C'est à ce moment-là, en octobre, que s'est développée la crise des missiles de Cuba, que les Chinois ont lancé une grosse offensive sur l'Inde et que Nehru s'est prestement débarrassé de son ministre de la Défense, Krishna Mennon. Avez-vous été mêlé à tous ces événements ?

KENNEDY : J'ai participé à des réunions du Conseil de la sécurité nationale sur l'approvisionnement de l'Inde et sur la mise en place d'un pont aérien. Il s'agissait, je crois, de la mission Harriman [1]. Il s'est naturellement produit un conflit entre ce dernier et notre ambassadeur en Inde, Ken Galbraith, sur la manière de traiter la situation. Une fois prise la décision de venir en aide à l'Inde par tous les moyens possibles, l'affaire a revêtu un caractère totalement politique.

MARTIN : [...] Je voudrais revenir à 1962 et voir si nous n'avons rien oublié. Cette année-là, la Chambre a torpillé le projet de loi portant création d'un ministère des Affaires urbaines [2]. Avez-vous souvenir de la réaction du Président ?

KENNEDY : Il a simplement manifesté de l'agacement. Il avait l'impression que nous n'avions pas présenté le projet au mieux.

MARTIN : La presse a évoqué une technique employée par le Président en vue de susciter des candidatures à des postes dans l'administration : il faisait venir des gens à Washington, par groupes, pour des séances d'information qui duraient la journée entière. Cette initiative a-t-elle produit des résultats ?

KENNEDY : Nous avons tenté, en particulier, de recruter pour l'AID des collaborateurs de qualité. J'ai participé dans une certaine mesure à cet effort. Il ne s'agissait pas vraiment d'un programme, mais seulement d'une série de réunions. Nous voulions voir si des sociétés pourraient mettre à notre disposition pour un ou deux ans des gens valables, pas des collaborateurs dont elles voudraient se débarrasser. Certaines de nos recrues ont donné satisfaction ; d'autres, moins. Nous avons fini par retenir des gens d'échelons inférieurs.

MARTIN : A quel niveau recrutiez-vous pour l'AID ?

KENNEDY : Pour la direction d'un programme, ou au niveau d'adjoint, dans les pays intéressés. C'est là que se posait un problème de personnel.

_____

1. A la suite de l'attaque chinoise sur la frontière Nord de l'Inde, Averell Harriman avait été chargé d'une mission d'évaluation des besoins de ce pays en aide américaine.

2. La commission du règlement intérieur de la Chambre des représentants avait rejeté un projet de loi tendant à transformer l'office du logement en un ministère à part entière.

MARTIN : Quelle a été la réaction du Président à la libération de Francis Gary Powers, qui avait survolé l'URSS avec un U-2? C'est le 10 janvier 1962 que ce pilote a été relâché.

KENNEDY : J'ai signé les papiers nécessaires avant mon départ pour le voyage dont nous avons parlé, et la libération de Powers est intervenue en mon absence. Mais les collaborateurs de mon cabinet avaient travaillé pendant je ne sais combien de mois à l'échange du pilote contre l'espion soviétique, Rudolf Abel.

MARTIN : Comment le Président a-t-il réagi à la nationalisation des actifs de l'International Telephone and Telegraph au Brésil?

KENNEDY : Nous n'avons pas étudié cette affaire ensemble. Mais il m'a envoyé au Brésil voir le président Goulart, qui lui avait promis de trouver une solution. Et cela n'avait pas été fait. Goulart m'a donné des assurances et ITT a été indemnisée.

MARTIN : Quelle impression Goulart vous a-t-il faite?

KENNEDY : Mauvaise. Il a l'air d'un Jimmy Hoffa brésilien. Je n'ai pas éprouvé pour lui autant d'aversion que pour Sukarno; mais il ne m'a pas paru digne de confiance. Il m'a semblé qu'il nous posait quantité de problèmes. Pendant mon séjour là-bas, j'ai vu toutes les difficultés que créaient des gauchistes et des communistes détenant des postes importants. Goulart voulait que nous lui donnions des noms et que nous précisions les secteurs affectés. Nous lui en avons indiqué quelques-uns. Par ailleurs, son gouvernement n'avait pas de politique économique. Mais souhaitez-vous que je raconte ce voyage maintenant?

MARTIN : Non. Nous en parlerons le moment venu.

Au mois de mars 1962, Nixon a accusé le Président d'avoir mis en danger la sécurité nationale en préconisant, dans sa campagne de 1960, un débarquement à Cuba, alors qu'il était au courant de ce qui se tramait. Votre frère a-t-il réagi?

KENNEDY : Non, pas personnellement. Il a fait publier par Allen Dulles un démenti affirmant que le Président n'était pas au courant.

MARTIN : C'est en 1962 que le Sénat a approuvé le XXᵉ Amendement à la Constitution, interdisant la perception de taxes d'inscription pour les élections fédérales. Le Président attachait-il beaucoup d'importance à cette disposition?

KENNEDY : Il l'a appuyée vigoureusement, après avoir tenu quantité de réunions à ce sujet. Comme vous savez, le projet avait été proposé par le sénateur Holland. Le Président souhaitait vivement que les États ratifient cet amendement : il a téléphoné à droite et à gauche et nous avons envoyé des télégrammes dans chaque État, pressant les autorités d'incorporer ce texte à leur législation.

MARTIN : C'est à cette époque-là que s'est produite une grosse agitation en faveur d'une mesure de grâce pour Junius Scales [1]. Souhaitez-vous commenter cette affaire ?

KENNEDY : Nous avons effectivement constaté une certaine agitation. Norman Thomas, le chef du parti socialiste, et bien d'autres personnalités sont venues me voir à plusieurs reprises et m'ont écrit. J'ai répondu que j'examinerais la question, mais que je n'avais pas l'intention d'avoir l'air de céder à une pression, demandant la suspension de toute démarche pendant un certain temps. Le tapage ayant cessé, j'ai réétudié l'affaire à Noël. Compte tenu des peines infligées à d'autres et de la durée de celle de l'intéressé, ainsi que de la maladie de sa femme, j'ai fait commuer la peine de Scales. Je n'ai jamais eu de discussion sur ce sujet avec le Président.

MARTIN : Au mois d'avril, votre frère a donné un dîner en l'honneur des titulaires du prix Nobel dans le monde occidental. Y assistiez-vous ?

KENNEDY : Oui.

MARTIN : Cette réception a-t-elle été réussie ?

KENNEDY : Elle a été un grand succès.

MARTIN : Je me demandais si le Président aimait ce genre de manifestations.

KENNEDY : Oui, énormément.

MARTIN : L'un des temps forts de cette soirée semble avoir été la lecture d'un chapitre de Hemingway.

KENNEDY : Oui. C'est l'acteur Fredric March qui l'a lu. Il m'a raconté que le texte comportait une quantité de mots très obscènes auxquels

---

1. Seul membre du parti communiste condamné à la prison en application de la loi Smith, Junius Scales a vu sa peine commuée en 1962 par Robert Kennedy.

Mme Hemingway ne voulait pas que l'on touche, mais qu'il a tout de même modifiés. Comme il proposait de remplacer certains termes particulièrement crus, la veuve de l'écrivain lui a répondu : « Ça ira très bien, car, même ainsi, tout le monde comprendra de quoi il s'agit. »

Il m'a semblé que le grand moment de la réception avait été constitué par le toast qu'a porté le Président [...].

MARTIN : J'avais un peu travaillé à cette allocution avec Arthur Schlesinger pendant l'après-midi. Je me souviens que figurait dans notre projet une phrase assez plate : « Vous représentez la plus remarquable assemblée de talents et d'intelligences qui ait jamais été réunie à la Maison Blanche. » Est-ce votre frère qui a ajouté : « Sauf peut-être lorsque le président Jefferson y prenait son dîner tout seul » ?

KENNEDY : Oui, c'est lui. Vous pouvez voir les notes qu'il avait ajoutées au texte ou au dos du menu. Il adorait ce genre de soirées. C'est alors que je lui ai suggéré de réunir de la même façon les titulaires de la médaille d'honneur et cette autre réception a elle aussi été un grand succès. Après la soirée des prix Nobel, le Président a eu ce mot : « On peut critiquer Dick Goodwin, mais il a eu deux bonnes idées : celle de l'Alliance pour le progrès et celle de ce dîner. »

MARTIN : Que pensait-il de Goodwin?

KENNEDY : Je crois qu'il l'aimait bien, qu'il le trouvait très intelligent et compétent.

MARTIN : Pourquoi a-t-il donc été si mal traité? Il a d'abord été mis à la porte de la Maison Blanche et, aux affaires interaméricaines, il s'est trouvé sous les ordres de Woodward.

KENNEDY : Ce n'était pas une rétrogradation.

MARTIN : Il avait pourtant espéré remplacer Woodward à la tête des affaires interaméricaines. Or, lorsque George Ball a promu ce dernier, il a fait venir Ed Martin apparemment dans le dessein précis de le placer au-dessus de Goodwin. Ce qui a été le cas.

KENNEDY : Écoutez, j'aime bien Dick Goodwin, mais je ne lui aurais pas confié une direction générale. Je suis sûr qu'il pensait avoir ce poste, mais le Président ne lui avait certainement fait aucune promesse. A la Maison Blanche, Goodwin s'occupait de l'Amérique latine et il est donc allé au département d'État poursuivre son travail dans cette région. De toute façon, sa nomination à la tête des affaires interaméricaines n'aurait pas eu le moindre sens.

Aux Affaires étrangères, il n'a pas eu la vie facile. Dans ce terrible labyrinthe, vous êtes vite phagocyté. Il venait se plaindre à moi et j'en parlais à mon frère. Mais que pouvais-je faire de plus ? Comprenez-moi : s'il arrivait au Président d'exprimer l'opinion que le ministre devrait se débarrasser de McGhee ou que George Ball ne donnait pas satisfaction, il ne pouvait pas passer son temps à veiller à ce que Goodwin soit traité convenablement.

MARTIN : [...] Au mois de mai, après le conflit avec les sidérurgistes, le Président a prononcé un discours devant la Chambre de commerce des États-Unis et la presse a rapporté que l'accueil avait été froid. Vous en souvenez-vous ?

KENNEDY : Oui.

MARTIN : Le Président était-il ennuyé ?

KENNEDY : Il n'a jamais aimé ce milieu-là. Il avait tout simplement l'impression qu'il n'y avait rien à faire avec ces gens-là, qu'il n'y avait pas moyen de les influencer. C'est d'ailleurs dans cet esprit que nous avions été élevés : mon père estimait que les entrepreneurs n'ont pas le sens de la responsabilité publique. Quant à nous, nous trouvions ces milieux purement et simplement hostiles.

Lyndon Johnson s'est arrangé pour en tirer quelque chose, mais pas nous. L'ironie du sort a voulu que Johnson se soit servi pour cela de ce que mon frère avait fait en faveur des entreprises.

MARTIN : Au printemps 1962, les États-Unis ont remis à l'OTAN cinq fusées Polaris. Avez-vous été pour quelque chose dans cette initiative ? Avez-vous jamais expliqué au Président l'importance des Polaris et celle de l'OTAN ?

KENNEDY : Non, non. Mais je sais le très grand intérêt qu'il attachait aux sous-marins Polaris. J'ai participé aux entretiens sur la force multilatérale, sur la question de savoir si nous aurions des équipages de nationalités diverses. Cela se passait après nos discussions avec l'amiral Rickover, qui y était hostile. Mais le Président a décidé de tenter une expérience sur un croiseur, n'est-ce pas ?

MARTIN : Oui, je crois.

KENNEDY : Et de nous garder de mettre des équipages de ce type sur des sous-marins Polaris, car Rickover estimait que ce serait difficile dans la pratique. Le Président avait été impressionné par les explications de l'amiral; mais il pensait aussi que, vu l'opposition de ce dernier, une expérience sur un sous-marin n'entraînerait pas seulement des difficultés techniques, mais poserait un fichu problème politique dans le pays. Voilà pourquoi il n'a pas poussé cette idée. Des solutions de remplacement ont ensuite été envisagées : encore que je n'aie guère participé aux discussions, il me semble qu'aucune n'a donné de bons résultats. Cette recherche était commandée par le problème du Skybolt et par toutes les difficultés que nous créait ce missile.

Je m'en suis ouvert à Georgi Bolchakov, car toute cette affaire inquiétait les Russes : ceux-ci avaient l'impression que nous étions en train de donner à l'Allemagne de l'Ouest un certain contrôle sur les armes nucléaires. Nous nous trouvions devant un conflit fondamental : d'un côté, le Président s'efforçait d'améliorer les relations avec l'Union soviétique et avec les pays communistes et, de l'autre, nous tentions d'obtenir une meilleure cohésion avec nos alliés européens. Puis les Français s'en sont naturellement mêlés et, dès 1963, la situation était devenue plus confuse que jamais. Je ne crois pas que c'était seulement à cause du Skybolt, mais aussi à cause de la France.

Les Français prétendaient que le rôle imparti aux Européens était insuffisant et qu'une organisation différente pourrait leur donner une place plus large. L'idée était donc d'essayer d'obtenir une plus grande coopération de la part de nos alliés européens, tout en évitant de contrarier les pays communistes au point de compromettre définitivement la possibilité d'un rapprochement avec eux.

MARTIN : Avez-vous eu avec le Président des conversations sur l'avenir de l'OTAN en tant qu'organisation? Je m'explique : il m'a semblé, à cette époque de l'année 1962, que les vieilles alliances de l'après-guerre étaient de part et d'autre en voie de disparition – la nôtre, sans nul doute; mais aussi celle de l'Union soviétique et de tous les pays communistes. Cette évolution est devenue apparente très tôt en 1962 et, bien sûr, elle est maintenant terriblement évidente. Je me demande si vous vous en êtes entretenu avec le Président.

KENNEDY : Nous avons évoqué les aspects réels de cette situation.

MARTIN : Que disait le Président?

KENNEDY : Il réfléchissait, du moins à ce moment-là, à la manière de tenir jusqu'à la fin de l'année suivante. Je crois qu'au fond il se rendait parfaitement compte que nos alliances allaient évoluer et se transformer. A son avis, cette perspective découlait largement de la crise des missiles de Cuba : il était naturel que, se sentant plus en sécurité à la suite de la reculade soviétique, chacun de nos alliés s'engage dans une voie indépendante. C'était à nous de nous y adapter.

Face aux conséquences à long terme d'une telle évolution, il pensait qu'il nous fallait simplement continuer à renforcer nos moyens et nous montrer capables de nous plier au changement. Je crois qu'il ne se sentait pas vraiment dans une position lui permettant de prendre rapidement des initiatives, si tôt après la crise cubaine ou à l'approche de l'élection présidentielle. Il imaginait la possibilité de traiter ce problème d'une manière différente au cours d'un second mandat. Et pas seulement cette question, mais aussi bon nombre de nos difficultés intérieures.

Quand je pense à tous les obstacles que nous avons rencontrés en 1961, je ne puis m'empêcher de me dire que Johnson a aujourd'hui, en 1964, une chance fantastique! Voyez la différence dans la situation : sur le plan national, l'état de la balance des paiements et la croissance économique; à l'extérieur, les rapports avec les pays communistes, la conjoncture politique à Berlin et dans le reste du monde... tout cela ne s'est pas produit en une nuit!

MARTIN : Votre frère est entré en fonctions après huit années de présidence Eisenhower, pendant lesquelles toutes les décisions avaient été remises à plus tard : il a donc hérité d'un seul coup de tous les problèmes. Quand Johnson est entré à la Maison Blanche, nul choix n'avait été différé. Est-ce bien là la différence à laquelle vous pensez?

KENNEDY : Je vous répondrai seulement par une réflexion de MacArthur au Président : « Après les huit années d'Eisenhower, tous les ennuis sont retombés sur la Maison Blanche. Mais c'est vous qui êtes le locataire. »

MARTIN : Et je me demande avec inquiétude si les États-Unis pourront supporter huit autres années du même style, même si l'intéressé a le parti démocrate derrière lui...

KENNEDY : Je n'en sais rien. Bien sûr, Johnson n'a pas encore été confronté à une situation de crise. La seule grosse affaire a été celle des émeutes de janvier 1964 dans la zone du canal de Panama. Je n'ai guère été impressionné par la façon dont elle a été traitée. Il y a eu aussi l'incident de la coupure de l'approvisionnement en eau à la base de Guantanamo, et je n'ai pas apprécié la manière dont nous avons réagi.

MARTIN : Êtes-vous intervenu dans le procès de Billie Sol Estes [1]?

KENNEDY : Oui.

MARTIN : Cette affaire mérite-t-elle que nous en parlions?

KENNEDY : Oui, mais seulement sous l'aspect de la fabrication d'un scandale imaginaire au sein de l'administration Kennedy. Le *New York Herald Tribune* a publié là-dessus des articles manifestement mensongers [...]. On a voulu rééditer l'histoire du Teapot Dome *, alors qu'il n'y avait aucun motif de suspicion. Deux individus avaient accepté un millier de dollars ou quelques cadeaux, et je ne sais même pas s'il s'agissait d'un montant de cette importance. Le ministre de l'Agriculture, Orville Freeman, s'est laissé aller à la panique. C'est le ministère de la Justice qui l'a sauvé, car nous l'avons soumis à un contre-interrogatoire très serré, en sorte qu'il connaissait bien son dossier lorsqu'il s'est finalement présenté devant la commission permanente d'enquête sur les opérations du gouvernement. Le sous-secrétaire d'État à l'Agriculture, Charles Murphy, n'avait pas donné une aussi bonne prestation, car il était un peu plus calculateur; mais nous lui avons fait passer le même genre de contre-examen et il s'est tiré de la situation.

Le rapprochement avec le scandale du Teapot Dome incitait l'opinion publique à croire qu'Orville Freeman serait acculé à la démission. Ce dernier a bien mené l'affaire – et c'est de plus un homme honnête –, mais il faut savoir que son ministère n'est pas facile à diri-

---

1. Billie Sol Estes, homme d'affaires texan très proche du parti démocrate, avait été condamné en 1961-1962 pour manœuvres frauduleuses et vol.

* Il s'agit d'une affaire de corruption qui a fait grand bruit aux États-Unis au début du siècle, à la suite de la mise en exploitation d'un gisement de pétrole situé sur une réserve du Wyoming, dont la population indienne avait été expulsée grâce au versement de pots-de-vin à des fonctionnaires. *(N.d.T.)*

ger. En tout cas, aucun scandale important n'avait jusque-là rejailli sur l'administration de l'Agriculture. Nous avons engagé des poursuites et Estes a été condamné. Nous avons aussi communiqué à la commission de la Chambre tous les rapports d'enquête du FBI : c'est la seule occasion dans laquelle nous ayons rompu avec les habitudes. Et je crois que les membres de la commission ont été déçus que les investigations n'aient pas donné plus de résultats. Mais il n'y avait rien de plus à découvrir.

MARTIN : Vous avez mentionné le *New York Herald Tribune*. Le Président a-t-il alors résilié son abonnement?

KENNEDY : Oui.

MARTIN : Était-il fâché, vraiment fâché?

KENNEDY : Oh! Il en avait tout simplement par-dessus la tête. Je ne me rappelle plus si cela s'est passé à ce moment précis, mais ce journal avait publié tant d'articles absolument mensongers [...] On n'y trouvait plus que cette affaire Estes et certains autres commentaires qui étaient totalement inexacts. Le Président était très déçu et s'est dit que ce quotidien ne valait même plus la peine d'être lu. Et il ne l'a plus jamais lu.

MARTIN : A-t-il réagi ainsi sous le coup de la colère? Ou a-t-il mis fin à son abonnement de manière délibérée et calculée?

KENNEDY : Tout à fait délibérément, et il n'a pas regretté son geste par la suite. Et n'allez surtout pas croire qu'il allait en lire des coupures en cachette : il ne voulait tout simplement plus voir ce journal et, d'ailleurs, plus personne ne le lisait à la Maison Blanche. Mais je crois qu'il s'est repenti d'avoir fait ainsi autant de publicité au *Herald Tribune*.

MARTIN : Auriez-vous quelque chose à dire à propos du projet de loi sur l'assistance médicale au profit des personnes âgées?

KENNEDY : Je sais que le Président tenait beaucoup au vote de ce projet de loi. Les sondages indiquaient que cette question conservait toute son importance. C'est donc autant pour des considérations politiques que par conviction personnelle qu'il voulait agir dans ce domaine.

MARTIN : Dans l'État de New York, le Président a apporté en 1962 son appui à Charles Buckley, malgré la présence du maire de New York, Robert Wagner, n'est-ce pas?

KENNEDY : Oui.

MARTIN : Dans quelle mesure le Président intervenait-il dans la vie politique de cet État?

KENNEDY : Pas beaucoup. J'y ai probablement été mêlé davantage que lui.

MARTIN : Réellement?

KENNEDY : Oui, parce que j'y connaissais tout le monde. Il nous a d'abord fallu nous débarrasser de Carmine De Sapio et de Mike Prendergast, le président du comité démocrate local, de qui je ne pensais guère de bien – non pas qu'ils fussent malhonnêtes, mais parce que je les trouvais incompétents l'un et l'autre : Prendergast surtout, qui avait très mal mené la campagne électorale et qui se mettait en avant d'une manière tout à fait déplaisante. Et puis, nous avons eu, bien sûr, le conflit avec la veuve du président Roosevelt et avec l'ancien gouverneur et sénateur de l'État de New York, Herbert Lehman. Ces réformistes étaient bien pires que Prendergast et que les démocrates de stricte obédience, qui sont moins assoiffés de pouvoir et ont un meilleur sens de leurs responsabilités. Mais Prendergast est devenu arrogant et peu coopératif et nous sommes donc entrés en conflit avec lui.

MARTIN : Et Robert Wagner?

KENNEDY : Nous avions des rapports amicaux. Nous connaissions mieux que lui les gens des comtés, car nous travaillions aussi à l'extérieur de la ville de New York. J'avais eu là-bas deux émissaires – Ben Smith et Paul Corbin – tout au long de la campagne électorale. Celle-ci terminée, nous avons réorganisé notre appareil dans ces comtés et y avons placé un grand nombre de jeunes. La situation a bien changé et nous nous sommes ainsi débarrassés de certaines fripouilles. Nous nous sommes donné beaucoup de mal et avons acquis une foule de relations.

Si vous me demandez qui étaient les trois ou quatre hommes politiques sur qui nous pouvions compter pour l'investiture en vue de la présidentielle de fin 1963, je mettrais Charlie Bukley en haut de la liste. Lyndon Johnson avait pour lui Carmine De Sapio et Mike Prendergast, mais il paraît qu'il a dit à je ne sais plus qui : « Je croyais que Mike Prendergast et De Sapio faisaient la loi dans l'État de New York, et je m'aperçois que c'est Charlie Buckley qui est le patron! » Puis, nous avions, bien sûr, Peter Crotty à Buffalo, Dan O'Connell à Albany, Bill Posner à Rochester et John English à Long Island.

A l'approche des élections, le *New York Times* et tout le monde étaient hostiles à Charlie Buckley. Mais nous n'avions pas l'intention d'oublier nos amis : Buckley nous avait rendu service quand nous en avions besoin et nous avons fait un effort en sa faveur.

Je crois que c'est là une chose entendue en politique, où chacun connaît des hauts et des bas. Il est bon, lorsque l'on se trouve en perte de vitesse, de pouvoir compter sur des gens dont on a favorisé l'ascension. Pour moi, l'essentiel dans la vie politique, c'est la fidélité et le renvoi d'ascenseur. Malheureusement, nombreux sont ceux qui ne savent pas cela. Si nous avons été capables de mettre en place une sorte d'appareil, c'est en grande partie parce que le Président s'est montré fidèle, comme nous tous, je crois, à ceux qui nous avaient été utiles ou qui s'étaient au moins donné du mal pour nous aider, même si leurs efforts n'avaient pas été couronnés de succès.

Charlie Buckley était, avec quelques autres, de ceux qui comprenaient cette attitude. Qui plus est, l'appui que nous apportions à l'intéressé rendait si furieux tous ceux qui l'encensaient, à commencer par le *New York Times*, que c'en était un plaisir [...].

MARTIN : Vous vous êtes probablement occupé de l'affaire Soblen : l'espion soviétique qui s'est suicidé, alors qu'il était en cours d'extradition. Cette histoire mérite-t-elle un commentaire?

KENNEDY : Soblen s'était échappé des États-Unis.

MARTIN : En liberté sous caution, il s'était dérobé à la justice en partant pour Israël. Les Israéliens l'avaient fourré dans un avion à destination de Londres.

KENNEDY : Mais, là-bas, nous n'avions aucun droit de contrôle sur sa personne. J'avais bien envoyé le commandant de gendarmerie fédérale McShane, mais Soblen ne pouvait être placé sous notre garde. Dans des circonstances normales, McShane l'aurait accompagné aux toilettes et partout ailleurs, mais ce n'était pas possible à Londres.

Soblen a donc fait ce que vous savez : il s'est ouvert les veines ou il a avalé des cachets.

MARTIN : Il a pris une forte dose de barbituriques.

KENNEDY : Ce n'a pas été pour nous une très grande journée.

MARTIN : Pouvons-nous dire un mot du projet de loi de 1962 sur le sucre ? J'ai été mêlé à cette affaire durant mon séjour en république Dominicaine.

KENNEDY : Je m'en suis occupé aussi.

MARTIN : C'est en 1962 que le gouvernement a voulu adopter le système du quota mondial et abandonner celui du quota par pays.

KENNEDY : Nous avions lancé une enquête en 1961. Nous disposions d'une quantité de renseignements d'après lesquels certains groupes sucriers, en république Dominicaine et ailleurs, versaient de l'argent à des membres du Congrès. Nos investigations ont révélé quelques noms, mais nous n'avons jamais pu obtenir de preuves.

MARTIN : La seule personne que vous ayez traduite devant un jury d'accusation était le journaliste Cassini [1], n'est-ce pas ?

KENNEDY : Oui, mais ces poursuites n'étaient pas le résultat de l'enquête que j'ai mentionnée.

MARTIN : C'est juste : elles portaient sur le défaut d'immatriculation de Cassini en tant que représentant étranger. A cette époque, le *New York Times* a publié un article selon lequel Igor Cassini, à qui votre père avait dit que les communistes risquaient de prendre le pouvoir après la chute de Trujillo, était allé avec Bob Murphy en république Dominicaine. Ce déplacement avait eu lieu juste avant l'assassinat de Trujillo, six semaines environ auparavant, et la Maison Blanche avait confirmé le fait. Vous en souvenez-vous ?

KENNEDY : J'ai été mêlé à tout cela.

---

1. Igor Cassini avait été accusé d'avoir reçu de manière illicite de l'argent du régime Trujillo. Une enquête du FBI ordonnée par Robert Kennedy avait permis de retenir quatre chefs d'accusation, pour défaut d'immatriculation de l'intéressé en qualité d'agent de la république Dominicaine, et Cassini avait payé une amende de dix mille dollars.

MARTIN : Vraiment?

KENNEDY : Oui.

MARTIN : Accepteriez-vous d'en parler?

KENNEDY : Ce que vous en avez dit correspond pour l'essentiel à la réalité. Mais il faut ajouter ceci : Cassini s'était targué de relations étroites avec Trujillo et avait expliqué que ce dernier était disposé, sinon à s'en aller, du moins à procéder à des réformes dans son pays. Notre homme se disait en mesure d'avoir un entretien avec le dictateur et d'essayer d'inciter celui-ci à donner suite à ses intentions. Bob Murphy a donc accompagné Cassini à Saint-Domingue, a vu Trujillo et a ensuite rendu compte au département d'État et au Président...

MARTIN : Quelles relations Cassini avait-il, au départ, avec votre père?

KENNEDY : Cassini prétendait connaître Trujillo...

MARTIN : Mais comment se fait-il qu'il connaissait votre père?

KENNEDY : Oh! Je ne sais pas, je ne sais pas. Je suppose qu'il le voyait par-ci, par-là. Il ne connaissait pas très bien mon père. Il n'est jamais venu à la maison.

MARTIN : Autrement dit, Cassini a fait croire qu'il était beaucoup plus proche de votre père et de votre famille qu'il ne l'était en réalité, n'est-ce pas?

KENNEDY : Oui. Comme je vous l'ai dit, je ne pense pas qu'il soit jamais venu à la maison. Il n'y a certainement jamais été invité à déjeuner ou à dîner. Cela dit, il est peut-être venu à la maison, je ne sais pas. Je crois qu'il connaissait un peu mon père [...].

MARTIN : Autre chose : Cassini n'avait-il pas épousé Charlene Wrightsman, la fille du manitou du pétrole, Charles Wrightsman, qui s'est suicidée? Horrible histoire!

KENNEDY : Quelle affreuse affaire! Cette femme avait eu la vie très difficile, car Cassini était tellement bizarre! M. Wrightsman lui avait coupé les vivres, si bien que, lorsque son mari a eu des ennuis avec moi et avec le ministère de la Justice, c'est le frère de Cassini qui a fini par payer les frais de justice et d'avocats. Le Président aimait bien le frère de Cassini.

299

MARTIN : Vous parlez là d'Oleg Cassini, le couturier.

KENNEDY : Oui. Je n'irais pas jusqu'à dire qu'il était l'un de nos amis, mais il était reçu à la Maison Blanche. Et voilà qu'il a dû payer les frais du procès de son frère! Cette affaire est devenue très désagréable, car je poursuivais son frère et j'ai dû ordonner une enquête sur lui aussi, parce qu'il était plus ou moins mêlé aux activités que nous dénoncions. Et ensuite, la fille de Charlie Wrightsman s'est suicidée.

MARTIN : M. Wrightsman était aussi un ami de votre famille, n'est-ce pas?

KENNEDY : Oui. Vous voyez à quel point toute cette affaire a pu être déplaisante. Et en plus, Bob Murphy s'y trouvait mêlé et n'était guère favorable à la façon dont nous menions l'enquête. De toutes les affaires désagréables dont j'ai eu à m'occuper...
Voulez-vous que je cite les autres?

MARTIN : Oui.

KENNEDY : Il y a eu l'histoire du frère de Gene Keogh, représentant démocrate de l'État de New York. S'il me fallait nommer les cinq ou six personnes qui ont rendu le plus de services dans l'élection du Président, Gene Keogh figurerait sur la liste. Et voilà que j'ai dû poursuivre son frère, qui était juge à la Cour suprême de l'État de New York et qui a été condamné avec trois ou quatre autres personnes pour corruption [1].

Autre affaire, celle du maire de la ville de Gary, George Chacharis, qui nous avait rallié les suffrages de la délégation de l'Indiana, dont le nom avait été avancé pour l'ambassade d'Athènes et qui avait été invité à la Maison-Blanche pour un dîner en l'honneur du Premier ministre grec ou de je ne sais qui. Chacharis devait un peu plus tard reconnaître devant le tribunal fédéral avoir reçu des pots-de-vin et ne pas les avoir mentionnés dans sa déclaration de revenus.

MARTIN : Chacharis était un ami de John Brademas, représentant démocrate de l'Indiana.

_____

1. Juge à la Cour suprême de l'État de New York, James Vincent Keogh a été condamné en juin 1962 pour ingérence dans une décision d'un tribunal fédéral.

KENNEDY : Oui, et lui aussi a été poursuivi pour avoir touché de l'argent. Il est en prison, comme le frère de Keogh. Nous avons eu à traiter pas mal d'affaires où se trouvaient impliqués des hommes politiques, des démocrates surtout. Mais ces trois-là ont probablement été les plus épineuses.

Nous avons naturellement été soumis à énormément de pressions, pour qu'il n'y ait pas de poursuites contre lui.

MARTIN : Contre Cassini?

KENNEDY : Oui [...]. En réalité, la seule enquête que j'aie décommandée lorsque j'étais ministre de la Justice était celle qui visait Igor Cassini. Oleg Cassini était venu me voir et m'avait juré, ainsi qu'à Murphy, que son frère n'était pas impliqué dans cette affaire et n'avait pas touché d'argent. Ce dernier a protesté en ces termes : « Cette mission en république Dominicaine, je l'ai accomplie en compagnie de Murphy. A mon retour, quelqu'un fait courir un bruit et vous, vous lancez une enquête » – nous avions mené des investigations pendant environ six semaines, sans rien trouver – « et vos recherches me causent du tort auprès des journaux auxquels je collabore, comme auprès de tous les gens avec qui je suis lié! » Protestation bien compréhensible. Igor Cassini m'a déclaré : « Vous êtes en train de me démolir, et je jure... » – je répète que nos enquêteurs n'avaient rien trouvé – « je jure devant Dieu... ». J'ai donc donné au FBI instruction de cesser les investigations. [...]. Puis j'ai reçu des renseignements supplémentaires et j'ai fait reprendre l'enquête.

MARTIN : Cela s'est-il passé après le début des recherches entreprises par la commission sénatoriale des relations extérieures que présidait William Fulbright?

KENNEDY : Nos informations étaient antérieures.

MARTIN : Antérieures à la mission en république Dominicaine de l'enquêteur de la commission, Walter Pincus.

KENNEDY : Oui. Lui aussi a obtenu des renseignements.

MARTIN : Vous aviez dépêché deux personnes auprès de mon ambassade; puis est arrivé Pincus, de la commission Fulbright. J'ai eu dans mes bureaux plus d'enquêteurs que d'attachés!

KENNEDY : Je ne me rappelle plus comment nous avons obtenu des renseignements, mais je sais que nous avons eu en main les éléments d'information sur cette affaire.

MARTIN : Je crois que je me suis arrangé pour que vos gens aient accès aux dossiers du palais présidentiel. Et je vous ai moi-même envoyé des informations.

KENNEDY : C'est exact.

MARTIN : J'avais envoyé un agent de la CIA sortir le dossier que je vous ai transmis.

KENNEDY : Je me suis vraiment senti berné. Igor Cassini n'avait pas mis en jeu seulement son propre avenir, mais aussi l'intégrité du gouvernement – celle du Président, la mienne et celle de beaucoup d'autres. J'ai donc décidé d'engager des poursuites contre lui et je lui ai fait part de mon intention. Pour moi, son comportement était absolument impardonnable. Je me moquais bien de savoir s'il était immatriculé comme représentant étranger, mais il m'avait mis dans une situation impossible. Oui, cette histoire a été bien déplaisante!

L'une de mes raisons de ne pas vouloir du portefeuille de la Justice tenait d'ailleurs à ce genre d'inconvénients : je redoutais que des gens de ma connaissance soient impliqués dans des affaires et viennent me demander des faveurs. Des gens tels que le maire Chacharis, par exemple. Nous en avons vu défiler, des personnages venus nous rappeler dans le détail tous les services qu'ils avaient rendus au Président. J'avais travaillé en liaison étroite avec Chacharis, qui nous envoyait de l'argent pour la campagne. Un jour, il nous envoie dix mille dollars, nous prenons cet argent et ensuite nous le poursuivons pour avoir touché des pots-de-vin! Et voilà qu'il nous dit : « Cet argent, je vous l'ai donné pour la campagne. » Mais il fallait bien engager des poursuites, et ç'a été très, très désagréable.

Voilà donc l'une des raisons de ma réticence à devenir ministre de la Justice : je savais que je serais confronté à des situations de ce type, que je serais sollicité par des candidats à des postes dans la magistrature, etc. C'est pourquoi j'estime qu'il est dangereux de nommer à la Justice quelqu'un qui se mêle de politique. Ces fonctions devraient être complètement séparées des activités politiques, du moins aussi complètement que possible.

MARTIN : Je ne crois pas que ce le soit.

KENNEDY : Mais l'absence de séparation rend parfois la vie terriblement difficile!

MARTIN : C'est sous votre ministère que la prison d'Alcatraz a été fermée. Étiez-vous partisan de cette mesure?

KENNEDY : Oui.

MARTIN : Pour quelles raisons?

KENNEDY : Les frais de fonctionnement y étaient huit ou dix fois plus élevés que dans n'importe quel autre établissement pénitentiaire. Nous pouvions construire ailleurs une prison de haute sécurité pour beaucoup moins cher que ce que nous aurait coûté la rénovation d'Alcatraz : l'économie était de cinq millions de dollars. Mais cette prison était sacro-sainte pour une foule de membres du Congrès et, là encore, nous avons rencontré des difficultés.

MARTIN : Jim Bennett, le directeur de l'administration pénitentiaire fédérale, prend sa retraite cette année, n'est-ce pas?

KENNEDY : Oui, oui.

MARTIN : Il remplit bien ses fonctions, n'est-ce pas?

KENNEDY : Il les remplissait bien. Je crois qu'il avait un peu vieilli ces dernières années, mais j'avais de très bons rapports avec lui. Nous avons réalisé pas mal de choses ensemble : les prisons à mi-temps, entre autres.

MARTIN : Cette réforme carcérale vous intéressait-elle?

KENNEDY : Oui. J'ai horreur des prisons et j'en ai visité un bon nombre.

MARTIN : Moi aussi, et je les déteste.

KENNEDY : Mais Bennett a très bien travaillé dans ce domaine.
Sur la question des grâces et des commutations de peines, nous avons fait un très gros effort et je crois que nous avons accompli une véritable percée. Le président Eisenhower n'était pas favorable à ces mesures, qui lui paraissaient aller à l'encontre des prérogatives de la justice. Il serait peut-être utile d'avoir un entretien avec le président de notre conseil des prisons, sur les réalisations acquises en ce

domaine. Je lui en parlais justement l'autre jour et le bilan est tout à fait impressionnant.

Et puis, il y a ces prisons à mi-temps. A cet égard, l'évolution du système pénitentiaire depuis notre arrivée au pouvoir a produit de très bons résultats au niveau des jeunes.

MARTIN : James Gavin, notre ambassadeur à Paris, a démissionné en 1962. Pourquoi? On a dit qu'il était à court d'argent.

KENNEDY : Je crois que c'était la raison. Et puis, il n'était pas très heureux là-bas, à cause de multiples accrochages avec le département d'État. Il a présenté des recommandations qui n'ont pas été suivies. J'ai l'impression qu'il attachait plus d'importance aux déclarations du général de Gaulle que ne leur en prêtait le département d'État et qu'il prenait de Gaulle et sa politique plus au sérieux qu'on ne le faisait, dans les premiers temps, aux Affaires étrangères. Son poste ne lui plaisait donc pas beaucoup et, en plus, il y était de sa poche.

Le Président l'aimait bien et l'admirait : il a donné une réception en son honneur à la Maison Blanche à son retour de Paris.

MARTIN : Quelles relations le Président entretenait-il avec les ambassadeurs étrangers? Nous avons déjà parlé de David Ormsby-Gore.

KENNEDY : C'est avec lui que les rapports étaient les plus étroits. Ses avis avaient un très grand poids. Il faisait vraiment partie de notre famille.

MARTIN : D'autres ambassadeurs étaient-ils aussi proches du Président?

KENNEDY : Non. Il n'aimait pas l'ambassadeur de France, Hervé Alphand.

MARTIN : Il ne l'aimait pas?

KENNEDY : Non. Je ne veux pas dire par là qu'il éprouvait de l'aversion pour lui, mais il n'avait pas une très haute opinion de cet homme. Il pensait qu'il ne témoignait guère en faveur de la France. Ormsby-Gore était vraiment le seul ambassadeur avec qui le Président ait entretenu des rapports étroits. D'une certaine manière, il appréciait un assez grand nombre d'autres ambassadeurs, avec lesquels il avait plaisir à converser. Je crois qu'il aimait bien le Yougoslave [1].

MARTIN : Aucun Latino-Américain?

KENNEDY : Je n'ai pas souvenir d'avoir entendu mon frère en mentionner un en particulier. J'ignore l'étendue de ses contacts avec les représentants de l'Amérique latine.

MARTIN : Vers la fin de l'année 1962, le sénateur Goldwater a déclaré qu'il fallait mettre fin aux fonctions de Schlesinger et de Stevenson, de Bowles et de Goodwin, au motif que ceux-ci faisaient preuve d'indulgence envers le communisme. Vous souvenez-vous si le Président a réagi à ces propos?

KENNEDY : Non. Enfin, je veux dire qu'il n'a pas voulu réagir.

MARTIN : Vers cette époque, a paru un article d'après lequel votre frère et vous-même reversiez vos traitements à des organismes de bienfaisance. Est-ce exact?

KENNEDY : Oui.

MARTIN : Cela a-t-il toujours été le cas?

KENNEDY : Oui.

MARTIN : Depuis le jour où vous avez occupé des postes officiels?

KENNEDY : Je ne sais pas. Depuis que mon frère était devenu président.

MARTIN : Depuis qu'il était devenu président? Depuis que vous aviez été nommé à la Justice?

KENNEDY : Oui.

MARTIN : Et auparavant, ne faisiez-vous pas don de vos rémunérations? Je voudrais mettre les choses au clair sur ce point, car différentes versions ont été publiées.

---

1. Il s'agit probablement de Veljko Micunovic, ambassadeur de Yougoslavie à Washington.

KENNEDY : Oui. Mais ces reversements n'avaient pas grande importance, car nous donnions de toute façon aux œuvres de charité bien plus que ces sommes.

MARTIN : Je le sais. Je voulais seulement établir la réalité des faits.

KENNEDY : Je comprends.

MARTIN : Diverses relations ont été publiées à ce sujet.

KENNEDY : Oui, c'est exact.

MARTIN : Dans le courant de l'automne 1962, le *Washington Post* a publié et démenti en même temps un article d'après lequel le Président avait autrefois contracté un mariage secret. Vous en souvenez-vous ?

KENNEDY : Oh ! oui.

MARTIN : Voulez-vous dire un mot là-dessus, pour les archives ?

KENNEDY : Non. Des bruits avaient couru, des articles avaient été publiés sur ce sujet pendant une année avant la parution du papier du *Washington Post*. Je ne me souviens plus du nom de l'intéressée. Était-ce DuPont ? Quel était donc ce nom ? Ah ! Shevlin.

MARTIN : Je ne connais pas cette histoire.

KENNEDY : Durie Malcolm Desloge Shevlin.

MARTIN : Mais, une fois pour toutes, cette histoire n'était pas vraie ?

KENNEDY : Non.

MARTIN : Il nous reste à voir quelques points se rapportant à l'année 1962. En décembre, vous êtes allé au Brésil, voir le président Goulart. Quel était le but de ce voyage ?

KENNEDY : Il s'agissait de savoir si nous maintiendrions notre assistance financière au Brésil et nos relations avec Goulart.

MARTIN : Quelle était l'opinion du Président à cet égard ?

KENNEDY : Il se posait deux problèmes. Le premier était celui de l'inflation, qui dévorait toute l'aide monétaire ou financière que nous pouvions apporter à ce pays. Le second était celui de la présence d'un grand nombre de communistes dans des postes importants : dans les syndicats, dans l'armée, au sein des pouvoirs publics en général. Nous avions atteint un point critique sur la question de savoir si nous maintiendrions notre aide ou si nous nous retirerions du Brésil, avec toutes les conséquences d'un retrait. Notre ambassadeur à Rio, Lincoln Gordon, estimait que j'étais la seule personne qui puisse parler à Goulart et lui faire prendre conscience de la gravité de la situation. Gordon m'a demandé de venir; je pense qu'il s'en est ouvert auprès de Ralph Dungan et du département d'État, qui ont consulté le Président et celui-ci a donné son accord. J'ai donc été mis au courant du dossier; je suis allé passer vingt-quatre heures là-bas et j'ai expliqué notre point de vue à Goulart.

MARTIN : Comment a-t-il réagi?

KENNEDY : Il voulait connaître les noms des communistes qui occupaient des fonctions importantes. Nous lui avons cité quelques exemples. Il nous a dit qu'il allait prendre des mesures anti-inflationnistes, qu'il ne voulait pas voir de communistes dans des postes de commande et qu'il mettrait en œuvre toutes les dispositions que nous souhaitions. Il nous a donc semblé que nous avions un peu avancé avec lui. Je lui ai aussi parlé de la nationalisation des biens d'ATT qu'il avait décidée.

MARTIN : S'agissait-il de ATT ou de ITT?

KENNEDY : Vous avez raison : il s'agissait bien de ITT, mais c'est un peu la même chose, n'est-ce pas? Il avait indiqué précédemment qu'il indemniserait la société, mais rien n'avait été fait. Je lui ai expliqué que s'il voulait obtenir la confiance des milieux d'affaires américains et la confiance en général, il importait qu'il tienne parole. Peu de temps après, ITT a reçu des indemnités satisfaisantes. Cette question a donc été réglée. Puis Goulart a pris certaines mesures, partielles seulement : il nous a donc fallu attendre jusqu'aux élections brésiliennes, et c'est alors qu'il a mis en place un nouveau ministre des Finances [1], qui était excellent et jouissait de la confiance de la population. (Certains autres ministres n'étaient pas aussi bons.) Goulart est venu à Washington, quatre mois après mon séjour au Brésil, je

---

1. Il semble qu'il s'agisse de Francisco Clementino de San Thiago Dantas, ministre des Finances entre le mois de janvier 1963 et avril 1964.

crois, et je l'ai revu. Il était déterminé à combattre l'inflation et à traiter les autres problèmes. Nous avons conclu un accord financier, car nous avions confiance en lui. La situation s'est améliorée pendant plusieurs mois, puis tout s'est écroulé et le ministre des Finances a finalement été renvoyé.

Le cabinet a été entièrement remanié. Il comportait, comme auparavant, des gens très bien et d'autres qui ne l'étaient pas du tout. Nous avons envoyé notre comité anti-insurrections procéder à une étude du Brésil et les conclusions de ce rapport nous ont paru assez inquiétantes.

MARTIN : Goulart avait-il pris l'engagement d'éliminer les communistes du gouvernement et de l'administration?

KENNEDY : Il nous a dit qu'il s'en occuperait et qu'il ne voulait plus de communistes dans les pouvoirs publics.

MARTIN : A-t-il pris des mesures effectives pour tenir son engagement à votre égard?

KENNEDY : Oui, pendant un temps, et en confiant certains postes à des gens valables. Gordon pensait qu'il y avait un sérieux progrès, mais la situation s'est détériorée peu à peu l'année dernière, jusqu'à devenir pire que celle que j'avais connue lors de mon voyage.

MARTIN : Pensez-vous qu'il aurait été possible de la sauver?

KENNEDY : Avec Goulart?

MARTIN : Oui.

KENNEDY : Non. Je ne l'aimais pas et ne lui faisais aucune confiance.

MARTIN : Pensez-vous qu'il se serait de toute façon retiré, tôt ou tard? Que nous n'aurions pu continuer de le soutenir?

KENNEDY : Non. Je crois que le Brésil serait alors devenu communiste.

MARTIN : C'est à peu près à cette époque que le Tanganyka s'est érigé en république. Le Président vous a-t-il fait part de vues d'ensemble sur les pays africains nouvellement indépendants?

KENNEDY : Non. Nous parlions naturellement du Ghana et aussi de la Côte-d'Ivoire. Nous évoquions des situations particulières, les difficultés de tel ou tel pays, plutôt que des problèmes généraux. Nous parlions de l'Angola et du Mozambique et j'ai participé à la définition de notre position aux Nations Unies à l'égard de ces deux pays et des mouvements nationalistes qui revendiquaient l'indépendance.

MARTIN : Pensait-on généralement que nous devrions cantonner nos engagements, nous abstenir d'assumer toutes les tâches et, peut-être, nous tenir à l'écart de l'Afrique...

KENNEDY : Non.

MARTIN : ... et concentrer nos efforts sur l'Amérique latine et sur le Sud-Est asiatique?

KENNEDY : Non, pas vraiment. Mais il est possible que mon opinion personnelle ne soit pas pour rien dans ma réponse. Notre politique avait précédemment consisté à penser que l'Angleterre s'occuperait de ses anciennes colonies et la France des siennes, et que nous n'aurions pas à nous en mêler. J'étais, pour ma part, d'un avis tout à fait opposé.

MARTIN : Le Président lui aussi?

KENNEDY : Je ne sais pas; mais je crois qu'il souhaitait s'engager. Il reste que nous n'avons jamais évoqué ensemble cette question. Notre comité anti-insurrections s'est préoccupé de la ligne que nous devrions suivre dans certaines de ces régions. Je me suis toujours montré favorable à un engagement plus profond et à une action de formation des polices locales par nos spécialistes.

J'ai eu un certain nombre de conversations avec Houphouët-Boigny. Le Président ivoirien pensait qu'il serait utile que son pays ne soit pas totalement dépendant de la France, qu'il puisse se tourner aussi dans quelque autre direction. Le département d'État et le gouvernement avaient eu pour politique de se tenir à l'écart de ces régions et je crois que, aux Affaires étrangères, les responsables du secteur Europe désiraient vivement que nous ne nous occupions pas des pays africains. Cette divergence d'opinion est apparue au grand jour et a connu son point culminant lorsque Zanzibar est passé du côté des communistes. Nous ne disposions d'aucun atout dans ce pays, d'aucun renseignement, en sorte que nous dépendions entièrement des intentions des Britanniques, lesquels ne voulaient pas intervenir.

Ces événements se sont produits après le 22 novembre 1963, mais ils m'ont valu un très sérieux accrochage avec le département d'État, puis avec la CIA, car j'ai essayé de les amener à prendre des dispositions. Ils ont fini par présenter des propositions portant sur une réunion du Tanganyka et de Zanzibar. Mais George Ball a envoyé alors à Averell Harriman cette note : « Si Dieu peut prendre soin des oiseaux et des lys dans le pré, Il peut certainement prendre soin de pays tels que ceux-ci. Et, donc, pourquoi nous en préoccuper ? » C'était toute leur philosophie. Quant à Dean Rusk, il ne s'intéressait pas particulièrement à la question.

Le problème était de combattre cette attitude. Il me semblait que, sous réserve de ne pas proposer de programmes coûteux, il était possible d'agir : dans le domaine de la police et, dans une certaine mesure, de l'armée, pour le cas où il se produirait des événements inquiétants dans ces pays. De cette manière, nous ne dépendrions plus totalement des Français, cela étant d'autant plus opportun que ces derniers avaient manifesté leur hostilité à notre égard pendant les dix-huit mois précédents. Quant aux Anglais, menés par leur secrétaire d'État aux Colonies, lord Duncan-Sandys, il n'y avait la plupart du temps rien à attendre d'eux.

MARTIN : Dans les dernières semaines ou dans les derniers mois, il a semblé que les Français et les Anglais intervenaient de nouveau en Afrique. A la suite de l'affaire de Zanzibar, les Britanniques ont réprimé un soulèvement au Kenya et au Tanganyka ; la France est revenue au Gabon et y a mis fin à une rébellion. On dirait que nous avons renoué avec la vieille politique qui consistait à laisser l'Europe s'occuper de l'Afrique et à demeurer à l'écart. Cette tendance est apparue depuis le 22 novembre 1963. Pensez-vous que ce n'aurait pas été le cas si le Président avait été là ?

KENNEDY : Je pense que cette évolution se serait produite plus tôt.

MARTIN : De toute façon ?

KENNEDY : A mon avis, les exemples que vous avez cités avaient un caractère exceptionnel. Le Kenya et le Tanganyka avaient formulé une demande d'intervention. Duncan-Sandys était réticent et c'est nous qui avons pressé les Anglais d'agir. Pour ce qui est du Gabon, je crois tout simplement que la France ne veut pour le moment perdre aucun des pays qui lui appartenaient, avec les débouchés financiers et les marchés qu'ils représentent pour elle.

MARTIN : Oui, je pense que vous êtes dans le juste.

KENNEDY : Nous n'avons nullement poussé la France à intervenir au Gabon. Mais il est de fait qu'elle y a rétabli l'ordre.

MARTIN : Parmi les questions intérieures, il nous en reste une à évoquer, pour l'année 1962. Le 20 novembre de cette année-là, le Président a signé un décret interdisant la ségrégation dans les logements sociaux financés sur fonds publics fédéraux. Cette mesure représentait le « trait de plume » qu'il avait évoqué au cours de la campagne de 1960 [1]. Pourquoi lui a-t-il fallu deux ans pour prendre cette décision, si je puis me permettre de poser la question d'une manière un peu abrupte ?

KENNEDY : L'idée était, essentiellement, que, prise plus tôt, cette mesure aurait suscité de telles controverses et une telle hostilité que son application aurait été impossible. Il n'y avait pas de grands avantages à en attendre sur le plan politique non plus. Par ailleurs, la délimitation des zones d'habitation à contrôler a pris un temps considérable, en raison des conflits qu'elle a soulevés.

En 1961, nous sommes intervenus dans quantité d'autres domaines, notamment dans celui de l'égalité des droits individuels, où nous avons mis fin à la ségrégation dans les transports publics. En 1962, nous avons eu sur les bras l'affaire d'Oxford, dans le Mississippi, et nombre de nos amis souhaitaient vivement que nulle mesure en matière de logement ne soit prise avant les élections législatives de novembre 1962. Nous nous trouvions jusqu'au cou dans le problème de l'égalité des droits et l'effet bénéfique à attendre du décret en question paraissait marginal.

D'ailleurs, le décret signé par le Président ne visait pas tous les logements sociaux, mais seulement ceux à construire. Et, comme je vous l'ai dit, certains membres du Congrès dans le Nord, de soidisant « libéraux », étaient très hostiles à cette mesure, pour des raisons politiques.

---

1. John Kennedy avait donné pendant la campagne présidentielle l'assurance qu'il serait en mesure de remédier par la voie réglementaire, « d'un trait de plume », à la discrimination raciale dans le domaine du logement.

MARTIN : Vraiment?

KENNEDY : Oui : certains représentants du Michigan, par exemple [...].

Avons-nous parlé de la nomination du juge noir Thurgood Marshall à la Cour d'appel fédérale, du retard dans sa confirmation, des assurances que j'avais reçues de Jim Eastand?

MARTIN : Non, pas encore.

KENNEDY : Sa confirmation a pris un temps énorme, car les sénateurs de l'État de New York, Keating et Javits, faisaient un bruit épouvantable. Nous n'avons pas trop poussé l'affaire, car j'avais des assurances de la part de Jim Eastland et j'ai pu garantir à Thurgood Marshall que sa nomination serait confirmée, ce qui a finalement été le cas.

MARTIN : Eastland avait-il donné son accord?

KENNEDY : Oui. Il ne s'est jamais opposé à la nomination d'un juge noir. Il aurait très bien pu retarder des confirmations, mais il ne nous a jamais causé de difficultés [...].

1963 : Le Viêt-nam

Sans doute le lecteur aura-t-il du mal à réconcilier l'opposition passionnée à la guerre du Viêt-nam – l'un des grands thèmes de la campagne présidentielle de Robert Kennedy, en 1968 – avec la ligne dure qu'il défend ici, en ce morne printemps 1964, sur l'engagement des États-Unis dans cette partie du monde. Robert Kennedy avait certes mis en doute, dans le courant de l'automne 1963, la capacité du régime Diêm-Nhu, ou de tout autre gouvernement sud-vietnamien, à empêcher les communistes de s'emparer du pouvoir. Mais, en 1964, lorsque John Bartlow Martin lui a demandé pourquoi le président Kennedy estimait que les États-Unis avaient toutes raisons de chercher à prendre le dessus au Viêt-nam, il a donné cette explication :

« La perte du Viêt-nam entraînerait celle de tout le Sud-Est asiatique. Je crois que chacun, au sein du gouvernement, savait très bien que le reste de l'Asie du Sud-Est tomberait aussi aux mains des communistes. [...] Nos positions s'en trouveraient alors sérieusement affectées, dans le monde entier. »

Quatre ans plus tard, lors de l'annonce de sa candidature à la présidence, Robert Kennedy prenait, dans les termes suivants, l'engagement de mettre fin à la guerre du Viêt-nam :

« La réalité des récents événements du Viêt-nam a été masquée par des illusions. J'ai tenté en vain, en privé comme en public, d'infléchir notre politique vietnamienne de manière à éviter que celle-ci ne nous fasse perdre un peu plus notre âme, ne continue d'amenuiser nos ressources humaines, n'aggrave le risque d'un élargissement du conflit et ne finisse par anéantir un peuple qu'elle était censée sauver. Je ne puis donc rester à l'écart d'une contestation dont dépendent l'avenir de notre pays et celui de nos enfants. »

Volte-face spectaculaire... Et qui donne la mesure du chemin parcouru par Robert Kennedy entre ces deux déclarations ; mais non du

313

tollé soulevé par son revirement, ni des doutes dont il a ensuite été assailli. En 1964, à l'époque de l'entretien qui va suivre, Robert Kennedy pensait encore que, malgré l'élimination des frères Diêm, l'armée sud-vietnamienne pourrait venir à bout de la guérilla viêt-cong et écarter la menace communiste, en pacifiant les campagnes par la reconquête progressive des villages d'importance stratégique, plutôt que par la poursuite d'une guerre conventionnelle. Ce sont la détérioration de la situation politique et l'affaiblissement de la capacité opérationnelle de l'armée sud-vietnamienne qui ont fait naître le doute dans l'esprit de Robert Kennedy. Son opposition à la guerre du Viêt-nam devait s'accentuer avec la décision du président Johnson en faveur d'un engagement militaire américain. La charge du conflit devait alors retomber de plus en plus lourdement, non plus sur le Sud-Viêt-nam, mais sur les États-Unis : sur leurs fantassins, leurs marins, leurs aviateurs, leurs unités de choc. C'est à ce moment que Robert Kennedy en est venu à penser que notre politique vietnamienne était démentielle, non seulement sur le plan moral, mais aussi sur le plan tactique.

Notons simplement, pour replacer dans son contexte l'entretien qui va suivre, que l'homme qui a répondu en 1964 aux questions de John Bartlow Martin n'était pas le Robert Kennedy qui s'est présenté à la présidentielle de 1968.

MARTIN : C'est en 1963 que le Viêt-nam a commencé d'occuper dans la presse une place importante, et il l'a conservée pendant toute l'année. En janvier, le Viêt-cong a tué trois Américains et abattu cinq hélicoptères. Le sénateur Mansfield devait dire un peu plus tard que cette guerre était en train de devenir une affaire américaine, mais qu'elle ne se justifiait pas par notre intérêt national. Nous n'avions pas à nous en mêler d'aussi près, mais il lui apparaissait que nous nous y engagions tous les jours un peu plus : il y avait donc, semblait-il, un malentendu. Le chef de la majorité au Sénat ne voyait aucune justification à une accentuation de notre engagement dans ce conflit. Qu'en pensiez-vous vous-même? Quelle était l'opinion du Président? Et à quel moment le malentendu a-t-il été dissipé?

KENNEDY : Le fait que M. Mansfield ou quelque autre sénateur adopte telle position ne me semble pas nécessairement signifier que...

MARTIN : Mais Mike Mansfield *était bien* le chef de la majorité au Sénat.

KENNEDY : Oui, mais il a souvent adopté des positions de ce genre. L'indépendance de son opinion par rapport à la politique du gouvernement, notamment en ce qui concerne le Sud-Est asiatique, ne me paraît pas impliquer qu'il y ait eu malentendu. Le Président pensait que les États-Unis avaient une raison extrêmement sérieuse d'être présents au Viêt-nam et qu'il nous fallait gagner cette guerre.

MARTIN : Quelle était donc cette raison ?

KENNEDY : La perte du Viêt-nam entraînerait celle de tout le Sud-Est asiatique. Je crois que chacun savait très bien que le reste de l'Asie du Sud-Est tomberait aussi aux mains des communistes.

MARTIN : Que se passerait-il en ce cas ?

KENNEDY : Nos positions s'en trouveraient alors sérieusement affectées, dans le monde entier aussi bien que dans une région d'une importance capitale. Une telle évolution ne manquerait pas de comporter une incidence sur la situation en Inde et, par voie de conséquence, sur celle du Moyen-Orient. Tout le monde estimait que les effets seraient extrêmement défavorables, en Indonésie, par exemple, avec ses cent millions d'habitants. Tous les pays de la région subiraient le contrecoup de la chute du Viêt-nam aux mains des communistes, d'autant plus que nous avions fait tant de bruit, sous la présidence d'Eisenhower et sous celle de mon frère, sur le maintien de l'intégrité du Viêt-nam.

MARTIN : Un retrait de notre part n'a-t-il jamais été envisagé ?

KENNEDY : Non.

MARTIN : Pas plus qu'un engagement à fond, comme en Corée : nous nous efforcions d'éviter une nouvelle guerre de Corée, n'est-ce pas ?

KENNEDY : Oui, parce que chacun, y compris le général MacArthur, estimait qu'un conflit sur le terrain, entre soldats de race blanche et troupes asiatiques, ne pourrait que tourner au désastre. C'est pourquoi nous avons envoyé seulement des conseillers, chargés d'obtenir que les Vietnamiens se battent eux-mêmes, car nous ne pouvions le faire à leur place : c'était à eux de gagner cette guerre.

315

MARTIN : Ce qui est également vrai partout, dans une guerre ouverte comme dans tout autre type de conflit. Mais le Président était convaincu que nous devions rester présents au Viêt-nam, n'est-ce pas?

KENNEDY : Oui.

MARTIN : Et il estimait que nous ne pouvions nous permettre d'abandonner ce pays, n'est-ce pas?

KENNEDY : C'est exact.

MARTIN : Et si les Vietnamiens paraissaient être en situation de perdre la guerre, le Président envisageait-il de s'engager directement sur le terrain, si nécessaire?

KENNEDY : Nous examinerions cette éventualité le moment venu.

MARTIN : Ou bien celle d'attaques aériennes à partir de porte-avions, ou d'autres mesures de ce genre?

KENNEDY : A l'époque dont nous parlons, nous n'avions pas à en envisager : en 1962 et 1963, nous étions en train de gagner cette guerre; la situation s'était peu à peu améliorée jusqu'aux environs du mois de mai 1963.

MARTIN : Mais elle a commencé de se dégrader à partir de cette époque, n'est-ce pas?

KENNEDY : Oui. Nous avons alors rencontré toutes les difficultés que vous savez, avec les bouddhistes [1].

MARTIN : Pourquoi la situation s'est-elle détériorée?

KENNEDY : Tout simplement, m'a-t-il semblé, parce que Diêm ne voulait pas accepter la moindre concession. Il était très difficile de le raisonner.

Et puis, tout a été considérablement amplifié, dans un sens défavorable, ici même, aux États-Unis, avec un contrecoup au Viêt-nam. L'opinion publique a commencé de s'inquiéter. La situation s'est dégradée à partir du printemps 1963 et les articles de David Halbers-

---

1. En signe de protestation contre l'interdiction officielle du culte bouddhiste, une dizaine de moines s'étaient immolés par le feu. Cet événement avait été largement commenté dans la presse internationale.

tam dans le *New York Times* ont très largement contribué à mettre dans les esprits l'idée que les choses n'allaient pas bien.

Le problème qui se posait à nous était, avant tout, de trouver un homme qui puisse remplacer Diêm, poursuivre la guerre et maintenir l'unité de son pays. Or, c'était là le plus difficile et c'est ce dilemme qui nous a causé un énorme souci à cette époque. Personne n'aimait particulièrement Diêm, mais comment se débarrasser de lui et trouver quelqu'un qui continuerait de faire la guerre, éviterait une coupure du pays en deux et, par là, une défaite et la perte du Viêt-nam ? C'était bien là le grand problème.

MARTIN : Je vois. Notre ambassadeur à Saigon n'était-il pas Frederick Nolting ?

KENNEDY : Oui.

MARTIN : Était-il efficace ?

KENNEDY : Les opinions étaient partagées à ce sujet. A l'époque où il est rentré et où Cabot Lodge a été envoyé là-bas, Nolting était proche de Diêm. Ses avis étaient très bons et il les exprimait d'une manière qui faisait impression. Et il avait un certain courage : il était en opposition avec le département d'État.

Aux Affaires étrangères, les responsables étaient pour la plupart, et du moins au début, favorables à un coup d'État. Le Président y était hostile, tant que nous ne savions pas où cela menait ni quelles dispositions seraient prises ensuite. Mais, pendant un certain week-end *, alors que le Président était absent, six ou huit semaines avant le coup d'État, Mike Forrestal et Averell Harriman – qui en avaient peut-être parlé à un représentant de l'armée et s'étaient mis d'accord avec Henry Cabot Lodge – ont donné le feu vert au coup d'État. Un projet de télégramme a été remis au Président, qui se trouvait au cap Cod. Mon frère a cru que le texte avait été approuvé par McNamara, par Maxwell Taylor et par tous les intéressés. Ce qui n'était pas le cas. Le télégramme est parti le lundi. Je me suis alors trouvé mêlé de beaucoup plus près à cette affaire. Quand j'ai lu cette communication, j'ai posé des questions : où menait le coup d'État, qui allait remplacer Diêm, qui dirigerait l'opération, de quels effectifs disposaient les deux partis ?

---

* Il s'agit du week-end des 24-25 août 1963 (voir première partie, p. 30).

Nous avons tenu une réunion le mercredi et toutes ces questions ont été mises sur la table, par McNamara pour la plupart. Personne n'a su répondre. Il y eu toute une histoire, parce que Maxwell Taylor, McNamara et John McCone n'avaient pas été informés. Le gouvernement s'est trouvé divisé en deux camps et c'est la seule fois en trois ans que s'est produit un désordre aussi pénible. Détestant Henry Cabot Lodge, John McCone s'est retrouvé du côté de McNamara; plus, exactement, il a mis fin au conflit qui l'avait séparé de ce dernier *.

MARTIN : Qui était favorable au coup d'État?

KENNEDY : Harriman, Mike Forrestal et Roger Hilsman, lequel a été mis à pied. Les opposants étaient Maxwell Taylor, McNamara et McCone.

MARTIN : Qui était censé déclencher le coup d'État? Les militaires?

KENNEDY : Ses partisans s'étaient abouchés avec une personne qui, à son tour, en avait parlé aux généraux vietnamiens. Toute cette affaire était assez nébuleuse.

MARTIN : Juste ciel!

KENNEDY : Et, bien sûr, le coup d'État n'a pas eu lieu.

MARTIN : Il a tout de même fini par se produire.

KENNEDY : Oui, mais seulement après que le bruit eut couru partout que nous envisagions cette possibilité, ce qui mettait le gouvernement dans une situation embarrassante. Les relations avec Diêm s'étaient peu à peu dégradées, car Cabot Lodge estimait que la meilleure façon de procéder consistait à s'abstenir de communiquer avec lui et à lui rendre ainsi la vie difficile. Il lui a peut-être parlé deux fois en deux mois, et nous n'avons eu pour ainsi dire aucun rapport avec Diêm pendant ces huit semaines.

MARTIN : Le coup d'État a eu lieu avant le départ de Lodge, avant son remplacement par Nolting, n'est-ce pas?

KENNEDY : Non! Non! Peu de temps après.

MARTIN : Je veux parler du télégramme autorisant le coup d'État.

---

* Dans l'affaire des missiles de Cuba (voir première partie, pp. 37-39).

KENNEDY : Il a été envoyé peu après le départ de Lodge. A la demande ou avec l'accord de celui-ci.

MARTIN : Lodge était-il favorable au coup d'État?

KENNEDY : Oui. Et il n'adressait pas la parole au chef de notre mission d'assistance militaire, le général Harkins.

MARTIN : D'où sortait ce général? Il ne parlait à personne.

KENNEDY : Non : c'était plutôt Lodge qui ne parlait pas. Il envoyait des dépêches sur la situation militaire, sans en aviser au préalable Harkins. C'est ainsi que les relations entre les militaires et les Affaires étrangères se sont détériorées. Quant à Dean Rusk, j'ignore ce qu'il fabriquait [...]. Il n'a pas repris la situation en main, en sorte que les choses sont allées à vau-l'eau pendant toute cette période.

MARTIN : Et cela, aussitôt après le départ de Cabot Lodge?

KENNEDY : Oui.

MARTIN : Les choses sont allées à la dérive. Et Lodge avait apparemment des accrochages avec le chef de poste de la CIA, John Richardson.

KENNEDY : L'ambassadeur avait donné aux journaux le nom du représentant de la CIA : d'où l'amertume accrue de McCone [...].

MARTIN : En réalité, le gouvernement n'a jamais donné son feu vert au coup d'État?

KENNEDY : Non.

MARTIN : Encore que nous l'ayons précédemment encouragé?

KENNEDY : Voyez-vous, nous avions eu tout un conflit à son sujet. Il ne se passait pas une semaine que la presse ne publie un article à ce propos. Et puis il existait un problème : nous avions dit à nos représentants sur place que nous accueillerions favorablement un coup d'État.

MARTIN : Par le télégramme initial, voulez-vous dire, celui du mois d'août?

KENNEDY : Oui. Il se posait donc le problème de faire dire à des gens qui risquaient leur vie que nous ne souhaitions pas de coup d'État.

En réalité, ce Diêm ne valait rien et c'eût été une bonne chose que d'avoir là-bas un meilleur gouvernement. Mais nous ne voulions pas d'un coup d'État à une époque où nul ne savait ce qui en sortirait et où l'on pouvait se demander s'il ne provoquerait pas de sanglants affrontements. Nous avons donc cherché à calmer le jeu, en posant toutes les questions que vous savez : qui allait assurer la relève, quelles étaient les forces en présence, etc.?

J'ai eu l'impression que Cabot Lodge n'a guère prêté attention à ces points d'interrogation, parce qu'il tenait à un coup d'État. Il n'a généralement pas répondu de manière satisfaisante aux questions que lui a posées le Président.

Et, soudainement, le coup d'État a eu lieu

MARTIN : C'était au moment où Mme Nhu [1] se trouvait à New York ou quelque part aux États-Unis. Mais, un peu auparavant, le 20 août, les frères Diêm avaient déclaré qu'un coup d'État était inévitable et que Lodge allait remettre de l'ordre, puisqu'il était là pour cela. Puis, Mme Nhu a vu votre frère Edward à Belgrade. A quoi rimait tout cela?

KENNEDY : A rien. Ils se sont rencontrés par hasard et je ne crois pas qu'il se soit produit quoi que ce soit de particulier.

MARTIN : Vraiment rien?

KENNEDY : Non. Enfin, rien d'important. Ted la trouvait très jolie.

MARTIN : Pourquoi était-elle venue aux États-Unis?

KENNEDY : Je l'ignore. Je ne sais pas pourquoi elle est venue.

MARTIN : Qui avait eu l'idée de ce voyage?

KENNEDY : Nous n'y étions pas favorables, mais je ne crois pas que quiconque ait soulevé des objections, car chacun savait qu'elle ferait un tas d'histoires. C'est elle seule qui en avait eu l'idée. Nous avons tenté de l'en dissuader, en vain. Le ménage Diêm était également proche de Johnson, et c'est en grande partie pourquoi Hilsman a été limogé : ce dernier était favorable à un coup d'Etat et Johnson y était farouchement opposé. Il en a conçu beaucoup d'amertume.

MARTIN : Quelle était la position du Président? Pour ou contre un coup d'Etat à Saigon?

---

1. Épouse du frère de Diêm, Ngo Dinh Nhu, Mme Nhu présidait aux mondanités officielles.

KENNEDY : Il aurait aimé se débarrasser de Diêm, à la condition de trouver quelqu'un de valable pour le remplacer. Il était hostile à l'idée de se défaire de lui aussi longtemps que l'on ne saurait pas qui assurerait la relève, si le nouveau gouvernement bénéficierait d'un minimum de stabilité, en bref, si le coup d'Etat serait réussi.

Mais il ignorait ce qui allait se passer, en dehors des bruit de coup d'Etat qui ne cessaient de courir. A part ce que je vous ai dit, il n'avait pas la moindre idée de l'éventualité d'un coup d'Etat bien précis. A la suite du fameux télégramme, la situation lui a paru plus sérieuse, et il a demandé que certains renseignements lui soient fournis, préalablement à toute action. A cette époque, Cabot Lodge devait quitter son poste et l'on a considéré qu'il conviendrait qu'il retarde son départ, tout en continuant d'agir comme s'il partait, pour éviter de troubler les esprits.

Nous nous trouvions devant un sérieux dilemme : l'idée d'un coup d'Etat avait effectivement reçu des encouragements, et couper l'herbe sous le pied des instigateurs revenait à les envoyer à la mort. Voilà qui compliquait le problème. Ce qui a, en fait, déclenché l'opération – si j'en crois ce que j'ai appris depuis – c'est que Diêm lui-même avait manigancé un coup d'Etat, un coup d'Etat truqué, qui lui aurait permis de faire arrêter les conspirateurs et de les faire exécuter pour tentative de renversement du régime.

MARTIN : Il employait là une vieille ruse de Trujillo : le recours à l'agent provocateur *.

KENNEDY : Mais le gars qui devait faire cela a vendu la mèche, et c'est ce qui nous a conduits à cette situation.

MARTIN : Je vois. Pourquoi le Président avait-il nommé Cabot Lodge ambassadeur à Saigon?

KENNEDY : Lodge souhaitait recevoir un poste difficile. Par ailleurs, il fallait mettre à Saigon quelqu'un qui puisse travailler en liaison avec les militaires, qui parle le français et qui ait une expérience diplomatique. Lodge remplissait ces conditions.

Lorsque Ted Sorensen a entendu dire que Lodge allait être nommé au Viêt-nam, il a demandé s'il s'agissait du Nord-Viêt-nam...

* En français dans le texte.

Pour ma part, j'ai pensé que l'intéressé rencontrerait vite des difficultés et je m'en suis ouvert au Président. Lodge était en très mauvais termes avec les militaires qui se trouvaient à Saigon; il avait une influence néfaste sur la CIA, ne cessait de faire des confidences à la presse et ne connaissait pas ses dossiers. Il était très difficile de traiter avec lui. McNamara, McCone et Maxwell Taylor le détestaient. Au début, Taylor l'aimait bien, mais cela n'a pas duré. Il était très proche du général Harkins et ce dernier ne s'entendait pas du tout avec Lodge.

MARTIN : Lorsque la nomination de Cabot Lodge a été annoncée, j'ai eu l'impression que, la perte du Viêt-nam étant inscrite dans les faits, nous cherchions à en répartir la responsabilité sur le plan politique, en plaçant un républicain à l'ambassade de Saigon.

KENNEDY : Non. Non. Nous étions en train de gagner cette guerre. Du moins le croyais-je.

MARTIN : Même à cette époque-là? Je veux dire par là que Lodge a été nommé à un moment où les jeux étaient pratiquement faits.

KENNEDY : Non. Les considérations politiques ne sont pas entrées en ligne de compte.

MARTIN : L'idée d'une répartition de la responsabilité au niveau politique ne correspondait-elle donc pas à la réalité?

KENNEDY : Pas le moins du monde.

MARTIN : Le Président avait-il une haute opinion de Lodge?

KENNEDY : Une assez bonne opinion, il me semble.

MARTIN : Saigon était un point diablement névralgique : c'est tout ce que je voulais dire.

KENNEDY : Je crois que le Président pensait que Lodge pourrait peut-être remplir convenablement sa mission.

MARTIN : Celle-ci a finalement paru donner à l'intéressé des chances pour une éventuelle candidature à la présidence. Croyez-vous que Lodge pensait alors à cette perspective?

KENNEDY : Non. Il n'aurait jamais pu se présenter contre le Président. Et je ne suis pas sûr que la mission qui lui a été confiée l'ait fait apparaître comme un candidat possible.

MARTIN : Vous n'en n'êtes pas certain?

KENNEDY : Non. Il aurait pu se faire de la publicité d'une autre façon. Je crois que tout le battage que l'on fait maintenant autour de Lodge vient surtout de ce que les autres candidats sont si mauvais, et non de son action au Viêt-nam. Je ne pense pas que cette guerre soit très populaire dans le pays en général, ni chez les républicains en particulier. Elle ne me paraît donc guère constituer pour Lodge un atout auprès des délégués de son parti. En réalité, c'est la politique vietnamienne des démocrates que Lodge met en œuvre.

MARTIN : Mais s'il n'est pas candidat, je suppose que cette question deviendra un thème électoral.
Je relève que, l'autre jour, McNamara a accepté que cette guerre passe pour être la sienne : ce qui, soit dit en passant, ne m'a pas paru très habile sur le plan politique.

KENNEDY : Effectivement!

MARTIN : D'ailleurs, c'est le Congrès qui a pouvoir de déclarer la guerre...
En septembre 1963, très tard dans le courant du mois, le Président a dépêché au Viêt-nam Maxwell Taylor et McNamara. Etait-il mécontent des rapports de Cabot Lodge?

KENNEDY : A leur retour, Taylor et McNamara ont expliqué que la guerre évoluait dans le bon sens, que les tentatives des bouddhistes et les luttes intestines n'avaient pas d'effets négatifs sur les opérations militaires et que, dans la conjoncture du moment, celles-ci pouvaient déboucher sur une victoire.

MARTIN : Ce qui ne paraît pas avoir correspondu à la réalité.

KENNEDY : Non.

MARTIN : Les émissaires du Président ont dû être trompés par des gens sur le terrain.

KENNEDY : Je ne sais pas s'ils ont simplement été trompés ou s'ils ont mal interprété ce qu'ils ont vu. Je crois plutôt qu'ils sont allés là-bas avec l'idée préconçue que tout se passait bien.

MARTIN : Pensez-vous que ce soit dans le genre de Taylor? Et de McNamara?

KENNEDY : Je suppose que leur comportement s'explique en partie par le climat d'amertume qui s'était créé. La situation était devenue extrêmement difficile et personne ne la voyait de manière très objective à cette époque.

MARTIN : Nous sommes là devant l'un des gros problèmes qui se posent à tout gouvernement : une fois qu'une politique a été arrêtée, il est terriblement difficile de faire marche arrière.

KENNEDY : Oui. Chacun était engagé dans cette affaire.

MARTIN : Chacun finit par s'engager personnellement.

KENNEDY : C'était le cas de Harkins, en particulier, et le fait que l'armée eût été maltraitée par Lodge a pesé très lourd. Les militaires adoptaient une position et l'ambassadeur une autre, chacune tendant à l'extrémisme. L'absence d'esprit d'équipe a produit des résultats désastreux.

MARTIN : Que pouvons-nous dire d'autre sur le Viêt-nam ? Vous souvenez-vous de conversations que vous auriez eues à ce sujet avec le Président ?

KENNEDY : J'ai eu avec mon frère une quantité de conversations concernant Henry Cabot Lodge.

MARTIN : Qu'en disait le Président ?

KENNEDY : Nous avions l'intention de nous débarrasser de lui. Il était censé rentrer à Washington – et, sans ce coup d'État, sa mission à Saigon aurait pris fin –, et nous cherchions un moyen de le limoger. Il avait là-bas un conseiller de presse qui racontait tout aux journalistes. Lodge n'apportait aucune réponse aux questions que nous lui posions : il était très difficile de traiter avec lui.

MARTIN : Mais il n'est finalement pas rentré ?

KENNEDY : Non.
Quant à Roger Hilsman, qui avait été nommé au mois de mai sous-secrétaire d'État, chargé des affaires politiques, il a fini par ne pas faire très bonne impression au Président.

MARTIN : Ah, oui ?

KENNEDY : Averell Harriman, lui, avait bénéficié de l'auréole que lui avait value son succès dans la négociation du traité sur l'interdiction des essais nucléaires. Puis, il avait mal manœuvré dans l'affaire du Viêt-nam et se trouvait un peu sur la touche.

Il était très partisan d'un coup d'État, mais il n'avait pas étudié la question sous tous ses angles. Celle-ci est devenue pour lui une affaire de sentiments. Il s'en est mêlé très tôt, au moment de la préparation du fameux télégramme dont nous avons parlé, sans en référer au Président ni examiner suffisamment le problème avec d'autres collaborateurs. Du coup, il a été moins écouté et on lui a moins souvent demandé son avis. Il est dommage que, dans les derniers mois, il ait eu l'impression d'avoir été un peu mis à l'écart. Je crois que le Président l'a rappelé tout à fait vers la fin, quelques jours avant le 22 novembre, mais...

Tout cela vous donne une idée de la situation [...]. Un Bob McNamara et un Maxwell Taylor si proches des militaires et du général Harkins qu'ils ne voyaient plus les choses comme il fallait ; un département d'État rallié à un unique point de vue ; un Dean Rusk qui n'apportait absolument rien... (A vrai dire, je ne sais même pas quelle était la position du ministre des Affaires étrangères. Tantôt, il était favorable à un coup d'État ; tantôt, il y était hostile : un pas en avant, un en arrière !) Il n'y avait plus personne. Et Mac Bundy n'a guère montré d'efficacité.

MARTIN : Il était chargé des questions de sécurité nationale à la Maison Blanche : le Viêt-nam faisait donc partie de son domaine, n'est-ce pas ?

KENNEDY : Oui.

MARTIN : Pourquoi n'a-t-il pas été efficace dans cette affaire ?

KENNEDY : Il était tellement difficile de traiter en même temps l'ensemble de ces problèmes. Peut-être aurait-il fallu les suivre plus soigneusement ou de plus près. Je ne sache pas qu'il leur ait été consacré le nombre de réunions qui auraient pu être utiles.

MARTIN : Pensez-vous que nous soyons là en présence d'un « loupé » de la part de l'administration Kennedy ? Comment jugez-vous toute cette affaire ?

KENNEDY : Je suppose que tel a été le cas. Peut-être peut-on parler de « bavure » au niveau présidentiel. Mais, rétrospectivement, et si les choses avaient été menées convenablement, je ne sais comment nous aurions agi. Il faut partir du fait que nous avions à Saigon un ambassadeur du type de Cabot Lodge, qui ne voulait pas avoir de rapports avec Diêm, au moment précis où la situation se détériorait. Que faire alors, sinon le mettre à pied?

MARTIN : Oui, mais nous avions auparavant un autre ambassadeur : Nolting.

KENNEDY : C'est juste.

MARTIN : Je ne connais pas Nolting; mais supposons qu'il soit resté en place et que nous ayons pris conseil auprès de lui.

KENNEDY : Je crois que l'on avait tout simplement l'impression qu'il était resté très longtemps dans ce poste et que nous avions besoin d'un avis plus critique. Nolting était très proche de Diêm et de son frère, Ngo Dinh Nhu. Mais le changement d'ambassadeur est intervenu au mauvais moment. Ce que je voulais dire tout à l'heure, c'est que je ne vois pas très bien, avec le recul du temps et à supposer que les affaires aient été bien conduites, comment nous aurions pu redresser la situation.

Diêm était corrompu et c'était un mauvais chef d'État. Il aurait bien mieux valu ne pas l'avoir sur le dos, mais il nous a été légué en même temps que le problème du Viêt-nam. Alors, que faire? Mieux valait sans doute nous séparer de lui, mais il nous fallait un homme capable de gagner cette guerre – et où était cet homme? –; et puis, il nous fallait alors le choisir. Or, ce choix mettait notre pays en position délicate : il est en effet de mauvaise politique pour les États-Unis de contribuer à l'organisation d'un coup d'État, de remplacer quelqu'un que nous n'aimons pas par quelqu'un qui est à notre goût, au risque de susciter une certaine inquiétude dans tous les autres pays.

MARTIN : A mon avis, il y a eu au fond de cette affaire deux problèmes essentiels. En premier lieu, les erreurs de Diêm, avec son refus de traiter la question des bouddhistes. Corrigez-moi si je me trompe, mais je me demande si l'immolation des moines par le feu n'a pas eu un retentissement sur l'état d'esprit de notre opinion publique.

KENNEDY : Ces incidents ont été fortement grossis aux États-Unis. Savez-vous que, depuis le coup d'État, il s'en est produit une dizaine d'autres?

326

MARTIN : Oui, je le sais.

KENNEDY : Et, bien entendu, plus personne n'en parle. J'ignore ce que ces immolations tendraient à prouver de nos jours, mais je crois que celles du passé ont été exploitées dans une campagne destinée à démontrer que Diêm était épouvantable.

MARTIN : Au problème local s'en ajoutait un deuxième, qui tient aux limites de la puissance de notre pays. Je veux dire par là que nous ne pouvons faire tout ce qui nous plaît.

KENNEDY : C'est juste. L'avantage que le régime communiste détient sur le nôtre, c'est que, là-bas, on n'a pas à se soucier de ce que pensent les alliés, qu'il n'existe pas de fuites au niveau de la presse ou organisées par son intermédiaire : on lit dans le journal les informations que le gouvernement souhaite voir paraître.

Prenez, par exemple, l'affaire des missiles de Cuba. Jamais un président des États-Unis n'aurait pu, sans risquer une procédure de destitution, mettre secrètement en place ces armements puis les retirer. Prenez le cas de la crise de Berlin. Il a fallu consulter chacun de nos alliés, pour savoir ce qu'il voulait : serait-il d'accord pour que nous ripostions par un missile si nous en recevions un sur la tête, et dans quelles circonstances aurions-nous le droit de répondre ? Si l'un des alliés n'est pas d'accord, que faire avec les autres ? Il n'est pas possible de mener une guerre en Europe sans l'appui de la France, ni sans celui de l'Allemagne. Que se passe-t-il si ces deux-là ne sont pas du même avis ? Faire marcher ensemble tous ces pays n'est pas tâche facile. C'est pourquoi, face à l'Union soviétique et aux régimes communistes, notre système comporte certaines faiblesses.

Deuxièmement, et pour les mêmes raisons structurelles, un recours massif à la puissance militaire n'est possible que dans certaines circonstances. C'est, à mon avis, la véritable raison pour laquelle le Président a attaché de l'importance, pendant ces trois années, à d'autres éléments de nos forces offensives. Il savait en effet qu'il était erroné de fonder une politique sur un appel pratiquement exclusif à l'arme atomique pour obtenir des résultats jugés par nous nécessaires ou simplement utiles. C'est cette idée qui a inspiré le renforcement de nos moyens conventionnels et de nos unités d'intervention spéciale, de même que les efforts qui ont été consentis dans quantité d'autres domaines. Restent les limites d'ordre diplomatique...

A lui de jouer tout seul

MARTIN : Nous voilà arrivés au 22 novembre. Bob, souhaitez-vous en parler ?

KENNEDY : Non. Je ne crois pas que ce soit nécessaire.

Mais voulez-vous que nous disions un mot de ce qui s'est passé ensuite ? Quatre ou cinq incidents se sont en effet produits durant la période du 22 novembre aux environs du 27, et qui m'ont inspiré de l'amertume à l'égard de Lyndon Johnson ou, tout au moins, rendu malheureux. Je pense, par exemple, à la façon dont ma belle-sœur Jackie a été traitée pendant le voyage de retour à Washington par avion et à ce genre de choses. Ensuite, Johnson est venu à la Maison-Blanche le samedi matin à neuf heures et il a commencé à faire enlever toutes les affaires de mon frère. Alors j'y suis allé et je lui ai demandé d'attendre le lendemain ou le surlendemain. Puis Johnson a tenu à prononcer le message sur l'état de l'Union le mardi, le lendemain des funérailles.

Ensuite, il a demandé à me voir, car Sargent Shriver avait dit à Bill Moyers que je n'étais pas content. Je suis donc passé le voir avant que Jackie ne quitte la Maison Blanche et je me suis entendu dire : « Vos amis racontent des histoires sur mon compte », ou quelque chose de ce genre. Il s'est expliqué et, par la suite, a laissé un message disant qu'il serait heureux de me voir à n'importe quel moment. En décembre, je n'ai pas eu envie de le voir : je me suis absenté pendant quatre ou cinq jours avant de reprendre mon travail, toujours sans la moindre envie d'aller voir Johnson. Je suis parti pour les fêtes, et il m'a envoyé un télégramme le jour de Noël, me faisant savoir qu'il espérait me voir à mon retour. J'ai répondu par un télégramme de vœux de Noël.

Le mois de janvier a passé sans que j'aie, avec le nouveau président, une conversation suivie sur une question quelconque.

328

Puis, en janvier ou en février, je crois, à la suite d'une réunion de cabinet, il a demandé à me voir. Nous sommes allés dans son bureau et il s'est mis à me parler de Paul Corbin, mon conseiller politique, qui se trouvait à ce moment-là à une réunion du comité national du parti démocrate. Il m'a tenu des propos violents, d'une rare méchanceté : jamais je n'avais entendu quelqu'un parler sur un ton aussi désagréable. Il s'est plaint que Corbin soit allé dans le New Hampshire, exigeant que ce dernier n'y mette plus les pieds et soit exclu du comité national. L'intéressé avait travaillé pour nous dans le Wisconsin ; il m'était extrêmement fidèle [...] ; il avait manifesté une certaine loyauté à l'égard de mon frère et n'aimait pas Lyndon Johnson.

Ce dernier me dit alors : « Je sais que Corbin est allé dans le New Hampshire et qu'il s'y est promené un peu partout. Je ne veux pas de ça. » A quoi je réponds : « Je n'étais même pas au courant d'une tournée de Corbin dans le New Hampshire. Alors, pourquoi ne faites-vous pas votre enquête vous-même ? » Et lui d'ajouter : « Je ne veux voir personne là-bas. Je ne veux y voir travailler aucune personne qui y ait intérêt : comprenez-vous ce que je veux dire ? » Et je lui réponds : « Votre manière de parler... Je ne tiens pas à m'adresser à vous sur ce ton. Si vous voulez savoir où Corbin est allé, vous n'avez qu'à le lui demander. Je n'ai aucune envie d'avoir avec vous ce genre de conversation. »

Cela se passait donc en janvier ou en février. En réalité, Corbin n'était pas allé dans le New Hampshire ; mais il était l'un de mes grands supporters et il avait, je crois, un peu trop raconté qu'il faudrait que je sois vice-président. Depuis cette époque, en fait depuis le mois de janvier, je n'ai plus eu de relations avec Johnson.

Le nouveau Président cherchait sans doute à imposer sa propre image, en se distinguant du président Kennedy et, par conséquent, en s'éloignant de moi. Il disait souvent à O'Donnell, à O'Brien et à tous les autres qu'il pensait que je le détestais, s'interrogeant sur la raison – toute la famille Kennedy l'aimait bien, croyait-il, sauf moi –, se demandant ce qu'il pourrait faire pour s'attirer mes bonnes grâces : m'inviter à prendre un verre, à venir bavarder avec lui ? Mais je n'avais vraiment pas la moindre envie de me rapprocher de lui.

Il me semblait que l'on attribuait à Johnson le mérite d'une quantité de réalisations de mon frère et que l'intéressé ne se donnait guère de mal pour rappeler les initiatives de son prédécesseur. Il faut dire aussi que certains des plus proches anciens collaborateurs du président Kennedy – tels que Bob McNamara et Mac Bundy – ne prenaient pas souvent la peine de mettre les choses à leur place.

J'ai eu avec Johnson un accrochage assez violent dans une discussion de fond au sujet de Cuba, à l'époque où deux ou trois bateaux de pêche se sont présentés dans nos eaux territoriales, au large de la Floride. J'ai été convié à une réunion du Conseil de la sécurité nationale sur cette affaire. Toute notre politique reposant alors sur l'idée que ces embarcations avaient été envoyées délibérément par Castro, j'ai demandé quelle preuve nous en avions, estimant qu'il convenait de commencer par là. A trois heures de l'après-midi, nous avons eu une réunion au cours de laquelle John McCone et d'autres ont déclaré qu'ils ne disposaient pas de cette preuve, disant que les bateaux cubains étaient peut-être arrivés par hasard. Je pensais que toute cette histoire était stupide et qu'il valait mieux réagir comme devant un excès de vitesse sur la route : pourquoi ne pas inviter ces pêcheurs à rentrer chez eux et, si nous y tenions, à leur coller une amende de deux cents dollars. Mais je trouvais ridicule l'idée de les mettre en prison, de monter l'incident en une véritable affaire nationale et de créer une situation de crise.

C'est avec Tom Mann et avec Bob McNamara que j'ai eu à ce moment la principale discussion. J'ai déclaré qu'à mon avis il fallait renvoyer les bateaux saisis et c'est le point de vue qui a finalement prévalu. La question s'est ensuite posée de savoir comment nous allions agir avec Cuba. Tout le monde était partisan de couper l'eau sur notre base de Guantanamo et d'approvisionner celle-ci par nos propres moyens, ce qui empêcherait les Cubains de passer leur temps à couper l'eau, puis à la rétablir. Le sort du personnel de la base, qui comprenait plusieurs milliers d'employés cubains, soulevait une difficulté plus importante. Tom Mann s'est déclaré en faveur d'un licenciement de ces derniers, sous prétexte que leurs salaires représentaient une recette de cinq ou dix millions de dollars pour le gouvernement cubain, qu'il n'y avait aucune raison de faire de cadeaux à Castro et que ces employés constituaient un risque pour la sécurité. A défaut de les licencier, il proposait de les obliger à dépenser sur la base la totalité de leur rémunération, de manière que le Trésor cubain n'en reçoive pas un centime.

J'ai alors demandé à savoir comment ces employés pourraient payer leur loyer et se procurer ce qui leur était nécessaire, si nous les forcions à dépenser tout leur argent sur la base. Réponse de Mann :

« Ils n'auront besoin de rien, parce que, même s'ils n'ont pas de quoi payer leur loyer, ils bénéficieront encore d'un niveau de vie bien plus élevé que celui des populations d'Amérique latine. » J'ai fait observer que cette réponse n'avait guère de sens.

Mann a expliqué ensuite qu'il fallait les licencier, parce que la seule chose que comprenaient les Sud-Américains, c'était l'argent : priver Castro de ces rentrées serait une manière d'indiquer aux autres pays d'Amérique latine qu'ils avaient désormais affaire à une autre administration américaine, que celle-ci allait leur résister, que l'on parlerait d'argent et que ceux qui se conduiraient mal risquaient d'y perdre sur le plan financier. Or, continuait Mann, c'était là le seul aspect qui intéressait ces gens, qui ne ressemblaient en rien aux Américains.

J'ai alors dit que ces propos me faisaient penser à un discours de Goldwater devant le club des économistes, et que ce genre de politique était mort depuis cinquante ans.

Bob McNamara, pour sa part, était partisan du licenciement. Je lui ai demandé – pendant la réunion du cabinet qui a suivi, avec Lyndon Johnson – pour quelle raison le Président était favorable à cette solution. J'avais en effet l'impression que tout avait été décidé entre eux à l'avance et que nous n'étions réunis que pour la forme. McNamara a mis en avant l'argument du risque de sécurité et Johnson a opiné. Alors, j'ai posé la question suivante : « En ce cas, pourquoi ne les avons-nous pas licenciés en octobre 1962? Si ces employés constituent un risque de sécurité, pouvez-vous me dire pourquoi nous avons maintenu pendant tout ce temps de tels risques sur notre base? »

Toute cette discussion me semblait ridicule. Je n'avais pas, au départ, une position très arrêtée, jusqu'au moment où j'ai entendu l'échange d'arguments sur les raisons d'un licenciement, notamment de la part de McNamara et de Mann. La discussion a fini par devenir assez âpre et désagréable. Puis Mac Bundy, qui n'avait pas vraiment pris position au début, a participé au débat, ce qui lui a valu un accrochage.

MARTIN : A quelle thèse s'est-il rallié?

KENNEDY : A la mienne, finalement. Assez curieusement, je me suis trouvé dans la position du champion du maintien de ces employés. Le département d'État, c'est-à-dire George Ball et Alex Johnson, étaient de mon avis pendant la réunion qui avait précédé celle du cabinet. Vers la fin de cette dernière, ces deux-là étaient passés dans l'autre camp, avec Dean Rusk, qui n'avait pas assisté à la première réunion. Et curieusement aussi, John McCone était de mon côté, autre porte-parole de la thèse hostile au licenciement.

MARTIN : Pas possible!

KENNEDY : Bien que j'aie assisté à des réunions du Conseil de la sécurité nationale et du comité ExComm, cette réunion a été pour moi la dernière occasion de me mêler d'une question de fond.

MARTIN : Johnson convoque-t-il encore le comité ExComm?

KENNEDY : Oui; nous nous réunissons. Mais à la dernière réunion, par exemple, il a été présent cinq minutes, alors que nous examinions l'éventualité où un U-2 serait abattu [1]. Le débat m'a semblé passer à côté de son véritable objet. Je ne vais pas entrer dans les détails, mais je dois dire que j'ai été choqué : d'abord, par l'absence du président Johnson; ensuite, parce que les participants n'ont pas vraiment examiné l'ensemble du sujet. La question essentielle était la suivante : étant donné que l'utilisation de certains équipements donnerait à l'avion une chance sur deux de ne pas être abattu par un missile, alors que, sans eux, le risque était de quatre-vingt-quinze pour cent, comment réagirions-nous si un missile lancé contre l'un de nos appareils ratait sa cible, du fait de la présence de ces équipements? C'était là un point capital, qui n'a même pas été étudié. Mais, comme je vous l'ai dit, le président Johnson a consacré cinq minutes à cette réunion.

A la réunion de cabinet qui a suivi, où a été traitée la question des économies sur dépenses publiques, il est resté une heure et demie. Il a procédé à un tour de table et chacun – Luther Hodges, Douglas Dillon, Gene Foley, administrateur de l'office des PME – a pris vingt minutes pour décrire les réunions qu'il organisait à ce sujet et les mesures qu'il prenait dans son secteur.

MARTIN : Vous avez dit que cette réunion du comité ExComm a été la dernière à laquelle vous ayez participé, sur des questions importantes.

---

1. C'est en 1956 que la CIA avait commencé d'utiliser le nouvel avion d'espionnage U-2, dans des vols de reconnaissance à haute altitude au-dessus de l'URSS et du Moyen-Orient. Le 1er mai 1960, l'appareil piloté par Francis Gary Powers avait été abattu, alors qu'il s'était avancé très loin dans l'espace aérien soviétique. Powers, qui avait plaidé coupable, avait été relâché par les Russes le 10 février 1962.

KENNEDY : Elle s'est tenue il y a tout juste une semaine. Le contraste entre la manière du président Kennedy et celle du président Johnson m'a frappé.

MARTIN : En quel sens?

KENNEDY : Il me paraissait très important de voir en détail comment nous réagirions si un U-2 était abattu ou si un missile était lancé contre lui sans l'abattre. Et au lieu de cela, ont été invités à lever la main ceux qui avaient réalisé de petites économies dans leur gestion budgétaire...

MARTIN : Et ceux qui n'oubliaient pas d'éteindre la lumière en quittant le bureau!

KENNEDY : Et tous ces membres du cabinet qui étaient là, la main levée! J'ai entendu McNamara dire à un collègue : « Nous venons d'avoir une excellente réunion. »

Et puis, voyez-vous, cet avion A-11 : c'est du temps d'Eisenhower que sa construction a été entreprise, mais c'est le président Kennedy qui a fait avancer ce projet qui lui tenait particulièrement au cœur; or, personne n'a mentionné ce fait. J'en ai parlé à McNamara, qui m'a promis d'en dire un mot, mais il ne s'est pas expliqué clairement quand il a pris la parole, et cela m'a sérieusement irrité. Quant à Mac Bundy, il s'est contenté de déclarer qu'il ignorait si le président Kennedy s'y était beaucoup intéressé, alors que j'étais bien placé pour savoir que tel était le cas.

Et puis encore, la question des matières fissiles : leur destruction avait été organisée au mois d'août précédent par le président Kennedy. Et toutes les mesures d'ordre économique : elles avaient été mises au point au cours des trois dernières années, mais personne n'a mentionné ce fait.

Je crois que ceux qui avaient été proches du président Kennedy et qui travaillaient désormais avec Johnson se disaient : « Le roi est mort. Vive le roi! » [...].

Il est nécessaire d'avoir tout cela à l'esprit, si l'on veut comprendre, sur un plan historique, la nature de mes rapports avec Lyndon Johnson. Je suppose que je suis fortement influencé par ce que nous pensions de ce dernier, par l'opinion que le Président avait de lui, notamment aux environs du mois d'octobre ou de novembre 1962. Le vice-président nous prêtait rarement main forte, alors qu'il aurait pu le faire, lorsque nous cherchions à nous assurer des voix au

Sénat. Et il était hostile au dépôt de tout projet de loi sur l'égalité des droits individuels.

MARTIN : Vraiment?

KENNEDY : Oui. Il n'était pas d'accord non plus sur notre politique cubaine en octobre 1962, mais je n'ai jamais très bien su de quelle politique il était partisan : il se contentait d'être contre la nôtre. Il avait été mis dans le coup au tout dernier moment, mais il était contre : il secouait la tête, furieux. (En réalité, il avait assisté à l'une des premières réunions sur le sujet; puis, il était allé à Hawaii ou je ne sais où, et il est rentré pour la dernière réunion.)

Et quand le Président s'est rendu dans le Texas, pour tenter de redresser la situation politique locale, Johnson n'a pas levé le petit doigt. Mon frère se faisait un plaisir d'aller dans cet État où nous avions tant de difficultés, ce qui rendait ce voyage bien plus intéressant, plus passionnant : c'est ce qu'il me disait [...].

Et puis, le Président a confié à Jackie que Johnson était incapable de dire la vérité. Et ensuite, nous avons subi l'épreuve de ce voyage de retour à Washington en la compagnie de ce personnage, qui a recommencé à mentir, qui a traité ma belle-sœur d'une manière abominable, qui a [...].

C'est Ralph Dungan qui était chargé de préparer les nominations, du temps de mon frère. Et Johnson lui a dit qu'il exigeait que tous ceux qui appuyaient des candidats à des postes prennent contact avec lui personnellement, de façon qu'ils sachent bien à qui ils devaient de la reconnaissance [...].

MARTIN : Et le personnel de la Maison Blanche? Les nouveaux collaborateurs et les anciens qui sont restés?

KENNEDY : Bill Moyers, qui a été nommé chargé de mission, est très bien. Tous les nouveaux collaborateurs sont de bonne qualité, d'après ce que j'ai entendu dire et encore que je n'aie guère eu de relations personnelles avec eux. Walter Jenkins, autre chargé de mission, semble très bien aussi.

MARTIN : Vraiment?

KENNEDY : Il s'est trouvé terriblement impliqué dans l'affaire Bobby Baker *, mais je crois qu'on lui a fait payer les pots cassés. Ted Sorensen, qui était censé s'occuper du cas, m'en a parlé tout à fait au début, et je lui ai dit que Jenkins devrait demander à avoir la possibilité de témoigner. Mais ce dernier se trouvait de toute évidence en difficulté, et c'est pourquoi il n'a pas donné suite à ce conseil. Mais tout le monde dit du bien de lui.

Bill Moyers est très intelligent et tout à fait honorable, d'après ce que je comprends. Le chef des services de presse, George Reedy, est bien. Mais vous savez, ils ont tous une peur bleue de Johnson. Il y a aussi cet autre chargé de mission, Jack Valenti, qui n'est pas mal.

MARTIN : Vraiment?

KENNEDY : Oui. Ils m'ont tous très bien traité. Je crois que, d'une manière générale, les collaborateurs immédiats de Johnson sont de bonne qualité.

MARTIN : Et que devient Mann?

KENNEDY : A mon avis, c'est une vraie catastrophe, si je m'en tiens au souvenir que j'ai de lui à la réunion sur les bateaux de pêche cubains. Ses propos sur le rôle de l'argent trahissaient une personnalité très contestable.

Quant à Johnson, voyez-vous, il raconte à n'importe qui des histoires sur tout le monde; et cela est bien sûr dangereux. Il n'a aucune estime pour une foule de gens. Et il engueule tout le temps ses collaborateurs; il les traite d'une manière épouvantable. Il est tout simplement vache, d'une vacherie rare.

MARTIN : Parmi les anciens collaborateurs du président Kennedy, quelles ont été les réactions de ceux qui sont partis et de ceux qui sont restés à la Maison Blanche?

KENNEDY : Je crois que Sorensen s'entendait à peu près bien avec Johnson. Il pensait que le nouveau Président était très valable, qu'il réagissait bien sur les affaires. Mais il s'est dit qu'à la longue il y aurait des accrochages, lui-même ayant l'habitude de dire ce qu'il pense et n'éprouvant aucun respect pour Johnson – enfin, je veux dire : aucun des sentiments qu'il portait au président Kennedy [...].

_____

* Voir Deuxième partie, p. 128.

MARTIN : Et Schlesinger?

KENNEDY : Johnson et lui ne s'entendent pas du tout. Et je crois qu'Arthur Schlesinger a trop raconté à droite et à gauche qu'il ne pouvait supporter Johnson, ni Mann. Mais je ne pense pas que le résultat ait été fameux. Je crois qu'il a quitté la Maison Blanche en assez mauvais termes. D'ailleurs, dans les derniers temps, Lyndon Johnson ne l'aimait guère.

MARTIN : Et Pierre Salinger?

KENNEDY : [...] Il a commencé à dire qu'il en avait par-dessus la tête de la vie à la Maison-Blanche, le problème étant de savoir à quelle époque il pourrait s'en aller. Puis, il a eu l'idée de se présenter aux sénatoriales. Il a cru pouvoir disposer d'un peu de temps pour se décider, puis il s'est aperçu qu'il lui fallait déposer sa candidature sans délai. Il a donc quitté ses fonctions, sans aucun entretien préalable avec Johnson.

MARTIN : Vous en avait-il parlé?

KENNEDY : Il m'en a parlé, ainsi qu'à Jackie, un lundi avant son départ, alors qu'il croyait disposer de trois semaines pour prendre sa décision. Je lui ai expliqué qu'il serait bien inspiré de voir comment la presse allait réagir, sur quels appuis il pourrait compter là-bas, en Californie, et quel financement électoral il pourrait obtenir : il me semblait en effet prudent de ne pas se décider avant d'avoir éclairci ces questions. Et voilà qu'il me téléphone le jeudi suivant, disant qu'il lui fallait démissionner le lendemain, parce que sa candidature devait être déposée le vendredi au plus tard.

MARTIN : Et ceux qui sont restés : Dungan et O'Donnell?

KENNEDY : Dungan n'est pas content. Quant à O'Donnell, je crois que ses relations avec Johnson étaient à peu près bonnes jusqu'à il y a environ deux semaines. Et maintenant, à l'écouter, on a l'impression qu'il devient dingue. Mais je ne sais ce qu'il a cherché à démontrer en restant à la Maison Blanche. Il avait raconté qu'il le faisait pour le parti démocrate, mais je n'ai jamais très bien compris ses intentions. En dehors du travail, il n'avait pas de rapports avec Johnson : il n'allait jamais nager avec lui – or, Johnson lui demandait tout le temps de l'accompagner à la piscine; il ne sortait jamais avec lui le soir – or, Johnson aime qu'on l'accompagne prendre un verre le soir

336

ou faire un tour à la piscine, que sais-je? [...]. Très indépendant, O'Donnell n'a jamais accepté et je crois qu'il en a peu à peu subi les conséquences.

MARTIN : Au début, c'est Kenny O'Donnell qui nous a causé le plus de souci.

KENNEDY : Parce qu'il avait été tellement affecté par...?

MARTIN : Oui, oui. A-t-il un travail effectif à la Maison Blanche?

KENNEDY : Oui, mais il s'occupe beaucoup du comité national du parti démocrate. Je crois que ses rapports avec Johnson se sont progressivement détériorés. Ce dernier sait que Kenny est pour moi un ami et qu'il entretient des quantités de contacts dans tout le pays, ce qui le préoccupe. Il est, en effet, une chose dont Johnson ne veut à aucun prix : c'est de m'avoir comme vice-président, et il se demande avec inquiétude s'il n'y sera pas contraint. Pour éviter ce genre d'issue, il a commencé à mettre en avant Sargent Shriver; mais ça n'a pas marché...

MARTIN : Vraiment?

KENNEDY : Cette solution n'aurait guère de sens. Il a ensuite essayé avec Bob McNamara; mais les perspectives ne sont pas brillantes non plus. Il sera, en effet, bien difficile aux démocrates d'accepter McNamara.

Johnson est devenu hystérique à l'idée que je sois vice-président ou d'avoir à me le proposer. C'est à écarter cette éventualité qu'il passe le plus clair de son temps, d'après ce que je comprends.

MARTIN : Dites-moi, que va devenir l'aile Kennedy du parti démocrate?

KENNEDY : C'est difficile à dire. Si je quittais maintenant le gouvernement ou si j'allais à la recherche d'assises politiques qui soient les miennes, je suppose que les perspectives ne seraient pas du tout les mêmes que si je restais, dans l'espoir d'avoir la vice-présidence.

MARTIN : Je suis bien de cet avis.

KENNEDY : Je me contente pour le moment de réfléchir à ce que je vais faire maintenant. Si je reste au gouvernement et si je suis imposé

337

à Johnson en qualité de vice-président, il se posera naturellement de sérieux problèmes. D'abord, mes relations avec lui risquent d'être très désagréables; ensuite, je perdrais toute indépendance sur la conduite des affaires. Lyndon Johnson a en effet expliqué très clairement que nous ne sommes plus le parti démocrate, mais un parti qui s'adresse à l'ensemble de l'opinion publique. Les milieux d'affaires sont enchantés de cette approche; les opposants à la politique de mon frère, aussi; et moi, pas du tout.

MARTIN : Mais ce n'est pas possible! Le patronat déteste le parti démocrate.

KENNEDY : Il aime bien Lyndon Johnson.

MARTIN : Je n'en sais rien; mais je suis sûr qu'il ne votera pas pour lui.

KENNEDY : C'est bien la question qui se pose actuellement.

MARTIN : Johnson cherche à séduire les milieux d'affaires, mais c'est une autre paire de manches.

KENNEDY : C'est juste.

MARTIN : Et s'il croit pouvoir y parvenir, il se fait bien des illusions.

KENNEDY : Je pense qu'il le croit.

MARTIN : Mais il ne va pas donner un pareil coup de barre à droite et espérer conserver l'appui de la base démocrate dont il a besoin. Ce n'est pas possible.

KENNEDY : Je n'en suis pas sûr. Dans son esprit, les démocrates sont désorientés, sans rien à quoi se raccrocher aujourd'hui.

MARTIN : Aujourd'hui peut-être. Mais, au mois d'octobre, tout sera différent : ils auront un candidat. Si Johnson croit que la base est à la dérive, il se trompe une fois de plus. Qui plus est, il me semble important que l'aile Kennedy – appelons-la comme vous voudrez – conserve une grande place dans le parti démocrate.

KENNEDY : Oui, je sais. Je le crois aussi.

MARTIN : Et je ne suis pas sûr non plus qu'une élection à la vice-présidence vous enlèverait toute possibilité d'agir et d'exercer une influence.

KENNEDY : Le pensez-vous vraiment?

MARTIN : Absolument. Je ne vois pas pourquoi vous perdriez toute influence en accédant à la vice-présidence. Votre position n'est pas celle d'un quelconque politicien qui se verrait attribuer cette fonction par la grâce d'un marchandage au niveau des primaires ou de je ne sais quel arrangement. Vous vous trouvez dans une situation exceptionnelle : pas seulement dans le parti démocrate, mais aussi aux yeux de tout le pays. C'est pourquoi je pense que vous ne seriez pas un vice-président comme la plupart des autres.

KENNEDY : Mais je me suis bien rendu compte des possibilités dont dispose Johnson et de la manière dont il s'en est servi ces derniers mois. Si je ne détenais pas le portefeuille de la Justice, j'aurais été...

Cet homme peut vous réduire en bouillie ; il peut écraser des personnalités aussi fortes que celles de Mac Bundy ou de Bob McNamara : ces deux-là ne sont plus que l'ombre de ce qu'ils étaient.

MARTIN : Oui, mais *eux*, ce n'est pas *vous*. Et je ne crois pas qu'un sénateur débutant de l'État de New York puisse avoir autant de poids qu'un vice-président sur la politique du gouvernement.

KENNEDY : Quelle influence un vice-président peut-il exercer ? Lyndon Johnson n'en avait aucune et moi, je n'en aurais pas la moindre. Je n'en ai d'ailleurs pas du tout aujourd'hui. J'en ai encore un peu, parce que j'ai gardé des contacts avec Averell Harriman, que je suis toujours membre du comité anti-insurrections et que j'ai quelques autres fonctions. Mais je n'ai aucun pouvoir réel : l'influence que je conserve est infime à côté de celle dont je disposais ; et si je devenais vice-président, je n'en aurais plus aucune. Johnson agirait comme si je n'existais pas.

MARTIN : Je ne le crois pas. A mon avis, il ne peut se permettre de rompre avec vous ni maintenant ni tant qu'il est à la présidence.

KENNEDY : Mais si j'étais sénateur et qu'il ne s'occupe pas du tout de l'Alliance pour le progrès ou qu'il ne prête pas une attention convenable à Panama ou au Brésil, je ferais un foin de tous les diables : dans l'affaire de Panama, par exemple [1].

MARTIN : Oui ; mais au Sénat vous n'auriez qu'une voix et il y a quatre-vingt-dix-neuf autres sénateurs.

---

1. Allusion aux émeutes qui s'étaient produites en janvier 1964 dans la zone du canal de Panama.

KENNEDY : Je ne serais pas un simple sénateur : je serais l'élu de l'État de New York. Et puis je suis le chef de l'aile Kennedy du parti démocrate.

MARTIN : Vous auriez, je crois, plus de chances de le rester si vous étiez gouverneur de l'État de New York que si vous en étiez sénateur.

KENNEDY : Oui, mais je ne peux pas être gouverneur.

MARTIN : Pourquoi? Vous pouvez vous présenter dans deux ans.

KENNEDY : Non, car il faut y avoir résidé depuis cinq ans.

MARTIN : Ah oui? Avez-vous une chance d'obtenir le portefeuille des Affaires étrangères?

KENNEDY : Non. Johnson ne me le donnera jamais.

MARTIN : En êtes-vous sûr? Et si vous étiez en mesure de lui fournir un candidat à la vice-présidence qui serait à son goût?

KENNEDY : Pas plus.

MARTIN : Je ne sais pas. A qui pense-t-il, à votre avis, pour les Affaires étrangères?

KENNEDY : A Mac Bundy, je crois.

MARTIN : Vraiment?

KENNEDY : Ou bien à Bob McNamara, s'il ne le met pas à la vice-présidence.

MARTIN : Il aura du mal à imposer McNamara à la vice-présidence, ne croyez-vous pas?

KENNEDY : Si. Et je ne pense pas que Hubert Humphrey soulèvera le moindre enthousiasme.

MARTIN : C'est vraiment le dernier recours.

KENNEDY : C'est bien ce qui rend la vie difficile à Johnson.

MARTIN : Vous avez raconté dans un précédent entretien la manière dont Johnson s'est pratiquement imposé à vous et au Président lors de la dernière convention. A mon avis, vous pourriez agir de même maintenant. Ne le pensez-vous pas?

KENNEDY : Si; mais notre Président était un gentleman et un être humain. Or, le personnage dont nous parlons est cruel, il est malveillant, il est méchant : il tient de l'animal, à bien des égards. Comme je vous l'ai dit, ses réactions sont très souvent correctes, mais le revers de la médaille, c'est son rapport aux êtres humains, qui rend tout si difficile, à moins d'accepter de passer son temps à lui lécher le derrière. C'est ce que McNamara m'a conseillé de faire, il y a deux semaines, pour le cas où je souhaiterais entretenir de bonnes relations avec Johnson.

MARTIN : Oh! c'est ridicule et, de toute façon, ce n'est pas ainsi que vous agirez. Inutile de parler de cela.

KENNEDY : Vous avez raison : pareil comportement ne serait pas dans ma manière. Je pense donc que les relations resteront difficiles.

MARTIN : Rien n'est facile, Bob.

KENNEDY : Je ne suis même pas sûr que ce me soit possible.

MARTIN : Quoi donc? D'exercer une influence ou d'obtenir la possibilité d'en exercer une?

KENNEDY : Je crois qu'il serait possible que j'obtienne la vice-présidence. Mais sur qui pourrais-je avoir une influence? Johnson ne m'écouterait même pas.

MARTIN : C'est auprès du peuple américain que vous exercerez une influence.

KENNEDY : Oui, mais je ne pourrais pas exprimer en public des opinions contraires à la politique présidentielle.

MARTIN : Non; mais vous pourrez toujours faire savoir que, si celle-ci ne change pas, vous pourriez bien la modifier vous-même. Johnson sait que vous avez les mains liées jusqu'à un certain point, mais pas complètement, car il vous connaît et il sait quel genre d'homme vous êtes.

KENNEDY : Oui; mais je ne sais pas s'il serait possible d'adopter l'attitude que vous suggérez. Je crois que je ne le pourrais pas.

MARTIN : Je sais bien, je sais bien! Je comprends que cela vous paraisse difficile et déplaisant.

KENNEDY : Je ne crois pas qu'en tant que vice-président des États-Unis, je puisse critiquer publiquement la politique de Johnson en Amérique du Sud et dans le Sud-Est asiatique.

MARTIN : A défaut de prononcer des discours, vous pourriez agir discrètement dans une foule de domaines. Vous savez encore mieux que moi ce que je veux dire par là.

KENNEDY : Diable! Mais ce serait parfaitement déloyal!

MARTIN : Comment? Vis-à-vis de qui? Bien sûr, on pourrait dire que ce serait une déloyauté à l'égard de Johnson, mais certainement pas vis-à-vis du pays, du peuple américain. Sans parler de tous ceux qui, dans le parti démocrate, sont attachés à tout ce que vous représentez. Je crois tout simplement que vous avez là une chance. [...]

KENNEDY : Bon! Mais tout cela, c'est du futur.

MARTIN : D'accord. Voyons maintenant : il nous reste à voir quelques points de détail. Voulez-vous que nous les attaquions tout de suite?

KENNEDY : Allons-y!

MARTIN : L'une de ces questions n'est pas vraiment de détail : elle concerne l'opinion que le Président avait de son entourage et de la manière dont il le voyait travailler dans telles ou telles circonstances. Voulez-vous que nous en parlions : du cabinet et de l'état-major de la Maison Blanche?

KENNEDY : Je crois que mon frère avait une très haute idée de Bob McNamara, une très, très haute idée. Mac Bundy, il le jugeait compétent [...]. Je crois qu'il pensait beaucoup de bien de Bill Wirtz, au ministère du Travail. [...]. Il aimait beaucoup David Bell, au bureau du budget, puis à l'AID. De Sargent Shriver, il pensait qu'il était extrêmement capable.

MARTIN : Et de Steve Smith?

KENNEDY : Je crois qu'il le jugeait très valable. Il me semble qu'il le trouvait très bien. Il aimait bien Steve.

MARTIN : Vous avez dit il y a un moment que l'idée de présenter Sargent Shriver comme candidat à la vice-présidence n'avait pas eu de lendemain. Pourquoi cela?

KENNEDY : Oh! je crois tout simplement que l'idée n'a pas pris. A mon avis, elle n'était pas assez acceptable par les milieux démocrates. J'ai l'impression que ceux-ci estimaient avoir sous la main suffisamment de Kennedy pour ne pas aller en chercher un mauvais.

MARTIN : Parlons des collaborateurs de la Maison Blanche.

KENNEDY : Mon frère aimait bien Kenny O'Donnell : il se plaisait en sa compagnie. Les avis de Kenny étaient bons, encore qu'il arrivât fréquemment au Président de ne pas les suivre [...]; mais O'Donnell lui était si fidèle. Mon frère aimait beaucoup Ralph Dungan : il le trouvait tout à fait valable, mais peut-être pas de la même classe et aussi brillant que Mac Bundy. Il aimait bien aussi Mike Feldman et tous les autres.

Parmi les collaborateurs militaires, le général Chester Clifton était le plus compétent. Le plus nul était le général qui appartenait à l'armée de l'air.

MARTIN : Et Sorensen?

KENNEDY : Mon frère l'aimait énormément [...].

MARTIN : Et Stevenson?

KENNEDY : Adlai Stevenson? Il ne pouvait pas le voir. Stevenson le mettait hors de lui.

MARTIN : Et Arthur Schlesinger?

KENNEDY : Il l'aimait bien, tout en le trouvant parfois un peu excentrique. Pour mon frère, c'était une mouche du coche, un homme stimulant et bourré d'idées, et qui s'amusait follement à Washington. Schlesinger ne travaillait pas énormément, mais il était utile de l'avoir dans les parages. Il avait beaucoup de relations et il a apporté à diverses occasions d'excellentes idées. Il ne participait pas aux grandes décisions politiques, mais il préparait des projets de discours. Et il aiguillonnait les membres du gouvernement et de l'administration en leur envoyant des notes sur les actions qu'il serait bon d'entreprendre, sur les questions auxquelles il convenait de réfléchir. Ses idées étaient souvent extrêmement intelligentes. Au total, je crois que Schlesinger a été une très bonne recrue pour notre équipe et je pense que le Président partageait cet avis.

MARTIN : Et Mike Feldman?

KENNEDY : Excellent.

MARTIN : Votre frère en pensait-il du bien, beaucoup de bien?

KENNEDY : Oui. Feldman s'intéressait plus à Israël qu'aux États-Unis, mais il a accompli un travail considérable, très utile et de haute qualité.

MARTIN : Et le président des conseillers économiques, Walter Heller?

KENNEDY : Mon frère le trouvait très bien, tout en étant irrité par sa manie de parler aux journalistes.

MARTIN : Et Dillon?

KENNEDY : Le Président le trouvait brillant. Les prévisions économiques de Dillon n'étaient pas très exactes, mais mon frère l'aimait bien : il avait reconnu chez lui une personnalité solide et de grande valeur. Il aimait bien le voir participer aux réunions, car ses avis étaient toujours utiles. D'ailleurs Dillon était membre de notre comité ExCom.

MARTIN : [...] Et Harriman?

KENNEDY : Le Président aimait bien Averell Harriman, jusqu'à ce que celui-ci commette au Viêt-nam la gaffe dont je vous ai parlé. Mais il l'aimait bien tout de même, estimant qu'il était tout à fait valable et qu'il avait très bien réussi dans le Sud-Est asiatique.

Mon frère appréciait aussi Tommy Thompson. Il est clair que j'ai influencé son jugement, par les conversations que j'ai eues avec lui au sujet de l'intéressé. Mais le Président trouvait ce dernier tout à fait remarquable, et moi aussi. A mon avis, ceux qui se sont révélés le plus utiles durant la crise cubaine étaient Bob McNamara et Tommy Thompson.

MARTIN : Et Edward Martin?

KENNEDY : Mon frère l'aimait beaucoup. Et il aimait énormément Edward Murrow.

MARTIN : Et Donald Wilson?

KENNEDY : Je crois qu'il le trouvait très bien. Don Wilson a dirigé en second l'agence américaine d'information à l'époque de la crise de Cuba et il a accompli un excellent travail. Je vous ai dit que mon frère aimait beaucoup Ed Murrow : dans les réunions, voyez-vous, ce dernier ne parlait que lorsqu'il avait quelque chose à dire et ce qu'il disait était toujours intelligent. Il était vraiment excellent. Le Président appréciait aussi Mike Forrestal, bien que celui-ci ait été mêlé au fiasco du Viêt-nam et que l'opinion que mon frère avait de lui s'en soit trouvée assez affectée. Il trouvait Nick Katzenbach tout à fait remarquable, de même que Burke Marshall.

MARTIN : Et Freeman? Orville Freeman.

KENNEDY : Je crois qu'il le tenait en très haute estime.

MARTIN : Et au Sénat? Parlons de quelques sénateurs.

KENNEDY : Le Président aimait bien Dirksen. Et aussi Kerr, mais j'ai déjà dit un mot sur ce dernier : mon frère l'aimait bien, moi pas.

MARTIN : Et que pensait-il de Hubert Humphrey?

KENNEDY : Qu'il était à sa place là où il se trouvait, me semble-t-il. Mon frère disait : « Quand je pense à Hubert Humphrey et à la façon dont il se comporte, je me rends compte que j'aurais tort de m'emporter : s'il se comportait mieux, c'est lui qui serait président, et pas moi. Avec un comportement différent, c'est lui qui serait le Président des États-Unis. » Mais moi, je m'aperçois, grâce aux réunions auxquelles j'ai participé, que, primo, Humphrey parle trop, secundo, qu'il lui manque, comment dirai-je? – peut-être cette force profonde qui permet de percer ou bien la capacité de percevoir les problèmes qui se poseront demain à l'État et de tenir bon sur les points essentiels, simplement parce qu'ils s'imposent à l'esprit ou parce qu'ils présentent une importance réelle pour l'avenir. Lui, il ne s'accrochera à une position que s'il y voit un intérêt électoral ou politique futur. C'est une vraie girouette. Et cela donne froid dans le dos. Mais je crois qu'il a dû beaucoup s'améliorer, par rapport à ce qu'il était.

MARTIN : Et le sénateur Mansfield?

KENNEDY : Mon frère l'adorait; il l'aimait beaucoup.

MARTIN : Vraiment?

KENNEDY : Mansfield ne lui a pas semblé être le meilleur des alliés dans certaines circonstances; mais, dans d'autres occasions, il s'est montré tout à fait loyal. Mon frère se félicitait souvent d'avoir la veine que Lyndon Johnson soit vice-président : sinon, il aurait été chef de la majorité au Sénat et aurait passé son temps à trahir, alors que Mansfield était loyal. Mieux valait donc avoir Johnson à la vice-présidence qu'au Sénat, mille fois mieux.

MARTIN : Qui, à votre avis, exerçait le plus d'influence sur le Président en matière de politique générale ? Vers qui se tournait-il, sur qui se reposait-il devant une situation grave ?

KENNEDY : Je crois que Ted Sorensen a joué un rôle très important. Bob McNamara a lui aussi, comme je vous l'ai dit, joué un grand rôle. Sur un plan général, ces deux-là, ont vraiment compté. Dans les situations critiques, Kenny O'Donnell lançait souvent des idées et le Président les étudiait avec lui, mais pas tellement dans le domaine de la politique étrangère. En cette matière, comme pour les questions de défense nationale, c'est McNamara qui avait le premier rôle, et non Dean Rusk. Mon frère consultait Sorensen sur toutes sortes de sujets, de même que Mac Bundy.

MARTIN : Si vous aviez à citer quatre noms, seraient-ce ceux de Sorensen, de McNamara et de Kenny O'Donnell et le vôtre ?

KENNEDY : C'est difficile à dire, parce que nous parlons-là de différents domaines. S'agissant de politique extérieure, du coup d'État au Viêt-nam, par exemple, le Président ne faisait pas appel à O'Donnell. Mais s'il fallait décider du type de navire de guerre que nous enverrions à Cuba, il pouvait lui demander de participer à la réunion. Je veux dire par là que Kenny n'avait rien à faire avec le comité ExCom. Pourtant, il a été consulté dans les derniers jours de la crise des missiles, juste au moment où nous étions sur le point d'entrer en guerre. Kenny était un personnage important et, quoi que le Président décide, il se rangeait à son avis. La situation était différente avec McNamara qui était consulté plutôt sur les questions de fond. Et, en cas de difficulté particulièrement sérieuse, sur le plan intérieur ou en politique internationale, Sorensen entrait en lice.

MARTIN : Les deux conseillers les plus écoutés étaient en réalité vous-même et Sorensen, n'est-ce pas ?

KENNEDY : [...] Disons qu'il y a eu un mélange des genres. Bob McNamara est entré en scène plus tard. Le fait que mon frère et moi ayons été élevés ensemble et que nous ayons traversé de conserve toutes ces épreuves m'a valu d'être mêlé à un peu tout ce qui se passait. Mais chacun des conseillers jouait son rôle.

346

MARTIN : Où, d'habitude, rencontriez-vous le Président. A la Maison Blanche?

KENNEDY : Oui. Je le voyais à ses réunions. Je passais par là et nous bavardions un moment. Nous avions généralement une conversation ensemble, à l'issue des réunions du cabinet ou du Conseil de la sécurité nationale ou de toute autre réunion. Cela pouvait arriver tantôt deux fois par jour, tantôt plusieurs fois dans la semaine. J'étais ainsi au courant de ce qui se passait.

MARTIN : Quelles circonstances vous ont-elles le plus marqué à cet égard? Quelles ont été les occasions les plus dramatiques dans lesquelles le Président s'est tourné vers vous?

KENNEDY : Je crois que les pires moments ont correspondu aux crises de Cuba : celle de la baie des Cochons et celle des missiles. Ensuite, j'ai porté le poids de l'affaire du Mississippi, celle d'Oxford, que j'ai eue personnellement en charge et qui a été particulièrement déplaisante.

MARTIN : Ce sont donc ces trois circonstances qui resteront gravées dans votre esprit.

KENNEDY : Dans la première, mon frère était très mécontent. Dans la deuxième, il était vraiment inquiet. Et dans l'affaire d'Oxford, il était à la fois inquiet et ému : l'armée n'était pas arrivée sur les lieux, deux personnes avaient été tuées et l'on pouvait se demander si cette situation ne pourrait finalement être mise au compte d'une erreur de manœuvre de notre part, le Président en portant une certaine responsabilité. Les circonstances étaient donc très différentes, mais je crois pouvoir dire que ce furent les pires.

MARTIN : Ajouteriez-vous à cette liste la crise de Berlin?

KENNEDY : Celle d'octobre 1961, je suppose. Mais il n'y a pas eu de journée particulièrement marquante sur une période donnée.

MARTIN : De tous les aspects de la fonction présidentielle, quel était celui que préférait votre frère?

KENNEDY : La possibilité de mener à bien une œuvre, me semble-t-il.
Il ne se passait pas une semaine, pas une journée, qu'il n'ait à traiter d'affaires très importantes et qui mettaient en jeu toutes sortes de gens. Il était en mesure d'exercer une influence personnelle sur le

cours des choses. Et c'est bien là la définition grecque du bonheur : « la possibilité de mettre en œuvre, dans l'excellence, un pouvoir créateur et de jouir d'une vie qui offre à ce pouvoir un champ d'action ». Voilà ce que le Président aimait par-dessus tout. Et c'était le bonheur !

Quant aux avantages matériels de la présidence, il disait que la seule chose qu'il souhaiterait emporter en fin de mandat, c'était les standardistes de la Maison Blanche : on pouvait se procurer n'importe quoi à l'extérieur, mais pas les standardistes de la Maison Blanche !

APPENDICE

*L'entretien qui va suivre a été dirigé par John Stewart, les 20 juil-
let et 1er août 1967. Étant largement centré sur les années 1952-
1956, il est présenté à part et sans annotations.*

STEWART : Peut-être pourrais-je vous demander d'abord quel souvenir
vous avez de la décision du Président Kennedy d'entrer dans la vie
politique, juste après la guerre.

KENNEDY : J'étais à l'époque dans la marine et lui l'avait quittée en
1944 ou 1945; puis il avait été hospitalisé pour un temps. Il se
demandait s'il n'allait pas faire de la politique. J'avais toujours eu
l'impression qu'il pourrait y jouer un rôle très utile, tout autant, sinon
mieux, que l'aîné de mes frères, Joe, qui était en quelque sorte désigné pour ce type d'activité ou qui, du moins, lui avait porté le plus
d'intérêt. Mais lorsque l'éventualité d'une vacance est apparue dans
le onzième district électoral du Massachusetts, mon frère John a
estimé tout naturel, me semble-t-il, de présenter sa candidature à la
Chambre des représentants.

STEWART : Avait-il été attiré par une carrière dans le journalisme?

KENNEDY : Un peu, je crois. Mais je pense aussi que sa préférence
était toujours allée à la politique. La transition ne lui a donc demandé
aucune peine.

STEWART : Vous souvenez-vous s'il se posait des questions au sujet
d'une candidature dans le onzième district?

KENNEDY : Non, il ne s'en posait pas. Il y avait seulement le problème de
sa domiciliation. Il louait une chambre à l'hôtel Bellevue, mais les gens
se demandaient s'il résidait effectivement dans le onzième district.

STEWART : A-t-il été sérieusement tenu compte du genre d'adversaires qu'il aurait à affronter dans la campagne électorale?

KENNEDY : Non. Mon frère pensait avoir une chance, car les candidats étaient très nombreux et aucun d'entre eux n'était en position de force en dehors des environs de son domicile, qu'il s'agisse de Mike Neville à Cambridge ou de Mme..., je ne me rappelle pas tous les noms.

STEWART : Mme Falvey.

KENNEDY : Exact.

STEWART : Elle avait rang de commandant dans les personnels féminins de l'armée.

KENNEDY : Et il était difficile de chercher à faire campagne contre elle.

STEWART : Pourquoi donc?

KENNEDY : Il lui arrivait fréquemment d'utiliser des arguments ad hominem contre mon frère. Au cours d'une tournée dans laquelle je l'avais accompagné, elle s'est livrée à une attaque personnelle; puis, une fois assise, elle s'est penchée vers lui, en disant : « J'espère que vous vous rendez compte que tout cela n'est que de la politique. » Alors mon frère s'est levé et a réagi vigoureusement et très efficacement à tous les propos qu'elle avait tenus.

STEWART : On a raconté que certaines personnes, Maurice Tobin en particulier, poussaient votre frère à présenter sa candidature au poste de lieutenant-gouverneur.

KENNEDY : Oui, je crois que c'est exact.

STEWART : Votre frère a-t-il sérieusement envisagé cette éventualité?

KENNEDY : Oui. Mais il avait tout simplement décidé que c'étaient les Affaires étrangères qui l'intéressaient et que la Chambre des représentants offrait de belles ouvertures sur ce domaine. Voilà pourquoi il s'est engagé dans cette voie.

STEWART : Quel a été votre rôle exact dans la campagne?

KENNEDY : Je m'occupais de East Cambridge, premier, deuxième et troisième secteurs. J'avais quitté la marine à cette époque-là et j'ai pris en charge la zone difficile, celle où nos espoirs se bornaient à limiter les dégâts : à récolter non pas les vingt pour cent de voix que nous nous attendions à obtenir, mais peut-être trente-trois ou quarante pour cent – ce qui correspondait à peu près au résultat que nous avons enregistré dans ces circonscriptions.

STEWART : Ce sont des secteurs à forte majorité italienne, n'est-ce pas ?

KENNEDY : Oui, et c'était l'endroit où habitait Neville et donc, je crois, son fief électoral. C'est en tout cas le souvenir que j'en ai gardé. Nous lui avons donc porté une attention particulière : j'avais un quartier général à East Cambridge et j'ai passé là-bas le plus clair de mon temps.

STEWART : Avez-vous eu l'impression que cette campagne ait été perçue, ainsi qu'on l'a souvent dit, comme un affrontement entre des jeunes et des gens d'âge, entre des professionnels et des amateurs ?

KENNEDY : Non, pas particulièrement. Bien sûr, j'étais moi-même très jeune et je pense que cela a dû jouer. Et puis, mon frère se battait contre certains vétérans de la politique locale.

STEWART : Mark Dalton faisait office de...

KENNEDY : De directeur de campagne. Il était très efficace, très aimé et hautement respecté par nous tous.

STEWART : Et Joseph Kane ?

KENNEDY : J'ai beaucoup travaillé avec lui. Je le connaissais personnellement avant cette époque.

STEWART : Il était déjà très âgé, n'est-ce pas ?

KENNEDY : Oui, mais c'était un homme plein de sagesse et très rusé. Il a eu des idées utiles et nous a bien aidés à maints égards.

STEWART : Vous souvenez-vous du genre de rôle que votre grand-père, M. John Francis Fitzgerald, a joué pendant cette campagne ?

KENNEDY : J'ai vraiment eu l'impression qu'elle a été essentiellement l'affaire de mon frère John. Mon grand-père la tenait naturellement très au cœur et se sentait très proche de mon frère. Mais je ne crois pas qu'il nous ait été d'un très grand secours dans certaines circonscriptions. Il disposait d'introductions importantes et de contacts

351

intéressants, mais c'est à un tout autre électorat que plaisait John Kennedy : des jeunes, des gens qui ne s'étaient jamais mêlés de politique et une foule de militaires. Ma grand-mère Fitzgerald nous a été utile, en ce sens qu'elle a fait disparaître certains problèmes qui auraient pu se poser, mais je pense que le mérite de la campagne revenait finalement à son petit-fils.

STEWART : Vous souvenez-vous dans quoi votre frère voyait ses principaux points forts et ses principales faiblesses, en tant que candidat ? Là-dessus aussi, on a raconté beaucoup de choses : sur sa réserve, sur une certaine timidité, sur une manière qui ne correspondait pas à celle que l'on attend normalement d'un candidat actif. Tout cela vous paraît-il exact ?

KENNEDY : Je le crois. Mais nous ne nous en rendions pas compte. Il m'a toujours semblé que mon frère était très efficace et que tout le monde l'aimait bien. C'est ce qui expliquait l'attrait qu'il exerçait. Sa manière d'être ne m'a jamais paru poser de gros problèmes et je crois que sa personnalité était très séduisante.

STEWART : A-t-il fallu faire très attention de ne pas insister trop lourdement sur ses faits de guerre ?

KENNEDY : Non, je n'en ai pas souvenir.

STEWART : Mais cela aurait naturellement pu plaire aux anciens combattants.

KENNEDY : Oui, mais je n'ai pas souvenir que ce sujet nous ait préoccupés.

STEWART : En ce qui concerne les questions politiques, les positions de votre frère ont-elles créé des difficultés ?

KENNEDY : Pas que je me souvienne; mais il faut dire que je m'occupais surtout de l'organisation. L'attrait qu'exerçait mon frère était largement personnel. Et puis, il se déplaçait beaucoup, il travaillait énormément et une foule de gens travaillaient pour lui avec enthousiasme. S'il a gagné ces élections, c'est, semble-t-il, grâce à la force de sa personnalité, à son nom et à tout ce travail, plutôt qu'à des prises de positions politiques.

STEWART : Y avait-il dans cette campagne des personnages marquants et dont vous ayez gardé le souvenir ?

KENNEDY : J'ai travaillé avec DeGuglielmo, d'origine italienne et ancien maire de Cambridge, et qui nous a été très utile. Nous avions aussi deux sympathisants, Peter Cloherty et Jimmy Kelley. Peter Cloherty était très proche de mon frère; il était même son plus proche collaborateur, mais il est devenu son plus farouche ennemi dans le Massachusetts : il a été l'un des porte-parole de John McCormack dans les batailles de 1955 et 1956 et nous a aussi causé quantité de difficultés en diverses occasions ou a essayé de nous en causer. Encore actif aujourd'hui, il est lié, me semble-t-il, à la famille McCormack.

STEWART : Il est de Brighton, n'est-ce pas?

KENNEDY : Je crois. Mais il était très proche de nous. De même que Jimmy Kelley.

STEWART : Qui est d'East Boston.

KENNEDY : Les relations se sont détériorées peu de temps après la campagne. Elles avaient été très bonnes à un certain moment, puis la méfiance s'est installée. Il y avait aussi Patsy Mulkern, bien sûr.

STEWART : Il est mort tout récemment.

KENNEDY : Oui, c'est vrai. Et il y avait Frank Morrissey. Et je me souviens de Mark Dalton et de Lem Billings, qui s'occupait de Cambridge.

STEWART : Et puis Dave Powers, bien sûr.

KENNEDY : Bien sûr.

STEWART : Et Tom Broderick.

KENNEDY : Oui. Tous ces gens-là travaillaient pour mon frère.

STEWART : Ted Reardon aussi, naturellement.

KENNEDY : Oui : à Somerville, où il s'occupait des trois premiers secteurs.

STEWART : Quels résultats votre frère a-t-il obtenus dans les secteurs difficiles?

KENNEDY : Il me semble qu'il a eu trente ou quarante pour cent des voix.

353

STEWART : Ce qui était donc mieux que prévu, n'est-ce pas?

KENNEDY : Oui, mieux qu'il n'avait lui-même escompté. Pour l'ensemble de Cambridge, il a mieux réussi qu'il ne l'espérait.

STEWART : Quelles étaient, dans l'esprit du Président, les principales raisons de son succès?

KENNEDY : Je ne crois pas qu'il se soit livré à beaucoup d'analyses. Je dirais qu'à mon avis il devait tout simplement ce résultat à sa propre personnalité, au fait qu'il portait le nom des Kennedy – lequel bénéficiait d'un très haut respect –, à l'aide qu'il avait reçue d'un très grand nombre de jeunes. Au sortir de la guerre, il représentait la vague de l'avenir.

STEWART : Vous a-t-il été facile de recruter des gens pour travailler avec vous?

KENNEDY : Non. Je me trouvais dans une zone difficile, qui manifestait donc pas mal d'hostilité à mon frère et, je suppose, à moi aussi, comme à notre campagne. Mais nous avons travaillé très dur. Nous avions l'impression que, dans ces secteurs, chaque voix comptait double : telle était notre philosophie. Je disposais de petits bureaux et j'opérais à partir de là, avec l'aide de quelques familles d'origine italienne.

STEWART : Dans l'ensemble de la campagne, les gens qui travaillaient dans chacune des zones étaient-ils plus ou moins autonomes ou l'organisation était-elle assez étroitement chapeautée?

KENNEDY : Elle était tenue en main de manière relativement stricte. A Cambridge, je travaillais avec Billings, puis avec Mark Dalton, je crois. Nous mettions en place des structures. Ethel Shakel, qui n'était pas encore ma femme, est venue s'en occuper un petit peu, ainsi que mes sœurs. J'habitais alors à l'hôtel Bellevue.

STEWART : [...] Qu'est-il arrivé à Billy Sutton? Il n'a pas duré longtemps, n'est-ce pas?

KENNEDY : Non; tout simplement parce que notre association n'a pas été très satisfaisante. Il était très amusant, mais il n'avait guère de fond. Nos relations se sont donc détériorées peu à peu. Il amusait mon frère, mais il n'a pas apporté grand-chose.

STEWART : Vous souvenez-vous d'avoir jamais entendu votre frère envisager l'éventualité de rester à la Chambre des représentants pendant plus d'années qu'il n'y a passées? A-t-il décidé relativement tôt de ne pas y demeurer très longtemps?

KENNEDY : Oui. Il s'y plaisait; c'était un travail assez facile et pas trop prenant. Mais je ne crois pas qu'il ait eu envie de rester à la Chambre : il pensait la quitter lorsque l'occasion s'en présenterait.

STEWART : [...] A-t-il été un peu déçu de ne pouvoir s'y occuper de plus près d'affaires internationales?

KENNEDY : Non. Il m'a semblé qu'il était assez content et qu'il ne prenait pas les choses trop au sérieux. Il habitait à cette époque chez ma sœur Eunice, et je n'ai pas souvenir qu'il ait eu de grands problèmes.

STEWART : En 1951, vous avez accompagné votre frère dans un voyage autour du monde. S'agissait-il là principalement, pour lui, de se préparer à la campagne électorale de 1952?

KENNEDY : Oui. Il voulait être en mesure de parler de politique étrangère.

STEWART : Avez-vous souvenir de réactions particulières de sa part durant ce voyage ou de faits qui l'aient durablement impressionné?

KENNEDY : Oui, il y en a eu pas mal.

Nous avons brièvement séjourné au Moyen-Orient, où nous sommes tombés sur Franklin Roosevelt Jr., qui bénéficiait de tous les égards, comme si nous n'étions pas là ou à peu près. Le représentant Kennedy, personne ne s'occupait de lui; il n'y en avait que pour le représentant Roosevelt, qui était la grande personnalité et nous servait en quelque sorte d'introducteur. Nous ne sommes pas restés très longtemps.

Nous sommes ensuite allés au Pakistan, où nous avons rencontré le Premier ministre, Liaquat Ali Khan – qui devait être assassiné deux jours plus tard. Puis nous sommes allés voir le Premier ministre indien, Nehru, qui n'a pas prêté la moindre attention à mon frère et n'a eu d'yeux que pour ma sœur Patricia : il n'a pas adressé un mot au futur Président Kennedy et n'a parlé qu'avec ma sœur. Nous en avons bien ri et mon frère n'a jamais oublié cette entrevue, qui lui a beaucoup appris sur le caractère de Nehru. Le Président n'a jamais

355

aimé ce personnage : pas seulement à cause de cet incident, mais en raison de ses airs supérieurs et de son agressivité. Et mon frère l'a détesté lorsqu'il est venu – quand donc? en 1962? –, enfin chaque fois qu'il est venu aux États-Unis. Tout le monde croyait, par les articles de presse, que les deux hommes s'entendaient très bien; mais mon frère le trouvait... enfin, il n'aimait pas du tout sa personnalité.

Quant aux impressions les plus marquantes, je crois qu'elles sont venues surtout du fait que nous visitions des pays qui luttaient pour leur indépendance ou l'avaient acquise de fraîche date et qui essayaient de se remettre sur pied et de préparer leur avenir.

C'est le Viêt-nam qui a été ensuite la grande affaire de notre périple. Nous sommes allés à Saigon, où mon frère a été énormément impressionné par un diplomate de carrière, Ed Gullion.

STEWART : Le connaissait-il déjà?

KENNEDY : Il me semble que oui, sans en être sûr. Personne ne faisait grand cas de l'ambassadeur, M. Heath. Mon frère estimait que la politique des États-Unis était désastreuse, parce que la victoire allait appartenir au peuple qui s'était soulevé contre la France et que celle-ci avait mis en œuvre un système très égoïste. Nous avons été reçus fastueusement par l'empereur, dans un palais où nous avons tous les trois – car ma sœur Patricia était là – dormi dans la même chambre, la seule qui avait un conditionnement d'air, mon frère couchant par terre à cause de son dos.

Il a conçu une très vive admiration pour le général de Lattre qui nous a emmenés à Hanoi, ce qui nous a permis de survoler la région dans laquelle se battait la Légion étrangère. De Lattre nous a consacré beaucoup de temps et a même organisé en notre honneur une grande parade à Hanoi, où les enfants des écoles sont venus nous accueillir – ironie des choses! –, en agitant des petits drapeaux.

STEWART : Vous souvenez-vous de ce qui, chez le général de Lattre, a particulièrement impressionné votre frère?

KENNEDY : C'était tout simplement une très belle figure, un homme évidemment très courageux, très décidé, très patriote. Une personnalité qui en imposait énormément. Bien que n'approuvant pas la politique de la France en Indochine, nous avons éprouvé de l'admiration pour la personne de ce général.

Ainsi qu'il l'a dit à notre retour (sans aller dans tous les détails), mon frère estimait que notre politique était catastrophique, que notre représentation diplomatique était lamentable et que nous étions en train de nous préparer pas mal de difficultés. D'une manière générale, il critiquait vivement la médiocrité de nos représentations dans tous les pays que nous avions visités. Nos envoyés se contentaient de relations avec les dirigeants, et encore de temps en temps seulement, sans se préoccuper des populations ni de leurs aspirations.

STEWART : Avez-vous souvenir de discussions un peu vives avec ces diplomates?

KENNEDY : Non, pas de façon particulière. Nous avons été frappés surtout par leurs réactions aux questions posées : par le défaut de connaissance du pays et de renseignements sur ce qui s'y passait, par le peu de cas qu'ils faisaient des populations, par une attitude générale, une philosophie à l'opposé de celles de mon frère.

Nous sommes ensuite allés en Malaisie, elle aussi en état de guerre, au temps où MacDonald était haut-commissaire, il me semble. Nous étions passés par Singapour ct c'cst dans un tank que nous nous sommes rendus à Kuala-Lumpour, alors en état de siège.

STEWART : Votre frère est tombé malade quelque part.

KENNEDY : Il devait aller en Corée et moi, j'étais parti pour le Japon. Il ne se sentait pas très bien à ce moment-là, puis il est tombé très malade. J'ai organisé son rapatriement par avion vers Okinawa, où il a été hospitalisé. Sa fièvre frisait les 42° et les médecins estimaient qu'il ne s'en sortirait pas. Une nuit, la fièvre est montée si haut que tout le monde s'attendait à le voir mourir. Il a surmonté cet accès et il est resté encore quelques jours à l'hôpital, puis nous avons pris un avion pour les États-Unis.

STEWART : Votre frère a-t-il été généralement satisfait de ce qu'il a vu? A-t-il eu le sentiment d'avoir pu aller au fond des choses, dans tous ces pays?

KENNEDY : Non, je ne crois pas qu'il ait été du tout satisfait. Il a été très content du voyage, mais pas de ce qu'il a constaté. Il a appris une foule de choses, qui l'ont beaucoup impressionné, sur tous ces pays, de la Méditerranée jusqu'à la mer de Chine – en fait, depuis l'Afrique de l'Ouest –, qui avaient accédé à l'indépendance et qui étaient à la recherche d'un avenir. Il s'interrogeait sur la nature de leurs relations futures avec les États-Unis, sur l'orientation de nos propres rapports avec eux. Il réfléchissait à l'importance qu'il fallait attacher à une représentation diplomatique convenable et à des rapports avec les populations, plutôt qu'avec des gouvernements qui pourraient n'avoir qu'une existence temporaire, transitoire, aux erreurs que constituaient la guerre d'Indochine et la politique de la France, à l'échec de notre propre politique, qui ne tenait pas compte des aspirations des peuples. Tout cela lui paraissait capital.

STEWART : Passons maintenant à l'année 1952. L'éventualité d'une candidature de votre frère au poste de gouverneur du Massachusetts a été un moment envisagée. Quel souvenir avez-vous de cette époque d'indécision, si indécision il y avait ?

KENNEDY : Je me rappelle que bien des gens souhaitaient qu'il se présente.

STEWART : Était-il intéressé ?

KENNEDY : Dans une certaine mesure. Il a retourné cette idée dans tous les sens pendant quelque temps. A cette époque, à notre retour du tour du monde dont nous venons de parler, je travaillais à Brooklyn avec le jury d'accusation et lui était à la Chambre des représentants. Je passais la semaine à Brooklyn et je revenais dans le Massachusetts pendant le week-end, pour faire campagne. Nous partagions donc une maison, que mon frère utilisait en semaine et moi, durant le week-end. Il se préparait à être candidat au poste de gouverneur de l'État, car il y avait un intérêt à cela. Mais qui donc était gouverneur à l'époque ?

STEWART : Paul Dever.

KENNEDY : A dire vrai, deux problèmes se posaient à mon frère. En premier lieu, il lui fallait commencer par battre aux primaires un autre candidat démocrate : cet affrontement serait déplaisant et comporterait des conséquences assez défavorables pour le parti et pour les rapports de mon frère avec ce dernier. D'autre part, le poste de gouverneur du Massachusetts le priverait de ce qu'il aimait le plus : la vie à Washington. Mais il a très, très sérieusement envisagé cette candidature.

STEWART : La grande question qui se posait était celle de savoir si Dever se représenterait ou serait candidat à un poste de sénateur.

Votre frère a-t-il mentionné l'éventualité d'une candidature aux primaires contre Dever, au cas où celui-ci préférerait le Sénat?

KENNEDY : Pour autant que je m'en souvienne – mais je n'en suis pas sûr –, mon frère a finalement décidé de se présenter aux sénatoriales. Il était prêt à se battre avec n'importe quel adversaire.

STEWART : Même si Dever s'était présenté?

KENNEDY : Oui, je crois. C'est le souvenir que j'en ai. Et je suppose que cette décision a aidé Dever à prendre la sienne. Les sondages montraient que mon frère obtiendrait de très bons résultats s'il se présentait contre Dever. Ce dont je me souviens, c'est que ce dernier n'a pas voulu l'affronter.

STEWART : Quel était l'état des relations entre votre frère et Paul Dever à cette époque?

KENNEDY : Elles n'étaient pas très chaudes, mais elles se sont améliorées par la suite. Vous savez, Dever a toujours eu des rapports meilleurs avec mon père. Beaucoup de ces gens-là entretenaient de meilleures relations avec mon père qu'avec mon frère.

STEWART : Vous souvenez-vous si votre frère avait souvent reçu le conseil de s'abstenir d'affronter Henry Cabot Lodge?

KENNEDY : Oui. Nombreux étaient ceux qui pensaient que ce serait très, très difficile. Mais mon père y était favorable : il estimait en effet qu'un poste de gouverneur ne vous apporte pas grand-chose – et mon frère n'y tenait pas tellement; et puis, Cabot Lodge était la principale personnalité du Massachusetts et peut-être même du pays. Celui qui le battrait l'emporterait sur le numéro un, et John Kennedy se trouverait ainsi sur le devant de la scène du jour au lendemain. Mon père était donc très partisan de la candidature de mon frère aux sénatoriales. Je me souviens que Maurice Tobin, qui était un ami de mon père, envisageait lui aussi de se présenter, mais il ne me semblait pas bénéficier de beaucoup d'appuis.

STEWART : Je crois qu'il est mort peu de temps après. Que pensait-on, au début, des principaux atouts de Cabot Lodge et des plus grosses difficultés qu'il risquait de rencontrer? Était-il vrai que, dans une campagne électorale, il n'aurait pas existé grande différence entre votre frère et Lodge sur le plan de la personnalité et du vote dans les assemblées? L'absence d'un véritable contraste représentait-elle la difficulté essentielle d'une candidature contre Cabot Lodge?

KENNEDY : Oui, en partie. Le plus gros problème était constitué par le fait que Lodge n'était pas seulement très populaire dans le Massachusetts, mais aussi qu'il avait été le principal artisan de l'investiture d'Eisenhower. Il était donc à prévoir que les républicains mettraient tout en œuvre pour assurer sa réélection au Sénat.

STEWART : Vous souvenez-vous de la raison de la querelle avec Foster Furcolo? Celle-ci tenait-elle strictement au départ de Larry O'Brien?

KENNEDY : Non, je ne le crois pas. Larry O'Brien n'aimait pas Furcolo, mais je ne pense pas que cette inimitié ait beaucoup influencé mon frère. Dans une certaine mesure, sans doute, mais Larry n'était pas tellement proche de lui à cette époque. Foster Furcolo ne paraissait pas très désireux d'apporter son appui à mon frère et c'est cette réticence qui a été à l'origine des difficultés que nous avons eues avec lui. L'hostilité devait atteindre son paroxysme en...

STEWART : En 1954.

KENNEDY : Lorsque Furcolo a présenté sa candidature?

STEWART : Oui, en 1954, quand il s'est présenté contre le sénateur républicain Saltonstall.

KENNEDY : A cette époque, le sénateur Kennedy n'allait pas très bien, car son dos le faisait beaucoup souffrir, mais il a accepté de participer à la campagne. Il est allé à la station de télévision où il s'est entendu dire par Furcolo : Vous direz ceci, je veux que vous disiez cela. L'indiscrétion et la grossièreté de ce dernier ont été à l'origine d'une brouille qui ne s'est jamais apaisée.

STEWART : La décision de mener une campagne indépendante de celle de Dever avait-elle été prise très tôt? Avait-il jamais été envisagé de combiner les opérations?

KENNEDY : Dever et John Powers étaient intéressés par une campagne commune et je me suis beaucoup battu à ce propos [...]. Je travaillais alors à Brooklyn et j'ai dû revenir dans le Massachusetts. J'ai amené l'un de mes amis, Kenny O'Donnell, à s'en mêler. La campagne ne marchait pas, le matériel de propagande dormait sur les étagères et aucune décision n'était prise. C'est donc vers le mois d'avril ou de mai que j'ai commencé de m'y impliquer.

John Powers supervisait les opérations d'ensemble dans la ville de Boston. J'ai eu avec Paul Dever une discussion très orageuse sur notre souhait de mener une campagne à part. Il est devenu furieux contre moi et toute relation aurait été rompue si mon père, qu'il aimait bien, n'avait recollé les morceaux. Mais Dever m'a mis à la porte, en nous traitant de jeunes « je ne sais quoi ». En tout cas, nous avons mené notre propre campagne et c'était tout ce que je voulais.

STEWART : Avez-vous eu des doutes sur l'idée de prendre le relais ?

KENNEDY : Non.

STEWART : Aviez-vous prévu toutes les critiques que vous vaudrait votre âge ?

KENNEDY : On n'en entendait pas vraiment, à ce moment-là. Enfin, je veux dire que l'on en formulait peut-être – les gens ne m'aimaient pas –, mais que la presse n'en parlait guère à cette époque, car ce n'était pas une question tellement importante. Par la suite, les journaux s'en sont donné à cœur joie, mais cela ne m'a jamais préoccupé et je m'en suis toujours moqué. Je savais que nous étions sur la bonne voie, qu'il était nécessaire de mener une campagne bien plus efficace que dans le passé et que les gens sur qui comptaient nos alliés n'allaient se donner aucun mal. Personne n'avait jamais travaillé à une campagne électorale pendant l'été, mais c'était précisément en été que nous devions nous mettre à l'ouvrage si nous voulions gagner. Nous ne pouvions faire confiance aux gens plus expérimentés qui prétendaient que les opérations ne commencent pas vraiment avant la fête du travail, début septembre. Nous n'avions aucune chance de l'emporter dans ces conditions. Et puis, dans le Massachusetts, le parti démocrate n'avait jamais disposé d'une structure en dehors de la ville de Boston. Ne pouvant donc nous appuyer sur un appareil politique, il nous a fallu construire le nôtre, et c'est à cela que nous avons consacré tout l'été. Ce que l'on racontait sur mon âge n'avait donc aucune importance. Mais j'ai rencontré des critiques de la part des gens – les syndicalistes par exemple – à qui nous demandions de travailler pour nous. Alors, je leur ai donné des autocollants à placer sur leurs voitures mais je n'en ai vu aucun lorsque je suis allé faire un tour dans les usines. Et le jour où les syndicats sont revenus me faire part de leurs critiques, je me suis vraiment mis en colère.

STEWART : Une histoire a couru, vraie ou fausse, suivant laquelle vous n'auriez pas reconnu des hommes politiques venus à votre quartier général et auriez essayé de les mettre au travail. Qu'en était-il ?

KENNEDY : Je crois que c'est tout à fait concevable. C'est possible, mais je ne m'en souviens pas.

STEWART : Quelles étaient vos relations avec John Powers, le directeur de campagne ?

KENNEDY : Je l'aimais bien. Parmi les gens qui travaillaient pour Dever, il me semblait être le plus efficace. Je n'entretenais pas de très bons rapports personnels avec lui, mais il me paraissait savoir ce dont il parlait, à la différence de beaucoup d'autres. J'ai eu des accrochages avec lui, mais je trouvais qu'il se donnait de la peine et qu'il dirigeait la campagne de manière utile.

STEWART : Mais il travaillait aussi pour votre camp, n'est-ce pas ?

KENNEDY : Oui. Il s'occupait de Boston pour compte commun. Mais il faut savoir qu'il était surtout l'ami de Dever. A Boston, nous menions une sorte de campagne parallèle et la situation était donc un peu délicate. Mais je trouvais que Powers était efficace.

STEWART : Avez-vous souvenir d'avoir rencontré de nombreuses difficultés avec les secrétariats répartis dans tout le Massachusetts et avec les rapports qu'ils entretenaient avec les organisations locales du parti ?

KENNEDY : Oui, j'en ai rencontré quelques-unes. Mais, comme je vous l'ai dit, le parti démocrate n'avait jamais disposé d'un appareil en dehors de Boston, sauf à Springfield, à Worcester et à Fitchburg, et il n'était pas en mesure d'avoir une activité quelconque hors de la ville de Boston. C'est là que nous l'avons gagné de vitesse et c'est d'ailleurs ce qui nous a permis de l'emporter. En effet, si nous avons obtenu à Boston le même pourcentage de voix que Dever, ou peut-être un tout petit peu plus faible, dans les autres localités, nous l'avons partout devancé de cinq pour cent. C'est précisément la marge qui nous a valu la victoire, si j'ai les chiffres en tête : soixante-neuf mille ou soixante-dix mille voix de majorité.

A cette époque, les chaînes de radio et de télévision ne disposaient pas encore d'ordinateurs. Nous possédions une règle à calcul dont j'avais appris le maniement, de sorte que nous avons pu annoncer, à mesure que la soirée avançait – vers deux, trois ou quatre heures du matin – et que nous arrivaient les résultats, que nous l'emportions de cinq pour cent dans chacune des localités. Il a donc manqué à Dever vingt-cinq mille voix, si je ne me trompe.

STEWART : Environ vingt-cinq mille.

KENNEDY : Et nous avons obtenu une majorité de soixante-dix mille voix. Dever était donc battu de peut-être cinquante mille voix.

STEWART : Quels rapports entreteniez-vous avec John Hynes? A-t-il joué un rôle à cette époque? Il était maire.

KENNEDY : Oui, mais il ne s'est guère donné de mal. J'éprouvais pour lui un certain respect. Il nous fallait faire attention à lui – bien qu'il n'ait pas agi de façon très amicale –, car il avait une solide réputation d'intégrité, et tout s'est bien passé. A dire vrai, ce qui nous importait le plus, c'était de mener à bien notre travail, d'intéresser à notre campagne le plus de monde possible, d'organiser le plus grand nombre possible de réunions dans tout le Massachusetts, de mettre en place toutes sortes de groupes de militants : des avocats, des Italiens, des cuisiniers, des médecins, que sais-je? partout où nous le pouvions. Il s'est produit des doubles emplois et des chevauchements, mais cet effort n'avait jamais encore été fait. Et il a été payant.

STEWART : Avez-vous bénéficié d'une aide de la part d'anciens partisans de Taft mécontents?

KENNEDY : Le seul d'entre eux qui ait joué un rôle vraiment important, à mon avis, c'était Basil Brewer. Il nous a beaucoup apporté. Mais son groupe n'a pas eu une activité très efficace.

STEWART : J'ai entendu dire qu'il s'était produit un très grand nombre de conflits sur des prises de positions politiques. Y avez-vous été mêlé?

KENNEDY : Pas vraiment; pas beaucoup.

STEWART : Même à la décision de se situer soit à gauche soit à droite de Lodge sur des thèmes particuliers, ou bien d'en rester aux problèmes de la Nouvelle-Angleterre?

KENNEDY : Je m'occupais surtout d'organisation et je n'ai guère été mêlé aux questions de politique.

STEWART : Étiez-vous au courant des difficultés qui ont surgi avec John Fox et avec le *Boston Post*?

KENNEDY : Dans une certaine mesure.

STEWART : Quel souvenir en avez-vous?

KENNEDY : Le *Boston Post* avait pratiquement été un organe de presse de la maison Kennedy, par son attitude amicale à l'égard de notre famille, et nous avions besoin de son appui. Mais John Fox était un homme particulièrement difficile et très désagréable. Mon père est allé le voir et je ne sais s'il lui a fait obtenir un crédit ou s'il lui en a consenti un – j'ai oublié les détails –, mais il y a eu un lien entre cette visite et l'appui que ce journal a apporté à John Kennedy. A part cela, tout ce que je sais, c'est que ce John Fox était un personnage très déplaisant.

STEWART : La personnalité du sénateur McCarthy – de qui vous étiez proche, du fait de votre emploi à la commission sénatoriale qu'il présidait – vous a-t-elle causé beaucoup de difficultés pour obtenir l'appui des syndicalistes et des universitaires de Harvard et d'ailleurs?

KENNEDY : En tant que telle, je ne m'en suis jamais aperçu. Vous savez, Joe McCarthy bénéficiait en 1952 d'une très haute estime dans le Massachusetts.

STEWART : On s'était toujours demandé s'il viendrait faire campagne en faveur de Lodge, et il n'est jamais venu.

KENNEDY : C'est exact. Lodge le lui avait demandé. Tout au moins McCarthy m'a-t-il dit qu'il le lui avait demandé.

STEWART : Vraiment? Et pourquoi n'est-il pas venu?

KENNEDY : Parce qu'il n'aimait pas Henry Cabot Lodge.

STEWART : Voilà quelque chose que je n'ai jamais entendu dire.

KENNEDY : Ma mémoire me joue peut-être un tour. Ou peut-être McCarthy ne m'a-t-il pas dit la vérité. Mais il m'a bien dit qu'il ne viendrait pas, tout simplement parce qu'il n'aimait pas Henry Cabot Lodge.

STEWART : Avez-vous tant soit peu participé à la collecte de fonds? A l'occasion de quelles difficultés?

364

KENNEDY : Je n'y ai pas été mêlé.

STEWART : Et les relations avec les partisans de Stevenson? Ce dernier était-il généralement considéré comme un poids mort?

KENNEDY : Oui.

STEWART : Avez-vous eu des difficultés avec ses amis?

KENNEDY : Oui, quelques-unes. Nous avons fait un effort en sa faveur dans la campagne nationale et nous avons d'ailleurs été les seuls : John Powers n'a pas voulu l'appuyer du tout à Boston. Mon frère l'aimait beaucoup ou du moins éprouvait pour lui une grande admiration et nous avons essayé de l'aider en 1952. Mais les amis d'Adlai Stevenson ne disposaient guère d'appuis dans le Massachusetts. Ils s'aliénaient les électeurs, plutôt qu'ils ne les ralliaient à lui. Mais, de toute façon, cela n'avait guère d'importance.

STEWART : Le président Truman a-t-il tant soit peu fait campagne dans le Massachusetts?

KENNEDY : Oui, je crois qu'il est venu.

STEWART : Quelle a été l'attitude personnelle de votre frère à l'égard de Henry Cabot Lodge, en tant qu'adversaire dans la campagne, en tant que personnalité politique?

KENNEDY : Je crois que, dans toute campagne électorale, on finit toujours par détester l'adversaire. L'affrontement prend tout simplement une tournure désagréable.

STEWART : A-t-il été beaucoup tenu compte de ce que représentait Eisenhower, dans cette campagne? S'est-il activement manifesté dans le Massachusetts?

KENNEDY : Je ne m'en souviens plus. Je crois que Cabot Lodge pensait gagner. Il est parti en vacances juste après la convention républicaine et n'a rien fait pendant que nous, nous étions au travail tout l'été.

A son retour, il avait perdu du terrain, sa position était sérieusement compromise et il n'a jamais rattrapé le temps perdu. Voilà ce qui l'a mis en difficulté. J'ignore à quel point Eisenhower l'a épaulé, mais Cabot Lodge n'a jamais su organiser sa campagne, ni s'organiser lui-même. Il a vraiment été pris par surprise. Il avait consacré toute son énergie à l'investiture d'Eisenhower et il a ensuite commis l'erreur de partir en vacances : c'était un paresseux et ses campagnes ont toujours été très molles.

Nos bureaux étaient juste en face des siens. Vers la fin de la nuit, mon frère et moi étions toujours là, sans connaître les résultats complets des élections. Notre quartier général était presque vide, car beaucoup de monde était parti vers deux heures du matin, pensant que nous étions perdants. A un moment, Patsy Mulkern s'est planté devant la fenêtre et nous a hurlé : « Vous êtes fichus! C'est terminé pour vous! » Mais moi, j'avais ma petite règle à calcul et je voyais que, si nous étions en perte de vitesse, tout n'était pas perdu. Puis, vers sept heures et demie du matin, Cabot Lodge a traversé la rue, s'est avancé à notre fenêtre et s'est reconnu battu. Je crois que ce fut le moment le plus théâtral de ces élections-là.

STEWART : Cabot Lodge était-il sincèrement surpris par les résultats?

KENNEDY : Je le crois.

STEWART : Quelqu'un avait fait état entre autres – et, me semble-t-il, dans la semaine qui avait précédé les élections – du fait que le cardinal avait baptisé votre premier enfant.

KENNEDY : C'est exact.

STEWART : Voilà qui vous a valu pas mal de publicité.

KENNEDY : C'est juste. Et nous en étions bien conscients.

STEWART : Et les réunions autour d'une tasse de thé? Qui donc en avait eu l'idée?

KENNEDY : C'était Helen Keyes, Polly Fitzgerald et leurs groupes d'amies qui les avaient organisées et en avaient fait une initiative utile, avec l'aide d'Eunice Ford. Elles se sont donné beaucoup de mal, mais je ne me rappelle plus qui avait eu cette idée.

STEWART : Vous n'avez pas le moindre doute sur l'utilité considérable de ces petites réunions, n'est-ce pas?

KENNEDY : Non. Ma mère a joué un très grand rôle.

STEWART : John Powers m'a raconté la campagne qu'il a faite avec elle à Boston, où il l'emmenait à huit ou dix réunions par soirée.

KENNEDY : Elle a été très efficace. Mes sœurs aussi ont travaillé dur. Toute la famille.

STEWART : Avez-vous eu à vous déplacer très souvent?

KENNEDY : Oui, pour la mise en place de notre appareil politique. J'ai notamment passé beaucoup de temps à Boston. De toutes les campagnes auxquelles j'ai participé, celle-là a probablement été la plus fatigante. Nous nous mettions au travail tôt le matin et ne cessions que très tard le soir, sept jours sur sept. J'ai perdu cinq ou six kilos. Nous ne nous sommes pas octroyé un seul moment de répit.

STEWART : Quelles erreurs importantes estimez-vous, avec le recul du temps, avoir commises dans ce travail d'organisation, pour autant qu'erreurs il y ait eu?

KENNEDY : Je ne pense pas qu'il y en ait eu. Je vais peut-être vous étonner, mais je ne crois vraiment pas que nous ayons commis d'erreurs, d'erreurs graves.

STEWART : Étiez-vous conscients, vous et votre entourage, de votre manque d'expérience?

KENNEDY : Non. Je ne pense pas que, le travail à part, l'activité politique demande grand-chose. Je veux dire par là qu'il faut avoir une stratégie et que ce qui compte le plus par ailleurs, c'est le jugement personnel du candidat, avec peut-être les conseils de son entourage. Mais en dehors de cela, la politique n'est pas... enfin, je veux dire qu'elle demande surtout du travail. Et du travail, nous en avons abattu énormément. L'efficacité d'une campagne dépend du nombre de gens que l'on peut atteler à l'ouvrage. Notre philosophie consistait à recruter un très grand nombre de gens et à les affecter à toutes sortes de tâches. Nous ne disposions d'aucune collaboration rémunérée. Kenny O'Donnell en était à sa première campagne, comme moi, et Larry O'Brien venait nous aider deux jours par semaine.

STEWART : [...] Dans quelle mesure votre frère a-t-il cherché à analyser les causes de sa victoire? A-t-il été procédé à une analyse détaillée?

KENNEDY : Non, non. Il m'a demandé de noter par écrit la manière dont la campagne avait été organisée et le type des activités auxquelles nous avions participé. Je ne l'ai pas fait et j'ai sans doute eu tort.

STEWART : A votre connaissance, a-t-on remplacé après la campagne, dans les diverses localités, un grand nombre de secrétariats ou une part importante du personnel d'appareil, pour raison d'inefficacité?

KENNEDY : Non, non; pas vraiment. Il a simplement fallu encadrer de plus près certains d'entre eux, et d'autres ont abandonné en cours de route. Mais nous n'avons remplacé personne, car il s'agissait dans tous les cas de concours bénévoles.

STEWART : Le besoin ne s'est-il jamais fait sentir de maintenir un certain type d'organisation d'un bout à l'autre du Massachusetts?

KENNEDY : Non. Nous avons toujours estimé que celle que nous avions mise en place pour la campagne avait donné de bons résultats et qu'il nous fallait garder le contact avec les personnes sur qui elle reposait, car celles-ci nous permettaient de pénétrer les communautés locales.

Ce sont les femmes qui ont effectué la plus grande partie du travail. Les réunions féminines et l'aide de mes sœurs nous ont permis de recruter quantité de volontaires. Nous avions très peu de collaborateurs rétribués et je n'ai pas souvenir qu'il y en ait eu au niveau de la mise en place de l'appareil. Tout tenait au fait qu'une foule de gens avaient pris la campagne très à cœur et y consacraient leur énergie, bien plus qu'à une connaissance approfondie ou à une expérience de la vie politique.

STEWART : Beaucoup de vos collaborateurs bénévoles ont-ils été étonnés de ce qu'ils étaient en mesure d'accomplir?

KENNEDY : Oui. Dans toutes ces communautés locales, quantité de gens n'avaient jamais participé à une campagne électorale et trouvaient cette activité tout à fait passionnante et enrichissante. Et puis, des gens merveilleux et très compétents s'y sont activement impliqués, tant à Boston qu'en dehors de la ville.

Nous avons installé un appareil dans chacune des circonscriptions électorales, jusque dans les plus petites, l'idée étant toujours de mettre à l'ouvrage le plus grand nombre possible de groupes. Il s'est sans doute produit des chevauchements par-ci, par-là : ainsi, une jeune fille d'origine italienne a pu se trouver affectée à la fois à un club de « jeunes pour John Kennedy », au club des « Italiens pour John Kennedy » et au club féminin John Kennedy. Nos collaborateurs bénévoles déposaient dans les autobus et dans les salons de coiffure des prospectus donnant à tout le monde des informations concernant John Kennedy. L'état d'esprit extraordinaire dans lequel s'est déroulée cette campagne m'a paru tout à fait nouveau dans le Massachusetts.

Mon frère préparait lui-même ses discours, les émissions télévisées, les placards publicitaires, et je ne participais pas à ce travail. Il avait des conseillers, mais c'était lui qui prenait les décisions. Les tâches d'organisation – réunions de dames, clubs masculins, secrétariats, activités dans la ville de Boston – m'étaient assez largement déléguées. Je n'avais même pas besoin de communiquer fréquemment avec mon frère. S'en remettant à nous pour la logistique et attendant de chacun qu'il accomplisse son travail, il n'est pas vraiment entré dans cet aspect de la campagne, pas plus qu'il n'a eu à s'en préoccuper.

STEWART : Avez-vous été gêné par un effort de participation très active de la part d'un nombre excessif de personnes ou de gens dont vous ne considériez pas le rôle comme essentiel ?

KENNEDY : Non, pas vraiment. Je pense que ceux-là ne tenaient pas tellement à se mêler de mes affaires. Ce qui les intéressait beaucoup plus, c'était d'accompagner John Kennedy dans un déplacement, d'apparaître à ses côtés sur une estrade ou que sais-je ? Le reste – enfin, je veux dire : mon travail – ne présentait rien de prestigieux et aucun de nous autres ne voyait dans les journaux sa photo ni un article sur son compte. Donc, les gens auxquels vous pensez – les bluffeurs, les frimeurs – préféraient passer leur temps avec le candidat plutôt qu'en ma compagnie ou à m'aider dans mon travail.

STEWART : [...] Avez-vous souvenir de l'époque à laquelle vous avez commencé d'examiner la possibilité d'une candidature de votre frère à l'investiture pour la vice-présidence, en vue de la présidentielle de 1956 ? Il me semble en avoir entendu parler pour la première fois vers la fin de l'automne 1955. J'avais lu cette nouvelle dans la presse et je crois me rappeler un petit article paru dans *Newsweek* vers le mois de décembre 1955 ou en janvier 1956 et d'après lequel cette candidature était sérieusement envisagée et correspondait à une réelle possibilité. Pensez-vous que la question ait été soulevée très longtemps auparavant ?

KENNEDY : Non, pas très longtemps. Non, je n'en avais pas entendu parler de manière particulière. Je ne vois pas du tout à quelle époque précise il en a été question. Je sais que cette éventualité a été envisagée dans le courant de l'année 1956, mais plutôt comme une possibilité assez lointaine.

STEWART : Dans l'ouvrage qu'il a consacré au Président, Ted Sorensen dit que votre frère s'est intéressé à cette investiture plus par goût de la compétition que par conviction.

KENNEDY : Je crois que c'est exact. Il existait quantité d'obstacles et je pense que mon frère voulait simplement voir comment les choses se présentaient, tremper en quelque sorte le pied dans l'eau pour prendre la température. Mais il n'avait nullement décidé de se jeter dans le bain.

STEWART : A-t-il toujours eu l'impression que le handicap le plus sérieux serait constitué par sa religion ?

KENNEDY : Il y voyait un obstacle important ; le principal, je suppose. Mais il y en avait d'autres.

STEWART : A-t-il jamais été question que votre frère apporte son appui à Stevenson en 1956 ?

KENNEDY : Non. Mais il aimait bien Adlai Stevenson – à cette époque.

STEWART : Vous souvenez-vous de la raison qui a conduit à confier à votre frère la lecture du texte accompagnant le film réalisé par Dore Schary ? Il me semble que l'on avait pensé en premier lieu au sénateur Muskie, mais que celui-ci s'était récusé pour un motif ou pour un autre. Sauriez-vous pourquoi ?

KENNEDY : Non. Je sais que le sénateur Kennedy avait manifesté un intérêt pour une certaine participation à la convention et qu'il a pu obtenir d'être chargé de cette partie-là. Il y voyait pour lui-même un avantage publicitaire évident. Mais j'ignore comment la chose a été arrangée et je n'avais jamais entendu dire que quelqu'un d'autre ait été pressenti avant lui.

STEWART : A-t-il été content du rôle qu'il a tenu dans ce film ?

KENNEDY : Oui. Ne l'a-t-il pas bien joué ? Il me semble que oui.

370

STEWART : Avait-il toujours été admis que votre frère n'aurait aucune chance d'obtenir l'investiture, si le sénateur Estes Kefauver ou Harriman était désigné pour la présidence par la convention? La question a-t-elle jamais été discutée avec leurs amis, à votre connaissance?

KENNEDY : Non, pas que je sache. Non. Le sénateur Kennedy s'était engagé en faveur d'Adlai Stevenson et je ne crois pas qu'il ait approché qui que ce soit d'autre. Il était parfaitement clair que Stevenson recevrait l'investiture.

STEWART : A quelle époque vous êtes-vous rendu compte que l'investiture pour la vice-présidence était susceptible de donner lieu à une concurrence très ouverte? Vous en souvenez-vous? C'est John Sharon, me semble-t-il, qui a propagé le premier cette idée.

KENNEDY : J'assistais à la convention. Nous avons décidé un soir — mon frère et cinq ou six de nos amis — de briguer l'investiture. Nous avons eu une réunion avec John Bailey. J'ai souvenir d'avoir fait le tour de la salle, essayant de trouver tous les délégués susceptibles d'appuyer mon frère, de savoir combien de voix ils pouvaient apporter et ce qu'ils pensaient d'une candidature de sa part. Curieusement, John Bailey s'est révélé très favorable, un « inconditionnel ». Bien sûr, on a aujourd'hui l'impression qu'il n'est pas très solide dans sa présidence du comité national du parti démocrate, mais il montrait dans ces réunions davantage de vigueur que Abe Ribicoff, par exemple.

STEWART : Mais une activité considérable avait été déployée, avant même que la convention ne se réunisse. C'est ainsi que Ted Sorensen avait rédigé, sur la question de la religion, ce que l'on a ensuite appelé le « mémorandum Bailey ». Vous n'avez pas participé largement à l'établissement de ce document, n'est-ce pas?

KENNEDY : J'étais au courant, mais je n'ai pas été mêlé du tout à sa rédaction. Je consacrais à cette époque presque tout mon temps à mon travail de conseiller juridique de la commission sénatoriale d'enquête. J'ai parlé de ce mémorandum avec mon frère, mais c'est tout.

STEWART : Avez-vous été mêlé à la bataille pour la présidence du parti dans le Massachusetts?

KENNEDY : Non, non. Je me suis arrangé pour que Kenny O'Donnell et quelques autres y participent d'une certaine manière et je leur en ai parlé, mais d'une façon assez distante. Je veux dire par là que je leur demandais ce qu'il se passait, quel rôle ils jouaient et s'ils pensaient avoir des chances de l'emporter. Mais la décision de se lancer dans la bataille et l'orientation de la stratégie incombaient à peu près exclusivement à mon frère.

STEWART : Vous savez bien pourquoi celui-ci était à l'époque partisan de s'y engager. Il avait un certain nombre de raisons : il sentait que, pour s'imposer devant la convention, il lui fallait montrer sa force dans le Massachusetts; et puis, il y avait tous ces articles de presse sur le conflit qui l'opposait à McCormack, le président de la Chambre des représentants. Je crois que tels étaient les deux principaux motifs.

KENNEDY : Les amis de McCormack n'avaient pas une attitude bienveillante à l'égard de mon frère. Ce dernier estimait que, pour progresser sur le plan national, il lui fallait contrôler l'État dont il était issu. Dans le Massachusetts, il y avait au sein du parti démocrate traditionnel des éléments qui lui étaient hostiles et dont l'influence s'était précisément révélée grâce à la campagne de 1952 : d'où certaines rancœurs. Or tous ces éléments appartenaient au cercle de McCormack. Il se trouve que Larry O'Brien, Kenny O'Donnell et quelques autres inconditionnels de John Kennedy se tournaient les pouces dans le Massachusetts et avaient fort envie de se lancer dans ce genre de bataille. Je crois que c'est pour cette raison que mon frère s'y est engagé, en quelque sorte, pensant que cette initiative lui serait utile, qu'il aurait toujours des difficultés dans cet État s'il ne passait pas à l'action, sachant aussi que nos amis estimaient pouvoir l'emporter et prenaient d'innombrables contacts. Il me semble donc que sa décision a été dictée par de multiples considérations, dont la plus importante a probablement été constituée par le fait que Larry et Kenny, qui avaient participé à notre campagne de 1952, souhaitaient s'engager dans une nouvelle bataille et faire entendre la voix Kennedy dans les instances locales du parti démocrate.

STEWART : Votre frère a-t-il redouté de porter ainsi à ses relations avec McCormack un préjudice, un préjudice définitif?

KENNEDY : Il a éprouvé une certaine inquiétude. Mais il a sans doute pensé que, de toute façon, les rapports n'étaient pas des plus chauds.

STEWART : Ne l'avaient-ils pas été jusqu'à cette époque-là?

KENNEDY : Non. C'était avec mon père et avec ma mère que McCormack entretenait de très bonnes relations, mais pas particulièrement avec nous.

STEWART : On a souvent reproché à votre frère de n'avoir pas participé de plus près à l'activité du parti démocrate dans le Massachusetts. A votre connaissance, avait-il jamais envisagé de s'y engager de manière plus personnelle?

KENNEDY : Pas vraiment. Il a toujours jugé, comme nous tous, que ce n'était pas prudent, qu'il n'y avait aucun avantage à en attendre, pensant peut-être aux possibilités qui pourraient s'ouvrir à lui dans l'avenir. C'était là l'enseignement que nous avions reçu lorsque nous étions très, très jeunes et c'est ce qui explique en partie sa candidature au Sénat plutôt qu'au poste de gouverneur. Le gouvernorat représente en effet une espèce de marécage dont il est très difficile de se dégager. Qui plus est, on obtient infiniment plus de résultats si l'on bénéficie, dans son État d'origine, d'un appui général et si l'on s'occupe à la fois de questions locales et de problèmes nationaux – à un échelon où l'on a la possibilité de changer la vie de la population –, sans aller s'amuser à décider de la nomination du shérif du comté du Middlesex ou de la composition du comité électoral de telle ou telle circonscription, ni à tenter de régler des conflits locaux qui ne vous valent que des ennemis.

Il faut choisir, et traiter soit les problèmes de l'Algérie soit ceux de la ville de Worcester. Opter pour ces derniers et s'attirer ainsi une foule d'inimitiés inévitables n'a jamais paru présenter un très grand intérêt à aucun d'entre nous. Et si je dis « à aucun d'entre nous », c'est parce que nous y avons réfléchi ensemble longtemps avant de nous engager dans la vie politique. Nous étions parvenus à la conclusion qu'il n'était guère intelligent de se mêler des petits conflits qui agitent l'échelon local, car ceux-ci finissent assez vite par vous épuiser sur le plan politique. Si les gouverneurs des États ne sont que des personnalités de seconde zone au niveau national, c'est parce qu'ils se sont embourbés dans les problèmes de quartier et dans les querelles intestines des instances locales de leurs partis.

Répertoire
des noms de personnes

ABERNATHY, Révérend Ralph D. : né en 1926; secrétaire-trésorier (1957-1965), puis vice-président (1965-1968) de la Southern Christian Leadership Conference.

ABRAMS, Creighton W. Jr. : 1914-1974; chef de la Mission américaine d'assistance militaire au Viêt-nam, 1968-1972. Le général Abrams a joué un rôle important dans l'appel aux troupes fédérales en vue d'éviter les violences raciales dans le Sud des États-Unis au début des années 60.

ACHESON, Dean G. : 1893-1971; ministre des Affaires étrangères, 1949-1953; conseiller diplomatique du gouvernement sous la présidence Kennedy.

ALEXANDER, Henry C. : 1902-1969; président du comité exécutif de la Banque Morgan Guaranty Trust, 1959-1967.

ALPHAND, Hervé : né en 1907; ambassadeur de France aux États-Unis, 1956-1965; secrétaire général du ministère des Affaires étrangères, 1965-1972.

ALSOP, Joseph W. Jr. : né en 1910; journaliste proche de John Kennedy.

ANDERSON, George W. Jr. : né en 1906; chef des opérations navales, août 1961-juillet 1963.

ANSLINGER, Harry J. : 1892-1975; chef du service des narcotiques, 1930-1962.

ATTWOOD, William (Bill) : né en 1919; journaliste; collaborateur de John Kennedy pendant la campagne présidentielle de 1960; ambassadeur en Guinée, 1961-1963.

BAKER, Robert J. (Bobby) : né en 1928; secrétaire du chef de la majorité au Sénat, janvier 1955-octobre 1963.

BALAGUER, Joaquin : né en 1906; président de la république Dominicaine, 1960-1962.

BALDWIN, Hanson W. : né en 1903 ; spécialiste des questions militaires au *New York Times*.

BALDWIN, James : 1924-1987 ; écrivain noir et défenseur de l'égalité des droits individuels.

BARTLETT, Charles : né en 1921 ; correspondant du *Chatanooga Times*, 1948-1962.

BATTLE, William C. (Bill) : né en 1920 : membre de la commission de l'égalité des droits individuels, 1957-1959 ; ambassadeur en Australie, 1962-1964.

BAZELON, David L. : né en 1909 ; juge à la Cour d'appel fédérale du district de Columbia depuis 1949.

BELL, David E. (Dave) : né en 1910 ; directeur du bureau du budget, janvier 1961-novembre 1962 ; administrateur de l'Agence du développement international (AID), janvier 1963-juillet 1968.

BENNETT, James V. (Jim) : 1894-1978 : directeur de l'administration pénitentiaire fédérale, 1937-1964.

BERLE, Adolph A. Jr. : 1895-1971 : président du comité interministériel pour les affaires d'Amérique latine, janvier-juillet 1961.

BÉTANCOURT, Romulo : 1908-1981 ; président de la république du Venezuela, 1945-1948, 1959-1964.

BIDDLE, Francis : 1886-1968 ; juge à la Cour d'appel fédérale de la 3e circonscription, 1939-1940 ; procureur général des États-Unis, 1940-1941 ; ministre de la Justice, 1941-1945 ; juge au tribunal militaire international, 1950-1951 ; président national du comité d'Action démocrate, 1950-1953 ; conseiller de l'American Civil Liberties Union.

BISSELL, Richard M. (Dick) : 1909-1977 ; directeur adjoint de la programmation à la CIA, 1959-1962.

BLAIR, William M. Jr. (Bill) : né en 1916 ; ambassadeur au Danemark, 1961-1964 ; ambassadeur aux Philippines, 1964-1967.

BLOCK, Joseph L. : né en 1902 ; directeur général de la société Inland Steel, 1953-1959 ; président-directeur général, 1959-1967.

BLOUGH, Roger M. : né en 1904 ; président de la société United States Steel, 1955-1969.

BOHLEN, Charles E. (Chip) : 1904-1974 ; chargé de mission au département d'État pour les affaires soviétiques, juin 1960-août 1962 ; ambassadeur en France, août 1962-décembre 1967.

BOLCHAKOV, Georgi : né en 1902; vice-président du comité d'État pour les relations culturelles de l'URSS avec l'étranger.

BOLLING, Richard W. (Dick) : né en 1916; représentant démocrate du Missouri, 1949-1983.

BOSCH, Juan : né en 1909; président de la république Dominicaine, février-septembre 1963.

BOUTIN, Bernard L. (Bernie) : né en 1923 : directeur de l'administration générale, 1961-1964; directeur adjoint de l'office du progrès économique, 1965-1966.

BOWLES, Chester : né en 1901; sous-secrétaire d'État, janvier-décembre 1961; représentant spécial et conseiller du président Kennedy pour les affaires d'Asie, d'Afrique et d'Amérique latine, décembre 1961-avril 1963; ambassadeur en Inde, mai 1963-avril 1969.

BRADEMAS, John : né en 1927; représentant démocrate de l'Indiana, 1957-1981.

BROWN, Edmund G., Sr. (Pat) : né en 1905; gouverneur démocrate de la Californie, 1959-1967.

BRUCE, David E. : 1898-1977; ambassadeur au Royaume-Uni, février 1961-mars 1969.

BUCKLEY, Charles A. : 1890-1967; représentant démocrate de l'État de New York, 1935-1965.

BUNDY, McGeorge (Mac) : né en 1919; chargé de mission auprès du Président pour les questions de sécurité nationale, janvier 1961-février 1966.

BUNKER, Ellsworth : né en 1894; ambassadeur en Inde, 1956-1961.

BURKE, amiral Arleigh A. : né en 1901; chef des opérations navales, juin 1955-août 1961.

CABOT, John Moors : 1901-1981; ambassadeur au Brésil, mai 1959-août 1961; ambassadeur en Pologne, janvier 1962-août 1965.

CAPLIN, Mortimer M. (Mort) : né en 1916; directeur général des impôts, février 1961-juillet 1964.

CASSINI, Igor : né en 1915; éditorialiste d'*International News* et du King Feature Syndicate.

CASSINI, Oleg : né en 1913; dessinateur de mode.

CELEBREZZE, Anthony J. : né en 1910; maire de Cleveland, Ohio, 1954-1962; secrétaire d'État à la Santé, à l'Éducation nationale et aux Affaires sociales, juillet 1962-août 1965.

CHACHARIS, George : 1908-1983; maire de Gary, Indiana, juillet 1958-décembre 1962.

CLAY, général Lucius D. : 1897-1978; envoyé spécial du Président à Berlin, août 1961-mai 1962. Le général Clay avait été, pendant les années 50, conseiller de l'administration Eisenhower pour les affaires allemandes. Le président Kennedy devait le nommer en décembre 1962 à la tête d'une commission spéciale chargée d'étudier les propositions d'aide à l'étranger.

CLIFFORD, Clark M. : né en 1906; avocat et conseiller du Président; chargé de la liaison avec l'administration Eisenhower après l'élection de John Kennedy; membre, puis président du conseil consultatif du contre-espionnage sous les présidences Kennedy et Johnson; secrétaire d'État à la Défense, 1968-1969.

CLIFTON, général Chester V. : né en 1913; membre du cabinet militaire du président Kennedy, 1961-1963.

COFFIN, Frank M. : né en 1919; représentant démocrate du Maine, 1957-1961; administrateur adjoint de l'Agence pour le développement international (AID), 1961-1964.

COHN, Roy M. : 1927-1986; conseiller juridique principal du sénateur Joseph McCarthy; membre du cabinet juridique Saxe, Bacon, Bolan, de New York.

CONNALLY, John B. Jr. : né en 1917; secrétaire d'État à la Marine, janvier-décembre 1961; gouverneur démocrate du Texas, 1963-1969; secrétaire d'État au Trésor, 1971-1972.

CONNOR (Theophilus) Eugene (« Bull ») : 1897-1973; commissaire à la sécurité publique de la ville de Birmingham, Alabama, 1937-1953, 1957-1963.

CORBIN, Paul : militant de la campagne présidentielle de John Kennedy; conseiller politique de Robert Kennedy, 1961-1968; permanent du comité national du parti démocrate, 1961-1964.

COSTELLO, Frank : 1891-1973; personnalité des milieux du crime organisé, a fait l'objet d'une enquête pour racket.

COX, Archibald (Archie) : né en 1912; procureur général des États-Unis, janvier 1961-juillet 1965.

CROCKETT, William J. : né en 1914; directeur du budget au secrétariat d'État au Trésor, 1960-1961; directeur général de l'Administration générale, 1961-1963; sous-secrétaire d'État adjoint à l'Administration générale, 1963-1968.

CROTTY, Peter J. : né en 1910; président du comité du parti démocrate du comté de l'Erié (État de New York).

CURRIER, Stephen : administrateur délégué de la Taconic Foundation.

DALEY, Richard J. (Dick) : 1902-1976; maire de Chicago, 1955-1976.

DAWSON, William Levy : 1886-1970; représentant démocrate de l'Illinois, 1943-1970.

DAY, J. Edward (Ed) : né en 1914; directeur à la Prudential Insurance Company, 1957-1960; ministre des Postes, janvier 1961-août 1963.

DEAN, Arthur Hobson : né en 1898; chef de la délégation américaine à la conférence sur la cessation des essais nucléaires, février 1961-janvier 1962; chef de la délégation américaine à la conférence des Nations Unies sur le désarmement, avril 1962-février 1963.

DE SAPIO, Carmine G. : né en 1908; président du comité du parti démocrate du comté de New York, 1949-1961; représentant de New York au comité national du parti démocrate, 1954-1964.

DIEFENBAKER, John : 1896-1979; chef du parti conservateur progressiste canadien, 1956-1967; Premier ministre, 1957-1963.

DIÊM, Ngô Dinh : 1901-1963; Premier ministre sud-vietnamien, 1957-1963; président de la république du Sud-Viêt-nam, 1956-1963.

DILLON, Clarence Douglas : né en 1909; secrétaire d'État au Trésor, janvier 1961-mars 1965.

DIRKSEN, Everett M. : 1895-1969; sénateur républicain de l'Illinois, 1951-1969; chef de la minorité au Sénat, 1959-1969.

DISALLE, Michael V. (Mike) : 1908-1981; gouverneur démocrate de l'Ohio, 1959-1963.

DOBRYNINE, Anatoly : né en 1919; chef du département des affaires américaines au ministère soviétique des Affaires étrangères, 1958-1961; ambassadeur aux États-Unis, 1962-1986.

DOLAN, Joseph F. (Joe) : né en 1921 ; directeur général au ministère de la Justice, 1961-1965 ; conseiller administratif de Robert Kennedy, 1965-1968.

DOWLING, Walter (Red) : 1906-1977 ; ambassadeur à Bonn.

DULLES, Allen W. : 1893-1969 ; directeur de la CIA, 1953-1961.

DULLES, John Foster : 1888-1959 ; ministre des Affaires étrangères, 1953-1959.

DUNCAN-SANDYS, Duncan (lord) : 1908-1987 ; secrétaire d'État aux Relations avec le Commonwealth, 1960-1964 ; ministre britannique des Colonies, 1962-1964.

DUNGAN, Ralph A. : né en 1923 ; chargé de mission auprès du Président, janvier 1961-octobre 1964.

DUTTON, Frederick G. : né en 1923 ; chargé de mission auprès du Président, janvier-novembre 1961 ; sous-secrétaire d'État adjoint aux Relations avec le Congrès, novembre 1961-décembre 1964.

DUVALIER, François (« Papa Doc ») : 1907-1971 ; président de la République d'Haïti, 1957-1971.

EASTLAND, James O. (Jim) : 1904-1986 ; sénateur démocrate du Mississippi, 1941, 1943-1979.

EDMONDSON, J. Howard : 1925-1971 ; gouverneur de l'Oklahoma, 1959-1963 ; sénateur démocrate de l'Oklahoma, 1963-1965.

EISENHOWER, Dwight D. : 1890-1969 ; président des États-Unis, 1953-1961.

ELLENDER, Allen J. : 1890-1972 ; sénateur démocrate de la Louisiane, 1937-1972.

ENGLISH, John : 1926-1987 : président du comité du parti démocrate du comté de Nassau (État de New York), 1958-1969.

ERVIN, Samuel J. (Sam) : 1896-1985 ; sénateur démocrate de Caroline du Nord, 1954-1975.

ESTES, Billie Sol : né en 1925 ; homme d'affaires texan proche du parti démocrate ; membre de la commission nationale du coton au ministère de l'Agriculture, juillet 1961-avril 1962.

FOLEY, Eugene P. (Gene) : né en 1928 ; directeur au ministère du Commerce, 1961-1962 ; administrateur de l'office des PME, 1963-1965 ; directeur général au ministère du Commerce, 1965-1966.

FORRESTAL, Michael V. (Mike) : né en 1927 ; chargé de mission à la présidence pour les affaires d'Extrême-Orient, janvier 1962-juillet 1964.

FRANKFURTER, Felix : 1882-1965 ; juge à la Cour suprême des États-Unis, 1939-1962.

FREEMAN, Orville L. : né en 1918 ; gouverneur démocrate du Minnesota, 1954-1960 ; ministre de l'Agriculture, janvier 1961-janvier 1969.

FULBRIGHT, J. William : né en 1905 ; sénateur démocrate de l'Arkansas, 1945-1975.

GILPATRIC, Rosswell L. (Ros) : né en 1906 ; vice-ministre de la Défense, janvier 1961-janvier 1964.

GLENN, John H. Jr. : né en 1921 ; premier astronaute américain sur orbite autour de la Terre, 20 février 1962 ; sénateur démocrate de l'Ohio depuis 1975.

GOLDBERG, Arthur J. : né en 1908 ; ministre du Travail, janvier 1961-octobre 1962 ; juge à la Cour suprême des États-Unis, octobre 1962-juillet 1965.

GOLDWATER, Barry M. : né en 1909 ; sénateur républicain de l'Arizona, 1953-1965, 1969-1986 ; candidat républicain à la présidence en 1964.

GOODWIN, Richard N. (Dick) : né en 1931 ; conseiller juridique adjoint à la présidence, janvier-novembre 1961 ; directeur des affaires interaméricaines au ministère des Affaires étrangères, novembre 1961-juillet 1962 ; directeur du secrétariat international du Peace Corps, décembre 1962-janvier 1964.

GORDON, Lincoln : né en 1913 ; ambassadeur au Brésil, août 1961-janvier 1966.

GOULART, João : 1918-1976 ; président de la République du Brésil, 1961-1964.

GRAHAM, Philip L. (Phil) : 1915-1963 ; éditeur du *Washington Post* 1946-1963 ; président du conseil d'administration de *Newsweek*, 1961-1963.

GROVE, Brandon H. : né en 1929 ; diplomate de carrière, 1958-1961 conseiller du sous-secrétaire d'État aux Affaires étrangères, 1961-1962 ; chargé de mission auprès du sous-secrétaire d'État adjoint à l'Administration générale, 1962-1963 ; conseiller auprès de l'ambassadeur des États-Unis en Inde, 1963-1965.

GULLION, Edmund A. (Ed) : né en 1913 ; diplomate de carrière ; directeur adjoint de l'office du désarmement, 1961 ; ambassadeur au Congo (Zaïre), 1961.

GUTHMAN, Edwin O. (Ed) : né en 1919 ; chargé de mission auprès du ministre de la Justice pour l'information du public, 1961-1964 ; chef du service de presse du sénateur Robert Kennedy, janvier-mai 1965.

HALBERSTAM, David : né en 1934; correspondant à l'étranger du *New York Times*, 1961-1967.

HAMILTON, Fowler (Milo) : 1911-1984; administrateur de l'Agence pour le développement International (AID), septembre 1961-novembre 1962.

HARKINS, général Paul D. : né en 1904; chef de la mission américaine d'assistance militaire au Viêt-nam, janvier 1962-juin 1964.

HARRIMAN, W. Averell : 1891-1986; ambassadeur itinérant, janvier-novembre 1961; sous-secrétaire d'État adjoint pour les Affaires d'Extrême-Orient, novembre 1961-mars 1963; sous-secrétaire d'État aux Affaires étrangères, chargé des affaires politiques, mars 1963-février 1965.

HAYA DE LA TORRE, Victor Paul : candidat à la présidence de la République du Pérou en 1962.

HELLER, Walter W. : 1915-1987 : président du conseil des conseillers économiques de la présidence, janvier 1961-novembre 1964.

HERTER, Christian A. : 1895-1966; ministre des Affaires étrangères, 1959-1961. Nommé principal négociateur en matière de commerce extérieur par le président Kennedy en novembre 1962.

HIGGINS, Marguerite (Maggie) : 1920-1966; correspondant diplomatique du *New York Herald Tribune*, 1958-1966.

HILSMAN, Roger : né en 1919; directeur du bureau du renseignement au département d'État, février 1961-mai 1963; sous-secrétaire d'État aux Affaires étrangères, chargé des affaires politiques, mai 1963-février 1964.

HODGES, Luther H. : 1898-1974; gouverneur démocrate de la Caroline du Nord, 1954-1960; ministre du Commerce, janvier 1961-décembre 1964.

HOFFA, James R. : né en 1913 et présumé décédé en 1975; président du syndicat des camionneurs, 1957-1971. Objet de nombreuses enquêtes du ministre de la Justice, Robert Kennedy, en matière pénale.

HOLEMAN, Frank : né en 1920; reporter au bureau de Washington du *Daily News* de New York, 1942-1943, 1946-1965; conseiller particulier du rédacteur en chef du *Daily News* de New York, 1965-1968.

HOLLAND, Spessard L. : 1892-1971; sénateur démocrate de Floride, 1946-1970.

HOLLINGS, Ernest F. (Fritz) : né en 1922; gouverneur de la Caroline du Sud, 1959-1963; nommé par le président Kennedy à la commission consultative des relations intergouvernementales, 1962; sénateur démocrate de la Caroline du Sud depuis 1966.

HOOD, James A. : né en 1942; premier étudiant noir, avec Vivian Malone, inscrit à l'université de l'Alabama, en 1956, mais s'est retiré peu de temps après; licence à l'université d'État de Wayne en 1969.

HOOVER, J. Edgar : 1895-1972; directeur du FBI, 1924-1972.

HOSONO, Gunji : homme d'affaires japonais, ami des Kennedy.

HOUPHOUET-BOIGNY, Félix : né en 1905; président de la République de la Côte-d'Ivoire depuis 1960.

HUMPHREY, George M. : 1890-1970; industriel; secrétaire d'État au Trésor, 1953-1957.

HUMPHREY, Hubert H. : 1911-1978; sénateur démocrate du Minnesota 1949-1964, 1971-1978; chef du groupe de la majorité au Sénat, 1961-1964; vice-président des États-Unis, janvier 1965-janvier 1969; candidat du parti démocrate aux élections présidentielles de 1968.

HUNDLEY, William G. (Bill) : né en 1925; directeur au ministère de la Justice (affaires criminelles, section de la criminalité organisée et du racket), 1958-1961, 1963-1966.

JACKSON, Henry M. (Scoop) : 1912-1983; sénateur démocrate de l'État de Washington, 1953-1983.

JAGAN, Cheddi : né en 1918; Premier ministre de la Guyana (ex-Guyane britannique, indépendante en 1966), 1961-1964.

JENKINS, Walter : né en 1918; collaborateur direct du vice-président Johnson; chargé de mission à la Maison Blanche, novembre 1963-octobre 1964.

JOHNSON, U. Alexis : né en 1918; ambassadeur en Thaïlande, février 1958-avril 1961; sous-secrétaire d'État adjoint aux Affaires étrangères, chargé des affaires politiques, avril 1961-juillet 1964, septembre 1965-juillet 1966.

JOHNSON, Olin D. : 1896-1965; sénateur démocrate de Caroline du Sud, 1945-1965.

JORDAN, William J. (Bill) : né en 1923; journaliste au bureau de Washington du *New York Times*, 1958-1961; membre du conseil de prévision politique au département d'État, 1961-1962; chargé de mission auprès du sous-secrétaire d'État aux Affaires politiques, 1962-1965.

KATZENBACH, Nicholas de Belleville (Nick) : né en 1922; directeur général au ministère de la Justice, janvier 1961-avril 1962; ministre adjoint de la Justice, avril 1962-septembre 1964.

KEATING, Kenneth : 1900-1975; sénateur républicain de l'État de New York, 1958-1965.

KENNAN, George F. : né en 1904; ambassadeur en Yougoslavie, mai 1961-juillet 1963; spécialiste des relations américano-soviétiques.

KENNEDY, Edward M. : né en 1932; sénateur démocrate du Massachusetts depuis 1963; chef du groupe démocrate au Sénat, 1969-1971.

KENNEDY, Ethel Shakel : née en 1928; épouse de Robert Kennedy (1950).

KENNEDY, Joseph P. Sr. (Joe) : 1888-1969; père de John et de Robert Kennedy; homme d'affaires et diplomate; premier président de la SEC, 1934-1945; président de la commission des affaires maritimes, 1936-1937; ambassadeur au Royaume-Uni, 1937-1940.

KEOGH, Eugene J. (Gene) : né en 1907; représentant démocrate de l'État de New York, 1937-1967.

KERNER, Otto : 1908-1976; sénateur démocrate de l'Illinois, 1961-1968.

KERR, Robert S. : 1896-1963; sénateur démocrate de l'Oklahoma, 1949-1963.

KILLIAN, James R. : né en 1904; président du conseil consultatif du contre-espionnage, 1961-1968.

KING, Révérend Martin Luther Jr. : 1929-1968; président de la Southern Christian Leadership Conference, 1957-1968.

KOHLER, Fox D. : né en 1908; directeur général au département d'État, chargé des affaires d'Europe, janvier 1959-juillet 1962; ambassadeur en Union soviétique, juillet 1962-septembre 1966.

KRISHNA MENON, Vengalil Krishnan : 1897-1974; président de la Ligue indienne, 1947-1974; représentant permanent de l'Inde aux Nations Unies, 1952-1960; membre du parlement indien, 1953-1957; 1957-1967; 1969-1974; ministre de la Défense dans le gouvernement Nehru.

KROCK, Arthur : 1886-1974; éditorialiste du *New York Times* à Washington, 1952-1967.

LAWFORD, Patricia Kennedy (Pat) : née en 1924; sœur de John et de Robert Kennedy, épouse de l'acteur Peter Lawford.

LAWRENCE, William H. : né en 1906; reporter de radio et de télévision; correspondant du *New York Times*, 1943-1961.

LEHMAN, Herbert H. : 1878-1963; gouverneur de l'État de New York, 1932-1943; sénateur démocrate de l'État de New York, 1949-1957; conseiller réformiste du comité des électeurs démocrates de l'État de New York, janvier 1959-novembre 1961.

LEMAY, Curtis E. : né en 1906; chef d'état-major de l'armée de l'air, juin 1964-janvier 1965.

LEMNITZER, général Lyman L. : né en 1899; chef de l'état-major général des armées, octobre 1960-juillet 1962; commandant suprême des forces alliées en Europe, janvier 1963-juin 1969.

LEVISON, Stanley D. : 1912-1979; avocat à New York; conseiller du Révérend Martin Luther King.

LEWIS, Fulton Jr. : 1903-1966; éditorialiste du *Washington Report*; commentateur radiophonique de la chaîne Mutual Broadcasting.

LINDSAY, John V. : né en 1921; représentant républicain de l'État de New York, 1959-1965.

LODGE, George : né en 1927; directeur général des affaires internationales au ministère du Travail, 1958-1961; candidat républicain au Sénat dans le Massachusetts, 1962.

LODGE, Henry Cabot : né en 1902; sénateur républicain du Massachusetts, 1936-1944; représentant permanent des États-Unis aux Nations Unies (1953); ambassadeur à Saigon (1961); chef de la délégation américaine à la conférence de Paris sur le Viêt-nam, janvier-novembre 1969.

LOVETT, Robert A. (Bob) : né en 1895; banquier d'affaires.

LUNS, Joseph : né en 1911; ministre hollandais des Affaires étrangères, 1952-1971; président du conseil de l'OTAN, 1958-1959; secrétaire général de l'OTAN, 1971-1983.

MACMILLAN, Harold : 1894-1986; Premier ministre du Royaume-Uni, 1957-1967.

MAHONEY, William P. Jr. : né en 1916; ambassadeur au Ghana, 1962-1965.

MALONE, Vivian : née en 1942; première étudiante noire inscrite à l'université d'Alabama, en 1956, en même temps que James Hood; diplômée en 1965; fonctionnaire à la division de l'égalité des droits, ministère de la Justice.

MANN, Thomas C. (Tom) : né en 1912; directeur général des affaires interaméricaines au département d'État, juillet 1960-mars 1961; ambassadeur au Mexique, mars 1961-décembre 1963.

MANSFIELD, Michael J. (Mike) : né en 1903; sénateur démocrate du Montana, 1953-1957; chef de la majorité au Sénat, 1961-1977.

MARCH, Fredric : 1897-1975; acteur américain.

385

MARSHALL, Burke : né en 1922 ; directeur général de la division de l'égalité des droits au ministère de la Justice, février 1961-décembre 1964.

MARSHALL, Thurgood : né en 1908 ; administrateur et conseiller juridique du fonds de défense de l'Association nationale pour le progrès des gens de couleur (NAACP), 1940-1961 ; juge à la Cour fédérale d'appel de la 2ᵉ circonscription, 1961-1965 ; procureur général des États-Unis, 1965-1967 ; juge à la Cour suprême depuis 1967.

MARTIN, Edward M. (Ed) : né en 1908 ; directeur général des affaires économiques au département d'État, août 1960-mai 1962 ; directeur général des affaires interaméricaines, mai 1962-décembre 1963.

MCCARTHY, Eugene J. (Gene) : né en 1916 ; sénateur démocrate du Minnesota, 1959-1971.

MCCARTHY, Joseph R. : 1908-1957 ; sénateur républicain du Wisconsin, 1947-1957 ; président de la sous-commission sénatoriale permanente d'enquête (commission des opérations gouvernementales).

MCCLELLAN, John L. : 1896-1977 ; représentant démocrate de l'Arkansas, 1935-1939, sénateur démocrate de l'Arkansas, 1943-1977.

MCCONE, John A. : né en 1902 ; adjoint au secrétaire d'État à la Défense, 1948-1950 ; sous-secrétaire d'État à l'Armée de l'air, 1950-1951 ; président de la commission de l'énergie atomique, 1958-1961 ; directeur de la CIA, novembre 1961-avril 1965.

MCDONALD, David J. (Dave) : 1902-1979 ; président du syndicat ouvrier de la sidérurgie, 1952-1965.

MCNAMARA, Robert S. (Bob) : né en 1916 ; secrétaire d'État à la Défense, janvier 1961-février 1968.

MCSHANE, James J. P. (Jim) : 1916-1968 ; officier de police ; enquêteur de la commission sénatoriale d'enquête sur les rackets contre la main-d'œuvre, 1967-1960 ; commandant de gendarmerie fédérale, 1961-1966. A escorté James Meredith à l'université du Mississippi au mois de mai 1962.

MEANY, George : 1894-1980 ; président de la centrale syndicale AFL-CIO, 1955-1979.

MENCHIKOV, Mikhail : 1903-1976 ; ambassadeur d'URSS aux États-Unis, 1958-1962.

MEREDITH, James H. : né en 1933 ; militant de l'égalité des droits individuels ; premier étudiant noir inscrit à l'université du Mississippi, en 1962.

MIKOYAN, Anastase I : 1895-1978 : Premier ministre soviétique, 1946-1964.

MINOW, Newton M. (Newt) : né en 1926; président de la commission fédérale des communications, mars 1961-juin 1963.

MOLLENHOFF, Clark : né en 1921; journaliste au bureau de Washington de Cowles Publications, 1950-1969.

MONRONEY, A.S. Michael (Mike) : 1902-1980; sénateur démocrate de l'Oklahoma, 1951-1969.

MOSCOSO (Mora Rodriguez), (José) Teodore : né en 1910; ambassadeur au Venezuela, mars-novembre 1961; coordinateur de l'Alliance pour le progrès, novembre 1961-mai 1964.

MOSES, Robert P. (Bob) : né en 1935; secrétaire de la Coordination des étudiants non violents (SNCC), 1961-1965; directeur de la fédération des organisations du conseil du Mississippi, 1962-1965; directeur du Mississippi Freedom Summer Project, 1964.

MOYERS, Bill D. : né en 1934; chargé de mission à la Maison Blanche, novembre 1963-juin 1965; chef du service de presse de la Maison Blanche, juillet 1965-décembre 1966.

MURPHY, Charles S. : 1909-1983; sous-secrétaire d'État à l'Agriculture, 1960-1965; président de la commission de l'aviation civile, 1965-1968.

MURPHY, Robert : 1894-1978; diplomate de carrière; sous-secrétaire d'État adjoint, chargé des affaires politiques.

MURROW, Edward R. (Ed) : 1908-1965; journaliste de radio et de télévision; directeur de l'agence américaine d'information (USIA), mars 1961-janvier 1964.

NEHRU, Jawaharlal : 1889-1964; premier chef du gouvernement de l'Inde indépendante, 1947-1964.

NICHOLS, Louis B. : né en 1906; directeur adjoint au FBI, 1941-1951; adjoint au directeur du FBI, 1951-1957; directeur général adjoint de la société Schenley Industries, 1957-1968.

NITZE, Paul H. : né en 1907; directeur général, chargé des affaires de sécurité internationale au ministère de la Défense, janvier 1961-octobre 1963; secrétaire d'État à la Marine, novembre 1963-juin 1967.

NKRUMAH, Kwame : 1907-1972 : premier président de la république du Ghana, 1960-1966.

NOLTING, Frederick B., Jr. : né en 1911; ambassadeur à Saigon, mars 1961-août 1963.

NORSTAD, général Lauris : né en 1907 ; commandant suprême des forces alliées en Europe, avril 1956-janvier 1963.

O'BRIEN, Lawrence E. (Larry) : né en 1917 ; directeur des campagnes sénatoriales de John Kennedy en 1952 et 1958 et de sa campagne présidentielle de 1960 ; chargé de mission à la présidence pour les relations avec le Congrès et les questions de personnel, janvier 1961-août 1965.

O'CONNELL, Daniel P. (Dan) : 1887-1977 ; très longtemps responsable de l'appareil du parti démocrate à Albany (État de New York).

O'DONNELL, Kenneth P. (Kenny) : né en 1924 ; chargé de mission à la présidence, 1961-1965.

ORRICK, William H., Jr. (Bill) : né en 1910 ; directeur général des affaires civiles au ministère de la Justice, janvier 1961-juin 1962 ; secrétaire d'État adjoint à l'Administration générale, juin 1962-mai 1963 ; directeur général de la division antitrust au ministère de la Justice, mai 1963-avril 1965.

PARKER, William H. : 1902-1966 ; chef de la police de Los Angeles, 1950-1966.

PATTON, James G. (Jim) : 1902-1985 ; président du syndicat national des exploitants agricoles, 1940-1966.

PINCUS, Walter H. : né en 1932 ; consultant d'une sous-commission de la commission sénatoriale des Affaires étrangères, lors d'une enquête sur un groupe de pression organisé par un gouvernement étranger, 1962-1963.

POPE, Allen L. : né en 1929 ; pilote de la CIA capturé en Indonésie en 1958, condamné à mort en 1960 et relâché par Sukarno en 1962.

POSNER, William (Bill) : 1915-1977 ; président du comité du parti démocrate du comté de Monroe (État de New York).

POTTER, Philip (Phil) : né en 1907 ; reporter au *Baltimore Sun* ; chef du bureau de Delhi du *Baltimore Sun*, 1961-1963 ; puis du bureau de Washington, 1964-1972, puis de celui de Londres, 1972-1974.

POWERS, Francis Gary : 1929-1977 ; pilote de la CIA, 1956-1962, dont l'avion U-2 avait été abattu le 1er mai 1960, au cours d'un vol de reconnaissance au-dessus de l'URSS.

PRENDERGAST, Michael M. (Mike) : né en 1913 ; président du comité du parti démocrate de l'État de New York.

RAYBURN, Samuel T. (Sam) : 1882-1961 ; représentant démocrate du Texas, 1913-1961 ; président de la Chambre des représentants, 1940-1947, 1949-1953, 1955-1961.

REEDY, George E. Jr. : né en 1917; chargé de mission auprès du vice-président, 1961; chef du service de presse de la Maison Blanche, mars 1964-juillet 1965; chargé de mission à la Maison Blanche, 1965-1966.

RESTON, James B. (Scotty) : né en 1909; chef du bureau de Washington du *New York Times*, 1953-1964; adjoint au rédacteur en chef, 1964-1968; rédacteur en chef au service de l'information, 1968-1969.

REUTHER, Walter P. : 1907-1970; président du syndicat ouvrier de l'industrie automobile, 1946-1970.

RIBICOFF, Abraham A. (Abe) : né en 1910; gouverneur démocrate du Connecticut, 1952-1960; secrétaire d'État à la Santé, à l'Éducation nationale et aux Affaires sociales, janvier 1961-juillet 1962; sénateur démocrate du Connecticut, 1963-1980.

RICKOVER, amiral Hyman G. : 1900-1986; directeur de la propulsion nucléaire au bureau des navires, 1953-1981. L'amiral Rickover a été le principal avocat d'une marine nucléaire.

ROCKEFELLER, Nelson A. : 1908-1979; gouverneur républicain de l'État de New York, 1959-1973; vice-président des États-Unis, décembre 1974-janvier 1977.

ROGERS, William P. (Bill) : né en 1913; ministre de la Justice, 1957-1961.

ROMETSCH, Ellie : l'une des jeunes femmes impliquées dans le scandale Bobby Baker.

ROMNEY, George : né en 1907; PDG de l'American Motors Corporation, 1954-1962; gouverneur républicain du Michigan, 1963-1969.

ROOSEVELT, Franklin D. Jr. : né en 1914; l'un des fondateurs du mouvement des Américains pour l'action démocratique (ADA), 1947; représentant libéral de l'État de New York, 1949-1955; sous-secrétaire d'État au Commerce, mars 1963-mai 1965.

ROSE, Frank A. : né en 1920; président de l'université de l'Alabama, 1958-1968.

ROWE, James H. Jr (Jim) : né en 1909; ami intime et principal conseiller de Lyndon Johnson pendant de nombreuses années, a servi dans l'administration Roosevelt au sein de plusieurs organismes officiels et comme conseiller technique du Président; directeur général au ministère de la Justice, 1941-1943; conseiller juridique du comité politique du parti démocrate, 1956.

RUBIROSA, Porfirio : 1909-1965; diplomate d'origine dominicaine.

RUSK, Dean : né en 1909; ministre des Affaires étrangères, janvier 1961-janvier 1969.

RUSSELL, Richard B. : 1897-1971 ; sénateur démocrate de Georgie, 1933-1971.

SALINGER, Pierre E. (George) : né en 1925 ; chef du service de presse de la campagne présidentielle de John Kennedy en 1960 ; chef du service de presse de la Maison Blanche, janvier 1961-mars 1964.

SALTONSTALL, Leverett : 1892-1979 ; sénateur républicain du Massachusetts, 1944-1967.

SANFORD, James (Terry) : né en 1917 ; gouverneur démocrate de Caroline du Nord, 1961-1965.

SCHREIBER, Walter R. : né en 1907 ; membre de la commission du tarif douanier, 1953-1964.

SCHWARTZ, Abba P. : né en 1916 ; administrateur du bureau de la sécurité et des affaires consulaires au département d'État, 1962-1965.

SCRANTON, William B. : né en 1917 ; représentant républicain de la Pennsylvanie, 1961-1963 ; gouverneur de Pennsylvanie, 1963-1967.

SEIGENTHALER, John : né en 1927 ; journaliste ; conseiller technique auprès du ministre de la Justice, 1961-1962.

SHERIDAN, Walter J. : né en 1925 ; chargé de mission auprès du ministre de la Justice, 1961-1964.

SHRIVER, R. Sargent (Sarge) : né en 1915 ; directeur du Peace Corps, mars 1961-février 1964 ; mari d'Eunice Kennedy, sœur du Président.

SILBERLING, Edwyn (Ed) : né en 1924 ; chargé de mission au ministère de la Justice, division des affaires criminelles, section du crime organisé et du racket, 1961-1963.

SMITH, Howard W. : 1883-1976 ; représentant démocrate de Virginie, 1931-1967.

SMITH, Stephen E. (Steve) : né en 1927 ; conseiller du président Kennedy ; mari de l'une des sœurs du président, Jean.

SORENSEN, Theodore C. (Ted) : né en 1928 ; le plus proche collaborateur direct de John Kennedy pendant toute la carrière de celui-ci ; conseiller juridique particulier du Président, janvier 1961-janvier 1964.

STEVENSON, Adlai E. : 1900-1965 ; gouverneur de l'Illinois, 1949-1953 ; candidat du parti démocrate à la présidence en 1952 et 1956 ; représentant permanent des États-Unis à l'ONU, janvier 1961-juillet 1965.

SUKARNO, Ahmed : 1901-1970; président de la république d'Indonésie, 1949-1967.

SYMINGTON, William Stuart (Stu) : né en 1901; sénateur démocrate du Missouri, 1953-1977.

TAFT, William Howard : 1857-1930; président des États-Unis, 1909-1913.

TAYLOR, Hobart Jr. : 1920-1981; conseiller juridique du comité présidentiel pour l'égalité des chances devant l'emploi, 1961-1962; vice-président du comité, 1962-1965; chargé de mission et conseiller juridique auprès du président Johnson, 1963-1965; administrateur d'Export-Export Bank, 1965-1968.

TAYLOR, Maxwell D. : 1901-1987; représentant militaire du Président, juillet 1961-octobre 1961; chef de l'état-major général des armées, octobre 1962-juin 1964.

THOMAS, Norman : 1884-1968; dirigeant socialiste américain; candidat socialiste à la présidence, 1928-1948.

THOMPSON, Llewellyn E. Jr. (1904-1972) : ambassadeur en Union soviétique, avril 1957-août 1962, janvier 1967-janvier 1969; ambassadeur itinérant, conseiller spécial pour les affaires soviétiques au Département d'État, août 1962-octobre 1966.

TOURÉ, Sékou : 1922-1984; président de la république de Guinée, 1958-1984.

TRUJILLO MOLINA, Rafael Leonidas : 1891-1961; président de la république Dominicaine, 1930-1938, 1942-1952; dictateur jusqu'à son assassinat en mai 1961.

UDALL, Stewart Lee : né en 1920; représentant démocrate de l'Arizona, 1954-1961; secrétaire d'État à l'Intérieur, 1961-1969.

VALACHI, Joseph M. : 1904-1971; membre de la « famille » Genovese, spécialiste du crime organisé; a témoigné devant la commission sénatoriale d'enquête sur les rackets.

WAGNER, Robert F. Jr. : né en 1910; maire de New York, 1954-1965; ambassadeur en Espagne, 1968-1969.

WALKER, Edwin A. : né en 1909; major-général de l'armée US, 1957-1961.

WALLACE, George C. : né en 1919; élu gouverneur de l'Alabama en 1962, 1970, 1974 et 1982; candidat malheureux à la présidence en 1968, 1972 et 1976.

WALSH, Lawrence E. : né en 1912; avocat; ministre adjoint de la Justice, 1957-1960.

WEBB, James E. : né en 1906 ; directeur de l'administration de l'aéronautique et de l'espace, février 1961-octobre 1968.

WELSH, Matthew E. : né en 1912 ; gouverneur démocrate de l'Indiana, 1961-1965.

WHITE, Byron R. : né en 1917 ; ministre adjoint de la Justice, janvier 1961-avril 1962 ; juge à la Cour suprême depuis 1962 (premier juge nommé par le président Kennedy).

WILLIAMS, G. (« Soapy ») Mennen : 1911-1988 ; gouverneur démocrate du Michigan, 1949-1961 ; directeur général des affaires d'Afrique au département d'État.

WILSON, Donald M. : né en 1925 ; reporter à *Life Magazine*, 1949-1959, puis principal correspondant en Extrême-Orient, 1953-1956, puis principal correspondant à Washington, 1956-1960 ; directeur adjoint de l'agence américaine d'information (USIA), 1961-1965 ; directeur général de Time-Life International.

WINE, James W. (Jim) : né en 1918 ; secrétaire général adjoint du conseil national des Églises, 1950-1960 ; ambassadeur au Luxembourg, 1961-1962 ; ambassadeur en Côte-d'Ivoire, 1962-1967 ; chargé de mission auprès du secrétaire d'État aux Réfugiés et aux Migrants, 1967-1968.

WIRTZ, W. Willard (Bill) : né en 1912 ; sous-secrétaire d'État au Travail, janvier 1961-septembre 1962 ; secrétaire d'État au Travail, septembre 1962-janvier 1969.

WOFFORD, Harris L. : né en 1908 ; conseiller pour les questions d'égalité des droits pendant la campagne présidentielle de John Kennedy en 1960 ; chargé de mission à la présidence pour les questions d'égalité des droits, 1961-1962 ; représentant spécial du Peace Corps pour l'Afrique, directeur du programme du Peace Corps pour l'Éthiopie, 1962-1964 ; adjoint au directeur du Peace Corps, 1964-1966.

WOODWARD, Robert F. : né en 1908 ; fonctionnaire des Affaires étrangères ; ambassadeur au Costa Rica, 1954-1958 ; ambassadeur en Uruguay, 1958-1961 ; ambassadeur au Chili, 1961 ; directeur général des affaires interaméricaines au département d'État, 1961-1962 ; ambassadeur en Espagne, 1962-1965.

WRIGHT, J. Skelly : né en 1911 ; juge de cour fédérale de district, 1949-1962 ; juge à la cour fédérale d'appel du district de Columbia, nommé en 1962.

YARMOLINSKY, Adam : né en 1922 ; chargé de mission auprès du secrétaire d'État à la Défense, janvier 1961-septembre 1965.

Principales dates
de la
Présidence Kennedy

1960

3 janvier : Annonce de la candidature du sénateur John Kennedy à l'investiture du parti démocrate pour l'élection présidentielle de novembre 1960.

1ᵉʳ février : Organisation par quatre étudiants noirs d'un « sit-in » dans un restaurant des grands magasins Woolworth, suivi d'une vague de manifestations du même genre.

21 avril : Adoption par le Congrès d'une loi relative au droit de vote et tendant à la prévention des manœuvres d'intimidation à l'égard de l'électorat noir, dans le Sud.

13 juillet : Investiture du sénateur Kennedy par le parti démocrate, Lyndon Johnson étant désigné comme colistier, candidat à la vice-présidence.

1961

3 janvier : Rupture des relations diplomatiques américano-cubaines.

20 janvier : Entrée en fonctions du président Kennedy.

31 janvier : Adoption par la Chambre des représentants d'une disposition portant de douze à quinze le nombre des membres de la commission du règlement intérieur de cette assemblée.

1ᵉʳ mars : Création du Peace Corps par un décret du président Kennedy.

13 mars : Inauguration par le président Kennedy de l'Alliance pour le Progrès, organisme de coopération américano-latino-américain pour le développement économique et social.

21 mars : Rencontre du président Kennedy et du Premier ministre britannique, Harold Macmillan, à Key West, en Floride.

23 mars : Appel du président Kennedy en faveur d'une cessation des menées communistes au Laos.

12 avril : Premier vol spatial d'un cosmonaute, le soviétique Youri Gagarine.

17-20 avril : Tentative d'invasion de Cuba par des exilés anticastristes, organisée par les États-Unis, dans la baie des Cochons.

5 mai : Premier vol suborbital américain, par le commandant Shepard.

14 mai : Déchaînement de violences contre les « Voyageurs de la Liberté », à Anniston, dans l'Alabama.

21 mai : Agression contre des « Voyageurs de la Liberté » à la gare routière de Montgomery, capitale de l'Alabama. Robert Kennedy envoie sur les lieux la gendarmerie fédérale.

22 mai : Allocution du pasteur Martin Luther King devant un rassemblement de masse dans une église baptiste de Montgomery. La foule qui assiège l'église menace les fidèles d'un affrontement violent.

31 mai : Entretien du président Kennedy avec le général de Gaulle à Paris.

3-4 juin : Rencontre au sommet Kennedy-Khrouchtchev, à Vienne.

30 juin : Signature par le président Kennedy de la loi de 1961 relative au logement.

16 septembre : Annonce de l'appui américain à l'intervention militaire des Nations Unies au Katanga.

1er octobre : Présentation par le Sud-Viêt-nam d'une demande de traité bilatéral de défense avec les États-Unis.

27 octobre : Face-à-face des chars soviétiques et américains sur la frontière de Berlin, dans un climat de tension.

3 novembre : Déclaration du général Maxwell Taylor, de retour du Viêtnam, d'après laquelle l'aide américaine peut apporter la victoire dans ce pays.

26 novembre : Réorganisation au sommet au département d'État : remplacement de Chester Bowles par George Ball au poste de sous-secrétaire d'État.

15-17 décembre : Voyage du président Kennedy en Colombie, à Porto Rico et au Venezuela.

6 janvier : Rétablissement des relations diplomatiques des États-Unis avec la république Dominicaine.

20 février : Premier voyage dans l'espace d'un astronaute américain, John Glenn.

13 mars : Présentation par le président Kennedy d'une demande d'augmentation des crédits d'aide extérieure pour l'exercice budgétaire 1962-1963.

14 mars : Ouverture à Genève de la conférence sur le désarmement, réunissant dix-sept pays membres de l'ONU.

26 mars : Arrêt de la Cour suprême dans l'affaire Baker-Carr : la Constitution donne aux tribunaux fédéraux le pouvoir de contrôler la répartition des sièges dans les assemblées législatives des États de la Fédération.

10-13 avril : Annonce par les sociétés sidérurgiques d'un relèvement des prix de l'acier. Décision rapportée à la suite d'une vigoureuse protestation de l'administration Kennedy.

15 mai : Envoi au Laos de forces navales et terrestres américaines destinées à appuyer les troupes anticommunistes, à la suite d'une reprise des combats.

1er octobre : Inscription à l'université du Mississippi du premier étudiant noir, James Meredith, après une nuit de violences (deux morts et des dizaines de blessés). Appel aux troupes fédérales pour réprimer l'émeute et assurer l'application de la décision de justice relative à l'admission de l'étudiant.

16 octobre : Réunion du Comité exécutif du Conseil de la sécurité nationale (ExComm), en vue d'un examen des preuves photographiques de la présence à Cuba de rampes de lancement de missiles soviétiques.

22 octobre : Annonce par le président Kennedy de l'existence de rampes de lancement de missiles à Cuba, suivie d'un blocus maritime de l'île. Des navires soviétiques font alors route vers les éléments de la marine américaine.

28 octobre : Accord Kennedy-Khrouchtchev mettant fin à la crise des missiles de Cuba.

6 novembre : Elections partielles aux États-Unis. Le parti démocrate conserve la majorité dans les deux chambres (avec un gain de quatre sièges au Sénat et une perte de six sièges à la Chambre des représentants). Le parti républicain emporte les postes de gouverneur en Pennsylvanie, dans l'Ohio et dans le Michigan, mais Richard Nixon est battu en Californie par Edmund Brown. Edward Kennedy est élu sénateur.

20 novembre : Décret du président Kennedy interdisant la discrimination raciale dans les logements sociaux financés sur fonds publics fédéraux.

20 novembre : Levée du blocus de Cuba.

24 décembre : Libération par Castro de 1 113 rescapés de l'opération de la baie des Cochons, en échange de fournitures médicales.

31 décembre : Abandon du projet américano-britannique portant sur le missile Skybolt.

1963

21 mars : Recommandation d'une commission d'enquête présidée par le général Clay, en faveur d'une réduction des programmes d'aide américaine.

12 avril-10 mai : Série de manifestations en faveur de l'égalité des droits individuels ; interventions des forces de police, suivies d'émeutes et terminées sur un accord mettant fin à la ségrégation raciale dans les établissements de commerce à Birmingham, dans l'Alabama.

12 mai : Envoi de troupes fédérales à Fort McClellan, dans la banlieue de Birmingham, à la suite d'une reprise des émeutes.

10 juin : Discours du président Kennedy sur la politique universitaire.

11 juin : Inscription de deux étudiants noirs à l'université d'Alabama, en dépit des protestations du gouverneur Wallace.

11 juin : Grand discours télévisé du président Kennedy sur la question de l'égalité des droits individuels.

19 juin : Présentation au Congrès d'un projet de loi générale relative à l'égalité des droits individuels.

26 juin : Début de la tournée du président Kennedy en Europe : discours à Berlin sur le thème *Ich bin ein Berliner*.

18-19 juillet : Suspension des relations diplomatiques américano-péruviennes, à la suite d'un coup d'État militaire au Pérou.

2 août : Suspension de l'aide économique américaine à Haïti.

5 août : Signature, par les États-Unis, la Grande-Bretagne et l'Union soviétique, d'un traité d'interdiction partielle des essais nucléaires dans l'atmosphère, sous les mers et dans l'espace.

23 août : Marche sur Washington en faveur de l'égalité des droits individuels, suivie par plus de deux cent cinquante mille personnes.

24 septembre : Ratification par le Sénat du traité d'interdiction partielle des essais nucléaires.

25 septembre : Suspension des relations diplomatiques entre les États-Unis et la république Dominicaine, à la suite du renversement du président Juan Bosch par un coup d'État militaire.

1ᵉʳ novembre : Assassinat du président de la république sud-viêtnamienne, Ngô Dinh Diêm, au cours d'un coup d'État.

22 novembre : Assassinat du président Kennedy, à Dallas.

RESPONSABLES DE LA RÉDACTION

EDWIN GUTHMAN, conseiller technique de Robert Kennedy au minis-tère de la Justice, de 1961 à 1965, a débuté dans le journalisme en 1941, en qualité de reporter du *Seattle Star*. Deux fois décoré pen-dant la Seconde Guerre mondiale; il a obtenu le prix Pulitzer en 1950. Il fut rédacteur du *Los Angeles Times* de 1965 à 1977, et du *Philadelphia Inquirer* de 1977 à 1987. Il est l'auteur de *Nous les frères* (1971), souvenirs autobiographiques de Robert Kennedy. Il est aujourd'hui professeur émérite de journalisme de la Fondation Gan-nett à l'université de Californie du Sud.

JEFFREY SHULMAN, titulaire d'un doctorat de littérature anglaise de l'université du Wisconsin, est professeur au département d'anglais de l'université de Georgetown. Directeur des Presses universitaires d'Amérique depuis 1984, il fonda, en 1986, avec John Moscato, Twenty-First Century Books, dont il est aujourd'hui directeur général.

INDEX

ABEL Rudolf *287*.

ABERNATHY Révérend Ralph D. *137*.

ABRAMS Creighton W. Jr *167*.

ACHESON Dean G. *42, 63, 213, 224*.

ADENAUER Konrad *57, 83, 223, 232, 255, 256*.

ALEXANDER Henry C. *66*.

ALPHAND Hervé *304*.

ALSOP Joseph W. Jr (Joe) *66*.

ANDERSON George W. Jr *37*.

ANSLINGER Harry J. *84*.

ARBENZ Jacobo *181*.

ARTIME Manuel *185*.

ATTWOOD William (Bill) *210, 215*.

BAILEY John *68, 69, 373*.

BAKER Robert J. (Bobby) *126, 128, 334*.

BALAGUER Joaquim *259, 260*.

BALDWIN Hanson W. *52*.

BALDWIN James *91, 240*.

BALL George *31, 33, 205, 206, 207, 209, 262, 290, 309, 331*.

BAQUERO Luis Manuel *259, 260*.

BARTLETT Charles *201, 273*.

BATTLE William C. (Bill) *79, 80*.

BAZELON David L. *281*.

BELL David E. (Dave) *233, 234, 341*.

BENNETT James V. (Jim) *302, 303*.

BERLE Adolph A. Jr *78*.

BÉTANCOURT Romulo *55, 195*.

BIDDLE Francis *90*.

BILLINGS K., Le Moyne (Lem) *355, 356*.

BISSELL Richard M. (Dick) *180, 181, 191, 192*.

BLAIR William M. Jr (Bill) *28, 64*.

BLOCK Joseph L. *272*.

BLOUGH Roger M. *270, 271*.

BOHLEN Charles E. (Chip) *41, 58, 203, 207, 277*.

BOLCHAKOV Georgi *198-204, 217, 276, 291*.

BOLLING Richard W. (Dick) *79*.

BOSCH Juan *261-263*.

BOUTIN Bernard L. (Bernie) *75*.

BOWLES Chester *27, 28, 33, 204, 205, 235, 304*.

BRADEMAS John *300*.

BREWER Basil *365*.

BRODERICK Tom *355*.

BROWN Edmund G. Sr (Pat) *284*.

BRUCE David E. *27, 58, 62*.

BUCKLEY Charles A. *295, 296, 297*.

BUNDY McGeorge (Mac) *35, 41, 62, 72, 189, 209, 212, 324, 329, 330, 332, 338, 339, 341, 342, 345*.

BUNKER Ellsworth *256*.

BURKE amiral Arleigh A. *35, 182*.

CABOT John Moors *278*.

CAPLIN Mortimer M. (Mort) *85, 109, 118*.

CASSINI Igor *298-301*.
CASSINI Oleg *299, 300*.
CASTRO Fidel *180, 184-186, 208, 231, 261, 329, 330*.
CELEBREZZE Anthony J. *243*.
CHACHARIS George *300, 302*.
CLAY général Lucius D. *254, 255*.
CLIFFORD Clark M. *47, 52, 273*.
CLIFTON général Chester V. *342*.
CLOHERTY Peter *355*.
COFFIN Frank M. *234*.
COHN Roy M. *115*.
CONNALLY John B. Jr *51-53, 207*.
CONNOR (Theophilus) Eugene (« Bull ») *145, 147*.
CORBIN Paul *328*.
COSTELLO Frank *118*.
Cox Archibald (Archie) *77*.
CROCKETT WILLIAM J. *208*.
CROTTY Peter J. *296*.
CURRIER Stephen *109*.

DALEY Richard J. (Dick) *64, 68*.
DALTON Mark *353, 355, 356*.
DANTAS Francisco Clementino de San Thiago *307*.
DAWSON William Levy *68*.
DAY J. Edward (Ed) *68*.
DEAN Arthur Hobson *274*.
DEGUGLIELMO major de Cambridge (Mass.) *355*.
DE SAPIO Carmine G. *45, 295, 296*.
DEVER Paul *360-364*.
DIEFENBAKER John *55*.
DIÊM Ngô Dinh *30, 31, 40, 208, 209, 264, 312, 313, 315-318, 320, 325, 326*.
DIÊM Mme *40*.
DILLON Clarence Douglas *42, 66, 67, 70, 85, 118, 146, 211, 331, 343*.
DIRKSEN Everett M. *127, 131*.
DISALLE Michael V. (Mike) *285*.

DOBRYNINE Anatoly *200, 201*.
DOLAN Joseph F. (Joe) *75*.
DOWLING Walter (Red) *220*.
DULLES Allen W. *35, 37, 181, 182, 186, 191, 192, 288*.
DULLES John Foster *57, 84, 211, 255*.
DUNCAN-SANDYS Duncan (Lord) *309*.
DUNGAN-RALPH A. *77, 196, 306, 333, 335, 342*.
DUTTON Frederick G. (Fred) *53*.
DUVALIER François (Papa Doc) *261*.

EASTLAND James O. (Jim) *100, 311*.
EDMONDSON J. Howard *69*.
EISENHOWER Dwight D. *66, 67, 81, 83, 84, 104, 121, 186, 187, 198, 202, 208, 224, 265, 268, 286, 293, 303, 314, 332, 362, 367*.
ELLENDER Allen J. *80*.
ENGLISH John *296*.
ERVIN Samuel J. (Sam) *100*.
ESTES Billie Sol *293-295*.
EVANS Courtney *119, 122, 141*.

FALVEY Mme *352*.
FELDMAN Mike *77, 189, 190, 342, 343*.
FITZGERALD John Francis *353*.
FITZGERALD Polly *368*.
FOLEY Eugene P. (Gene) *331*.
FORD Eunice *368*.
FORRESTAL Michael V. (Mike) *30, 31, 316, 317, 344*.
Fox John *365, 366*.
FRANKFURTER Felix *69*.
FREEMAN Orville L. *45, 48, 67, 294, 344*.
FULBRIGHT J. William *62, 63, 64, 70, 181, 301*.

FURCOLO Foster *362*.

GALBRAITH John Kenneth (Ken) *58, 209, 210, 286*.

GAULLE Charles de *30, 57, 58, 202, 203, 214, 222, 223, 256, 303*.

GAVIN James (Jim) *58, 303*.

GILPATRIC Rosswell L. (Ros) *29, 62, 188, 195*.

GLENN John H. Jr *254*.

GOLDBERG Arthur J. *47, 67, 68, 219, 270, 273, 281*.

GOLDWATER Barry M. *98, 99, 112, 128, 304, 330*.

GOODWIN Richard N. (Dick) *54, 77, 78, 189, 290, 304*.

GORDON Lincoln *306, 307*.

GOULART João *287, 288, 306, 307*.

GRAHAM Philip L. (Phil) *44, 46*.

GROVE Brandon H. *249*.

GULLION Edmund A. (Ed) *58, 242, 358*.

GUTHMAN Edwin O. (Ed) *117, 132*.

HALBERSTAM David *315, 316*.

HAMILTON Fowler (Milo) *192, 233, 234*.

HARKINS général Paul D. *318, 321, 323, 324*.

HARLECH David (voir ORMSBY-GORE).

HARRIMAN W. Averell *30, 31, 33, 54, 209, 210, 262, 286, 309, 316, 317, 324, 338, 343, 372*.

HARTINGTON Kathleen Kennedy (Kick) *56*.

HAYA DE LA TORRE Victor Paul *279*.

HEATH Donald *358*.

HEE Park Chung *55*.

HEINKEL Fred *67*.

HELLER Walter W. *343*.

HEMINGWAY Ernest *289*.

HERTER Mary (Pratt) *67*.

HIGGINS Marguerite (Maggie) *62*.

HILL John *260*.

HILSMAN Roger *30, 317, 319, 323*.

HODGES Luther H. *69, 70, 73, 331*.

HOFFA James R. (Jimmy) *18, 288*.

HOLE MAN Frank *198*.

HOLLAND Spessard L. *288*.

HOLLINGS Ernest F. (Fritz) *95*.

HOOD James A. *164*.

HOOVER J. Edgar *84, 85, 90, 114, 116-144*.

HOSONO Gunji *248, 249*.

HOUPHOUËT-BOIGNY Félix *214, 215, 309*.

HUMPHREY George M. *67*.

HUMPHREY Hubert H. *11, 45, 48, 339, 344*.

HUNDLEY William G. (Bill) *85*.

HYNES John *365*.

JACKSON Henry M. (Scoop) *193*.

JACKSON Shelby *106*.

JAGAN Cheddi *230, 231*.

JAVITS Jacob *311*.

JEFFERSON Thomas *289*.

JENKINS Walter *128, 333, 334*.

JIMENEZ Mario Enchadi *55*.

JOHNSON U. Alexis *206, 331*.

JOHNSON Lyndon B. *15, 25, 33, 39, 40, 41, 45-49, 59, 69, 70, 73, 74, 76, 99, 122-124, 128-130, 133, 134, 153-156, 176, 215, 236, 239, 264, 275, 280, 283, 291, 293, 296, 319, 327, 328, 330-341, 344, 345*.

JOHNSON Olin D. *100*.

JONES Howard *58, 253*.

JORDAN William J. (Bill) *220*.

KANE Joseph *353*.

KATZENBACH Nicholas de Belleville (Nick) *129, 133, 141, 152, 154, 155, 165, 168, 344*.

KEATING Kenneth B. *37, 38, 39, 311*.

KEFAUVER Estes *372*.

KELLEY Jimmy 355.
KENNAN George F. 232, 278, 279.
KENNEDY Edward M. (Ted) 176, 243, 266, 267, 319.
KENNEDY Ethel Shakel 9, 38, 252, 356.
KENNEDY Jacqueline (Bouvier) Jackie 73, 202, 327, 333, 335.
KENNEDY John F. 12, 15, 16, 18-20, 25, 27-58, 60-84, 89, 92, 94, 95-101, 112, 118, 120, 123, 124, 127, 130-158, 160-171, 175-375.
KENNEDY Joseph P. Sr (Joe) 16, 19, 57, 66, 114, 243, 244, 266, 298, 299, 366.
KENNEDY Joseph P. Jr (Joe) 16, 351.
KEOGH Eugene J. (Gene) 300.
KEOGH James Vincent 300.
KERNER Otto 284.
KERR Clark 206.
KERR Robert S. 80.
KEYES Helen 368.
KHROUCHTCHEV Nikita S. 30, 43, 54, 55, 179, 184, 197-204, 214, 216, 217, 219, 222-227, 245-247, 252, 276.
KILLIAN James R. 193.
KING Révérend Martin Luther Jr 108, 109, 136-147, 172.
KOHLER Foy D. 200, 277, 278.
KRISHNA Menon Vengalil Krishnan 286.
KROCK Arthur 62, 242.

LATTRE DE TASSIGNY Jean-Marie de 358.
LAWFORD Patricia Kennedy (Pat) 57, 248, 357, 358.
LAWRENCE WILLIAM H. (BILL) 97, 242.
LEHMAN Herbert H. 296.
LEMAY Curtis E. 37, 213.
LEMNITZER général Lyman L. 83, 179, 186, 212.

LÉNINE Vladimir I. 216.
LEVISON Stanley D. 138-144.
LEWIS Anthony 9, 11, 91, 93-172, 177.
LEWIS Fulton Jr 39.
LIAQUAT Ali Khan 357.
LINDSAY John V. 150.
LODGE George 267.
LODGE Henry Cabot 30, 40, 41, 209, 237, 316-323, 361, 362, 365-368.
LOVELESS Herschel 45.
LOVETT Robert A. (Bob) 27, 60, 63.
LUNS Joseph 252, 256.

MAAS Peter 117.
MACARTHUR Douglas 228, 293, 314.
MACCLELLAN John 100.
MACDONALD 359.
MACMILLAN Harold 55, 56, 57, 202, 208, 243, 265.
MAHONEY William P. Jr 210.
MALONE Vivian 164.
MANN Thomas C. (Tom) 207, 329, 330, 334.
MANSFIELD Michael J. (Mike) 127, 131, 313, 314, 344, 345.
MARSHALL Burke 9, 48, 86, 91, 93, 99, 101-107, 109, 111, 134, 136, 138-154, 156-158, 160, 162, 163, 165-171, 344.
MARSHALL Thurgood 311.
MARTIN Edward M. (Ed) 42, 206, 290, 343.
MARTIN John Bartlow 9, 11, 25, 59-86, 175, 179-346.
McCARTHY Eugene J. (Gene) 45.
McCARTHY Joseph R. (Joe) 17, 114, 115, 366.
McCONE John A. 37-39, 192, 193, 273, 285, 286, 317, 318, 321.
McCONNAUGHY Walter 58.
McCORMACK Edward J. Jr (Eddie) 266, 267.

McCORMACK John *266, 355, 374.*
McDONALD David J. (Dave) *270.*
McGHEE George *32, 33, 220, 290.*
McNAMARA Robert S. (Bob) *30, 33, 37, 39, 41, 52, 56, 60-62, 66, 72-74, 128, 129, 133, 134, 181, 187, 193, 194, 208, 209, 211, 213, 218, 273, 316, 317, 321, 322, 324, 329, 330, 332, 336, 338-341, 343, 345.*
McSHANE James J.P. (Jim) *277.*
MEANY George *68.*
MENCHIKOV Mikhail *199, 200.*
MEREDITH James H. *110, 167, 170, 270.*
MICUNOVIC Veljko *304.*
MIKOYAN Anastase I. *201.*
MINOW Newton M. (Newt) *64.*
MOLLENHOFF Clark *126.*
MONRONEY A.S. Michael (Mike) *141.*
MOORE John L. *75.*
MORRISSEY Frank *355.*
MOSCOSO (Mora Rodriguez) (José) Teodore *233.*
MOSES Robert P. (Bob) *171.*
MOSS Annie Lee *114, 115.*
MOYERS Bill D. *327, 333, 334.*
MULKERN Patsy *355, 368.*
MURPHY Charles S. *294.*
MURPHY Robert (Bob) *259, 298, 299, 300.*
MURROW Edward R. (Ed) *212, 343.*

NAVASKY Victor *89.*
NEHRU Jawaharlal *57, 286, 357.*
NEVILLE Mike *352, 353.*
NHU Ngô Dinh *312, 325.*
NHU Mme *319.*
Nichols Louis B. (Lou) *114.*
NITZE Paul H. *29, 52, 188, 209, 255.*
NIXON Richard M. *15, 49, 66, 95, 198, 282.*

NKRUMAH Kwame *214, 238.*
NOLTING Frederick B. Jr *316, 317, 325.*
NORSTAD général Lauris *255.*

O'BRIEN Lawrence E. (Larry) *60, 76, 77, 79, 152, 153, 328, 362, 369, 374.*
O'CONNELL Daniel P. (Dan) *296.*
O'DONNELL Kenneth P. (Kenny) *71, 76, 77, 152, 153, 157, 189, 243, 328, 335, 336, 342, 345, 362, 369, 374.*
OLIVA Eneido *185.*
ORMSBY-GORE David (baron HARLECH) *55, 56, 265, 274, 275, 304.*
ORRICK William H. Jr (Bill) *31, 207, 208.*

PARKER William H. *196, 262.*
PATTON James (Jim) *67.*
PENN colonel *132.*
PHOUMA Souvanna *276.*
PINCUS Walter H. *301.*
POPE Allen L. *249, 253.*
POSNER William (Bill) *296.*
POTTER Philip (Phil) *49, 50.*
POWERS David *355.*
POWERS Francis Gary *287, 331.*
POWERS John E. *362, 364, 367, 368.*
PRENDERGAST Michael M. (Mike) *295, 296.*

RAYBURN Samuel T. (Sam) *46, 49, 50, 80, 248.*
REAGAN Ronald *177.*
REARDON Ted *355.*
REEDY George E. Jr *334.*
REISCHAUER Ed *58, 248.*
RESTON James B. (Scotty) *283.*
REUTHER Walter P. *17, 47, 61.*
RIBICOFF Abraham A. (Abe) *69, 96, 243, 373.*

403

RICHARDSON John 318.
RICKOVER amiral Hyman G. 291.
ROCKEFELLER Nelson A. 282, 283.
ROGERS William P. (Bill) 95, 100, 120, 268.
ROMETSCH Ellie 126, 130.
ROMNEY George 98, 99, 282.
ROOSEVELT Franklin D. 17, 121, 296.
ROOSEVELT Franklin D. Jr 61, 357.
ROSE Frank A. 47, 163, 164, 165, 167.
ROWE James H. Jr (Jim) 50.
RUBIROSA Porfirio 260.
RUSK Dean 27, 29, 30, 32, 33, 42, 63, 64, 72, 73, 160, 179, 181, 184, 190, 207-209, 211, 225, 228, 232, 256, 258, 309, 318, 324, 331, 345.
RUSSEL Richard B. (Dick) 113, 141, 142.
RYAN Cornelius 83.

SALINGER Pierre E. (George) 65, 71, 189, 201, 257, 264.
SALTONSTALL Leverett 362.
SANFORD James (Terry) 69, 70.
SAN ROMAN Roberto 185.
SCALES Junius 288, 289.
SCHARY Dore 372.
SCHLESINGER Arthur 9, 11, 21, 25, 27-58, 77, 177, 181, 182, 187, 289, 304, 335, 342.
SCHREIBER Walter R. 85.
SCHWARTZ Abba P. 129.
SCRANTON William B. 282, 283.
SEIGENTHALER John 249.
SHARON John 373.
SHERIDAN Walter J. 85.
SHEVLIN Durie Malcolm Desloge 305.
SHRIVER Eunice Kennedy 357.
SHRIVER R. Sargent (Sarge) 60, 61, 101, 233, 327, 336, 341.
SIDEY Hugh 197.

SILBERLING Edwyn (Ed) 85.
SMITH Howard W. 80.
SMITH Stephen E. (Steve) 190, 259, 260, 341.
SOBLEN Robert A. 297.
SORENSEN Theodore C. (Ted) 42, 54, 71, 77, 150, 152, 153, 190, 205, 212, 248, 273, 320, 334, 342, 345, 371, 373.
SPAETH Carl 206.
STALINE Joseph V. 204.
STEVENSON Adlai E. 28, 64, 65, 205, 304, 342, 366, 367, 372.
STEWART John Francis 12, 351-374.
SUKARNO Ahmed 248, 251-253, 265.
SUTTON Billy 356.
SYMINGTON William Stuart (Stu) 48, 62, 67.

TAFT William Howard 365.
TAYLOR Hobart Jr 154.
TAYLOR Waxwell D. 30, 34, 35, 37, 182, 183, 189, 190, 193-195, 212, 219, 224, 228, 229, 255, 316, 317, 321, 322, 324.
THOMAS Norman 288.
THOMPSON Frank 79.
THOMPSON Llewellyn E. Jr 200, 276-278.
THOMSON Tommy 41, 343.
TITO Josip B. 279.
TOBIN Maurice 352, 361.
TOURÉ Sékou 214.
TRUJILLO MOLINA Rafael Leonidas 257-261, 263, 264, 298, 320.
TRUJILLO MOLINA Ramfis 259, 260.
TRUMAN Harry S. 367.
TSHOMBÉ Moïse 215.

UDALL Stewart Lee 69.

VALACHI Joseph M. 116, 117, 132.
VALENTI Jack 334.
VICINI Johnny 259, 260.

WAGNER Robert F. Jr *295, 296.*
WALKER Edwin A. *133, 232, 233.*
WALLACE George C. *91, 110, 111, 162, 163, 169.*
WALSH Lawrence E. *100.*
WEBB James E. (Jim) *280.*
WELSH Matthew E. *284.*
WHITE Byron R. *75, 76, 101, 102, 175.*
WILLIAMS Enrico *185.*
WILLIAMS G. («Soapy») Mennen *54.*
WILSON Donald M. *76, 343.*

WINE James W. (Jim) *210.*
WIRTZ W. Willard (Bill) *160, 341.*
WOFFORD Harris L. *86, 101, 102, 138, 139.*
WOODWARD Robert F. (Bob) *78, 206, 290.*
WRIGHT J. Skelly *103, 104.*
WRIGHTSMAN Charlene *299.*
WRIGHTSMAN Charles *299.*

YARMOLINSKY Adam *133.*
YOUNG Kenneth Todd *58.*

Cet ouvrage a été réalisé sur
Système Cameron
par la SOCIÉTÉ NOUVELLE FIRMIN-DIDOT
Mesnil-sur-l'Estrée
pour le compte des Éditions Belfond
le 11 septembre 1989

Imprimé en France
Dépôt légal : septembre 1989
N° d'édition : 2387 — N° d'impression : 12975